KB233259

韓㳓劤全集 12

朝鮮時代 史料 解題 譯註

朝鮮時代 史料 解題 譯註

韓㳓劤 著

韓㳓劤全集刊行委員會編

KISTI 한국학술정보㈜

차 례

譯註 經國大典（吏典──韓沾劢）

翻譯篇

一九八五·八

經國大典 卷一

吏典[1]

吏曹의 屬衙門[2]은 忠翊府·內侍府·尙瑞院·宗簿寺·司饔院·內需司·掖庭署이다。

【內命婦】[3]

品階	內命婦	世子宮[31]
正一品	嬪[4]	
從一品	貴人[5]	
正二品	昭儀[6]	
從二品	淑儀	良娣[32]
正三品	昭容[7]	
從三品	淑容	良媛[33]
正四品	昭媛[8]	

品階	內命婦	世子宮
從四品	淑媛	承徽[34]
正五品	尚宮[9]·尚儀[10]	
從五品	尚服[11]·尚食[12]	昭訓[35]
正六品	尚寢[13]·尚功[14]	
從六品	尚正[15]·尚記[16]	守閨[36]·守則[37]
正七品	典賓[17]·典衣[18]·典膳[19]	
從七品	典設[20]·典製[21]·典言[22]	掌饌[38]·掌正[39]
正八品	典贊[23]·典飾[24]·典藥[25]	
從八品	典燈[26]·典彩[27]·典正[28]	掌書[40]·掌縫[41]
正九品	奏宮·奏商·奏角[29]	

從九品

奏變徵[30]·奏徵·奏羽·奏變宮

掌藏[42]·掌食[43]·掌醫[44]

【外命婦】[45]

【大殿의 乳母】[50]　【王妃의 母】　【王女】　【王世子의 女】

封爵[46]은 남편(夫)의 官職에 따른다。
庶孽[47]이거나 再嫁한 者는 封爵하지 아니하며, 기왕에 封爵을 받은 者로서 改嫁한 者는 그 封爵을 追奪한다。[48]
○王妃의 어머니, 世子의 딸 및 宗親으로서 二品以上인 者의 妻는 모두 邑

外命婦

<table>
<tr>
<th>從一品</th><th>正一品</th><th>【宗親의 妻】 / 【文武官의 妻】</th><th>正三品</th><th>正二品</th><th>從一品</th><th>正一品</th><th></th><th></th>
</tr>
<tr>
<td></td><td></td><td></td><td></td><td></td><td></td><td></td><td>號를 쓴다[49]</td><td>外命婦</td>
</tr>
<tr>
<td rowspan="2">郡夫人</td>
<td rowspan="2">府夫人
(大君의 妻)
郡夫人[59]</td>
<td rowspan="2">【宗親의 妻】[58]</td>
<td></td><td></td><td>奉保夫人[51]</td><td></td><td></td><td>大殿乳母</td>
</tr>
<tr>
<td></td><td></td><td></td><td>府夫人[52]</td><td></td><td>王妃母</td>
</tr>
<tr>
<td rowspan="2">貞敬夫人</td>
<td rowspan="2">貞敬夫人[66]</td>
<td rowspan="2">【文武官의 妻】</td>
<td></td><td></td><td></td><td>翁主[54]
庶</td><td>公主[53]
嫡</td><td>王女</td>
</tr>
<tr>
<td>縣主[56]
庶</td><td>郡主[55]
嫡</td><td></td><td></td><td></td><td>王世子女</td>
</tr>
</table>

正六品	從五品	正五品	從四品	正四品	從三品	正三品	正三品 堂上官 57	從二品	正二品
順人 65	溫人	溫人 64	惠人	惠人 63	愼人	愼人 62	愼夫人 61	縣夫人	縣夫人 60
宜人 72	恭人	恭人 71	令人	令人 70	淑人	淑人 69	淑夫人 68	貞夫人	貞夫人 67

外命婦 文武官妻	
從六品	宜人
正七品	安人[73]
從七品	安人
正八品	端人[74]
從八品	端人
正九品	孺人[75]
從九品	孺人

【京官職】[76] 무릇 職銜[77]은 階를 먼저 쓰고 司[79]를 다음에 階가[78] 〔宗親府·儀賓府 및 忠勳府의 堂上官은 司를 일컫지 아니한다.〕 職을 그 다음에 쓴다。 階가 높고 職이 〔가령 領事를 일컫는 따위와 같은 경우에 領字는 官司名 위에 붙인다。〕 낮으면 行[80]이라 일컬으며, 階가 낮고 職이 높으면 守[81]라 일컫는다。

七品以下는 二階를 뛰어 넘어서 三階를 뛰어 넘어서 守職을 줄 수 없다. 六品以上은 行字와 守字는 官司名 위에 붙인다.〈兵曹도 같다.〉

○封君[82] 王妃의 아버지 및 二品以上의 宗親·功臣[83]·功臣承襲[84] 등〈承襲者의 경우에는 아버지가 死亡하면 封君한다. ○무릇 단순히 功臣이라고만 말하는 경우에는 原從功臣[85]은 이에 포함되지 아니한다.〉및 三品以下의 宗親은 모두 邑號를 쓴다.〈儀賓도 같다.〉

○六品以上은 勤務日數(仕)[86] 九百日이, 七品以下는 勤務日數 四百五十日이 차면 官職을 옮겨주고〈宗親府·儀賓府·敦寧府 官員중에서 각기 一員을 除外한 나머지 官員 및 尚瑞院의 直長以下, 通禮院의 相禮以下, 司憲府·司諫院의 官員 그리고 遞兒[87] 職을 받은 者는 그러하지 아니한다.〉 ○議政府·六曹의 堂下官[88]은 勤務日數가 차면 모두 높은 職位에 任命하고〈陞叙〉 賢能하고 勤勞하는 者 및 七品以下의 官員은 이 制限을 받지 아니한다. 그 나머지 官員들은 같은 職位에 轉任시키되〈平叙〉, 또 官階를 올려준다(加階).〈無祄官[89]도 같다.〉

○六品以上은 五考三上[90], 七品以下는 三考二上인 者에게 官階를 올려주는 것을 許한다.〈堂上官은 그러하지 아니한다.〉 ○堂下官 및 提擧·提檢·別坐·別提·別檢 등은 勤務日數 三百六十日이 차면 叙用한다.

○在任중에 喪을 당한 者, 理由없이 官職에서 물러난(作散)[91] 者, 言官[92]이 公罪[93]로서 官職에서 물러난 者는 다시 官職을 받았을 때 遭喪前과 官職에서 물러나기 전의

勤務日數까지 通算하여 준다。(兵曹도 같다。) ○議政府・六曹・漢城府・承政院・掌隷院・弘文館・成均館・世子侍講院의 堂下官 및 여러 道의 都事[94]・守令[95]에 缺員이 있으면 久任員[96]외에는 비록 勤務日數가 차지 아니한 者라도 뽑아 쓰고、司憲府・司諫院에 缺員이 있으면 久任員을 가릴 것 없이 公正하고 義롭게 國事를 論할 者(慷慨言事者)를 널리 뽑아서 候補者로 王에게 올린다(注擬[97])。○ 承文院의 官員으로서 寫字[98]나 吏文[99]에 特異한 才能이 있는 者、弘文館의 官員、여러 道의 敎官 및 遞兒職 以外의 者로서 守令을 거치지 아니한 者는 四品以上의 品階로 올라갈 수 없고[100] 諸科[102]에 合格한 者(出身者)는 그러하지 아니한다。 ○ 나이가 二十未滿인 者에게는 東班職[101]을 주지 못한다。(兵曹도 같다。) ○ 贓吏[103]의 아들 및 孫子에게는 議政府・六曹・漢城府・司憲府・開

城府・承政院・掌隷院・司諫院・經筵・世子侍講院・春秋館・知製教・

宗簿寺・觀察使・都事・守令의 職을 주지 못하고、失行婦女[104] 및 再嫁한

婦女의 所生은 東班職과 西班職[105]에 叙用하지 못하되 曾孫代에 이르러서

는 위에서 든 各 官司以外의 官職에 叙用하는 것을 許한다。○무릇 官

職을 준(除授[106]) 뒤에 三品以下의 官員 및 無祿官은 本曹에서 그의 來歷

을 갖추어 王에게 報告하고(啓聞) 議政府・司憲府・司諫院에 公文을 보

내어(移文) 事實與否를 밝히게 한다。兵曹도 같다。

〔正一品衙門[107]〕

【宗親府[108]】 宗室[109] 諸君
의 官府이다。宗親에는 定數가
없다。○良妾[110]의 所生은 嫡出

京官職

宗親府

正一品	
大匡輔國崇祿大夫[114] 政。議 輔國崇祿大夫。[115] 宗親은 顯祿大夫。[116] 興祿大夫。[117] 儀賓은 綏祿大夫。[118] 成祿大夫。[119]	宗親보다 品階를 한 等級 낮추어 주고、賤妾[111]의 所生은 한 等級 더 낮추어 준다。○承襲職은 아버지가 死亡한 뒤라야 준다。○祭祀를 받드는 代數가 다 지나면(親盡[112]) 文・武官의 子孫의 例에 따라 벼슬을 할 수 있다。[113]
君	大君[179] 王의 嫡子
	君[180] 王의 庶子

從一品	正二品	從二品	正三品	正三品
崇祿大夫。[120] 崇政大夫。[121] 宗親은 昭德大夫。[122] 嘉德大夫。[123] 儀賓은 光德大夫。[124] 崇德大夫。[125]	正憲大夫。[126] 資憲大夫。[127] 宗親은 崇憲大夫。[128] 承憲大夫。[129] 儀賓은 奉憲大夫。[130] 通憲大夫。[131]	嘉靖大夫。[132] 嘉善大夫。[133] 宗親은 中義大夫。[134] 正義大夫。[135] 儀賓은 資義大夫。[136] 順義大夫。[137]	通政大夫。[138] 宗親은 明善大夫。[139] 儀賓은 奉順大夫。[140] ○ 以上은 堂上官[141]이다。	通訓大夫。[142] 宗親은 彰善大夫。[143] 儀賓은 正順大夫。[144]
君　大君을 承襲할 嫡長子에게 처음 주는 벼슬이다。	君　王世子의 衆子[181]、大君을 承襲할 嫡長孫、王子君[182]을 承襲할 嫡長子에게 처음 주는 벼슬이다。	君　王世子의 衆孫[183]、大君의 衆子、大君을 承襲할 嫡長曾孫、王子君을 承襲할 嫡長孫에게 처음 주는 벼슬이다。	都正[184]	正[185]　王世子의 衆曾孫、大君의 衆孫、王子君의 衆子、王子君을 承襲할 嫡長曾孫에게 처

宗親府

從五品		正五品	從四品	正四品	從三品
奉直郎·163 奉訓郎。164 宗親은 謹節郎·165 愼節郎。166		通德郎·159 通善郎。160 宗親은 通直郎·161 秉直郎。162	朝散大夫·155 朝奉大夫。156 宗親은 奉成大夫·157 光成大夫。158	奉正大夫·151 奉列大夫。152 宗親은 宣徽大夫·153 廣徽大夫。154	中直大夫·145 中訓大夫。146 宗親은 保信大夫·147 資信大夫。148 儀賓은 明信大夫·149 敦信大夫。150
副令 193	典簿 一員 朝官 192	令 191	副守 190	守 187 王子君의 衆曾孫에게 처음 주는 벼슬이다。 典籤 一員 朝官 188·189	副正 185 大君의 衆曾孫、王子君의 衆孫에게 처음 주는 벼슬이다。

…음 주는 벼슬이다。

476

正六品	從六品	正七品	從七品	正八品	從八品	正九品	從九品
承議郎・167 承訓郎。168 宗親은 執順郎・169 從順郎。170	宣教郎 171 宣務郎 172	務功郎 173	啓功郎 174	通仕郎 175	承仕郎 176	從仕郎 177	將仕郎 178
監 194							

【正一品衙門】

【議政府】195 【忠勳府】204 【儀賓府】209 【敦寧府】214

京官職

議政府	百官을 統率하고 庶政을 고르게 하며, 陰陽을 다스리고 나라(邦國)를 經綸한다.[196] 堂下官은 모두 文官을 쓴다. 舍人에 缺員이 있으면 檢詳을 勤務日數를 계산하지 아니하고 昇進시킨다(陞差).
忠勳府	여러 功臣의 官府이다. 堂上官에는 定數가 없다.
儀賓府	公主·翁主에게 장가든 者(尚公主·翁主者[210])의 官府이다. 僉尉以上에는 定數가 없다.
敦寧府	王의 親族(王親[215])과 外戚[216]의 官府이다. 宗姓[217]은 九寸·異姓은 六寸以內의 親戚, 王妃의 同姓은 八寸·異姓은 五寸以內의 親戚, 世子嬪[218]의 同姓은 六寸·異姓은 三寸以內의 親戚 그리고 母·姉妹·姪女·孫女의 남편에게 벼슬을 준다. 〇 (先王·先王妃의 親戚의 경우에도 같다.) 大君의 사위와 公主의 아들에게는 첫 벼슬로 從七品을 주고, 公主·王子君의 사위와 翁主의 아들에게는 從八品을 주고, 大君·王子君의 良妾所生女의 남편에게는 각각 한 等級 낮추어 주

一四

正二品	從一品	正一品	
左叅贊　右叅贊200	左贊成199　右贊成　各一員	領議政197　左議政198　右議政　各一員	
君	君	君　親功臣205과 王妃의 아버지는 君위에 府院206 두 字를 더 붙인다。	
尉	尉211 公主에게 장가든 者에게 처음 주는 벼슬이다。	尉	어 준다。 고、賤妾所生女의 남편에게는 한 等級 더 낮추어 준다。
知事一員221	判事一員220	領事一員219 王妃의 아버지에게 처음 벼슬을 주는 경우에도 역시 領事職을 준다。	

京官職	從二品	正三品		從三品
議政府	各一員			
忠勳府	君			
儀賓府	尉 翁主에게 장가든 者에게 처음 주는 벼슬이다.	副尉212 郡主에게 장가든 者에게 처음 주는 벼슬이다.	僉尉	僉尉213 縣主에게 장가든 者에게 처음 주는 벼슬이다.
敦寧府	同知事222 一員	都正一員	正一員	副正一員

正四品	從四品	正五品	從五品	從六品	從七品
舍人[201] 二		檢詳[202] 一員			
	經歷[207] 一員		都事[208] 一員		
	經歷 一員		都事 一員		
	僉正[223] 二員		判官[224] 二員	主簿[225] 二員	直長[226] 二員

官廳	正八品	從八品	從九品
議政府	司錄[203] 二員		
敦寧府		奉事[227] 二員	叅奉[228] 二員

【從一品衙門】

【義禁府[229]】

王命을 받들어 罪人을 推鞠[230]하는 일을 맡는다。堂上官 四員은 他官으로 兼任케 한다。堂下官은 十員을 둔다。

【正二品衙門】

【六曹[231]】

吏曹[232]는 文選[233] 勳封[234] 考課[235]에 관한 政事를 맡는다。戶曹[236]는 戶口[237] 貢賦[238] 田粮[239] 食貨[240]에 관한 政事를 맡는다。禮曹[241]는 禮樂[242] 祭祀[243] 宴享[244] 朝聘[245] 學校[246] 科擧[247]에 관한 政事를 맡는다。兵曹[248]는 武選[249] 軍務 儀衛[250] 郵驛[251] 兵甲[252] 器仗[253] 門戶[254] 管鑰[255]에 관한 政事를 맡는다。刑曹[256]는 法律[257] 詳讞[258] 詞訟[259] 奴隷[260]에 관한 政事를 맡는다。工曹[261]는 山澤[262] 工匠[263] 營繕[264] 陶冶[265]에 관한 政事를 맡는다。堂下官은 각기 所管事務를 가진다。

吏曹의 文選司[266]는 宗親·文官[267]·雜職[268]·僧職[269]의 任命과 告身[270] 祿牌[271]、文科·生員進士試 合格者에 대한 賜牌[272]、差定[273] 取

才274 改名275 및 贓汚・敗常人276 의 錄案 등에 관한 事務를 맡는다。

考勳司277 는 宗宰278・功臣의 封贈279 과 諡號280、享官281・老職282・命婦

의 爵帖283、鄕吏給帖284 등의 事務를 맡는다。考功司285 는 文官의 功

過286 勤慢 休暇287 여러 官司의 衙前288 의 勤務日數(仕日) 鄕吏子孫

들을 분별처리하는 등의 事務를 맡는다。

戶曹의 版籍司289 는 戶口 土田290 租稅291 賦役292 貢獻293 農桑294 의

勸奬・豊凶의 調査 및 賑貸穀의 分給과 回收(斂散295) 등에 관한

事務를 맡는다。會計司296 는 서울과 地方에서의 儲積297 歲計298 解

由299 虧欠300 등에 관한 事務를 맡는다。經費司301 는 서울 各 官司

의 支調302 및 倭人의 粮料303 등에 관한 事務를 맡는다。

禮曹의 稽制司304 는 儀式 制度305 朝會306 經筵307 史官308 學校 科擧

印信309 表箋310 册命311 天文312 漏刻313 國忌314 廟諱315 喪葬 등에 관한

事務를 맡는다。典享司316 는 宴享 祭祀 牲豆317 飮膳318 醫藥 등에 관

한 事務를 맡는다。典客司319 는 使臣320・倭人・野人321 의 迎接、外

方의 朝貢322 과 이에 대한 宴設과 賜與323 등에 관한 事務를 맡는다。

兵曹의 武選司324 는 武官325・軍士326・雜職의 任命과 告身 祿牌附

過327 給假 및 武科328 등에 관한 事務를 맡는다。乘輿司329 는 鹵簿330

與輦331 廐牧332 程驛333 補充隊334 皂隷335 羅將336 伴倘337 등에 관한 事

務를 맡는다。武備司338 는 軍籍339 馬籍340 兵器341 戰艦342、軍士의 點

呼・査閱、武藝의 訓鍊 宿衛343 와 巡綽344 城堡345 와 鎭戍346 備禦347

<table>
<tr><td>京官職</td></tr>
<tr><td>義禁府</td></tr>
<tr><td>六曹</td></tr>
</table>

와 征討348 軍官349・軍人350의 派遣、軍役의 交代(番休351) 給保352 給假353 侍丁354 復戶355 火炮356 烽燧357 改火358 禁火359 符信360 更籤361 등에 관한 事務를 맡는다.

刑曹의 詳覆司362는 死罪(大辟363)를 상세히 覆審하는 事務를 맡는다. 考律司364는 律令365과 按覈366에 관한 事務를 맡는다. 掌禁司367는 刑獄368과 禁令369에 관한 事務를 맡는다. 掌隸司370는 奴隸의 帳籍(簿籍) 및 捕虜(俘囚371) 등에 관한 事務를 맡는다.

工曹의 營造司372는 宮室373 城池374 公廨375 屋宇 土木 工役 皮革376 氈廚377 등에 관한 事務를 맡는다. 攻治司378는 여러 工匠(百工379)의 制作、金銀珠玉과 銅鑞鐵380의 冶鑄、陶瓦381 權衡382 등에 관한 事務를 맡는다. 山澤司383는 山澤 津梁384 苑囿385 種植386 炭387 木材와 石材、舟車 筆墨 水鐵 漆器 등에 관한 事務를 맡는다.

〇算員388의 定員은 三十人이다. 算士・明律以下는 遞兒職으로 官은 모두 文官을 쓴다.〈吏曹・禮曹・兵曹의 堂下官〉 一年에 兩都目389이다. 勤務日數 五百十四가 차면 品階를 올려주되、從六品이 되면 그 職에서 떠나야 한다(去官390). 그 職에서 계속 勤務(仍仕391)하기를 願하는 者는 그 때부터 勤務日數 九百392이 다시 차면 品階를 올려주되 正三品에서 그치고 아직 去官하지 않은 者들과 같이 協議해서 재능을 시험하여(和會試才393) 遞兒職을 준다. 〇律學取才試에서 次點을 차지한 者(居次者394)는

吏典

地方官(外任)으로 보낸다。○ 敎授、別提、訓導는 각기 그 學을 本業으로 삼는 사람(本業人395)을 뽑아서 任命한다。다른 分野의 敎授 訓導의 경우에도 같다。

從一品	正二品	從二品	正三品	從四品	正五品	從五品
判事	知事	同知事		經歷		都事
	各判書一員396	各叅判一員397	各叅議一員398。兵曹에는 叅知399	一員을 더 둔다。	各曹에 正郎400 三員 兵曹·刑曹에는 각각 一員을 더 둔다。	

正六品	從六品	從七品	從八品	正九品	從九品
各曹에 佐郞[401] 三員 兵曹·刑曹에는 각각 一員을 더 둔다。	算學教授[402] 一員、別提[403] 二員 戶曹 ／ 律學教授 一員、別提 二員 刑曹	算士[404] 一員 戶曹 ／ 明律[405] 一員 刑曹	計士[406] 二員 戶曹 ／ 審律[407] 二員 刑曹	算學訓導[408] 一員 戶曹 ／ 律學訓導 一員 刑曹	會士[409] 二員 戶曹 ／ 檢律[410] 二員 刑曹

【正二品衙門】

【漢城府】[411] 京都[412]의 人口帳籍（口

【從二品衙門】

【司憲府】[433] 그때 그때의 政事（時

正二品	從二品	從三品	正四品	從四品	正五品	從五品	職務
判尹[429] 一員	左尹·右尹[430] 各一員			庶尹[431] 一員		判官 二員	帳[413] 市廛[414] 家舍[415] 田土[416] 四山[417] 道路[418] 橋梁[419] 溝渠[420] 逋欠[421] 負債[422] 鬪毆[423] 晝間巡察(晝巡)[424] 檢屍[425] 車輛[426] 故失牛馬[427] 의 烙契[428] 등에 관한 事務를 맡는다. 判官以上 官員 중의 一員은 久任으로 한다.
	大司憲[438] 一員	執義[439] 一員	掌令[440] 二員		持平[441] 二員		政[434]를 論하여 바르게 이끌고 모든 官員(百官)을 糾察하며 風俗[435]을 바로 잡고 원통하고 억울한 것을 플어주고[436] 濫僞[437]를 禁하는 등의 일을 맡는다.

正六品	正七品	【從二品衙門】	【開城府[443]】 舊都 開城을 다스리는 일을 맡는다。	從二品　留守[444] 二員　一員은 京畿觀察使가 兼한다。	
監察[442] 二十四員	叅軍[432] 三員　一員은 通禮院의 引儀가 兼한다。　【正三品衙門】	【承政院[446]】 王命을 出納하는 일을 맡는다。堂下官은 모두 文官을 쓴다。	【忠翊府[445]】 原從功臣의 官府이다。		都承旨[447]·左承旨·右承旨·左副承旨·右副承旨

正三品	從四品	從五品	從六品	正七品	
	經歷一員	都事一員	教授一員	〔正三品衙門〕	〔掌隷院〕449 奴隷450의 帳籍(簿籍)과 奴婢訟事를 處決하는 일을 맡는다。
		都事二員			〔司諫院〕454 王에게 諫諍·論駁455하는 일을 맡는다。모두 文官을 쓴다。
承旨·同副承旨 各一員				注書448 二員	〔經筵〕460 王에게 經史를 講讀하고 論評·思慮하는 任務를 맡는다。다른 官

京官職	正一品	正二品	從二品	正三品
掌隸院				判決事 一員[451]
司諫院 司議以下는 모두 久任으로 한다。				大司諫 一員[456]
經筵 司의 官員(他官)으로 兼任케 하되 모두 文官을 쓴다。領事 및 奈贊官은 비록 文官이 아니더라도 역시 兼任한다。	領事 三員 政議	知事 三員	同知事 三員	奈贊官 七員[461] 承旨와 副提學이 兼한다。

吏典

從三品	正四品	正五品	正六品	正七品	正八品	正九品
		司議 三員[452]	司評 四員[453]			
司諫 一員[457]		獻納 一員[458]	正言 二員[459]			
	侍講官[462]	侍讀官[463]	檢討官[464]	司經[465]	說經[466]	典經[467]

【正三品衙門】

【弘文館】[468] 闕內의 經籍[469]을 관장하고 文翰[470]을 다스리

【藝文館】[483] 王의 辭令書(辭命)를 制撰[484]하는 일을 맡는

【成均館】[489] 儒學敎育에 관한 任務를 맡는다。모두 文

【尙瑞院】[498] 璽寶[499] 符牌[500] 節鉞[501]을 맡는

京官職

弘文館	며 王의 顧問에 對備한다。모두 文官을 쓴다。提學以上은 다른 官司의 官員이 兼任한다。○ 모두 經筵을 兼帶한다。○ 副提學으로부터 副修撰에 이르는 官員은 또 知製敎[471]의 任務를 兼帶한다。〈文官 六品 以上도 역시 택하여 任命한다。〉直提學以下에 缺員이 있으면 근무일수를 계산하지 아니하고 차례대로 轉任(遷轉[472])시킨다。
藝文館	다。모두 文官을 쓴다。提學以上은 다른 官司의 官員으로 兼任시킨다。〈大提學은 文翰을 主掌한다。(主文[485])〉奉敎以下의 官職을 처음 줄 때에는 議政府가 吏曹、弘文館、春秋館、藝文館과 함께 通鑑 左傳 中國의 여러 史書(諸史) 중에서 講하게 하여 合格된 자를 採用한다。一年에 兩都目으로 二員은 그 職에서 떠나야 한다。○ 品階가 낮은 者는 그 職位에 准하여 品階를 올려주고 차례 차례 轉任시킨다。成均館、承文院、校書館의 博
成均館	官을 쓴다。同知事以上은 다른 官司의 官員이 兼任한다。〈知事는 文翰을 主掌한다。(主文)〉直講以上 一員은 久任으로 한다。○ 博士以下는 또 議政府 司錄 一員과 奉常寺 直長以下 二員으로 兼任케 하고 차례 차례 轉任시킨다。一年에 兩都目으로 三員은 그 職에서 떠나야 한다。〈七月에 二員〉
尚瑞院	다。

正一品	正二品	從二品	正三品(堂上)	
領事一員(政議)	大提學一員[473]	提學一員	副提學一員[474]	士以下와 訓鍊院의 條 軍以下도 같다。
領事一員(政議)	大提學一員	提學一員		
	知事一員	同知事二員	大司成一員[490]	

從五品	正五品	從四品	正四品	從三品	（堂下）	京官職
副校理二	校理二員[478]	副應教一員	應教一員[477]	典翰一員[476]	直提學一員[475]	弘文館
			應教 一員 弘文館의 直提學으로부터 校理에 이르는 官員 중에서 택하여 兼任케 한다。		直提學 一員 都承旨가 兼한다。	藝文館
	直講四員[493]		司藝三員[492]	司成二員[491]		成均館
判官					正 一員 都承旨가 兼한다。	尚瑞院

	正六品	從六品	正七品	從七品	正八品
員	修撰[479] 二員	副修撰 二員	博士[480] 一員		著作[481] 一員
			奉教[486] 二員		待教[487] 二員
	典籍[494] 十三員		博士 三員		學正[495] 三員
一員				直長 一員	副直長[502] 二員

京官職　弘文館　藝文館　成均館

	正九品	從九品
弘文館	正字 二員[482]	
藝文館	檢閱 四員[488]	
成均館	學錄 三員[496]	學諭[497] 三員

【正三品衙門】

【春秋館[503]】 그때그때의 政事(時政)를 記錄[504]하는 일을 맡는다. 모두 文官을 쓰되 다른 官司의 官員으로 兼任케 한다. 修撰官以下는 承政院·弘文館의 副提學以下, 議政府의 舍人·檢詳, 藝文館의 奉敎以下 및 侍講院의 堂下官 二員, 司諫院·司憲府의 執義以下, 司諫院·承文院·宗簿寺·六曹의 堂下官 각 一員으로 兼任케 한다.

【承文院[510]】 事大文書[511]와 交隣文書[512]를 맡는다. 모두 文官을 쓴다. 都提調는 三員이고 〈議政[513]〉 提調[514]·副提調는 〈正一品은 都提調라 일컫고, 二品以上은 提調라 일컫고, 通政大夫는 副提調라고 일컫는다. 아래의 다른 官司의 경우에도 같다.〉 定數가 없다. 參校以下도 또한 다른 官司의 官員으로 兼任케 하되 定數가 없다. 吏文習讀官[515]은 二十員이다. ○判校는 堂上官으로 昇進되고 校檢以上 一員은 久任으로 한다. ○博士以下는 또 奉常寺의 直長以下 一員으로 兼任케 하고 차례차례 轉任케 한다.

【通禮院[521]】 禮儀를 맡는다. 兼任官은 臚唱[522]에 能한 者를 택하여 品階에 따라 자리를 메꾸어 준다. 左通禮는 堂上官으로 昇進되고, 左通禮에 缺員이 있으면 右通禮로서 근무일수를 계산하지 아니하고 左通禮로 昇進시켜 授職한다.

正一品	正二品	從二品	正三品	
領事一員〔領議政。〕 監事二員〔左·右議政。〕505	知事二員	同知事二員	修撰官506	編修官507
				判校一員516
				左通禮·右523

一年에 兩都目으로 二員은 그 職에서 떠나야 한다。○ 校檢以上에 缺員이 있으면 그 任務를 감당할 수 있는 者로써 근무일수를 계산하지 아니하고 차례대로 轉任시킨다。

京官職		從三品	正四品	從四品	正五品	從五品	正六品	從六品	正七品
春秋館		編修官	編修官	編修官	記注官[508]	記注官	記事官[509]	記事官	記事官
承文院		叅校 一員[517] 敎訓		校勘 一員[518] 敎訓		校理 二員	校檢 二員[519]		博士 二員
通禮院	通禮 各一員	相禮 一員[524]	奉禮 一員[525]		贊儀 一員[526]			引儀 八員[527]	

吏典

從七品	正八品	正九品	從九品
記事官	記事官	記事官	記事官

【正三品衙門】

	著作 二員	正字 二員	副正字 二員 520

【奉常寺】528
祭祀 및 諡號의 議定에 관한 일을 맡는다。都提調・提調는 各 一員을 둔다。正 以下는 모두 文官을 쓴다。正은 堂上官으로 昇進된다。主簿以上 六員은 久

【宗簿寺】530
璿源譜牒531을 編纂하고 宗室의 허물과 잘못(愆違)을 糾察하는 任務를 맡는다。都提調 二員〔宗室의 尊屬親(屬尊宗親532)으로 한다。〕提調 二員을 둔다。

【校書館】533
經籍의 印刷・頒布 및 香祝534・印章篆刻(印篆535)의 任務를 맡는다。모두 文官을 쓴다。篆文에 精熟한 者 三人은 그 品階에 따라 兼任시킨다。提調는

【司饔院】537
王의 食事(御膳538) 및 闕內 飮食物의 供給(供饋) 등의 일을 맡는다。都提調 一員、提調 一員、副提調 五員、〔一員은 承旨〕는 提擧・提檢은 합하여 四

京官職	正三品	從三品	正四品
奉常寺	正 一員　　任으로 한다。	副正 一員	
宗簿寺	正 一員		
校書館	判校 一員　　二員、別坐·別提는 합해서 四員을 둔다。○博士以下는 또 議政府의 司錄 一員과 奉常寺의 直長以下 一員으로 兼任케 하고 차례차례 昇進·전보시킨다。 一年에 兩都目으로 二員은 그 職에서 떠나야 한다。	他官이 兼한다。	
司甕院	正 一員　　提擧[539]　　員을 둔다。○主簿以上 一員은 久任으로 한다。	提擧	提檢[540]

452

從四品	從五品	正六品	從六品	正七品	從七品	正八品	從八品
僉正二員	判官二員		主簿二員		直長一員		奉事一員
僉正一員			主簿一員		直長一員		
	校理一員 別坐536	別提	別提	博士二員		著作二員	
僉正一員 提檢	判官一員		主簿一員		直長二員		奉事三員

京官職	正九品	從九品
奉常寺	副奉事 一員[529]	泰奉 一員
宗簿寺		
校書館	正字 二員	副正字 二員
司饔院		泰奉 三員

[正三品衙門]

【內醫院】[541]
王의 藥(御藥)을 調劑하는 일을 맡는다. 都提調・提調 各 一員, 副提調 一員〈承旨〉을 둔다. ○遞兒職이며 兩都目으로 한다.

【尙衣院】[542]
王에게 드리는 衣服(衣襨[543]) 및 闕內의 財貨・金寶[544] 등의 物品을 맡는다. 提調 二員, 副提調 一員〈承旨〉別坐・別提는 합하여 二員을 둔다. 主簿以上 一員은 久任으로 한다.

【司僕寺】[545]
임금이 타는 수레와 말(輿馬) 廐馬牧養에 관한 일을 맡는다. 提調 二員을 둔다. 判官以上 二員은 久任으로 한다.

【軍器寺】[546]
兵器를 製造하는 일을 맡는다. 都提調 一員, 提調 二員이며, 別提는 합하여 二員을 둔다. 主簿以上 二員은 久任으로 한다.

正六品		從五品	正五品	從四品	從三品	正三品	
		判官一員		僉正一員		正一員	
別提	別坐	判官一員	別坐	僉正一員		正一員	員은 久任으로 한다.
		判官一員		僉正一員	副正一員	正一員	
別提	別坐	判官二員	別坐	僉正一員	副正一員	正一員	

京官職	從六品	從七品	從八品	正九品	從九品
內醫院	主簿 一員	直長 三員	奉事 二員	副奉事 二員	叅奉 一員
尙衣院	主簿 一員　別提	直長 二員			
司僕寺	主簿 二員				
軍器寺	主簿 二員　別提	直長 一員	奉事 一員	副奉事 一員	叅奉 一員

【正三品衙門】

【內資寺】[547] 闕內에 供給하는 쌀、 밀가루(麵)、 술、 장、 기름、 꿀(蜜)、 菜

【內贍寺】[548] 各宮·各殿에 대한 供上[549]과 二品 以上에게 下賜하는 술 및

【司䆃寺】[550] 御用倉庫(御廩[551])의 米穀 및 闕內에 供給하는 장(醬) 등속의 物

	正三品	從三品	從四品	從五品	從六品	從七品
蔬、果物과 闕內의 宴享과 織造 등에 관한 일을 맡는다。提調 一員을 둔다。主簿以上 四員은 久任으로 한다。	正一員	副正一員	僉正一員	判官一員	主簿一員	直長一員
倭人・野人에게 供給하는 飮食物과 織造 등에 관한 일을 맡는다。提調 一員을 둔다。主簿以上 四員은 久任으로 한다。	正一員	副正一員	僉正一員	判官一員	主簿一員	直長一員
品을 맡는다。提調 一員을 둔다。主簿以上 一員은 久任으로 한다。	正一員	副正一員	僉正一員		主簿一員	直長一員

正四品	從三品	正三品		從八品
				奉事 一員 （內資寺）
				奉事 一員 （內贍寺）
			【正三品衙門】	
提檢	副正 一員	正 一員	【禮賓寺】552 賓客을 접대하는 宴享(燕享)553과 宗宰에 대한 飮食物 供給 등의 일을 맡는다. 提調 一員과 提檢·別坐·別提는 합하여 六員을 둔다. 主簿以上 一員은 久任으로 한다.	
	副正 一員	正 一員	【司贍寺】554 楮貨555 布556 등의 製造 및 外居奴婢의 貢布 등에 관한 일을 맡는다. 提調 一員을 둔다. 主簿以上 一員은 久任으로 한다.	
	副正 一員	正 一員	【軍資監】557 軍需物資의 貯藏에 관한 일을 맡는다. 都提調·提調 各 一員을 둔다. 主簿以上 八員은 久任으로 한다.	

從八品	從七品	從六品		正六品	從五品		正五品	從四品	
奉事一員	直長一員	別提	主簿一員	別提	別坐	判官一員	別坐	提檢	僉正一員
	直長一員		主簿一員						僉正一員
奉事一員	直長一員		主簿三員			判官三員			僉正二員

從三品	正三品	職掌		從九品	正九品
副正一員	正一員	【濟用監】[558] 進獻하는 布物[559]과 人蔘、下賜하는 衣服 및 紗・羅・綾・段[560]、布貨[561]、採色入染[562]、織造 등의 일을 맡는다. 提調 一員을 둔다. 主簿以上 四員은 久任으로 한다.	【正三品衙門】	參奉一員	
副正一員	正一員	【繕工監】[563] 土木・營繕을 맡는다. 提調 二員을 둔다. 判官以上 一員은 久任으로 한다.			
副正一員	正一員	【司宰監】[564] 魚物、肉類、食鹽、燒木[565]、炬火[566] 등에 관한 일을 맡는다. 提調 一員을 둔다. 主簿以上 一員은 久任으로 한다.		參奉一員	副奉事一員

吏典

【正三品衙門】

衙門	從四品	從五品	從六品	從七品	從八品	正九品	從九品
掌樂院	僉正一員	判官一員	主簿一員	直長一員	奉事一員	副奉事一員	叅奉一員
觀象監	僉正一員	判官一員	主簿一員	直長一員	奉事一員	副奉事一員	叅奉一員
典醫監	僉正一員		主簿一員	直長一員			叅奉一員

【掌樂院】[567] 聲律[568]의 敎育과 校閱에 관한 일을 맡는다。

【觀象監】[569] 天文、地理[570]、曆數[571]、占算[572]、測候、刻漏[573] 등에 관한 일을 맡는다。 提調 二員을 둔다。

【典醫監】[586] 醫藥을 闕內需用에 供給하는 일과 賜與하는

京官職

掌樂院

提調 二員을 둔다。
音律을 解得하는 者와
僉正以下는 그 品階에
따라 二員을 兼任시
킨다。主簿以上 一員
은 久任으로 한다。

觀象監

○取才[574]에서 分數[575]가 많은 者와 判
官以上 一員은 久任으로 한다。久任
者 및 教授・訓導外는 遞兒職으로 兩
都目으로 한다。主簿以上은 모두 科
擧合格者(出身)로서 任命한다。○天
文學習讀官[576]은 十員을 두되、從六品
이 되어 그 職에서 떠난 뒤에 守令取
才[577]에 合格된 者는 守令으로 任用한
다。各기 從事하는 學(本業)에 精
通한 者는 肄習官[578]이라 일컬어 그 學
業을 專攻하게 하고、前職官吏(前銜)
의 경우라면 無祿官의 例에 의하여
任用한다。○三學[579]이나 天文・曆算
등에 兼通한 者는 특별히 顯官[580]으로
任用하여 그 職에서 계속 勤務하게
한다。○禁漏[581]는 三十員을 두되、勤
務日數가 많은 者는 官職을 주고 從
六品에서 그 職을 떠난다。그 職에서
계속 勤務하는 者에게는 從六品의 西
班遞兒職 하나를 配當한다。○日月蝕

典醫監

일을 맡는다。提調 二
員을 둔다。○取才에서
分數가 많은 者와 判官
以上 一員은 久任으로
한다。久任者 및 教授・
訓導外에는 遞兒職으로
兩都目으로 한다。取
才에서 次點을 차지한
者(居次者)는、外任으로
보낸다。○主簿以上은
모두 科擧合格者로 任
命한다。○習讀官[587]은
三十員을 둔다。

을 推算할 수 있는 者(日月食述者582)는 별도로 西班遞兒職583 하나를 배당한다. ○命課盲584은 西班九品의 遞兒職 둘을 配當하되 四都目으로서 交替하여 職을 주고, 勤務日數 四百이 차면 品階를 올려 준다. 賤人은 從六品에서 그친다.

正一品	正三品	從三品	從四品	從五品
	正一員		僉正一員	
領事一員 (領議政)	正一員	副正一員	僉正一員	判官二員
	正一員	副正一員	僉正一員	判官一員

京官職

	從六品	從七品	從八品	正九品	從九品
掌樂院	主簿 一員	直長 一員			
觀象監	主簿 二員。天文學·地理學教授 各一員	直長 二員	奉事 二員	副奉事 三員。天文學·地理學訓導 各一員。命課學[585]訓導 二員	叅奉 三員
典醫監	主簿 一員。醫學教授 二員	直長 二員	奉事 二員	副奉事 四員。醫學訓導 一員	叅奉 五員

正一品

【正三品衙門】

【司譯院】588 여러 나라의 言語를 通譯하는 일을 맡는다。都提調 一員、提調二員을 둔다。○ 敎授・訓導外에는 遞兒職으로 兩都目으로 한다。取才에서 次點을 차지한 者는 外任으로 보낸다。○ 漢學習讀官 589은 三十員을 둔다。○ 단지 女眞語의 通譯만 할 수 있는 者 590는 二番으로 나누어 一年씩 서로 交替시킨다。○ 서울과 地方의 여러가지 語學의 訓導는 勤務日數 九百이 차면 갈린다。

【從三品衙門】

【世子侍講院】591 世子를 모시고 經書와 史書를 講하고、道義를 올바로 啓導(規諷)하는 일을 맡는다。모두 文官을 쓴다。副賓客以上은 다른 官司의 官員으로 兼任케 한다。

【正四品衙門】

【宗學】602 宗室에 대한 敎育의 任務를 맡는다。成均館의 司成以下 典籍以上으로 兼任케 한다。

師 592
一員 領議政

京官職

官署	（正一品）	從一品	正二品	從二品	正三品	從三品	正四品
司譯院					正一員	副正一員	
世子侍講院	傅[593]一員（政議）	貳師[594]一員（成贊）	左賓客·右賓客各一員[595]	左副賓客·右副賓客各一員[596]		輔德[597]一員	弼善[598]一員
宗學							導善[603]一員

從四品	正五品	從五品	正六品	從六品		正七品	從七品	從八品
僉正 一員		判官 二員		主簿 一員。漢	學教授 四員 二員은 文臣이 兼한다。		直長 二員	奉事 三員
	文學 一員 [599]		司書 一員 [600]			說書 一員 [601]		
	典訓 一員 [604]		司誨 二員 [605]					

正九品　副奉事 二員。

從九品　漢學訓導 四員。蒙學・倭學・女眞學訓導 各二員

參奉 二員

【正四品衙門】

【修城禁火司】606

宮城607・都城608의 修築 및 宮闕609・官衙의 建物・坊里610 各戶의 消防(救火) 등의 일을 같는다. 都提調 一員、提調 一員、提檢以下는 五員이다.

【典設司】611　帳幕612을 供給하는 일을 맡는다.

【豐儲倉】613　米豆、草芚614、紙地615 등의 物品을 맡는다. 主簿以上 一員은 久任으로 한다.

從五品	正五品	從四品	正四品	
別坐	別坐		提檢	調二員、提檢은 四員으로 그 중의 三員은 司僕寺正、軍器寺正、繕工監正이 兼한다。別坐는 六員으로 그 중의 四員은 義禁府 經歷과 兵曹・刑曹・工曹의 正郎 各 一員이 兼한다。別提는 三員으로 그 중의 一員은 漢城府의 判官이 兼한다。
別坐	別坐	提檢	提檢	守一員
				守一員

京官職	正六品	從六品	從七品	從八品	正九品
修城禁火司	別提	別提			
典設司	別提	別提			
豐儲倉		主簿一員	直長一員	奉事一員	副奉事一員

【正四品衙門】

【廣興倉】[616] 모든 官員의 祿俸[617]을 맡는다. 主簿 以上 一員은 久任으로 한다.

【典艦司】[618] 서울과 地方의 舟艦[619]을 맡는다. 都提調·提調 각 一員으로 提檢 以下의 官員은 五員으로 한다. ○ 水運判官[620] 二員과 海運判官[621] 一員이 이에 配屬된다.

【從四品衙門】

【典涓司】[622] 宮闕을 淸掃(涓治)하는 任務를 맡는다. 提調 一員〈繕工監의 提調가 兼한다.〉提檢·別坐·別提는 합하여 五員으로 한다. 直長 以下는 錄事遞兒職으로 四都目이다.

吏典

正四品	從四品	正五品	從五品	正六品	從六品	從七品	從八品	正九品	從九品
守一員					主簿一員		奉事一員	副奉事一員	
	提檢	別坐	別坐	別提	別提				
	提檢	別坐	別坐	別提	別提	直長二員	奉事二員		叅奉六員

【正五品衙門】

【內需司】623 闕內需
用의 米布 및 雜物624, 奴婢625
등에 관한 일을 맡는다. 別
坐·別提는 합하여 二員으로
한다. 典需·副典需·別坐·
別提는 서로 번갈아 任命한
다. 書題626는 二十員이다. 典
會以下는 書題遞兒職으로
都目이며, 勤務日數 五百十
四가 차면 品階를 올려주되
從六品에서 그 職을 떠난다.
그 중의 勤謹하고 所管事務
를 완벽하게 아는 자 三人은
王의 特旨627가 있으면 계속
勤務하되 遞兒職으로 和會하
여 受職한다.

【從五品衙門】

【昭格署】632 三淸星
辰633에 대한 醮祭634를 맡는
다. 提調 一員、別提 二員
으로 令·別提는 모두 文
官을 쓴다.

【宗廟署】635 寢廟636
를 守衛하는 일을 맡는다.
都提調·提調 각 一員으로
한다. 直長以下 一員은 久
任으로 한다.

正五品		從五品	正六品	從六品		從七品	從八品	正九品	從九品
典需 一員 [628]	別坐	別坐	別提	副典需 一員	別提	典會 一員 [629]	典穀 一員 [630]		典貨 二員 [631]
		令 一員	別提	別提					粲奉 二員
		令 一員				直長 一員	奉事 一員	副奉事 一員	

【從五品衙門】

【社稷署】637 社稷壇과 그 토담(壇墻 638)을 清掃하는 일을 맡는다. 都提調·提調 각 一員으로 한다.

【平市署】639 市廛을 團束하고 度量衡器(斗斛 640·丈尺 641)를 公平히 하고 物價의 騰落을 調節하는 일들을 맡는다. 提調 一員으로 한다.

【司醞署】642 闕內에 술과 단술(酒醴)을 供給하는 일을 맡는다.

	從五品	從六品	從七品	從八品	從九品
社稷署	令 一員				叅奉 二員
平市署	令 一員		直長 一員	奉事 一員	
司醞署	令 一員	主簿 一員	直長 一員	奉事 一員	

吏典

【從五品衙門】

【義盈庫】643 기름、꿀、黃蠟644、素物645、胡椒646 등의 物品을 맡는다。直長以下 一員은 久任으로 한다。

【長興庫】647 席子648、油芚649、紙地 등의 物品을 맡는다。直長以下 一員은 久任으로 한다。

【冰庫】650 얼음을 貯藏하는 일(藏氷651)을 맡는다。提調 一員、別坐以下는 四員으로 한다。

衙門	從五品	正六品	從六品	從七品	正八品	從八品
義盈庫	令 一員		主簿 一員	直長 一員		奉事 一員
長興庫	令 一員		主簿 一員	直長 一員		奉事 一員
冰庫	別坐	別提	別提	別提	別檢652	別檢

		正六品	從六品	從七品
【正六品衙門】	【掌苑署】653 苑囿、花草와 果物 등의 관리를 맡는다。提調는 一員、別提는 三員이다。	掌苑一員654 別提	別提	
	【司圃署】655 園圃656 와 蔬菜에 관한 일을 맡는다。提調 一員、別提以下는 七員으로 한다。	司圃一員657 別提	別提	
【從六品簿門】	【養賢庫】658 成均館 儒生에게 米豆 등의 物品을 供給하는 일을 맡는다。主簿는 久任으로 한다。		主簿一員 成均館 典籍이 兼한다。	直長一員 成均館 博士가 兼한다。

【從六品衙門】

正八品	從八品	官署	從六品	從七品
		【典牲署】[659] 祭物로 쓰는 家畜(犧牲[660])을 飼養하는 일을 맡는다. 提調는 一員으로 한다.	主簿 一員	直長 一員
別檢	別檢	【司畜署】[661] 祭物 아닌 여러가지 짐승(雜畜)을 飼養하는 일을 맡는다. 提調는 一員으로 한다.	司畜[662] 一員	別提 二員
	奉事 一員 成均館 學正 이 兼한다.	【造紙署】[663] 表箋紙[664]와 咨文紙[665] 그 밖의 여러가지 紙物을 製造하는 일을 맡는다. 提調는 二員으로 한다.	司紙[666] 一員	別提 四員

京官職　典牲署

從八品　奉事一員

從九品　叅奉二員

【從六品衙門】

【惠民署】667 醫藥과 庶民의 疾病을 救療하는 일을 맡는다。提調는 一員으로 한다。○取才에서 分數를 많이 받은 者와 直長以上 一員은 久任으로 하고、久任者외는 遞兒職이며 兩都目으로 한다。取才에서 次點을 차지한 者는 外任으로 보낸다。

【圖書署】668 圖畵669 에 관한 일을 맡는다。提調는 一員으로 한다。

【典獄署】670 獄에 拘留된 罪囚(獄囚)671에 관한 일을 맡는다。提調는 一員〈承旨〉으로 한다。

從六品　主簿一員。醫別提二員　主簿一員

從七品　直長　一員

從八品　奉事　一員

正九品　醫學訓導　一員

從九品　叅奉　四員

學教授　二員
一員은 文官이 兼한다。

【從六品衙門】

【活人署】672
都城의 病난 사람을 救療하는 일을 맡는다。提調는 一員으로 한다。叅奉은 醫員遞兒職으로 兩都目으로 한다。

【瓦署】673
개와와 磚(瓦磚)을 만드는 일을 맡는다。提調는 一員으로 한다。

【歸厚署】674
棺槨675을 만들고、그 和賣676와 禮葬677에 공급하는 여러가지 일을 맡는다。提調는 一員으로 한다。

叅奉　一員

奉事　一員

京官職　　活人署

官署	從六品	從九品
活人署	別提四員	參奉二員
瓦署	別提三員	
歸厚署	別提六員	

【從六品衙門】

【四學】678 所管部內의 儒生을 教育하는 일을 맡는다。四學은 中學679・東學680・南學681・西學682이다。四學의 學官은 成均館 典籍以下로 兼任케 한다。

【五部】683 各部 所管內 坊里住民의 犯法事件 및 橋梁、道路、頒火684、禁火、里門의 警守685、家代686의 測量、檢屍 등의 事務를 맡는다。五部는 中部・東部・南部・西部・北部이다。

	從六品	正九品	從九品
四學	各教授二員	各訓導二員	
五部	各主簿一員		各參奉二員

正三品	【奉朝賀】691		從九品	
	十五員을 둔다。○功臣의 경우에는 某君奉朝賀라고 일컫고、그밖의 경우에는 某官某職奉朝賀라고 일컫는다。本曹 및 兵曹에서 나누어 준다。		叅奉 二員	【文昭殿】687 都提調 二員〈屬宗親〉提調는 二員으로 한다。
		【실지로 正一品職에 근무한 者】	各叅奉 二員	【各陵殿】688 內〈殿〉689
		【실지로 從一品職에 근무한 者】	叅奉 二員	【延恩殿】690 提調는 文昭殿의 提調가 兼한다。
		【실지로 正二品職에 근무한 者】		

	(堂下)	從三品	正四品	從四品	從五品	正六品	正七品
實行正一品職者	功臣			功臣의 嫡長 및凡人[692][693]			
實行從一品職者		功臣			功臣의 嫡長		凡人
實行正二品職者		功臣				功臣의 嫡長	

奉朝賀

從七品		從四品	正五品	從六品		正七品
	【실지로 從二品職에 근무한 者】	功臣	功臣	功臣의 嫡長		
凡人	【실지로 正三品堂上官職에 근무한 者】		功臣			功臣의 嫡長

從八品　凡人

正九品　凡人

【內侍府】694 闕內 飲食物의 監督、王命의 傳達、關門의 守直、掃除의 任務를 맡는다。모두 一百四十員이며 四都目으로 한다。○四品以下는 文・武官의 勤務日數에 의거하여 品階를 올려주고, 三品 以上은 王의 特旨가 있어야 준다。〈原從功臣의 경우에는 例에 따라 通訓大夫에 이르기까지 品階를 올려준다。〉長番者695 및 交代勤務(出入番696)하는 者는 날마다 勤務日數(仕697)一로 쳐준다。〈出番의 경우에도 역시 勤務日數로 쳐준다。〉은 册을 講하여 通698이면 特別勤務日數(別仕699)二로 쳐주고, 略通이면 一로, 粗通이면 半으로 쳐주고, 不通이면 勤務日數(仕)三을 削減한다。〈誦700하는 경우에도 같다。〉四書701 중에서 自願한 一書의 세곳(三處702)과 小學・三綱行實703 중에서 세곳을 講하여 通 五를 얻은 者(得通五者)는 品階를 올려주고 講學을 免除하여 준다。〈나이가 三十五에 차면 역시 免除하여 준다。〉○ 聽講한 날은 特別勤務日數 一로 쳐주고, 每月 한번씩 세곳을 講하면 위의 條項에 의하여 勤務日數로 쳐준다。都目 때마다 講의 경우는 七處에, 誦의 경우는 八處에 모두 通하거나 모두 誦하는 者는 六品以上이면 准職704에, 七品以下는 守職에 任命하고, 四處에 通・三處에 略(四通三略)以上인 者는 官職을 받게 되어 있는 경우에는 올려주고, 그 나머지는 勤務日數만 쳐준다。〈비록 六處에 通하고 七處를 誦하였다 하더라도 粗通이 섞여 있으면 勤務日數만 쳐준다。〉

凡人

正三品　尚醞706 一員

從二品　尚膳705 二員

正三品

品階	官職	人員	遞兒職 設明
(堂下)	尚茶	一員[707]	
從三品	尚藥	二員[708]	
正四品	尚傳	二員[709]	
從四品	尚册	三員[710]	一員은 鷹坊[711]으로 遞兒職이고、二員은 大殿의 薛里[712]、酒房·對客堂上[713]이나 王妃殿의 承傳色[714] 薛里이다. 이들의 遞兒職은 여기에 그친다.
正五品	尚弧	四員[715]	大殿의 鷹坊·弓房、王妃殿의 酒房、文昭殿의 薛里、世子宮의 長番 등으로 이들의 遞兒職은 여기에 그친다.
從五品	尚帑	四員[716]	大殿의 廂庫[717]·燈燭房[718]의 多人[719]이나 薛里、監農[720] 世子宮의 薛里 등으로、이들의 遞兒職은 여기에 그친다.
正六品	尚洗	四員[721]	大殿의 掌器房[722]·掌務[723]·火藥房[724]·司鑰房[725]·掌內苑[726]、世子宮의 酒房、嬪宮의 薛里·王妃殿의 燈燭房、文昭殿의 進止[727]、世子宮의 酒房 등으로、이들의 遞兒職은 여기에 그친다.
從六品	尚燭	四員[728]	大殿의 門差備[729]、王妃殿의 門差備와 掌務、世子宮의 燈燭房 등으로、이들의 遞兒職은 여기에 그친다.
正七品	尚恒	四員[730]	世子宮의 門差備、各宮의 薛里와 門差備 등으로、이들의 遞兒職은 여기에 그친다.

品階	官職	人員
從七品	尚設	六員[731]
正八品	尚除	六員[732]
從八品	尚門	五員[733]
正九品	尚更	六員[734]
從九品	尚苑	五員[735]

【雜職】[736] 모두 四都目이다. 馬醫[737]、道流[738]、畫員[739]의 경우 品階는 正職[740]과 같다. ○ 正職을 줄 때에는 一階를 낮추어 준다.

【工曹】 匠人의 數는 工典에 나타난다. 匠人은 二番으로 나누어 交代勤務하게 하고, 勤務日數 九百이 차면 〈尙衣院의 綾羅匠[751]、造紙署의 紙匠[752]은 三番으로 나누어 勤務하게 하되, 勤務日數는 六百으로 한다.〉 品階를 올려주되 從六品에서 그치고, 단지 元勤務日數(元仕[753])만을 계산한다.

【校書館】 守藏[756] 諸員은 四十四、粧冊[757] 諸員은 二十으로, 각기 二番으로 나누고, 勤務日數 九百이 차면 品階를 올려주되 從六品이 되면 그 職을 떠나야 한다. 勤務日數가 많은 者 각 二人은 西班으로 보내어 叙用한다. 계속 근무하기를 願하는 者는 모두 勤務日數 一百九十三이 차면 品階를 올려주되 正三

418

官司	正六品	從六品	正七品	從七品	正八品	從八品	正九品	從九品	
【校書館·司】	供職郎 741 勵職郎 742	謹任郎 743 效任郎 744	奉務郎 745	承務郎 746	勉功郎 747	赴功郎 748	服勤郎 749	展勤郎 750	다른 官司의 匠人도 같다。
【司饔院】 飯監 761 과 各色掌 762						工造 754 一員		工作 755 二員	品에서 그친다。
【尚衣院】						司准 758 一員 守藏員으로 遞兒職이다。		司勘 759 一員 守藏員으로 遞兒職이다。	

校書館・司瞻寺・造紙署　司饔院

瞻寺・造紙署

署】서로 協議하여 職을 바꿔준다.

의 數는 刑典에 나타난다. 飯監은 二番으로 나누고 勤務日數 九百이 차면 品階를 올려주되 從六品에서 그친다. 各色掌은 二番으로 나누고, 勤務日數 二千七百이 차면 品階를 올려주되 從八品에서 그친다.

司饔院

從六品	從七品	從八品
宰夫[763] 一員 大殿 水剌間[764]의 飯監、王妃殿 水剌間의 飯監으로 遞兒職이다.	膳夫[765] 一員 文昭殿 水剌間의 飯監、大殿 多人廳의 飯監으로 遞兒職이다.	工造四員 造紙署의 紙匠으로 遞兒職이다. 調夫[766] 二員 大殿 水剌間의 各色掌、王妃殿 多人廳의 飯監、世子宮・嬪宮 水剌間의 飯監으로 遞兒
	工製[770] 四員 綾羅匠、冶匠[771]、環刀匠[772]으로 遞兒職이다.	工造一員 玉匠[773]、咮匠[774]、銀匠[775]으로 遞兒職이다.

尚衣院

七二

正九品	從九品
職이다。	
餁夫 二員[767] 一員은 大殿 水刺間의 各色掌、王妃殿 多人廳의 飯監、世子宮・嬪宮 水刺間의 飯監으로 遞兒職이고、一員은 大殿의 銀器城上[768]、王妃殿 水刺間의 各色掌、世子宮 多人廳의 飯監으로 遞兒職이다。	工作 二員 諸色匠[760]으로 遞兒職이다。
工作 三員 諸色匠으로 遞兒職이다。	烹夫 七員[769] 二員은 大殿의 銀器城上、王妃殿 水刺間의 各色掌、文昭殿 水刺間의 各色掌、世子宮 多人廳의 飯監으로 遞兒職이고、四員은 大殿 多人廳의 各色掌、王妃殿의 銀器城上、世子宮・嬪宮의 水刺間의 各色掌으로 遞兒職이며、一員은 王妃殿 多人廳의 各色掌、世子宮・嬪宮의 銀器城上、世子宮 多人廳의 各

官署	從六品	從七品	從八品	從九品
【司僕寺】 馬醫 十員	安驥[776] 一員	調驥[777] 一員	理驥[778] 一員	保驥[779] 一員
【軍器寺】		工製五員 弓人[780]、矢人[781]、甲匠[782]、冶匠으로 遞兒職이다.	工造二員 弓人、矢人、鑄匠[783]、木匠[784]으로 遞兒職이다.	工作二員 一員은 諸色匠으로 遞兒職이고, 一員은 觀象監의 自擊匠[785]으로 遞兒職이다.
【繕工監】			工造四員 木匠、石匠[786]、冶匠으로 遞兒職이다.	工作四員 二員은 木匠으로 遞兒職이고, 二員은 諸色匠으로 遞兒職이다.
司饔院				色掌으로 遞兒職이다.

正六品

典樂794 一員 樂師로 遞兒職이다.

【掌樂院】 樂師787 · 樂生788 · 樂工789의 數는 禮典에 나타난다. 모두 長番으로 勤務日數 一千二百이 차면 品階를 올려주되 正六品에서 그친다. 良人790의 경우에는 그 品階는 正職과 같다.《校書館 · 掖庭署의 경우도 같다.》○樂工遞兒職은 二十으로 그 안에는 唐樂791이 十二人、鄉樂792이 八人이다.○管絃盲793은 勤務日數 四百이 차면 品階를 올려주되 賤人은 從六品에서 그친다.

【昭格署】 道流는 十五員으로 四品이 되면 그 職을 떠나야 한다. 계속하여 勤務하는 者는 西班遞兒職 六品에 一員、八品에 一員 및 太一殿798祭奉에 一員을 任用한다. 遁甲道流799는 八員으로、西班遞兒職 八品에 一員、九品에 一員을 두고 그 중에서 功績이 있는 者는 品階를 올려서 職을 준다.

【掌苑署】 別監802은 二十으로 遞兒職이다. 二人은 長番으로 勤務日數 一千八百이 차면 品階를 올려주되 從六品 實職에 이르면 그 職에서 떠나야 한다. ○掖庭署의 別監이 그 職을 떠나서 移屬되어 온 者는 勤務日數 九百이 차면 正七品階로 올려주고 또 九百이 차면 그 職에서 떠나야 한다.

雜職

從六品	正七品	從七品	正八品	從八品	
副典樂 二員 一員은 樂師로 遞兒職이고、一員은 樂生이나 樂工으로 遞兒職이다。〈봄과 가을에는 樂生이、여름과 겨울에는 樂工이 된다。〉	典律[795] 二員 一員은 樂生으로 遞兒職이고、一員은 樂工으로 遞兒職이다。	副典律 二員 一員은 樂生으로 遞兒職이고、一員은 樂工으로 遞兒職이다。	典音[796] 二員 一員은 樂生으로 遞兒職이고、一員은 樂工으로 遞兒職이다。	副典音 四員	掌樂院
			尙道[800] 一員		昭格署
愼花[803] 一員		愼果[804] 一員	愼禽[805] 一員	副愼禽 一員	掌苑署

吏典

	正九品	從九品
一員은 樂生으로 遞兒職이고、三員은 樂工으로 遞兒職이다。	典聲[797] 十員　四員은 樂生으로 遞兒職이고、六員은 樂工으로 遞兒職이다。	副典聲 二十三員　六員은 樂生으로 遞兒職、十二員은 樂工으로 遞兒職、四員은 管絃盲으로 遞兒職이다。
	志道[801] 一員	
	愼獸[806] 三員	副愼獸 三員

【掖庭署】[807] 王命의 傳達과 謁見(傳謁) 및 王이 사용하는 闕門자물쇠와 열쇠의 관리、宮闕內庭의 設備 등의 任務를 맡는다。大殿의 司謁은 二員、司鑰은 三員、書房色[808]은 二員、王妃殿의 司鑰은 二員、世子宮의 司鑰은 二員이다。別監의 數는 刑典에 나타난다。○司謁、司鑰、書房色은 二番으

【圖畫署】 畫員은 二十員이다。계속 勤務하는 者는 西班遞兒職 六品一員、七品一員、八品

雜職

掖庭署

로 나누어 勤務日數 六百이 차면 品階를 올려주고 正六品이 되면 그치며, 別監의 경우에는 二番으로 나누고 근무일수가 九百이 차면 品階를 올려 주되 〈다만 入直한 勤務日數만을 계산한다.〉 從七品이 되면 그 職에서 떠나야 한다. 비록 특별히 品階를 올려주어서 七品에 이르렀다 하더라도 勤務日數가 찬 뒤에라야 그 職에서 떠나는 것을 許한다.

品階	掖庭署	圖畫署
正六品	司謁 一員 [809] 大殿의 司謁로서 遞兒職이다. 司鑰 一員 [810] 大殿의 司鑰으로서 遞兒職이다.	
從六品	副司鑰 一員 大殿의 司謁·司鑰으로 遞兒職이다.	善畫 一員 [815]
正七品	司案 二員 [811] 大殿의 書房色, 王妃殿의 司鑰으로 遞兒職이다.	
從七品	副司案 三員 [812] 一員은 大殿의 書房色, 王妃殿의 司鑰으로 遞兒職, 一員은 大殿의 別監으로 遞兒職, 一員은 大殿의 洗手·水賜間 [812] 別監, 世子宮의 司鑰으로 遞兒職이다.	善繪 一員 [816]

圖畫署

〔別提〕 一員으로 한다.

正八品

司鋪 二員 813 大殿의 洗手・水賜間 別監、世子宮의 司鑰으로 遞兒職이다。

從八品

副司鋪 三員 二員은 大殿 別監으로 遞兒職、一員은 文昭殿 別監・王妃殿 別監으로 遞兒職이다。

畫史 一員 817

正九品

司掃 814 六員 三員은 大殿 別監으로 遞兒職、三員은 王妃殿 別監、文昭殿 別監、世子宮의 洗手・水賜間 別監으로 遞兒職이다。

繪史 二員 818

從九品

副司掃 九員 四員은 大殿 別監으로 遞兒職、五員은 王妃殿 別監、文昭殿 別監、世子宮 別監、洗手・水賜間 別監으로 遞兒職이다。

【外官職】 819

品階 및 官職의 轉任、品階의 陞級、行・守職은 모두 京官의 경우와 같

【京畿】 829

【忠清道】 854

【慶尚道】 866

다。觀察使[820]·都事는 勤務日數 三百六十이 차고、守令은 勤務日數 一千八百이 차고、堂上官 및 家族을 데리고 가지 않는(未挈家) 守令[821]과 訓導는 勤務日數 九百이 차면 바로 轉任시킨다。任地가 옮겨진 守令은 前의 勤務日數를 通算하여 轉任시킨다。農繁期에는 轉任시키지 말 것이며、春分前에 勤務日數未滿이 五十日以下인 者는 轉任시킨다。○崇義

殿[822]의 官職으로 奉
祀 一人을 둔다。
○京畿外에 있는
여러 陵・殿[823]의 条
奉은 觀察使가 그
道의 사람 중에서
택하여 王에게 아
뢴다。○敎授는 牧
以上이라면 文臣중
에서、都護府는 生
員・進士중에서 택
하여 任命한다。[824]
○永安道 洪原以
北・平安道 博川以
西의 敎官은 任命
할때에 一階를 올
려준다。○守令[825]
이나 敎官[826]이 핑게
를 대어 그 職을
謀免하려는 者는

그가 勤務해야 할 期間까지는 任用하지 아니하고,[827] 任用할 때에는 도로 外官으로 任命한다. ○나이가 六十五를 넘은 者는 外官으로 任命하지 아니한다. 〈堂上官 및 家族을 데리고 가지 않는 者는 이 制限을 받지 아니한 父母의 나이가 七十以上인 者는 三百里가 넘는 먼 邑의 守令으로 任命하지 못한다.〉[828]

從二品		道
	觀察使 一員	京畿
	觀察使 一員	忠淸道
府尹 一員〈慶州〉[867][868]	觀察使 一員。	慶尙道

吏典

正三品	從三品	從四品
牧使四員[830] 廣州[831]・驪州[832]・坡州[833]・楊州[834]。	使[835] 崇義殿 都護府使[836] 七員 水原[837]・江華[838]・富平[839]・南陽[840]・利川[841]・仁川[842]・長湍[843]。	守 崇義殿。 郡守[844] 七員 楊根・豊德・安山・朔寧・安城・麻田・高陽。
牧使四員 忠州[855]・清州[856]・公州[857]・洪州[858]。		郡守十二員 林川・丹陽・清風・泰安・韓山・舒川・沔川・天安・瑞山・槐山・沃川・溫陽。
大都護府使[869] 一員 安東[870] 牧使 三員 尙州[871]・晋州[872]・星州[873]。	都護府使 七員 昌原[874]・金海[875]・寧海[876]・善山[877]・青松[878]・密陽[879]・大丘[880]。	郡守十四員 陜川・咸陽・草溪・清道・永川・醴泉・榮川・興海・蔚山・梁山・咸安・金山・豊基・昆陽。

外官職	從五品	從六品
京畿	令〈殿崇義。〉都事 一員。判官[845] 五員〈左道水運[846]。右道水運〈모두 無祿官이다。〉敎授・訓導・審藥・檢律・察訪・驛丞・渡丞〈모두 渡丞도같다。〉〉廣州・驪州・水原。縣令[847] 五員 龍仁・振威・永平・陽川・金浦。	監〈殿崇義。〉察訪[848] 三員〈迎曙道[849] 屬驛：碧蹄・馬山・東坡・靑郊・狄踰・中連。良才道 屬驛：樂生・駒興・金嶺・佐贊・分行・無極・康福・加川・菁好・長足・同化・海
忠清道	都事 一員。判官 四員〈忠州・清州・公州・洪州。〉縣令 一員〈文義。〉	察訪 三員〈栗峯道[859] 屬驛：長楊・台郞・雙樹・猪山・時化・德驛・增若・嘉和・土坡・順陽・化仁・會同・新興・原巖・含林・田民。連原道[860] 屬驛：丹月・仁山・坎原・新豊・
慶尚道	都事 一員。判官 五員〈慶州・安東・尚州・晋州・星州。〉縣令 七員〈盈德・慶山・東萊・固城・巨濟・義城・南海。〉	察訪 五員〈幽谷道[881] 屬驛：聊城・德通・守山・洛陽・洛東・仇彌・雙溪・安溪・大隱・知保・召溪・延香・洛源・上林・洛西・長林・洛平・安谷。金泉道[882] 屬驛：秋豊・踏溪・

門。平丘道 屬驛：綠楊・安奇・梁文・奉安・娛賓・雙樹・田谷・白冬・仇谷・甘泉・連洞。

縣監[850] 十四員

砥平・抱川・積城・果川・衿川・喬桐・通津・交河・漣川・陰竹・陽城・陽智・加平・竹山。

教授 十一員

이는 위에서 든 州와 府에 둔다。京畿外의 여러 道의 경우에도 같다。

安富・可興・用安・黃江・水山・長林・令泉・吾賜・泉南・安陰。成歡道[861]屬驛：新恩・金蹄・廣程・日新・敬天・平川・丹平・惟鳩・金沙・長命・延春。

縣監 三十七員

鴻山・堤川・德山・平澤・稷山・懷仁・定山・青陽・延豐・陰城・清安・恩陽・懷德・鎭岑・連山・尼山・大興・扶餘・石城・庇仁・藍浦・鎭川・結城・保寧・海美・唐津・新昌・禮山・木川・全義・燕岐・永春・報恩・永同・黃澗・青山・牙山。

教授 四員

安彥・茂溪・安林・金陽・扶雙・東安・八鎖・茂村・高平・楊原・勸賓・星奇・楊川・琴川・文山・作乃・長谷・省草。安奇道[883]屬驛：鐵破・青路・雲山・琴召・松蹄・青雲・文居・和睦・角山・寧陽。長水道[884]屬驛：青通・阿火・毛良・沙里・押梁・牛谷・富平・清景・仇於・華陽・義谷・仁庇・鏡驛・朝驛。省峴道[885]屬驛：龍駕・雙山・內野・一門・凡於・楡川・舌化・金洞・良洞・水安・溫井・繁西・無訖・幽山・買田・西芝。

縣監 二十四員

開寧・居昌・三嘉・宜寧・河陽・龍宮・奉化・清河・彥

從九品

京畿

訓導 二十六員 이는 위에서 든 郡과 縣에 둔다. 京畿外의 여러 道의 경우에도 같다.
審藥 一員[851]。
檢律 一員。
驛丞[852] 三員 重林道 屬驛：慶

忠清道

參奉 太一殿 二員 〈太一殿이 있는 곳에 따라 옮겨가면서 祠宇를 建置한다.〉 여러 道의 각 陵·殿에도 二員을 둔다. 四陵에는 각기 一員을 둔다. 德·安·定·和
訓導 五十員。
審藥 二員 一員

慶尙道

陽·漆原·鎭海·河東·仁同·眞寶·聞慶·咸昌·知禮·安陰·高靈·玄風·山陰·丹城·軍威·比安·義興·新寧·禮安·迎日·長鬐·靈山·昌寧·泗川·機張·熊川。
教授 十二員
訓導 五十五員。
倭學訓導 二員 釜山浦·薺浦。
審藥 三員 一員은 左道[886] 節度使道에, 一員은 右道節度使道에 둔다.
檢律 一員。

信·盤乳·石谷·金輪·終生·南山。慶安道 屬驛：德豐·楊花·新津·安平·阿川·吾川·留春。桃源道 屬驛：仇和·白嶺·玉溪·丹棗·湘水。

渡丞 七員 碧瀾[853]〈右道水運判官이 兼한다。〉 漢江·臨津·路梁·洛河·三田·楊花。

은 節度使道에 둔다。[862]

檢律 一員。

驛丞 三員 利仁道[863] 屬驛：龍田·恩山·楡楊·宿鴻·藍田·青化·豆谷·新谷·靈楡。金井道[864] 屬驛：光時·海門·青淵·世川·龍谷·夢熊·下川·豊田。時興道[865] 屬驛：昌德·日興·汲泉·順城·興世·長時·花川。

驛丞 六員 松羅道[887] 屬驛：柄谷·大松·望昌·酒登·峯山·陸驛·南驛。昌樂道[888] 屬驛：平恩·昌保·瓮泉·幽洞·通明·安郊·道深·竹洞·宣安。沙斤道[889] 屬驛：有麟·安灡·臨水·蹄閑·正谷·新安·新興·正守·横浦·馬田·栗元·碧溪·小南·平沙。自如道[890] 屬驛：近珠·昌仁·大山·新豊·巴水·春谷·靈浦·金谷·德山·省法·赤項·安民·報平·南驛。召村道[891] 屬驛：常令·平居·富多·知南·背屯·松道·丘虚·官栗·文和·永昌·東溪·良浦·浣沙·烏壤·德新。黄山道[892] 屬驛：仍浦·奴谷·輪山·渭川·德泉·堀火·肝谷·阿月·蘇山·休山·新明。

道	從二品	正三品	從三品
【全羅道】893	觀察使一員。府尹一員 全州894。	牧使三員 羅州895·濟州896·光州897。	都護府使四員 南原898·長興899·順天900·潭陽901。
【黃海道】908	觀察使一員。	牧使二員 黃州909·海州910。	都護府使四員 延安911·平山912·瑞興913·豊川914。
【江原道】917	觀察使一員	大都護府使一員 江陵918。牧使一員 原州919。	都護府使五員 淮陽920·襄陽921·春川922·鐵原923·三陟924。

從四品	從五品	從六品
郡守十二員 寶城・盆山・古阜・靈巖・靈光・珎島・樂安・淳昌・錦山・珎山・金堤・礪山。	都事一員。判官五員 全州・羅州・濟州・光州・南原。縣令六員 昌平・龍潭・臨陂・萬頃・金溝・綾城。	察訪三員 參禮道[902] 屬驛：牛石・烏原・葛覃・蘇安・材谷・良才・罵谷・居山・川原・瀛原・扶興・內才。獒樹道[903] 屬驛：
郡守七員 谷山・鳳山・安岳・載寧・遂安・白川・信川。	都事一員。判官二員 黃州・海州。縣令四員 新溪・瓮津・文化・牛峯。	察訪二員 金郊道 屬驛：興義・金巖・寶山・安城・龍泉・劍水・洞仙・所串・敬天・丹林。青丹道[915] 屬驛：金谷・深洞・
郡守七員 平海・通川・旌善・高城・杆城・寧越・平昌。	都事一員。判官二員 江陵・原州。縣令三員 金城・蔚珍・歙谷。	察訪二員 銀溪道[925] 屬驛：豐田・生昌・直木・昌道・新安・龍潭・林丹・玉洞・乾川・瑞雲・山陽・原川・方川・含春・水

外官職

全羅道

昌活・東道・應嶺・引月・潺水・知申・良栗・洛水・德陽・益申・蟾居。　靑巖道904屬驛：丹巖・永申・仙巖・申安・綠沙・加里・永保・景申・光利・烏林・靑松。

縣監 三十一員

光陽・龍安・咸悅・扶安・咸平・康津・玉果・高山・泰仁・沃溝・南平・興德・井邑・高敞・茂長・務安・求禮・谷城・長城・珍原・雲峯・任實・長水・鎭安・茂朱・同福・和順・興陽・海南・大靜・旌義。

教授 八員

黃海道

望汀・金剛・文羅・金洞・新行・維安・南山。長連・松禾・長淵・康翎・殷栗・江陰・兎山。

縣監 七員

教授 六員

江原道

仁・馬奴・富林・嵐校・林川。　保安道926屬驛：安保・泉甘・仁嵐・原昌・富昌・連峯・蒼峯・葛豊・烏原・安興・丹丘・由原・安昌・神林・新興・楊淵・延平・藥水・平安・碧呑・好善・餘粮・臨溪・高丹・橫溪・珍富・大和・方林・云交。

縣監 九員 伊川・平康・金化・狼川・洪川・楊口・麟蹄・橫城・安峽。

教授 七員

從九品

訓導 四十九員。審藥 三員〈一員은 節度使道에、一員은 濟州에 둔다。〉檢律 二員〈一員은 濟州에 둔다。〉驛丞 三員 景陽道[905] 屬驛：德奇・加林・人物・黔富・昌新・大富。碧沙道[906] 屬驛：可申・波青・楊江・洛昇・鎮原・通路・綠山・別珍・南利。濟原道[907] 屬驛：所川・達溪・丹嶺・玉包。

訓導 十八員。譯學訓導 一員 黃州。審藥 一員。檢律 一員。驛丞 一員 麒麟道[916] 屬驛：茶滿・元山・延陽・眞木・朴山・文羅・安山・位羅・所串・所坪・新興。

訓導 十九員。審藥 一員。檢律 一員。驛丞 二員 平陵道[927] 屬驛：冬德・大昌・丘山・木界・安仁・樂豐・新興・史直・交可・龍化・沃原・興富・守山・德神・達孝。祥雲道[928] 屬驛：連倉・五色・降仙・麟丘・竹泡・清潤・雲根・明破・大康・高岑・養珍・朝珍・登路・巨豐・貞德。

從二品

【永安道】[929]　觀察使 一員。府尹 一

【平安道】[947]　觀察使 一員。府尹 一

		正三品	從三品	從四品	從五品
永安道	員 永興[930] 觀察使 가 兼한다。	大都護府使 一員 安邊[931]。	都護府使 十一員 鏡城[932]〈北道 節度使兼[933]〉・慶源[934]・會寧[935]・鍾城[936]〈南道 節度使兼〉・穩城[937]・慶興[938]・富寧[939]・北青[940]・德源[941]・定平[942]・甲山[943]。	郡守 五員 三水・文川・高原・端川・咸興。	都事 一員。判官 七員
平安道	員 平壤[948] 觀察使가 兼한다。	大都護府使 一員 寧邊[949]。	〈節度使兼〉牧使 三員 安州[950]・定州[951]・義州[952]。都護府使 六員 江界[953]・昌城[954]・成川[955]・朔州[956]・肅川[957]・龜城[958]。	庶尹 一員 平壤。郡守 十八員 中和・祥原・德川・价川・慈山・嘉山・宣川・郭山・鐵山・龍川・順川・熙川・理山・碧潼・雲山・博川・渭原・寧遠。	都事 一員。判官 六員

從六品

青。永興·慶源·會寧·鍾城·穩城·鏡城·北

平壤·寧邊·安州·義州·江界·定州。

縣令 八員 龍岡·三和·咸從·永柔·甑山·三登·順安·江西。

察訪 三員 高山道[944]屬驛：南山·朔安·火燈·奉龍·鐵關·良驥·逈達·險守·和原·酒泉·蓬臺·平原·德山。居山道[945]屬驛：咸原·新恩·平浦·五川·濟人·施利·谷口·基原·瓠谷·嶺東·臨溟·雄平·明原·古站·終浦·熊耳·虛川·積生。輸城道[946]屬驛：吾村·朱村·要站·石堡·懷綏·寧安·豐山·櫟山·鍾慶·撫安·鹿野·撫寧·德明·馬乳·燕基·阿山·江陽·雄撫

縣監 四員 洪原·利城·吉城·明川。

教授 十三員

察訪 二員 大同道屬驛：生陽·安定·肅寧·安興·嘉平·新安·雲興·林畔·良策·所串·義順。魚川道屬驛：所古·開平·長洞·平田·加莫·狄餘·立石·城干·從浦·滿浦·北洞·央土·古理·牛場·古延·碧團·昌洲·大朔·小朔·方山·草川。

縣監 五員 陽德·孟山·泰川·江東·殷山。

教授 十一員

永安道

從九員。訓導九員。審藥三員〔一員은 南道節度使道에、一員은 北道節度使道에 둔다。〕檢律一員

平安道

訓導三十一員。譯學訓導二員〔平壤·義州。〕審藥二員〔一員은 節度使道에 둔다。〕檢律一員

【土官職】[959]
官職의 轉任、品階의 昇進、勤務日數는 京官의 경우와 같다。〔六品以上의 品階를 올려줄 때에는 京官의 倍를 勤務하여야 한다。〕觀察使가 그 道에 居住하는 사람을 뽑아서 王에게 아뢴다。〔西班의 경우에는 節度使가 한다。〕京官職을 줄 때에는 一品을 내려서 준다。[960]〔兵曹도 같다。〕○知印[961]과 六房[962]은 京衙前인 錄事의 例에 따르고、主事[963]는 書吏의 例에 따라서 勤務日數가 차면 品階를 올려주어 그 職에서 떠나게 하고 土官職을 준다。○義州의 譯學生徒로

【永興府】[974]

【正五品衙門】　【都務司】[975]

【從五品衙門】　【典禮署】[979]

【從六品衙門】　【諸學署】[984]　戎器署[985]　司倉署[986]　營作署[987]

勤務日數가 많은 者 二人에게도 역시 土官職을 준다。

從八品	正八品	從七品	正七品	從六品	正六品	從五品	正五品
直務郎 971	供務郎 970	注功郎 969	熙功郎 968	奉職郎 967	宣職郎 966	奉議郎 965	通議郎 964
	管事 978 一員			勘簿 977 一員			都務 976 一員
給事 982 一員			典事 981 一員			掌簿 980 一員	
	各管事 一員			各勘簿 一員			

典禮署

<table>
<tr><th>從九品</th><th></th><th></th><th>從九品</th><th>從八品</th><th>從七品</th><th></th><th></th><th>從九品</th><th>正九品</th></tr>
<tr>
<td rowspan="3">各攝事 二員</td>
<td rowspan="3">【四部】[992] 仁興·禮安·義興·智安의 四部로 한다·아래(平壤府)의 경우에도 같다.</td>
<td rowspan="3">【從九品衙門】</td>
<td>攝事 一員</td>
<td></td>
<td>掌事[989] 一員</td>
<td>【收支局】[988]</td>
<td>【從七品衙門】</td>
<td>試仕郎[973]</td>
<td>啓仕郎[972]</td>
</tr>
<tr>
<td>攝事 一員</td>
<td>給事 一員</td>
<td></td>
<td>【典酒局】[990]</td>
<td>【從八品衙門】</td>
<td>攝事[983] 一員</td>
<td></td>
</tr>
<tr>
<td>攝事 二員</td>
<td></td>
<td></td>
<td>【司獄局】[991]</td>
<td>【從九品衙門】</td>
<td>各攝事 一員</td>
<td></td>
</tr>
</table>

【平壤府】

衙門	署·司	正五品	從五品	正六品	從六品	正七品
【正五品衙門】	【都務司】	都務一員		校簿一員		典事二員
【從五品衙門】	【典禮署】		掌簿一員		勘簿一員	典事一員
【從六品衙門】	【諸學署·戎器署·司倉署·營作署】				各勘簿一員	

	從九品	正九品	從八品	從七品			從九品	從八品	正八品
【從九品衙門】	攝事一員		給事一員	掌事一員	【收支局】	【從七品衙門】			
	攝事一員	雜事一員	給事一員		【典酒局】	【從八品衙門】	攝事一員	給事一員	
	攝事二員				【司獄局】	【從九品衙門】	各攝事二員		各管事一員

【四部】	從九品	【寧邊大都護府】[994]	【鏡城都護府】[995]			正五品	從五品	正六品
	各攝事二員			【正五品衙門】 【從五品衙門】 【從六品衙門】	【都務司】 【典禮署】 【戎器署·營作署】	都務一員	掌簿一員	校簿一員

從六品	正七品	正八品	從八品	從九品			從七品	從八品	從九品
	典事一員				【從七品衙門】	【收支局】	掌事一員		攝事一員
	典事一員		給事一員	攝事一員	【從八品衙門】	【典酒局】		給事一員	攝事一員
各勘簿一員		各管事一員		各攝事一員	【從九品衙門】	【司獄局】			攝事二員

衙門	從六品	正七品	從七品	從八品	從九品
【義州牧[996]·會寧都護府[997]·慶源都護府[998]·鍾城都護府[999]·穩城都護府[1000]·富寧都護府[1001]·慶興都護府[1002]·江界都護府[1003]】					
【從六品衙門】					
【都轄司[1004]】	都轄[1005]一員	典事一員			
【典禮署】	勘簿一員			給事一員	攝事一員
【從七品衙門】					
【戎器署·司倉署】				各掌事一員	各攝事一員

【從八品衙門】

【典酒局】

從八品 給事一員

【從九品衙門】

【司獄局】

從九品 攝事一員

攝事一員

【京衙前】1006

【宗親府】

大君　王子君　君

錄事 1007

議政府와 中樞府에 나누어 所屬시키되、 東班의 각 官司에는 議政府가、 西班의 각 官司에는 中樞府가 나누어 보낸다。 勤務日數 五百十四가 차면 品階를 올려주되、 特別勤務日數(別仕)는 實職을 줄 때에만 쓰고 品階를 올려주는 데는 계산에 넣지 아니한다. 원래 品階가 있는 者는 錄事에 入屬되는 것을 許하지 아니한다. 從六品이 되어 그 職을 떠난 뒤에 守令取才에 合格된 者는 守令職에 敍用하고, 미처 合格되지 못한 者는 西班遞兒職에 缺員이 생기는 대로 敍用한다. 錄事로서 한차례의 祿을 받고서 影職[1008]을 自願하는 者는 이를 들어 준다. 〈影職은 職銜은 있으나 職事[1009]는 없는 것을 의미한다. 兵曹도 같다.〉 ○ 一年에 兩都目으로 宣務郎이 되어 그 勤務日數가 찬 者 十人은 그 職에서 떠나야 한다.

書吏[1010] 勤務日數 二千六百이 차면 堂上衙門[1011]은 從七品에서, 三品以下衙門[1012]은 從八品에서 그 職을 떠난 후에 驛丞·渡丞取才[1013]에 合格된 者는 叙用한다. 叙用되기 전에

書吏
各二
各一
各一
六 本廳所屬。아래도 같다。

는 그 官司에서 계속 勤務하되、勤勉하게 근무하는 者는 먼저 職을 받고 品階도 올려주고 다른 官司에 所屬될 때에는 그 근무일수를 합해서 계산하여 준다。○一年에 兩都目으로 勤務日數가 찬 一百人은 그 職에서 떠난다。○承政院의 書吏는 每二日에 特別勤務日數(別仕)一을 더 쳐주고、勤務日數가 찬 뒤에는 都目을 계산하지 아니하고 職에서 떠난다。○弘文館의 册色書吏1014는 每三日에 特別勤務日數一을 더 쳐준다。

【議政府】	議政·贊	成·杂贊
【忠勳府】	君	

<table>
<thead>
<tr><th>錄事</th><th>書吏</th><th></th><th></th><th>錄事</th><th>書吏</th><th></th><th></th></tr>
</thead>
<tbody>
<tr><td>各一</td><td>各一</td><td rowspan="2">【中樞府】1015</td><td rowspan="2">領事·判事·知事·同知事</td><td></td><td>各一</td><td>【儀賓府】</td><td>尉</td></tr>
<tr><td>十二　本衙所屬。아래도 같다。</td><td>十四</td><td></td><td></td><td>【敦寧府】</td><td>領事·判事·知事·同知事</td></tr>
<tr><td></td><td>各一</td><td></td><td></td><td></td><td></td><td></td><td></td></tr>
<tr><td></td><td>六</td><td></td><td></td><td>四</td><td>六</td><td>【義禁府】</td><td>判事·知事·同知事</td></tr>
</tbody>
</table>

六曹	堂上	錄事	書吏
【吏曹】	判書　參判　參議	各一　六	各一　四
【戶曹】	判書　參判　參議	各一　六	各一　十八
【禮曹】	判書　參判　參議	各一　七	各一　十八
【兵曹】	判書　參判　參議　參知	各一　七	各一　三十八

錄事			書吏	錄事			書吏
各一	都捴管 副捴管	【都捴府】[1016]	各一	各一	判書 叅判 叅議	【刑曹】	各一
八			一				一
	判尹·左尹·右尹	【漢城府】	四十六	六			二十八
			各一	各一	判書 叅判 叅議	【工曹】	各一
			一				各一
	大司憲	【司憲府】	十五	五			三十五

官署	錄事	書吏	將
【開城府】	各一	三十	
【五衛】[1017]	各一	三十八	將
【內禁衛】[1018]	一	三十九	將　二
【巡將二所】[1019]	各一	四十	
【兼司僕】[1020]	各一	各一　四	將
【忠翊府】	二	各一	
【內侍府】	各二	各三	
【承政院】	二	各一　六	將

承旨 【宣傳官廳】[1021]

書吏 四 各一 二十二 二

【掌隷院】 【尙瑞院】 【司諫院】

判決事 大司諫

書吏 一 三十二 四 一 二十

【經筵】 【弘文館】 【藝文館】 【成均館】

副提學 大司成

書吏 六 一 十二 十 一 十

【訓鍊院】[1022] 【承文院】 【通禮院】 【奉常寺】

都正

書吏 一

官署	書吏
【宗簿寺】	十二
【校書館】	十
【司饔院】	八
【內醫院】	十五
【尚衣院】	十
【司僕寺】	十六
【軍器寺】	六
【內資寺】	四
【內贍寺】	九
【司䆃寺】	十五
【禮賓寺】	二十
【司贍寺】	十六
【軍資監】	十六
【濟用監】	十五
【繕工監】	二十
【司宰監】	十五
【掌樂院】	二十九
【觀象監】	二十
【典醫監】	二十
【司譯院】	二十

官署	書吏
【世子侍講院】	四
【宗學】	六
【修城禁火司】	六
【典設司】	六
【典艦司】	四
【豐儲倉】	四
【廣興倉】	十
【世子翊衛司】	四
【昭格署】	四
【宗廟署】	十
【社稷署】	十
【平市署】	二
【司醞署】	十
【義盈庫】	四
【長興庫】	四
【冰庫】	八
【掌苑署】	八
【司圃署】	八
【養賢庫】	十
【典牲署】	四

【取才[1025]】

書吏		書吏		書吏		書吏
四	【司畜署】	四	【歸厚署】	四	【惠民署】	二
十二	【造紙署】	八	【四學】	各二	【活人署】	四
五	【典獄署】	四	【五部】	各四		
八	【瓦署】	四	【耆老所[1024]】	四		

【守令】

【外敎官[1031]】 每年 正月에 실시한다。 ○나이가 四十以上인 者만을 시험한다。[1032] 文科覆試[1033]의 講에서 合格된 者는 試驗없이

【驛·渡丞, 書題】

구분	講	製述(1028)	書算
	모두 臨文(1026)으로 한다. 蔭子弟·錄事·道流는 五經중의 一經(1027)과 四書 중의 一書만을 自願에 따라 講한다.		
【蔭子弟】(1040) 每年 正月에 실시한다. ○功臣 및 二品以上의 子·孫·壻·弟·姪과 〈原從功臣의 경우는 子·孫에만 限한다〉 實職 三品인 者의	四書·一經·大典 明律(1029)·經國大典	治民方略(1030)	
【錄事】 每年 正月과 七月에 실시한다.	四書·三經(1034) 經國大典	啓本(1035)·牒呈(1036) 關中一(1037)	楷書(1038)·行算(1039)

叙用한다.

	書算	製述	講	
【道流】			五經中一、四書中一	子・孫、일찌기 吏曹・兵曹・都摠府・司憲府・司諫院・弘文館・部將[1041]・宣傳官을 거친 者의 子로서 나이가 二十以上인 者에게 試驗을 보게 하여 叙用한다。 錄事에 屬하고저 하는 者는 들어준다。
【書吏】三年마다 여러 邑의 校生[1042] 중에서 나이는 들고 재주가 모자라는 者로서 都護府以上은 二人을、郡以下는 一人을 뽑되、校生이 없으면 役을 지고 있지 않는 平民으로써 補充한	楷書・諺文・行算	啓本・牒呈・關中一	五經中一、四書中一、大明律、經國大典	

講	書算
五經中一、四書中一。	楷書
	楷書·行算

다。濟州 및 平安道·永安道의 沿邊 各官에서는 選定하지 아니한다。

【薦擧】[1043] 서울과 地方의 東班과 西班의 三品以上은 三年마다 봄의 첫달 (春孟月)[1044]에 각기 三人을 推薦한다。 三品에서 無職者까지이다。 每年 봄의 첫달에 東班 三品以上 西班 二品以上은 각기 守令이나 萬戶[1045]의 職責을 감당할 수 있는 者를 추천하되 모두 三人을 넘지 못한다。 만약 추천된 者가 贓汚· 敗常의 罪를 犯하면 薦擧한 장본인(擧主[1046])도 함께 그 罪에 緣坐된다。

每年 봄의 첫달에 議政府·六曹의 堂上官 및 司憲府·司諫院의 官員은

각기 觀察使나 節度使의 職責을 감당할 수 있는 者를 추천하고、 忠勳府

는 功臣의 子孫으로서 才能이 吏任[1047]을 감당할 만한 者를 추천한다。○

무릇 推薦된 者는 일찌기 試才[1048]를 거쳤거나 이미 六品以上의 顯官을 지

낸 者 以外에는 四書 中의 一書와 五經중의 一經을 自願에 따라 試驗하

여 뽑는다。 ○ 무릇 告身을 回收당하거나 罷職당한 者는 每年 겨울·

여름의 끝달에 그 罪名을 갖추어 王에게 報告한다。兵曹도 같다。

【諸科】[1049] 文科에서 甲科[1050] 第一人[1051]은 從六品을 주고 나머지는 正七品

울 주며、 乙科는 正八品階를, 丙科는 正九品階를 준다。 원래 品階를 가진 者로 甲科 第一人은 四階를,

나머지는 三階를 올려주고 階窮者[1052]는 堂上官으로 올려준다。乙科에 合格된 者는 二階를、 丙科에 合格된 者는 一階를 올려주되 階窮者는 准職을 준다。〈이미 准職에 있는 者는 堂上官으로 올려준다。〉이미 品階를 가진 者에게

올려줄 品階가 그에게 응당 주어야 할 品階와 서로 같거나 또는 미치지 못하게 되는 경우에는 주어야 할 品階보다 一階를 더 올려준다. (品階가 서로 같게 되는 경우란 甲科 首席合格者의 원래의 品階가 承仕郎인 경우이며, 그것에 미치지 못하는 경우란 甲科 首席合格者의 원래의 品階가 從仕郎以下가 되는 따위와 같다. 나머지의 경우도 이와 비슷하다.) 品階를 준 者는 成均館·承文院·校書館의 權知[1053]로 나누어 任命한다. ○ 譯科[1054] 一等은 從七品을 주고, 本衙門에 叙用한다. 아래의 경우에도 같다. 二等은 從八品階를, 三等은 從九品階를 준다. 陰陽科[1055]·醫科[1056]·律科[1057]의 一等은 모두 從八品을, 二等은 正九品階를, 三等은 從九品階를 준다. 원래 品階를 가진 者는 모두 一階를 올려주고, 올려줄 品階가 응당 주어야 할 品階와 서로 같거나 또는 미치지 못하는 경우에는 응당 주어야 할 품계보다 一品階를 더 올려준다. 品階를 준 者는 모두 각기 本衙門의 權知에 任命한다.

【除授[1058]】 沿邊地域의 守令은 兵曹와 같이 相議하여 職을 준다. 京畿의 喬桐、忠淸道의 泰安·瑞山·舒川·海美·保寧·庇仁·藍浦、全羅道의 濟州·長興·順天·靈岩·樂安·珎島·扶安·沃溝·茂長·興陽·咸平·大靜·旌義、慶尙道의 金海·寧海·蔚山·梁山·昆陽·東萊·巨濟·南海·迎日·泗川·機張·熊川、黃海道의 黃州·豊川·遂安·瓮津·長淵·康翎、江原道의 江陵·三陟、永安道의 慶源·鏡城·會寧·鍾城·穩城·慶興·富寧·甲山·三水·端川·吉城·明川、平安道의 義州·江界·昌城·朔州·龍川·理山·碧潼·渭原· 이 이에 해당된다.

【限品叙用】1059 文・武官 二品以上의 良妾子孫은 正三品에 限하고 賤妾子孫은 正五品에 限하며、六品以上의 良妾子孫은 正四品에 限하고 賤妾子孫은 正六品에 限한다。七品以下로부터 官職이 없는 사람에 이르기까지의 良妾子孫은 正五品에 限하고、賤妾子孫 및 賤人으로서 良人이 된 者는 正七品에 限하고、良妾子의 賤妾子孫은 正八品에 限한다。1060 ○兵曹도 같다。○二品以上의 妾子・孫은 司譯院・觀象監・典醫監・內需司・惠民署・圖畫署・算學・律學의 職에 才能에 따라 叙用하는 것을 許한다。1061

【告身】1062 무릇 官職을 받은 者의 告身은 五品以下의 경우에는 司憲府・司諫院의 署經1063을 참고하여 이를 給與한다。議政府・吏曹・兵曹・司憲府・司諫院・掌隷院・弘文館・春秋館・知製敎・宗簿寺・侍講院의 官員과 都事・守令은 內外四祖와 本人에게 허물이 있는지 없는지를 살펴서 署經한다。○都摠府・宣傳官・部將도 같다。○司憲府・司諫院이 事由가 있어서 五十日이 지나도록 署經하지 아니한 者는 王에게 아뢴다。1064 ○告

身을 미처 받지 못하고 그 前에 公務를 집행하다가 死亡하거나 罷職 당한 者의 경우에는 그 告身이 이미 署經을 거쳐서 本曹에 전달되어 있으면 이를 내주어야 한다。○告身을 잃어버린 者는 本曹에 申告하면 그[1065] 사실을 조사하여 立案을 내준다。[1066] (兵曹의 경우에도 모두 같다。)

【政案】[1067] 三年마다 서울과 地方의 官員은 그의 出身과 經歷을 자세히 記錄하여 本曹에 提出하여 政案에 記錄케 한다。[1068]

【解由】[1069] 무릇 官職을 除授하는 경우에는 解由를 考察한다。(兵曹도 같다。濟州 牧使는 그러하지 아니하다。)

【褒貶】[1070] 京官은 그 官司의 堂上官·提調 및 所屬曹의 堂上官이, 外官은 그 道의 觀察使가 每年 六月 十五日과 十二月 十五日에 等級을 매겨 (等

第1071) 王에게 報告한다。

司憲府・司諫院・世子侍講院의 경우에는 等級을 은 觀察使가 兵馬節度使와 같이 相議하여 하고, 濟州 三邑은 濟州牧使가 매기지 아니한다。○守令가

等級을 매겨서 觀察使에게 報告한다。○京官은 滿三十日、外官은 滿五十日 되어서야 等級을 매길 수 있다。○犯 罪의 혐의로 推問을 받아 그 때문에 期限內에 等級을 매기지 못한 者는 그 推問이 끝난 뒤에는 그 때의 觀察使

가 비록 갈렸다 하더라도 等級을 매겨서 王에게 아뢰어야 한다。

賞으로 一階를 올려주고1072 열번 考課에 열번 다 上을 받은(十考十上) 者는 階窮者는 官職을 올려주되 牧以上 의 경우에는 그러하지 아니한다。두번 中을 받으면 無祿

官에 叙用하고、세번 中을 받으면 罷職된다。 다섯번 考課(五考)、세번

考課(三考)、두번 考課(二考)에 한번이라도 中을 받은 者는 現職보다

높은 職(右職)1073을 줄 수 없으며 두번 中을 받은 者는 罷職된다。 藝文館・成均館・

承文院・校書館의 七品以下의 官員으로서 中을 받은 者는 그 都目에서는 轉任시키지 아니하며、遞兒가 있는 官 衙의 前銜官員(前衝官)1074으로써 中을 받으면 다음 차례의 都目에서는 褒貶이 있기 前에는 叙用하지 못한다。○一年

에 四都目을 치르게 되어 있는 者가 中을 받으면 한 都目을 건너서、下를 받으면 두 都目을 건너서 取才를 보게 한다。堂上官인 守令은 한번 中을 받

으면 罷職시킨다。

吏典

【考課】 여러 官司의 官員은 卯時에 出勤하고 酉時에 退勤한다。〈해가 짧은 때에는 辰時에 出勤하고 申時에 退勤한다。〉일이 緊要한 官司에서는 退勤後 一員이 直宿員으로 남아서 待機한다。宗廟署·文昭殿·活人署 官員 및 社稷署와 錢穀을 가지고 있는 여러 官司의 官員 한 사람은 公的 會合에 나아가지 못한다。〈무릇 여러 官司의 直宿官員과 本曹의 直宿堂下官은 초저녁에 이름을 적어서 封하여 바치고 또 夜間通行證(通行標信)을 承政院에서 받아 갖고 巡察하며〈제 차례에 直宿을 하지 아니한 者는 罷職한다。〉다음 날 아침에 그 標信을 返納한다。〉

○每季節 끝달에 刑曹·漢城府·開城府·掌隷院의 堂下官은 그들의 訟事處決의 件數(決訟道數)를 王에게 報告하여야 한다。每季節 三個月 동안에 漢城府·掌隷院에서는 小事는 三十件을 基準으로 하고、大事는 二十件을 基準으로 하며、刑曹에서는 小事는 五十件을 基準으로 하고、大·中事는 三十件을 基準으로 하되、이 基準에 미치지 못한 者는 一階를

降等시킨다。[1078] 開城府의 경우에는 件數에 구애되지 아니한다。○ 每年末에 本曹에서는 여러 官司의 官員의 實際勤務日數(實仕) 및 雜故를、觀察使는 守令七事[1079]의 實績을 갖추어 王에게 報告한다。七事라 함은 農桑을 盛하게 하고、戶口를 늘리고、學校를 일으키고、軍政을 닦이게 하고、賦役을 고르게 하고、詞訟을 簡明하게 하고、姦猾을 그치게 함을 말한다。○滿一年 동안에 病으로 滿三十日 缺勤한 者와 議親[1080]이나 功臣으로 十惡[1081]와의 私罪를 다섯번 犯한(五犯罪[1082]) 者는 赦前을 가리지 아니하고(不揀赦前[1083]) 王에게 報告하고 罷職시킨다。[1084] 閑散人[1085]은 一年이 經過된 뒤에야 敍用한다。〈閑散人은 議親이나 功臣으로 散官이 된 者를 일컫는다。〉○兵曹도 같다。○宗親 및 大小人員[1086]으로서 무릇 일제히 會合할 때에 病을 핑계하고 參席하지 아니한 者는 司憲府와 宗簿寺에서 조사하여 王에게 아뢰고 論罪한다。○褒貶에서 下等級의 成績을 받은 者 및 私罪[1087]를 犯하여 罷職된 者는 二年이 經過되어야

叙用한다。 義親이나 功臣으로서 下等級의 成績을 받은 者는 一年이 經過되어서야 叙用하며、堂上官은 이 制限을 받지 아니한다。○告身을 回收당하였다가 도로 받은 者도 역시 罷職된 날로부터 勤務日數로 계산한다。○兵曹도 같다。 ○무릇 罪를 犯한 者와 下等級의 成績을 받은 者는 帳簿에 적어 두어 참고할 근거로 삼는다。○兵曹도 같다。 ○錄事나 書吏로서 事由가 있어서 勤務하지 못한 날이 百日이 차거나 事由없이 出勤하지 않은 日數가 三十日이 찬 者는 勤務日數를 削除・罷黜하며、二十九日 以下인 者는 贖錢을 거두고(收贖)1088 도로 任用한다。罷黜된 者가 뒤에 도로 그 자리에 就職하기를 願하는 者는 들어준다。喪中에 있던 者가 喪期를 마치고 도로 任用될 때에는 喪前의 勤務日數를 通算하여 준다。○書吏의 名簿는 本曹에서 捺印하여 勤慢・奸僞 등 勤務態度를 살핀다。

【祿牌】1089 무릇 俸祿을 받아야 할 者에게는 每年 春季 첫달인 正月에 祿

牌를 發給한다。 _{兵曹도 같다。}

【差定】[1090] 무릇 官職에 擇하여 任命해야 할 者는 그 姓名을 記錄하여 王

에게 아뢴다。 享官 三品以下 및 衙前은 王에게 아뢰지 아니한다。

【遞兒】[1091] 祿은 品階를 뛰어 넘어서 줄 수 없고、遞兒職으로는 守職 은 주지 아니한다。 遞兒職

(兒)[1092] 은 낮은 品階(下階)에 따른다。 마땅히 正九品職을 주어야 할 者라도 그의 品階가 현재 從九品인 경우에는 낮추어서 從九品을 주는 따위

와 같다。○무릇 都目에 올려져서 遞兒職을 받게 되는 者는 각기 所屬官司의 堂上官과 提調가 그 前月 十五日에 推薦狀을 本曹에 올린다。 勤

務日數가 차면 品階를 올려주고、官職에서 떠나면 散階[1093]를 받는다。

【老人職】[1094] 나이가 八十以上이 되면 良人・賤人을 論할 것 없이 一階를 _{兵曹의 경우에도 모두 같다。}

주고、원래 品階가 있는 者는 一階를 더 올려주되、堂上官은 王의 特旨

가 있어야만 준다。

【追贈】1095 宗親 및 文·武官으로 實職 二品以上은 三代를 追贈한다。1096 父母는 자기의 品階에 准하고、祖父母와 曾祖父母는 각기 一等씩 낮추어서 준다。○大君의 妻父에는 正一品을、王子君의 妻父에게는 從一品을 追贈한다。○死亡한 妻는 남편의 官職에 따른다。○親功臣의 경우라면 職이 낮더라도 正二品을 추증한다。○一等功臣의 父에게는 純忠積德秉義補祚功臣을、二等功臣의 父에게는 純忠積德補祚功臣을、三等功臣의 父에게는 純忠補祚功臣을 追贈하고 모두 君에 封한다。

【贈諡】1097 宗親 및 文·武官 實職 正二品以上은 諡號를 준다。親功臣은 비록 職位가 낮더라도 역시 諡號를 준다。○奉常寺正以下가 議論하여 定하되 行狀을 아울러 本曹에 報告한다。○宗親은 宗簿寺에서 관장한다。

【給假】1099 무릇 事故가 있는 者는 王에게 報告하고 休暇를 준다。○觀親1100《三年에 한번이다。》·掃墳1101《五年에 한번이다。》·榮親1102·榮墳1103·焚黃1104·婚嫁1105에는 모두 七日을 머무르고、妻나 妻父母의 葬禮에는 모두 十五日을 머무른다。○무릇 休暇申請을 한 者에게는 父母의 病患인 때에는 遠距離이면 七十日、近距離이면 五十日、京畿는 三十日을 주고、外官의 경우에는 觀察使가 그 路程을 헤아려서 休暇를 준다。자기의 病이면 곧 바로 고쳐 任命한다。休暇의 期限이 지나도 돌아오지 아니하는 者는 모두 고쳐 任命한다。○時享1106·式假1107·服制1108·身病의 경우에는 王에게 아뢰지 아니한다。○七十세以上의 父母가 있는 경우에는 한 아들이、八十세以上의 父母가 있는 경우에는 두 아들이、九十세以上의 父母가 있는 경우에는 있는 경우에 任命한다。

여러 아들이 돌아가서 奉養한다。○兵曹도 같다。

【改名】[1109] 무릇 改名한 者는 本曹에서 王에게 아뢰고 藝文館에 公文을 보

내어 帳簿에 적어두고 本人에게 文記(證書)를 만들어 준다。

【相避】[1110] 京官과 外官은 本宗의 大功以上親[1111] 및 女婿, 孫女婿, 姉妹의

남편, 外親의 緦麻以上親[1112] 그리고 妻親의 父·祖父·兄弟·姉妹의

남편은 모두 相避한다。學官과 軍官은 相避하지 아니한다。議政府, 義禁府, 本曹, 兵曹, 刑曹, 都捴府[1113], 漢城府, 司憲府, 五衞將, 兼司僕將, 內禁衞將, 承政院, 掌隷院,

司諫院, 宗簿寺, 部將, 史官은 本宗의 三寸叔母·姪女의 남편, 四寸姉妹의 남편과 四寸叔母의 남편, 妻妾親의 同姓三寸叔·姪, 叔母·姪女의 남편, 四寸兄弟를 모두 相避한다。〈訟事를 處決하는 경우에도 같다。〉○吏房承旨 및 本曹의 官員이 相避하여야 할 경우에 處해 있는 者라면 그 職에 任命하지 아니하고 〈堂上官은 이 制限을 받지 아니한다。〉勤務日數가 찬 者는 例에 따라서 昇進시킨다。〈兵房承旨 및 兵曹도 같다。〉兵曹·都捴府의 堂上官, 兼司僕將, 內禁衞將, 五衞將 등은 비록 同一한 官司가 아니라 하더라도 모두 相避한다。

【鄕吏】[1114] 무릇 鄕吏로서 文科, 武科, 生員·進士試에 合格한 者, 특히

軍功을 세워서 賜牌를 받은 者、三丁一子가 雜科에 合格한 者 및 書[1115][1116]

吏에 屬하여 勤務日數가 차서 職에서 떠난 者는 모두 그 子孫의 鄉

役을 免除하여 준다。○二代가 연속하여 鄉吏의 役에 服務한 경우에는

비록 그들이 본래 鄉吏의 子孫이 아님을 訴訟하더라도 들어주지 아니한

다。二代가 연속하여 鄉吏의 役에 服務하였다 함은 祖父와 父 二代의 연속 服務를 의미한다 함。○本邑의 陳省을 詳考하여 攝戶長、[1117][1118]

正朝戶長、安逸戶長、의 職帖을 내어 준다。○本役을 싫어하여 逃亡한[1119][1120]

者를 그 同類人(鄉吏)이 十人以上을 체포하여 申告하면 그의 役을 免

除하여 주고、二十人以上은 그의 아들도 아울러 鄉役을 免除하여 주고、

九人以下는 한 사람을 체포・申告할 때마다 三年 동안의 鄉役을 免除하

여 준다。驛吏도 같다。[1121]

經國大典　卷一

譯註 經國大典 註釋篇

吏典 韓祐劤

一九八六·十二·三十

韓國精神文化研究院

吏 典

1　吏典　朝鮮王朝의 諸法典은 中國의 傳統的인 法典編輯의 形式에 따라서 편찬된 것으로、本 法典도 그 序次

에 따라 吏·戶·禮·兵·刑·工典의 六典으로 構成되어 있다。그리하여 吏典에는 內·外命婦를 비롯

하여 東班(文班)의 品階와 內侍府·雜職·土官職·京衙前을 포함한 京·外의 官職 그리고 官吏의 任免

과 직접·간접으로 관련되는 吏曹所管의 중요한 條規가 輯錄되어 있다。中央 各 官衙의 下級胥吏가 때

로는「吏典」이라고 並稱되기도 하였으나、그것은 本 吏典과는 스스로 區別되는 語意를 나타내는 것

이다。

2　屬衙門　吏曹에 所屬된 官衙(官司)라는 뜻이다。高位官府와 특수한 職能을 가진 小數의 官衙를 除外한 모

든 官衙는 각기 六曹에 分屬되어 있어、各曹의 堂上官은 각기 所屬衙門의 堂上官 또는 無堂上衙門의

提調와 더불어 當該 所屬衙門의 官吏에 대한 考察·褒貶에 責任을 지도록 되어 있다(世宗 五二、一三·六·

乙卯·甲辰 및 吏典 褒貶條 參照)。六曹에 所屬되어 있지 않은 官府는 原從功臣의 府인 忠翊府와 宦官의 衙

門인 內侍府만을 除外한 諸府、즉 宗親府·議政府·忠勳府·儀賓府·敦寧府·義禁府·司憲府·中樞府

및 漢城府·開城府와 특수한 職任을 지닌 承政院과 司諫院뿐이다。忠勳府의 경우를 보면 원래 吏曹에

所屬되어 있던 忠勳「司」가 端宗 二年에 忠勳「府」로 陞格되면서 다른 官「府」의 例에 따라 六曹所屬에서

벗어나게 된 것으로、이는 즉、이들 官府에 속하는 官員은 六曹의 考察·褒貶의 對象이 안되고 本府·

院의 堂上官이 自體 考察·褒貶하게 되어 있음을 뜻하는 것이다(世祖 一〇·三·一一·戊寅). 다만 司憲府·司諫院·世子侍講院의 官員에 대해서는 考察·褒貶이 없다. 또한 六曹에서 分掌하게 되어 있는 事項에 관하여서는 中外各官이 當該曹를 통하여 啓達하도록 되어 있다.

3 內命婦

宮中에서 奉仕하는 爵位를 가진 女官을 의미한다. 太祖 六年(一三九七) 三月에 趙浚·鄭道傳등이 正·從九品階의 內官의 別을 制定할 것을 建議한 바 있고, 그 해 四月에 宮人職을 授與하였다고 하나 그 內譯이 밝혀져 있지 않다. 太宗 五年(一四〇五) 一月에 賢儀·淑儀·贊德·順德·司儀·司寢·奉衣·奉膳등 十二가지의 女官이 設置되었으나 未整備된 상태였다. 世宗 十年(一四二八) 三月에 吏曹에서 唐制와 歷代沿革을 참조하여 嬪以下 典正에 이르는 女官의 制와 그 職分을 詳定하여 啓達한 바 있어, 이것이 朝鮮王朝 女官制의 根幹이 된 것으로 생각된다. 이 詳定案에 따르면 嬪(正一品)以下 淑媛(正四品)까지가 「內官」으로, 尚宮(正五品)以下 典正(正七品)까지가 「宮官」으로 區分되고 원래는 모두 正品階로 構成되어 있었다(世宗 三九、一〇·三·庚寅). 經國大典에서 달라진 점은 正·從一品에서 正·從八品階까지로 細分·改編되고 몇 가지 稱號의 表記가 달라 졌을 뿐(例、司記→尚記、司賓→典賓) 그 職分上의 變動을 나타낸 것은 아니다. 그 위에 奏宮以下의 正·從九品의 女官職이 添設되었으나 그 年紀는 未詳이다. 嬪以下 淑媛까지의 內官은 사실상 王의 小室로서 王의 寵愛에 따라 그 品階를 올려주어, 실제로 昭儀(金氏)가 貴人으로 陞進되고(世宗 八四、二一·一·乙巳) 淑儀(尹氏)가 王妃로 册封된 경우를 볼 수 있다(成宗 七〇、七·八·己卯). 尚宮以下의 宮官은 각기 그 稱號로서 表示되는 職責을 맡아보는 者들로서, 本 吏典 內命婦 正·從八品까지의 女官의 職分은 世宗 十年에 詳定된 바에 의하여 說明될 수 있다.

4 嬪

內官중의 最上位인 正一品職者를 말한다. 高麗朝에 一夫多妻制에 따라 王이 여러 妃를 거느리던 경우와는 달리 朝鮮朝에 들어서는 嫡妾·嫡庶의 구별을 분명히 가리게 된 것이다. 그리하여 太宗朝에 中國

古制인 妃嬪勝의 制에 依倣하여 妃・嬪의 구분을 明白히 하고, 王의 小室을 女官의 上位品階로 編制한 것이다(金善坤, 〈李朝初期 妃嬪考〉『歷史學報』二一、一九六三). 世宗 十年에 詳定된 職分에 따르면 嬪은 妃禮・婦禮를 輔佐하는 일을 맡게 되어 있다(世宗 三九 一〇・三・庚寅).

5 貴人 從一品의 女官으로 그 職分은 嬪의 그것과 같이 妃禮・婦禮를 輔佐하는 일을 맡는 것으로 되어 있다.

6 昭儀・淑儀 각기 正・從二品의 女官으로, 이들은 妃禮를 贊導하는 일을 맡는 것으로 되어 있다.(同上)

7 昭容・淑容, 각기 正・從三品의 女官으로, 이들은 祭祀와 賓客을 다스리는 일을 맡는 것으로 되어 있다.(同上)

8 昭媛・淑媛 각기 正・從四品의 女官으로, 燕寢을 베풀고 絲枲(牡麻)를 다스려서 해마다 進獻하는 일을 말는 것으로 되어 있다. 從四品인 淑媛以上의 女官을 內官이라 하였다.(同上)

9 尚宮 正五品의 女官으로 中宮을 導引하는 일의 總責任을 맡아서 宮官중의 最上位를 차지한 者이다.(同上) 中宮이라 함은 王妃를 가리킨다(世宗 六四、一六・四・乙卯).

10 尚儀 正五品의 女官으로 禮儀와 起居에 관한 일의 총책임을 맡는다.(世宗 三九、一〇・三・庚寅).

11 尚服 從五品의 女官으로 服用・采章의 需要를 供給하는 일의 총책임을 맡는다.(同上)

12 尚食 반찬을 만드는 品種을 갖추어서 供給하는 일의 총책임을 맡는 從五品의 女官이다.(同上)

13 尚寢 燕見・進御의 次序에 관한 일을 총괄하는 正六品의 女官이다.(同上)

14 尚功 女功의 程課에 관한 일을 총괄하는 正六品의 女官으로,

15 尚正 從六品의 女官으로, 원래 宮正으로 設定되었던 것이 尚正으로 고쳐져서 職分上의 變改는 없는 것으로 생각되며, 宮正은 戒令・糾禁・罪罰등의 일을 맡는 것으로 되어 있다.(同上)

16 尙記 從六品의 女官으로、 원래 司記로 設定되었던 것이 稱號만 尙記로 고쳐져서 職分上의 變改는 없는 것으로 생각되며、 司記는 宮內 文簿의 出入을 관장하는 것으로 되어 있다。(同上)

17 典賓 正七品의 女官으로、 원래 司賓으로 設定되었던 것이 稱號만 典賓으로 고쳐져서 職分上의 變改는 없는 것으로 생각되며、 司賓은 賓客・朝見・宴會・賞賜등에 관한 일을 맡도록 되어 있다。(同上)

18 典衣 正七品의 女官으로、 원래 司衣로 設定되었던 것이 稱號만 典衣로 고쳐져서 職分上의 變改는 없는 것으로 생각되며、 司衣는 衣服과 首飾에 관한 일을 맡도록 되어 있다。(同上)

19 典膳 正七品의 女官이다。 원래 司膳으로 設定되었던 것이 稱號만 고쳐져서 職分上의 變改는 없는 것으로 생각되며、 司膳은 制烹煎和(料理)에 관한 일을 맡도록 되어 있다。(同上)

20 典設 從七品의 女官이다。 원래 司設로 設定되었던 것이 稱號만 고쳐져서 職分上의 變改는 없는 것으로 생각되며、 司設은 幃帳・茵席・灑掃・張設등에 관한 일을 맡도록 되어 있다。(同上)

21 典製 從七品의 女官이다。 원래 司製로 設定되었던 것이 稱號만 고쳐져서 職分上의 變改는 없는 것으로 생각되며、 司製는 衣服의 裁縫에 관한 일을 맡도록 되어 있다。(同上)。

22 典言 從七品의 女官으로 宣傳・啓禀에 관한 일을 맡도록 되어 있다(同上)。 王의 幸行中에 施行해야할 일이 있을 때 承政院에서 中宮의 傳敎牌를 받들어 實施하거나 그것이 軍政에 관한 일이 일어면 兵曹에서 中宮의 宣傳標信을 받들어 실시하는 경우도 있었다(世祖 一一、四・一・壬午)。

23 典賛 正八品의 女官으로、 賓客의 朝見이나 宴食때에 서로 도와서 引導하는 일을 맡도록 되어 있다(世宗 三九、一〇・三・庚寅)。

24 典飾 正八品의 女官으로 膏沐巾櫛에 관한 일을 맡도록 되어 있다。(同上)

25 典藥 正八品의 女官으로 醫藥의 處方과 施藥에 관한 일을 맡도록 되어 있다。(同上)

26 典燈 從八品의 女官으로 燈燭에 관한 일을 맡도록 되어 있다。(同上)

27 典彩 從八品의 女官으로 원래 典綵가 典彩로 改稱된 것으로、縑帛絲枲(牡麻) 등에 관한 일을 맡도록 되어 있다。(同上)

28 典正 從八品의 女官으로 尚正(宮正)이 所掌하는 일을 補佐한다。(同上)

29 奏宮・奏商・奏角 內命婦의 正九品職의 女官이다。宮・商・角은 徵・羽와 아울러 각기 다른 五聲音階를 가리키는 것으로、이에 따라 內命婦 官品의 秩序次第를 詳定하여 添設된 女官職이다。(『經國大典輯註』吏典 內命婦)

30 奏變徵・奏羽・奏變宮 內命婦의 從九品職의 女官名이다。宮・商・角・徵・羽의 五音階위에 變徵・變宮의 二音階를 더하여 모두 七音階로 構成되어 있어、奏宮등 正九品 女官職과 아울러 각기 音階別로 內命婦 官品의 秩序次第를 詳定하여 添設된 것이다。(『經國大典輯註』吏典 內命婦)

31 世子宮 世宗 十六年(一四三四)이후로 上位(王)를 殿下、中宮을 王妃、東宮을 世子로 일컫게 되었다(世宗 六四、一六・四・乙卯)。王位를 繼承하게 된 王子를 世子라 하고、世子의 宮殿을 世子宮 또는 東宮이라하며、아울러 世子宮・東宮은 王世子에 대한 敬稱으로도 쓰인다。世子宮의 女官은 古制를 참고、昭訓以上을 內官、司閨以下를 宮官으로 看做하고 (世宗 五○、二一・閏二・壬子)、그 뒤에 모두 從品階로 改編되고

32 良娣 世子宮 內官중의 最上位인 從二品職者를 말한다(世宗 五○、二一・閏二・壬子)。良娣以下 昭訓까지의 女官은 世子의 正室인 世子嬪에 대해서 사실상 世子의 小室로서、世子의 寵愛에 따라 그 品階가 올라갈 수 있다。실제로 世子嬪이 廢黜되었을 때 良媛・承徽 중에서 世子嬪으로 揀選될 수도 있었으며 (世宗 七五、一八・二一・己丑) 이들 女官은 世子宮에 대하여 마치 內命婦에 있어서의 「內官」과도 같은 位置를

33 良媛 世子宮 內官으로 良娣다음인 從三品官을 이름이다。

34 承徽 世子宮의 從四品 內官이다(世宗 五〇、一二·閏二二·壬子)。

35 昭訓 世子宮의 從五品 內官으로 昭訓以上 良娣까지는 사실상 王世子의 小室이 되는 셈이다(同上)。

36 守閨 世子宮의 從六品 宮官이다。원래 司閨가 改稱된 것으로、世子嬪을 導引하고 掌正、掌書를 總管한다(世宗 五〇、一二·閏二二·壬子)。

37 守則 世子宮의 從六品 宮官이다。禮儀·叅見을 管掌하고 掌縫、掌藏을 總管한다(世宗 五〇、一二·閏二二·壬子)。

38 掌饌 世子宮의 從七品 宮官이다。원래의 司饌이 改稱된 것으로 食饌을 마련하여 올리는 任務를 맡고 掌食·掌醫를 總管한다(世宗 五〇、一二·閏二二·壬子)。

39 掌正 世子宮의 從七品 宮官이다。文書·出入管籥·糾察推罰에 관한 일을 맡는다(世宗 五〇、一二·閏二二·壬子)。

40 掌書 世子宮의 從八品 宮官이다。經籍과 宣傳·敎學에 관한 일을 맡는다(世宗 五〇、一二·閏二二·壬子)。

41 掌縫 世子宮의 從八品 宮官이다。裁紉·織績에 관한 일을 맡는다(世宗 五〇、一二·閏二二·壬子)。

42 掌藏 世子宮의 從九品 宮官이라。財貨·縑綵에 관한 일을 맡는다(世宗 五〇、一二·閏二二·壬子)。

43 掌食 世子宮의 從九品 宮官이다。膳羞·酒醴·燈燭·薪炭·器皿등에 관한 일을 맡는다(世宗 五〇、一二·閏

44 掌醫 從九品의 世子宮 宮官이다。方藥에 관한 일을 맡는다(世宗 五〇、一二·閏二二·壬子)。

45 外命婦 大殿(王)의 乳母、王의 딸、王世子의 딸、宗親의 妻 및 文·武官의 妻로서 爵位를 받은 者를 內命

婦의 對稱으로 外命婦라고 일컫는다. 이들 婦人에게 爵位를 주는 것은 祖宗을 尊敬하고 配匹을 重히 여기는 뜻에서이다. 外命婦의 制가 정비된 것은 世宗 十三年에 이르러서이다(世宗 五四, 一三·一一·壬戌).

46

封爵은 남편(夫)의 官職에 따른다. 封爵이라 함은 官爵을 册封하여 주는 것을 뜻한다. 朝鮮王朝에 들어서 各品官의 正妻에게 官爵을 주게 한 것은 太祖 五年의 일로서 각기 品位에 따라 一品은 郡夫人, 二品은 縣夫人, 正三品 成均大司成以上은 淑人, 四品은 恭人, 五品은 宣人, 六品은 安人, 그리고 衆外는 모두 孫人이라는 爵號를 주게 하였다. 그리하여 正妻라고 하더라도 원래부터 같이 살아온 자(室女)가 아닌 경우나 婦人의 世系에 明白한 허물이 있는 자에게는 封爵을 許하지 않았다(太祖 九, 五·五·丙子). 그러나 太宗十七年 九月에는 郡夫人이 貞淑夫人으로, 縣夫人이 貞夫人으로 改稱되었다. 世宗 十三年에 이르러 外命婦의 制가 整備되어 宗室諸君·元尹·正尹·功臣·時散官一品以下의 正妻에게 그들의 夫職에 따라 封爵하도록 定制되었다. 元尹(正二品)은 王의 親兄弟嫡室의 衆子를, 正尹(從二品)은 王의 宮人所出과 親兄弟 및 親子의 良妾의 子를 뜻한다. 그리하여 이들의 남편이 犯罪로 削職당하는 경우에는 그 妻의 爵牒도 역시 같이 거두어 들이고, 그 남편이 그 職牒을 도로 받게 되는 경우에는 그의 妻의 爵牒도 역시 도로 내어 주는 것을 許容하도록 하였다(世宗 五四, 一三·一一·壬戌). 世宗 二十六年 十月에 夫職을 職事에 따르지 않고 散官(散階)에 따르게 한 것은 守職의 경우를 考慮해서였다(世宗 一〇六, 二六·一〇·壬申).

47

庶孽 妾의 子孫을 말한다. 封爵의 對象은 애초부터 正妻에 制限되어 있어 妾에게는 해당되지 않으며, 그 위에 婦人이 妾의 所生인 경우에도 封爵할 수 없었다는 것이다. 高麗時代의 一夫多妻妾制가 朝鮮王朝에 들어서 奴婢·田土·家舍·財物등을 둘러싼 妻妾父子間의 爭訟이 빈번하여져서(文宗 九, 一·八·甲午) 妻妾의 分揀이 필요하게 되고, 그러한 趨勢에서 太宗 十三年(一四一三)부터는 妻妾制가 굳어져서 (成宗

六九、七・七・戊午) 姜과 妾의 所生을 差別待遇하게 되었다(李泰鎭、〈庶孽差待考〉『歷史學報』二七、一九六四)。

이로서 婦人에 대한 封爵의 경우에도 妾의 딸인 경우에는 그 對象에서 除外된 것이다。

48 再嫁한 者는 封爵하지 아니하고 … 改嫁한 者는 그 封爵을 追奪한다。婦人이 守節하지 않고 再嫁하는 것은 婦德에 어긋나는 일로 여겨서、成宗朝에 이르러 再嫁는 사실상 禁止되었으며(成宗 八二、八・七・壬午・癸未。成宗 一三四、二二・一〇・乙丑)、남편이 死亡하여 改嫁한 者에 경우 그가 前남편의 職位에 따라 爵位를 받았었다면 그 封爵을 追奪하기로 規定된 것은 이미 太祖때 各品 正妻에 대한 封爵制가 실시된 당초서부터의 일이다(太祖 九、五・五・丙子)。

49 王妃의 어머니 … 邑號를 쓴다。王妃母・王世子의 딸 및 宗親 二品以上의 妻에게는 각기 府夫人、郡主・縣主、府夫人・郡夫人・縣夫人으로 封爵하게 되어 있어、여기에 邑號를 쓴다는 의미는 각기 爵號위에 爵位를 받는 者의 本貫 또는 出身地의 실제의 地名(邑號)을 붙여서 呼稱한다는 뜻이다。世宗 十四年에 宗室 大君의 妻에게는 「三韓國大夫人」으로、府院君・諸君 및 功臣・議政府院君의 妻에게는 모두 某韓國大夫人(例、卞韓國大夫人、辰韓國大夫人、馬韓國大夫人)으로 國號로서 封爵하였던 것을 이 같은 國號에는 制限이 있어 無制限한 封爵對象者에게 그대로 適用하여서는 混雜하게 된다는 理由로 이를 府・郡・縣의 邑號를 쓰도록 고친 것이다(世宗 五五、一四・一・丙子。世宗 七七、一九・六・庚午)。여기서 夫人이라 함은 人臣의 妻를 일컫는 말이다(『經註』六一)。

50 大殿 王이 거처하는 宮殿 또는 王에 대한 尊稱으로 쓰여졌다。여기서는 王을 뜻한다。

51 奉保夫人 王의 乳母에 대한 封爵도 中國古制에 依倣한 것으로、世宗十七年 六月에 乳母(李氏)를 美名을 써서 奉保夫人으로 封한 것이 그 嚆矢로서 당시에는 從二品階를 주었다(世宗 八八、一七・六・乙卯)。

52 府夫人 王妃의 어머니와 宗室大君의 妻에게 封하여 준 爵號로서 室宗 命婦 正一品의 妻에 해당되고 都護府

以上의 官號(邑號)를 썼다(世宗 五五、一四・一・丙子)。王妃가 나면 王妃의 內・外鄕의 邑號를「府」로 昇格시켜 주어서 王妃의 어머니에게 주는 爵號도 이에 따라 실지로 某府夫人으로 適用될 수 있었다。例를 들면 太祖때 德妃의 外鄕인 潭陽郡을 潭陽府로 昇格시키고 德妃의 母를 潭陽府夫人으로 封한 경우와 같다(太祖 一五、七・二・戊寅)。王妃의 內・外鄕을 昇格시킨 例로는 世祖 五年에 王妃의 內鄕인 原平府를 坡州牧으로、外鄕인 仁川郡을 都護府로 昇格시킨 경우를 볼 수 있다。원래 王妃에게도 따로 美號를 붙이던 것이(例・德妃) 世宗 十四年 一月以後로는 단지 王妃라고만 쓰게 되었다(世宗 五五 一四・一・戊寅)。

53 公主 王의 正宮(嫡室)所生의 딸을 말한다(世宗 八九、二二・四・丙申)。高麗朝이래 王女를 宮女로、宮人을 翁主로 불러 오던 것을 世宗 十年(一四二八) 三月에 內官・宮官의 制가 詳定되면서 王女를 公主・翁主로 일컫게 되어 主로 일컫게 되었다(世宗 三九、一○・三・庚寅)。王女도 美號로서 封하되(例、世宗의 딸 貞懿公主) 品階를 초월하여(極品) 外命婦에 속하게 하였다。

54 翁主 원래 宮人을 翁主로 불러 오던 것이 內官・宮官의 制가 詳定・整備되면서 王女를 公主・翁主로 王의 後宮의 所生女를 翁主라 하였다(世宗 三九、一○・三・庚寅)。某翁主와 같이 美號로서 封하고 品階를 초월하여 外命婦에 속하게 하였다。

55 郡主 王女만을 公主・翁主로 일컫고 그밖의 宗室의 女에 대한 稱號가 없었으므로 世宗 十三年(一四三一) 十月에 이를 制定케 하였다。中國 古制에 따라 近親宗室의 딸을 郡主・縣主로 일컫게 하고 疎遠한 者에게는 王의 特旨가 아니면 이를 授與하지 않기로 하였다(世宗 五四、一三・一○・己巳)。世宗 二十二年(一四四○) 四月에 이르러 宗室의 女를 모두 郡主・縣主로만 일컬어서 별다른 差等이 없었던 것을 고쳐서 世子의 女를 郡主로 世子宮人의 女를 縣主로 改稱하게 되었다(世宗 八九、二二・四・丙申)。

56 縣主 世子의 宮人所生의 딸을 일컫는다。(註 55 參照)

57 堂上官 → 註 141 堂上官

58 宗親 王의 子孫으로 玄孫(四代孫) 밖에 나간 者를 뜻하여 同姓을 宗이라하고 父黨(父系)을 親이라 일컫는다(『經國大典輯註』吏典 宗親府)。

59 郡夫人 원래 郡夫人·縣夫人은 太祖때 文武 正·從一品과 正·從二品의 妻에게 준 爵號였으나 太宗 十七年(一四一七)에 貞淑夫人·貞夫人으로 각기 改稱되었다。世宗 十四年(一四三二) 一月에 宗親의 妻에 대한 封爵制가 改定되면서(註 49 參照) 宗親 正·從一品의 妻는 某郡夫人, 宗親 正·從二品의 妻는 某縣夫人이라 하고, 宗親 正·從三·四品의 妻는 종래대로 각기 愼人·惠人이라 하였다(世宗 四八、一二·四·辛巳)。

60 縣夫人 宗親 正·從二品의 妻에 대한 爵號이다。(註 59 참조)

61 愼夫人 太宗 十七年 九月에 命婦封爵의 制를 定할 때에 正三品 通政 元尹·從三品 中直 正尹의 妻에게 愼人의 爵號를 주게 되었으나(太宗 三四、一七·九·甲子)、같은 愼人중에서도 堂上官의 妻는 구별하여 愼夫人으로 格上시켰다。世宗 二十六年(一四四四) 十月에는 親子 大君·諸君이 婚禮를 올리게 되면 그 夫人에게는 婚禮前 十日동안에 吉日을 擇하여 封爵하는 것으로 規定되었다(世宗 一〇六、二六·一〇·乙卯)。

62 愼人 太宗 十七年(一四一七) 九月에 命婦封爵의 制를 定할 때 宗親 正·從三品의 妻에게 모두 愼人의 爵號를 주었으나、그 뒤에 宗親 正三品 堂上官의 妻에게는 愼夫人의 爵號를 주고, 正三品 堂下官과 從三品의 妻에게는 愼人의 爵號를 주게 되었다。

63 惠人 太宗 十七年(一四一七) 九月에 命婦封爵의 制를 定할 때 宗親 正·從四品의 妻에게 惠人의 爵號를 주게 된 것이(太宗 三四、一七·九·甲子) 그대로 施行되게 된 것이다。

64 溫人 外命婦 宗親의 妻에게 주는 正·從五品의 爵號이다。

65 順人　外命婦 宗親의 妻에게 주는 正六品의 爵號이다.

66 貞敬夫人　正・從一品官의 婦人에게 주는 爵號이다. 太祖 五年(一三九六)에 文・武官 正妻에 대한 封爵制가 定해질 때 正・從一品의 妻의 爵號를 郡夫人이라 하였던 것이 太宗 十七年(一四一七) 九月에 命婦封爵式이 改定되면서 郡夫人은 貞淑夫人으로 改稱되었었다. 世宗 二十一年(一四三九)에 이르러 그것이 貞淑王后의 廟諱와 같다는 理由로 一品 正妻의 爵號를 다시 貞敬夫人으로 改稱하게 되고 이미 封爵된 것도 역시 追改하도록 하였다(世宗 八四、二一・閏二・庚辰).

67 貞夫人　太宗 十七年(一四一七) 九月에 命婦封爵式을 改定하면서 太祖 五年이래로써 오던 文・武 正・從二品의 妻에 대한 縣夫人이라는 爵號를 貞夫人으로 改稱하게 되었다(太宗 三四、一七・九・甲子).

68 淑夫人　太祖 五年(一三九六) 文・武 各品 正妻에 대한 封爵制 실시 때에 正三品 堂上官의 妻에 대한 爵號를 淑夫人으로 改稱하게 되었다.

69 淑人　太祖 五年(一三九六) 文・武 各品 正妻에 대한 封爵制 실시 때에 正三品 成均大司成以上의 妻에게 주던 爵號였으나 正三品 堂上官의 妻에게 淑夫人의 爵號를 주게 되어 淑人은 正・從三品 堂下官의 妻에

70 令人　太祖 五年(一三九六) 文・武 各品 正妻에 대한 封爵制 실시 때에 正・從三品官의 妻에 주던 爵號였으나, 正・從三品 堂下官의 妻에 대한 爵號가 淑人으로 정해짐에 따라 令人은 正・從四品官의 妻에 대한 爵號로 定하여졌다.

71 恭人　원래 正・從四品官의 妻에 대한 爵號이던 것이 正・從五品官의 妻에 대한 爵號로 格下된 셈이다.

72 宣人　원래 正・從五品官의 妻에 대한 爵號이던 것이 正・從六品官의 妻에 대한 爵號로 格下된 셈이다.

73 安人　원래 正・從六品官의 妻에 대한 爵號이던 것이 正・從七品官의 妻에 대한 爵號로 格下된 셈이다.

74 端人　太祖 五年(一三九六) 文・武 各品 正妻에 대한 封爵制 실시 때에 叅外官(七品以下)의 妻에 대한 爵號를 모두 孺人으로 정하였던 것을 正・從七品官의 妻에 대한 爵號가 安人으로 定해지면서 八品官의 妻에 대한 爵號를 端人으로 別定하였다.

75 孺人　太祖 五年(一三九六) 文・武 各品 正妻에 대한 封爵制 실시 때에 叅外官(七品以下)의 妻에 대한 爵號를 모두 孺人으로 정하였던 것이나, 正・從七品 正・從八品의 妻에 대한 爵號를 각각 安人・端人으로 別定하게 됨에 따라 孺人은 正・從九品官의 妻에 대한 爵號로 格下되게 된 셈이다.

76 京官職　官職은 크게 京(中央)・外(地方)로 區分되어 京官職과 外官職으로 나누어진다. 京官職은 中央 官衙의 官職을 말하며 國都 漢城府와 舊都 開城府는 京官職에 포함된다. 東班(文班)의 諸職이 配屬되어 있는 中央의 衙門은 府(十), 曹(六), 院(十), 館(五)과 六監・九寺・署(十六), 庫(四), 司(三), 倉(二) 등으로 內侍府의 筐官職과 雜職은 京官職에서 除外된다. 官職을 等列로 나누는 것을 品 또는 品階라 하여, 品階에는 正一品・從一品以下 正・九品・從九品에 이르는 正・從合十八品階로 나누어지고 六品以上의 경우에는 각기 上下二階로 나누어 差等을 두었다(經註 六三). 階를 쓸 때에는 예컨대 「正一品 大匡輔國崇祿大夫」와 같이 品階의 等位와 爵號를 같이 일컫는다. 東班 正・從 各品에 대한 爵號는 正一品만 例外로 太祖 一年 八月에 官制를 새로 定할 때에 모두 整備되었다(太祖 一、一・八・丁未). 같은 品階에서 正・從의 區別은 理念上으로는 「才의 大小에 따라 官의 輕重을 가리고 德의 淺深에 따라 爵의 上下를 가리는데서 差異를 둔 것」이고(太宗 一九、一〇・五・己卯), 또한 職에 따라 正階職과 從階職으로 明確히 나누어져서 從品은 正品에 비하여 그 格이 떨어진다. 三品官吏의 경우 公服에서 正三品은 紅袍, 從三品은 靑袍로 差別한 것도 그 例이다. 十八品階중에서 從四品以上의 爵號는 大夫로서 呼稱되고 五品以下의 爵號는 郞으로 呼稱되어, 이를 통틀어 四品以上은 「大夫」, 五品以下는 「士」로 일컬어져서 크게 大夫와

77 職銜 職은 執掌한다는 뜻이고, 銜은 官吏의 階位를 의미하여(『經註』 六二一) 職掌과 職位를 나타내는 것을 職銜이라고 하였다.

78 階 官의 等級을 말하며 正・從의 品階를 의미한다. 東班・西班 같이 正・從九品으로 모두 十八品階로 되어 있고 從六品以上에서는 다시 階마다 上下二階로 나누어진다(『經註』 六三).

79 司 司라 함은 臣이 闕外에서 일을 맡는다는 뜻으로(『經註』 二一○) 여기서는 여러 官司(名) 즉 諸衙門名을 의미한다. 혼히 「各司」와 「各官」으로 對稱되어 中央의 各衙門과 地方의 各衙門(外衙門)으로 나누어 表現되기도 한다.

80 行 補任된 官職(實職)이 그가 이미 받은 바 있는 品階에 相應하는 官職보다 낮은 職(卑職)인 경우에 이를 「行」 또는 行職이라고 한다(「資高而降差卑職者 稱行」 世宗 九七、二四・七・丁丑). 武班의 경우 行職을 처음으로 준 것은 定宗 二年(一四○○) 十二月의 일이며(定宗 六、二・二二), 六個條의 合行條件을 갖추어 文・武班에 전면 실시하게 된 것은 世宗 二十四年(一四二二)부터의 일이다(世宗 九七、二四・八・丁丑).

81 守 補任된 官職(實職)이 그가 이미 받은 바 있는 品階에 相應하는 職보다 높은 品階의 職일 경우에는 이를 「守」 또는 守職이라고 한다(「資卑而陞差高職者 稱守」 世宗 九七、二四・七・丁丑). 이 같이 行職・守職을 授與하는 法을 行守法(行守之法)이라하여 이에 관한 條例가 定하여져서 처음으로 같이 실시하게 된 것은 世宗 二十四年(一四二二)의 일이다(世宗 九七、二四・七・丁丑). 이 法은 애초에는 京官에만 실시되던 것이 世宗 二十五年부터는 外官에도 適用되었다(世宗 一○一、二五・七・庚午).

82 封君 爵號로 「君」을 封하여 주는 것을 封君이라고 한다. 太祖 一年에 諸王子・駙馬에게 君號를 封하여 주었던 것을 太祖 七年 九月에는 親王子・諸宗親・正一品官에 각각 公・侯・伯으로 爵號를 고쳤었다. 그

83 功臣

러나 太宗 一年(一四○一) 一月에 公·侯·伯의 爵號를 각기 大君·尹·(府院)君으로 改稱하였다. (太祖 一、一·八·丙辰。太祖 一五、七·九·癸酉。太宗 一、一·一·乙酉)

王朝開創이래 成宗朝에 이르기까지 各王朝에 功勳을 세워 각기 功臣號를 받은 者를 가리킨다. 國初의 三功臣이라 함은 開國·定社·佐命功臣을 이름이고(端宗 八、一·一〇·己亥), 그후 三功臣에 靖難·佐翼功臣을 합하여 五功臣이라 하고, 다시 成宗朝에 와서 敵愾·翊載·佐理功臣까지 합하여 八功臣이라고 하였다(世祖 六、三·二·甲寅。成宗 九、二·三·辛丑)。각기 功臣에는 一等·二等·三等功臣으로 나누어 待遇를 달리하고 爵號도 功臣 위에 각기 八字·六字·四字의 雅號를 붙여 주었다. 功臣에게는 功臣田을 賜與하여 그 世襲이 認定되었다.

84 功臣承襲

承은 相繼의 뜻이고 襲은 相因의 뜻으로(『經註』 六三) 功臣에게 주어진 君號의 世襲을 의미한다. 世祖 三年(一四五七) 二月에 五功臣의 嫡長중에서 三品以上階에 올라 있는 者에게는 功臣의 號를 承襲하는 것을 許하였다(世祖 六、三·二·甲寅)。

85 原從功臣

원래 功臣은 크게 두가지 部類로 나누어진다. 王業에 상당한 勳勞가 있어서 功臣에 封해진 者와 王의 潛邸時부터(王이 되기 前부터) 侍從해온 功勞만으로 「原從」이라는 賜號를 받은 者가 그것이다(世宗 一〇二、二五·二·壬辰)。後者가 이른바 原從功臣으로 太祖·太宗 兩朝서부터 原從으로 錄功賜號한 者가 많았다. 世宗때부터 이미 그저 功臣이라면 이른바 三功臣만을 가리키고 原(元)從功臣은 여기서 排除되었다(世宗 一一二、二八·四·辛亥)。그것은 다름아닌 「潛邸原從之人」이라는 뜻으로 王業에 특별한 勳功은 없었다는 것을 의미한다. 世祖即位 直後에도 數많은 原從功臣이 輩出되었다. 原從功臣에도 若干의 功臣田이 賜與되었으나 일반 功臣들과는 差別하여 그 世襲은 許容되지 않았다.

86 仕

한 官職에서의 任期는 실제로 勤務하는 日數로 따지게 되어 있어서 通常勤務 一日을 「仕」 一로 셈하게

되어있다。그러므로 仕라는 것은 出仕(出勤)라는 의미로서 仕에는 元仕와 別仕가 있었다。元仕는 定해

져 있는 任期(出勤日數)를 가리키고 別仕라 함은 여러가지 特別勤務(特勤)를 의미하여 所定의 仕數를 더

해준다。別仕가 주어지는 경우에는 元仕數와 別仕의 數를 通計하여 任期滿了가 計算되도록 하였다。

87 遞兒職 遞兒의 遞는 「更易」「傳遞」를 뜻하고 兒는 語辭로 풀이된다(『經註』一五四)。遞兒라 함은 원래 中國

의 俚俗語로서 하나의 「口氣」로 「아나」라는 뜻을 갖는 것으로 풀이되었다(『五洲衍文長箋散稿』四八、語錄

辨證說)。즉 그것은 바로 물건을 건너줄 때에 中國의 俚俗語로 「떼열」(遞兒)이라고 하는 것을 특수한

職名으로 삼게된 것이다。遞兒職은 종래 濫授되어온 正職 아닌 祿官을 陶汰할 필요한 商

門에 數를 制限하여 遞兒라는 이름으로 授職케 하여 祿俸을 減額・支結토록 함으로써 財政을 節減하고

그들의 身分과 生計를 維持하도록 配慮・制定된 特殊職名이다。遞兒職은 대체로 世宗朝에 成立된 것으

로 遞兒職의 推薦은 試才分數와 勤務日數의 多小가 참고되는 것이 常例였다(成宗 一五〇・一四・一・甲寅)。

그리하여 少數의 東班遞兒、多數의 西班遞兒와 약간의 雜職遞兒로 이루어졌으나、軍職遞兒는 의연히

濫給되고 西班遞兒는 朝官의 無所任者를 收用하는 方便으로 되어 마치 官僚群의 待機發令 내지는 豫備

職과 같은 性格으로 變貌하게 되었다。(李載龒、〈朝鮮前期 遞兒職에 대한 考察〉『歷史學報』三五・三六 合輯、

一九六七)

88 堂下官 堂上官과 對稱되는 官員의 位格을 나타내는 稱號로서 正三品下位인 通訓大夫(東班)・彰善大夫(宗親)

正順大夫(儀賓)・禦侮將軍(西班) 以下의 官員을 呼稱하는 말이다。→註 141 堂上官

89 無祿官 祿俸이 없이 田地만 支給받는 官員으로 義禁府의 堂下官(經歷・都事)과 提擧(堂下官 正・從三品)・提

檢(正・從四品)・別坐(正・從五品)・別提(正・從六品)・別檢(正・從八品) 등이 이에 해당된다。京外官은 一

年에 두번씩 勤務成績을 上・中・下로 매길때、열번 考課에 두번 中을 받는 者는 無祿官에 叙用하도

록 되어 있다(『經國大典』吏典 褒貶)。 원래 影職·散官職·伴倘遞兒職을 받은 者는 叙用할 때에 承蔭取才例에 따라 試才叙用하게 되어 있으나, 그들은 提檢·別坐·別提·別檢등 無祿官에는 그러한 試驗을 거치지 않고 差任되게 마련이었다。 그리하여 그들 無祿官이 任期가 차서 轉任될 때에는 역시 承蔭取才例에 따라 試才入格者는 叙用되고 未入格者(落第者)는 西班으로 보내어 叙用하도록 된 것이 成宗 一年 六月의 일이다(成宗 六、一·六·丁卯)。 그러나 실제에 있어서 無祿官은 六·七年을 근무하여도 좀체로 祿官에 任用되지가 않아서, 無祿官으로 轉任되는 경우에는 그가 無祿官으로 근무한 日數도 근무 日數로 通計하여 주도록 하였다(成宗 一三一、二一·七·辛丑。成宗 一四二、二三·六·丁卯)。

90

五考三上·三考二上 官員의 勤務成績은 京官의 경우는 各 官司의 堂上官이나 提調와 所屬曹의 堂上官이、 地方官의 경우는 그 道의 觀察使가 每年 六月과 十二月에 上·中·下의 三等級으로 매겨서 褒貶·人事 行政에 反映시킨다。 이를 考課法이라 한다。 世宗 五年(一四二三)에 守令에 대한 考課法이 定해지면서 京官에 대해서도 任期가 차고 考績에 五考三上以上이면 加資해주기로 되었으며(世宗 二〇、五·六·甲寅) 世宗 二十九年에는 東·西班에 걸쳐서 条上(六品以上)은 滿三十朔(仕滿九百)에 五考三上、条外(七品以下) 는 滿十五朔(仕滿四百五十)에 三考二上이면 加資하여주도록 되었다(世宗 一一八、二九·二二·乙丑)。 이 같 은 京官職에 대한 加階規定은 成宗 二年에 校正廳에서도 再確認된 것이다(成宗 一〇、二·五·丁酉)。

91

作散(者) 官職에서 물러나서 다른 實務가 맡겨지지 못한 者를 作散者라고 일컫는다。 各司의 吏典(胥吏)의 경우에는 「就閑者」라고 하여(端宗 三、即位年·閏九·丁丑) 이들은 「閑散人」으로 通稱된다。 때로는 京官으로서 아무런 罪責이 없고 考課에서 上等의 成績을 얻더라도 혹 職窠(官職자리)가 없으면 不得已「散官」으로 되기도 하였다(世宗 五七、一四·七·庚申)。 그러나 「考課未叙 而作散者」와 「例當移任 而作散者」가 國家의 慶事를 맞아서 推恩의 盛典에 당하여 모두 「散官一資」에 除授된 사실로 미루어 作散者는 散

官 과 同義일수는 없는 것을 알 수 있다(端宗 三、即位年·閏九·丁丑)。 散官이라 함은 실지로 맡아 보는 職務(實職)가 없이 品階만을 받아 갖고 있는 者를 뜻한다。 散階는 또 散階官을 뜻하여 東班階는 文散官、西班階는 武散官이라고 하였다(『經註』 一五四)。 실제로 散官은 尊卑와 功勞를 定表하여 資級과 勞效로서 昇進除授하되 實職에는 종사하지 않는 官員을 의미한다(世宗 五○、一二·二二·壬戌)。 在任遭喪者에 대하여 喪前의 在任日月과 考績을 通計하여 주게 된 것은 世宗 二十年부터의 일이다(世宗 八二、二○·九·丙申)。

92 言官 司憲府와 司諫院의 官員은 人君(王)의 耳目으로서 王을 補弼하고 百官을 糾察하는 職責으로「論事章奏」하는 일이 그들의 職任이기 때문에(太宗 一七、九·三·己巳) 臺諫의 官員을 總稱하여 言官이라 하였고 또 그들 스스로도 言官으로 自處하였다。 즉 臺諫官員은「人君의 過失로서 마땅히 隱諱해야할 일을 위시하여 大小人員들의 宗社(國家)에 관계되는 일、 不忠 不孝 그리고 風俗을 汚染하는 일들을 直啓(實封聞)하는 일」이 그들의 職責이었다(太宗 二五、 一三·一·丁酉)。

93 公罪 官吏로서 公事(公務)와 관련되는 일에서 저질런 犯罪로서 私罪와 구별되어 쓰여졌다。 그리하여 公罪와 私罪를 가려서 罰의 輕重을 달리하였다(世宗 六四、 一六·六·癸丑)。 世宗 十八年(一四三六) 四月이후로는 大明律의 律文에 依據하여 私罪는 笞 四十以下 公罪는 杖以上을 罪過로 附錄하되、 京外官은 三年間에 笞罪四犯、 杖罪 五犯이면 罷黜하도록 되었다(世宗 七二、 一八·四·甲寅。 註 1087 私罪 참조)。

94 都事 → 註 208 都事

95 守令 → 註 825 守令

96 久任員 官職에는 出勤日數로 따지는 任期가 있어서 官吏마다 그 任期가 차면 去官(轉任)되게 되어 있으나 특수한 經驗이나 技術을 要하는 職任에는 任期에 구애되지 않고 長期間(限三年、文宗 八、一·六·乙亥

계속 근무하게 하여 이에 해당되는 官員을 久任員이라 하였다。 二三의 例를 든다면 船隻과 이에 관련된 緊要한 일을 감당할 才能이 있는 司宰監의 官員、祭祀를 職掌으로 하는 奉常寺의 官員、事大文書를 專掌하는 承文院의 官員등이 이에 해당된다。 世宗 十九年에 宗簿署를 비롯한 많은 官署에 久任員이 配定되었고(世宗 七八、一九・九・丙申)、世宗 二十八年 五月에 調整을 거쳐서 世祖 六年 八月에는 奉常・內資・內贍寺와 軍資・濟用監의 主簿以上의 全員을 久任으로 삼고 그 밖의 諸司의 久任員數가 再調整되었던 것이다(世祖 二二、六・八・己未)。

97

注擬 관리를 임명할 때에 文官은 吏曹에서 武官은 兵曹에서 候補者를 銓衡하여 薦望(王에게 啓察)하는 일을 注擬라고 한다。 단 한사람을 薦望하는 경우를 「單望」이라 하고(成宗 九二、八・一二・癸丑)、三人을 천망하는 경우를 「備三望」이라하며(成宗 六三、七・一・辛未)、四人以上 여러명의 경우는 長望이라고 한다。 成宗 十四年(一四八三)에 參奉擬望에 四・五十餘名의 多數에 이르렀기 때문에 그 이후로는 다만 三人을 擬望하게 하여 「備三望」이 通例가 된 셈이다(成宗 一六一、一四・一二・丁卯)。 여기서 司憲府・司諫院은 久任을 물론하고 慷慨言事者를 뽑아서 注擬하도록 된 것은 成宗 八年(一四七七) 八月의 일이다(成宗 八三、八・八・己酉)。 이렇듯 三人의 候補者를 禀啓하면 王이 適任者로 생각되는 者의 姓名위에 點을 찍음으로써(落點) 決定된다。 「備三望啓禀落點」이라 함이 그것이다(成宗 六三、七・一・辛未)。

98

寫字 承文院은 事大・交隣文書를 관장하여、특히 事大文書인 奏本・咨文・表箋・方物狀 및 副本들은 善寫者가 書寫하여야 하였으므로 堂上官이나 文臣이 아니더라도 寫字에 特異한 才能이 있는 者로 하여금 書寫케 하였다(世祖 三九、二一・八・庚戌)。 이렇듯 書寫官의 任務가 莫重함으로 이들에 대해서는 守令을 거치지 않더라도 四品以上階로 陞遷될 수 있는 特典을 주었다。

99

吏文 事大文書에 쓰이는 독특한 用語와 文體를 말하는데 이른바 吏讀와는 다르다。 그리하여 吏科 및 承蔭出

身 封贈爵牒 등의 文牒에도 모두 吏文을 使用하였고 世祖 三年 이후로는 東・西班 五品以下의 告身에도 종
래 써 오던 吏讀를 쓰지 않고 吏文을 사용키로 되었다(世祖 八、三・七・癸酉。註 515 吏文習讀官 참조)。

100
守令을 거치지 않은 者는…올라갈 수 없다。 官員들이 일반적으로 外任(地方官)을 忌避하는 傾向때문에 世宗
朝에 이 規制法이 마련되었다(成宗 七七、八・閏二・甲寅)。즉 世宗 二十二年(一四四〇) 五月에 「六品에서
五品에 이르기까지 守令을 거치지 않고서는 四品에 오를 수가 없고、四品에서 從三品까지 守令을 거치
지 않고는 通訓(正三品 堂下官)에 오를 수 없으며 通訓以上者로서 미처 守令을 거치지 않은 者는 적당히
守令職에 除授하되、그 중에 王의 特旨나 文章・武藝・吏文・漢語에 特異한 才幹이 있는 者는 이 制限
을 받지 아니한다」는 規定이 마련되었다(世宗 八九、二二・五・己未)。바꾸어 말한다면 守令職을 거치지
않고서는 「大夫」階에 오를 수 없다는 것을 의미하기도 한다。

101
東班職 官職을 文班職과 武班職으로 나누어 文・武兩班으로 일컫게 된 것은 高麗朝以來의 일로서、朝鮮王
朝에 들어서도 다름이 없이 文・武兩班、文・武群官、大・小兩班 등으로 쓰여졌다。그리고 東班은 文班、
西班은 武班을 指稱하게 된 것은 朝賀나 諸般儀式때에 東西로서 向하여 重行分立하여 文班은 東편에、
武班은 西편에 (文東武西) 벌여 서게 되어 있어서 東班・西班(東西班)으로 對稱되게 된 것이다(太宗 五、
三・六・乙卯。太宗 一四、三・二一・甲子)。여기서 「年未滿二十者云云」은 「二十初仕」의 原則을 말한 것이다。

102
諸科 →註 1049 諸科

103
贓吏 官吏가 賂物을 받는 것을 贓이라 한다(『經註』六五)。贓吏는 즉 賂物을 받거나 法을 어겨서 財物을 차
지한 者를 뜻하는데 六典(元)에 이미 「贓吏子孫은 叙用하지 못한다」는 條規가 들어 있었다(世宗 七二、一
八・六・戊戌)。世宗 二十九年(一四四七) 이후로는 六典과 大明律의 律文대로 뇌물을 준 자와 받은 者는
모두 그 贓物을 계산하여 律에 따라 科罪하되 贓吏로서 論罪하게 되었다(世宗 一一六、二九・五・壬子)。

世祖一年에는 職吏親孫은 東班職을 받지 못하게 하였고(世祖 四二、一・七・壬寅)、職吏는 記錄하여 두고 반드시 그 子孫을 禁錮하도록 되어 있었다(成宗 一四七、一三・一〇・乙酉)。

104 失行婦女 일반적으로 兩班의 婦女로서 婦德을 失墜시킨 者를 뜻한다. 『經濟六典』 禮典에 이미 兩班婦女가 父母親兄弟姉妹、親伯叔、姑親舅姨를 除外하고 그 밖의 사람을 往見하는 것을 許容하지 않아서, 이를 어기면 「失行」으로서 論罪하도록 되어 있는 것은 奔競을 防止하기 위한 規制였다(世宗 五二、一三・六・丁巳)。 일반적으로 兩班婦女로서 名山神祠來往者・淫慾恣行者・敗常亂俗者 등은 모두 失行婦女로 看做되었다. 失行婦女에 대한 직접적인 科罪는 그의 家長에게 돌아가게 되어있어, 犯法婦女의 家長이 없으면 長子에게, 長子가 없으면 次子、次子가 없으면 長孫、長孫이 없으면 次孫이 「依律科罪」되고, 家長의 子孫이 없는 경우에는 本婦(失行婦女女本人)가 罪罰을 받아야 하였다(成宗 一〇、二・五・丁酉)。

105 西班職 → 註 101 東班職

106 除授 舊官에서 除去하여 새 官職에 就任시킨다는 뜻인데(『經註』 六六) 흔히는 官職을 授與한다는 뜻으로 쓰어지기도 한다. 除授에는 科擧외에 네가지 방법이 있어서 特旨・蔭叙・取才・保擧등이 그것이다.

107 正一品衙門 모든 官衙는 각기 行首(同一한 系列의 最高官)가 長官이 되어 그의 品階에 따라 正一品衙門에서부터 從六品衙門에 이르는 位階로 나누어져 「職任의 輕重」에 따라 「衙門의 高下」를 가리게 되어 있다(世宗 五九、一五・二・丁未。成宗 一六一、一四・二二・壬午)。 그리하여 堂上官이 있는 衙門과 없는 衙門을 가려서 「有堂上衙門」과 「無堂上衙門」으로 나누어 일컬어지기도 하고、無堂上衙門에서는 그 衙門의 行首가 長官이 되나 提調가 配置되어 있는 無堂上衙門에서는 그 提調가 長官이 되어 兼攝하도록 되어 있다。(世宗 六八、一七・六・甲子)。 그리고 儀式이나 行事에서 百官이 品階에 따라 整列할 때(百官班列時) 階가 같은 경우에는 實職에 따르고、實職마저 같을 때에는 衙門의 序次(高下)에 따라 차례로 서도록 하였다(成宗

108 宗親府　麗末의 「諸王子府」가 朝鮮王朝에 들어서 「在內諸君所」(年紀未詳)로 바뀌어지고、太宗 十四年 六月에 다시 「在內諸君府」로 昇格되었다가 世宗 十二年(一四三○) 十一月에 비로서 宗親府로 改編되었다. 「在內諸君」이라 함은 大內(闕內)의 宗室諸君이라는 뜻이다. 太宗 十四年(一四一四) 二月이래 在內諸君所(府)에 移屬되었던 宗簿寺가 獨立衙門으로 따로나서 宗親의 非違에 관한 일만을 專掌하게 되어서 在內諸君府를 宗親府로 고치고 그 밑에 典籤司를 두어 典籤・副典籤・錄事・副錄事등의 僚屬을 두게 하였으나 事務가 간단하여 典籤・副典籤만은 錄官으로 兼任케 하였다(世宗 五○、二二・一一・丙寅). 宗親府가 新設되어 所屬未定이던 典籤司의 官員은 世宗 十三年 六月에는 吏曹의 考察對象으로 되었고 世宗 二十五年에 詳定되었던 職制는 世祖 三年 七月에 改定되었으며(世祖 八、三・七・丙寅)、世祖 十二年에 若干의 更定을 거쳐서 整備되게 되었다. 宗親에 대하여서는 이미 元六典에 宗親에게는 「尊位重錄」하여 政事(職事)를 맡기지 않고(不任以事) 「親親의 道」를 다하도록 되어 있어(文宗 一三、二・四・戊子) 다만 封爵과 厚祿으로 그 尊榮을 누리게하고 宗親間의 敦睦을 꾀하도록 한 것은 麗朝에 있어서와 다름이 없었다. 王의 嫡・庶子가 있으면 그들의 地位가 議政의 위이므로 宗親府는 正一品衙門이 않되고 「無階衙門」이 되게 되었다(金成俊、〈宗親府考〉『史學研究』一八、一九六四). 宗親府의 郎官에 대한 褒貶은 宗親 二品以上이 同議하여 시행케 하였다(端宗 一一、二・六・辛卯).

109 宗室　宗親과 같은 뜻으로 王族을 가리킨다(『廣才物譜』、人倫部). 여기서 宗室諸君이라 함은 駙馬諸君、異姓諸君과 對稱되며(太宗 三四、一七・未)、宗室諸君은 모두가 宗親府에 屬하므로 人員數에 制限이 없었다.

110 良妾　良人身分의 女子가 妾이 된 자를 良妾이라 하고、賤人身分의 女子(婢)가 妾이 된 者를 賤妾이라고 한다. 朝鮮王朝에 들어서 良・賤人과 妻・妾의 身分을 엄격히 구별하게 되면서 宗親間에 있어서도 良妾・

111 賤妾 賤人身分의 女子가 妾이 된 者를 賤妾이라고 한다.(註 110 良妾 참조)

賤妾과 그들의 所生에 대하여서는 각기 差別待遇를 하게 되었다.(金善坤、〈李朝初期 妃嬪考〉『歷史學報』 二一、一九六三。李泰鎮、〈庶孽差待考〉『歷史學報』二七、一九六五)

112 親盡 王子의 子孫이 曾孫밖에 나간 者를 말한다(『經註』 六七)。王으로부터 四代가 지나면 宗親으로서의 特惠(賜錄등)의 부여는 끝난다는 뜻이다.

113 文・武官의 子孫의 例…할 수 있다 宗親으로서 王으로부터 四代가 지나서부터는 일반 文・武官의 子孫과 같은 方法에 의해서만 官職을 얻을 수 있게 한 것은 世祖 七年 三月부터의 일이다(世祖 二三、七・三・辛酉)。

114 大匡輔國崇祿大夫 文散階(文官) 正一品 上階의 品階名이다. 太祖 一年(一三九二) 七月에 官制를 새로 정할때 高麗朝(恭愍十八年)의 그것이 繼承・改編된 것으로 高麗朝의 特進輔國三重大匡이 特進輔國崇祿大夫로 다시 改稱된 것이다.(李成茂、〈朝鮮初期의 文武散階〉『朝鮮學報』 一〇二、一九八二)

115 輔國崇祿大夫 文散階 正一品 下階의 品階名이다. 高麗朝의 特進三重大匡이 太祖一年에 輔國崇祿大夫로 改稱되었다.

116 顯祿大夫 宗親階 正一品 上階의 品階名이다. 世宗 二十五年(一四四三) 十二月에 正一品에서 正七品에 이 宗親文散階가 制定된 것이다.(世宗 一〇二、二五・一二・乙丑。李成茂、上揭論文)。

117 興祿大夫 宗親階 正一品 下階의 品階名이다.

118 綏祿大夫 儀賓(駙馬)文散階 正一品 上階의 品階名이다. 世宗 二十六年(一四四四) 七月에 異姓諸君所가 駙馬府로 改稱되고 駙馬에게 正一品에서 從三品에 이르는 品階名을 정하여 주면서 儀賓文散階가 整備되었다.(世宗 一〇五、二六・七・戊申。李成茂、上揭論文)

119 成祿大夫 儀賓文散階 正一品 下階의 品階名이다。

120 崇祿大夫 文散階(文官) 從一品 上階의 品階名으로서 高麗時代의 三重大匡에 해당된다。

121 崇政大夫 文散階(文官) 從一品 下階의 品階名으로서 高麗時代의 重大匡에 해당된다。

122 昭德大夫 宗親 文散階 從一品 上階의 品階名이다。

123 嘉德大夫 宗親 文散階 從一品 下階의 品階名이다。

124 光德大夫 儀賓 文散階 從一品 上階의 品階名이다。

125 崇德大夫 儀賓 文散階 從一品 下階의 品階名이다。

126 正憲大夫 文散階(文官) 正二品 上階의 品階名으로서 高麗時代의 光祿大夫에 해당된다。

127 資憲大夫 文散階(文官) 正二品 下階의 品階名으로서 高麗時代의 崇祿大夫에 해당된다。「資憲」은 「崇班」이라고 일컬어진다(成宗 一四○、一三・四・癸丑)。

128 崇憲大夫 宗親 文散階 正二品 上階의 品階名이다。

129 承憲大夫 宗親 文散階 正二品 下階의 品階名이다。

130 奉憲大夫 儀賓 文散階 正二品 上階의 品階名이다。

131 通憲大夫 儀賓 文散階 正二品 下階의 品階名이다。

132 嘉靖大夫 文散階(文官) 從二品 上階의 品階名으로서 高麗時代의 榮祿大夫에 해당된다。

133 嘉善大夫 文散階(文官) 從二品 下階의 品階名으로서 高麗時代의 資德大夫에 해당된다。

134 中義大夫 宗親 文散階 從二品 上階의 品階名이다。

135 正義大夫 宗親 文散階 從二品 下階의 品階名이다。

136 資義大夫 儀賓 文散階 從二品 上階의 品階名이다。

137　順義大夫　儀賓 文散階　從二品 下階의 品階名이다.

138　通政大夫　文散階(文官) 正二品 上階의 品階名으로서 麗代의 正議大夫에 해당된다. 正二品 上階 通政大夫以上을 堂上官이라 한다. (→ 註 141 堂上官 참조)

139　明善大夫　宗親 文散階 正三品 上階의 品階名으로서 明善大夫以上을 堂上官이라 한다.

140　奉順大夫　儀賓 文散階 正三品 上階의 品階名으로서 奉順大夫以上을 堂上官이라 한다.

141　堂上官　文・武官의 十八品階중에서 正三品 上階인 通政大夫(武班은 折衝將軍)以上을 堂上官이라고 한다(宗親은 明善大夫以上, 儀賓은 奉順大夫以上). 堂上이라 함은 政堂에 올를 수 있는 位格을 뜻하는데 실제로 堂上은 升堂하여 倚子에 앉아서 政事를 보았고 諸郎은 升堂할 수 없으나 郞廳(郞官)이 實務上 隨從升堂하는 경우에도 平地에 앉아야 하였다(世宗 三九, 一〇・三・甲辰). 이에 대하여 正三品 下階인 通訓大夫(武班은 禦侮將軍)以下를 堂下官이라 하여 堂上・堂下를 差別하였다. 그리하여 議政府・六曹・三軍判府事・漢城府의 堂上官으로 이른바 堂上官會議를 가졌으며, 身分으로 區別되는 服飾등에도 堂上官만이 金帶・銀笠飾・象牙牌(號牌)・綾緞衣服을 着用할 수 있게하여 堂下官과 구별되게 하였다. 또한 堂上官만은 勤務日數와 관계없이 昇進되고, 相避制에 拘碍되지 않고, 罷職당한 경우에 年限의 拘碍없이 復職될 수 있게 되어 있고, 官吏의 薦擧權・褒貶權등은 堂上官에 맞겨졌으며, 退職의 경우에도 人員數에는 制限이 있었으나 奉朝賀라는 이름으로 所定의 祿俸이 支給되었다(李成茂, 『朝鮮初期 兩班研究』 一潮閣 一九八〇). 이로서 通政堂上官은 그 待遇가 二品官과 다름이 없었던 것이다. 따라서 依例히 堂上官으로 昇進될 수 있는 職窠(자리)는 극히 制限되어 承文院判校・奉常寺正・通禮院左右通禮만이던 것이 成宗 六年(一四七五)에 右通禮는 除外되고 訓鍊院正(西班)이 添加되었다. 그리고 階窮者로서 文科試 甲科第一人者나 善治守令(十考十上者)은 堂上官으로 昇進시켜 주었다. 그 밖에는 老成・卓才・勳賢등으로 功勞가 있는 者로서 王

의 特旨가 있어서 堂上官이 되는 경우가 많았다。階窮이라 함은 正三品 下階인 通訓大夫(西班 禦侮將軍)를 가리키는데 일단 이자리에 이르지 못하고서는 堂上官으로 陞級되지 못하게 되어 있다는 이를테면 堂下官의 絶頂이라는 뜻이다(『經註』一二)。堂上・堂下官의 區別이 두어진 것과 對照的으로 六品以上을 參上、七品以下를 參外(또는 參下)라 하여 身分上의 또 하나의 境界(制限)線의 구실을 하여 七品에서 六品으로 昇進하는 것을 「陞六」 또는 「出六」이라고 하였다。參上의 語義는 원래 朝參할 수 있는 官員이라는 뜻에서 온 말이다(太宗 三〇、一五・八・丁丑)。六品以上職의 經歷이 있어야 守令으로 任命될 수 있었고 初參六品者는 守令에 任命될 수 없었다。

142 通訓大夫 文散階(文官) 正三品 下階의 品階名으로서 高麗時代의 通議大夫에 해당된다。通訓大夫(正三品 下階) 以下를 堂下官이라 한다。→ 註 141 堂上官

143 彰善大夫 宗親 文散階 正三品 上階의 品階名으로서 彰善大夫(正三品下位)以下를 堂下官이라 한다。

144 正順大夫 儀賓 文散階 正三品 下階의 品階名으로서 正順大夫(正三品下位)以下를 堂下官이라 한다。

145 中直大夫 文散階(文官) 從三品 上階의 品階名으로서 高麗時代의 大中大夫에 해당된다。

146 中訓大夫 文散階(文官) 從三品 下階의 品階名으로서 高麗時代의 中正大夫에 해당된다。

147 保信大夫 宗親 文散階 從三品 上階의 品階名이다。

148 資信大夫 宗親 文散階 從三品 下階의 品階名이다。

149 明信大夫 儀賓 文散階 從三品 上階의 品階名이다。

150 敦信大夫 儀賓 文散階 從三品 下階의 品階名이다。

151 奉正大夫 文散階(文官) 正四品 上階의 品階名이다。

152 奉列大夫 文散階(文官) 正四品 下階의 品階名이다。

153 宣徽大夫　宗親　文散階　正四品　上階의　品階名이다。

154 廣徽大夫　宗親　文散階　正四品　下階의　品階名이다。

155 朝散大夫　文散階(文官)　從四品　上階의　品階名이다。

156 朝奉大夫　文散階(文官)　從四品　下階의　品階名이다。

157 奉成大夫　宗親　文散階　從四品　上階의　品階名이다。

158 光成大夫　宗親　文散階　從四品　下階의　品階名이다。

159 通德郎　文散階(文官)　正五品　上階의　品階名으로서　高麗時代의　朝議郎(正五品)이　上下兩階로　나누어진　셈이다。

160 通善郎　文散階(文官)　正五品　下階의　品階名으로서　高麗時代의　朝議郎(正五品)이　上下兩階로　나누어진　셈이다。

161 通直郎　宗親　文散階　正五品　上階의　品階名이다。

162 秉直郎　宗親　文散階　正五品　下階의　品階名이다。

163 奉直郎　文散階(文官)　從五品　上階의　品階名으로서　高麗時代의　朝奉郎(從五品)이　上下兩階로　나누어진　셈이다。

164 奉訓郎　文散階(文官)　從五品　下階의　品階名으로서　高麗時代의　朝奉郎(從五品)이　上下兩階로　나누어진　셈이다。

165 蓬節郎　宗親　文散階　從五品　上階의　品階名이다。

166 慎節郎　宗親　文散階　從五品　下階의　品階名이다。

167 承議郎　文散階(文官)　正六品　上階의　品階名으로서　高麗時代의　朝奉郎(正六品)이　上下兩階로　나누어진　셈이다。

168 承訓郎　文散階(文官)　正六品　下階의　品階名으로서　高麗時代의　朝請郎(正六品)이　上下兩階로　나누어진　셈이다。

169 執順郎　宗親　文散階　正六品　上階의　品階名이다。

170 從順郎　宗親　文散階　正六品　下階의　品階名이다。

171 宣敎郎　文散階(文官)　從六品　上階의　品階名으로서　高麗時代의　宣德郎(從六品)이　上下兩階로　나누어진　셈이다。

172 宣務郎 文散階(文官) 從六品 下階의 品階名으로서 高麗時代의 宣德郎이 上下 兩階로 나누어진 셈이다。

173 務功郎 文散階(文官) 正七品의 品階名으로서 高麗時代의 修職郎(七品階)이 正·從七品階로 나누어진 셈이다。

174 啓功郎 文散階(文官) 從七品의 品階名으로서 高麗時代의 修職郎(七品階)이 正·從七品階로 나누어진 셈이다。

175 通仕郎 文散階(文官) 正八品의 品階名으로서 高麗時代의 承事郎(八品階)이 正·從兩階로 나누어진 셈이다。

176 承仕郎 文散階(文官) 從八品의 品階名으로서 高麗時代의 承事郎(八品階)이 正·從兩階로 나누어진 셈이다。

177 從仕郎 文散階(文官) 正九品의 品階名으로서 高麗時代의 登仕郎(九品階)이 正·從兩階로 나누어진 셈이다。

178 將仕郎 文散階(文官) 從九品의 品階名으로서 高麗時代의 登仕郎(九品階)이 正·從兩階로 나누어진 셈이다。

179 大君 王子중에서 中宮(王妃)의 아들(嫡子)은 大君에 封하여준다(世祖 六、三·一·乙酉)。王子科田法에서는 大君에게 三百結을 주게 하였다(世宗 三一、八·一·壬戌)。世祖 三年 당시에는 大君·君은 正一品이었으나 本法典에서 無品으로 되었다。

180 君 王子중에서 王의 側室(小室)의 아들(庶子)들은 君에 封하여 준다(世祖 六、二·一·乙酉)。王子科田法에 서는 君에게 二百結을 주게 하였다(世宗 三一、八·一·壬戌)。

181 衆子 長子를 除外한 嫡室의 아들을 말한다。宗室의 嫡庶에 따른 爵秩은 世祖 七年(一四六一) 三月에 詳定 되었다(世祖 二三、七·三·辛酉)。→ 禮典 註 319 衆子

182 王子君 君에 封하여진 王子를 말한다。

183 衆孫 嫡長系을 除外한 여러 孫子를 말한다。

184 都正 宗親府와 敦寧府에만 둔 正三品 上位(堂上官)職으로 都正을 거치지 않고서는 封君이 않되는 宗班중의 華職으로 王의 特旨가 있어야 授與된다。(英宗 二、即位年·一一·辛酉)。

185 正 여기서는 正三品 下階(堂下官)의 宗班을 말하는 職名으로、이 같은 宗室의 職秩은 世宗 二十五年 十二月

에 詳定되었으나 正從의 區別이 어렵다 하여 世祖 三年(一四五七) 七月에 正(正三品)以下 副正·令·副令·監·副監·長(正六品)의 系列로 그 職秩이 갖추워진 것이다(世祖 八、三·七·丙寅)。일반 官職體系에서의 正三品 堂下官인 正·副正은 太宗 十四年(一四一四) 一月 官制改定 때의 監·少監을 改稱한 것이며 正은 또 無堂上衙門인 正三品衙門중의 六院(尙瑞·司譯·掌樂·尙衣·內醫·司饔院)과 九寺·六監의 行首官이 되게 되어 있다. 「正」은 즉 「僚下를 總治하는 一官之長」인 셈이다(成宗 一二三、一一·一·戊子)。

186 副正 從三品職으로 太宗 十四年 一月 官制改定 때에 종래의 少監이 副正으로 改稱되었으며(太宗 二七、一四·一·癸巳) 宗親府의 副正은 世祖 三年 七月 宗室의 職秩이 制定될 때 從三品職으로 定하여진 것이다.

187 守 王子君의 衆會孫에게 첫벼슬로 주는 宗室의 職帙로서 世祖 三年 七月에 두게 하였던 正四品職 令의 품階를 낮추게 하고 이를 守로 代替시킨 것이다. 京官職으로 宗親府외의 正四品官職으로 守를 둔 官司는 豊儲倉·廣興倉·典設司뿐으로, 外官職의 경우(郡守·崇義殿守)는 從四品職이다. ↓ 註 844 郡守

188 典籤 世宗 十二年(一四三〇) 十一月에 在內諸君府가 宗親府로 改編되면서 宗親府에 典籤司를 두고, 여기에 典籤(正四品) 副典籤(正五品)을 두어 典籤司 典籤이라던 것을 다만 典籤이라고 하여 宗親府 典籤으로 襲用되게 된 것이다(世宗 五〇、一二·一一·丙寅。世祖 三八、一三·一·戊午)。

189 朝官 朝臣 또는 朝士라고도 通用되어(成宗 八二、八·七·丁卯) 朝廷에 出仕하는 官員이라는 뜻이다。宮官과 對稱되기도 하고 때로는 「在外則守令 在內則朝官」이라 하듯이 守令에 대하여 中央官員이라는 뜻으로도 쓰여졌으나 (成宗 三三、八·七·丁卯) 「京外朝官告身」(成宗 一、即位·一二·辛酉) 「京外住居 閑散三品以下 朝士」(世祖 二八、七·八·壬寅。成宗 三三、四·七·己未)와 같이 혼히 京外를 가리지 않고 朝官으로 通稱되

190 副守 宗親府 從四品職으로 世祖 三年 七月 宗室의 職秩이 制定될 때 從四品職으로 「副令」을 두었던 것이었다。

二八

「令」과 같이 品階를 낮추게하고 이를 副守로 代替시킨 것이다.

191 令 世祖 三年 七月 宗室의 職秩이 制定될 때 正四品으로 令이 두어졌으나 뒤에 正五品職으로 格下된 것이다.

192 典簿 世宗 十二年(一四三〇) 十一月에 宗親府에 典簿司를 두고 典簿와 같이 副典簿(從五品) 각 一員을 두었던 것이 世祖 十二年 一月 官制更定때 典簿를 그대로 두고 副典簿을 典簿로 고치게 하였다(世祖 三八, 一二·一·戊午)。正五品으로 昇格된 年紀는 未詳이다.

193 副令 世祖 三年 七月에 宗室의 職秩이 制定될 때 從四品職이었던 것이 從五品職으로 格下된 것이다.

194 監 世祖 三年(一四五七) 七月에 宗室의 職秩이 制定될 때 正五品職이었던 것이 正六品職으로 格下된 것이다. 그리하여 守, 副守職이 新設됨에 따라 원래 두었던 副監·長은 革罷되었다.

195 議政府 朝鮮王朝의 最高官府로서 都堂, 廟堂 또는 黃閣이라고도 하고 다만 政府라고 하여도 議政府를 가리킨다. 領議政·左議政·右議政의 三議政을 三政丞, 三公 또는 三相이라고도 合稱한다. 議政府는 이 三議政의 合議制 官府이다. 定宗 二年에 私兵이 革罷되고 官制가 改編되면서 麗末의 文武高官會議機關이던 都評議使司가 議政府로 고쳐지고 中樞院이 三軍府로 고쳐졌다. 그리하여 三軍의 職掌을 담당하는 者는 議政府에 同參하지 못하게 되고 都摠制以下의 武官도 議政府의 官職을 兼할 수 없게 되는 同時에 議政府로서도 軍事에 干與하지 못하게 되어 政權과 王을 頂點으로하는 兵權이 分離됨으로서 상대적으로 臣權에 대하여 王權이 強化된 셈이었다(定宗 四、二·四·辛丑)。뒤이어 太宗 元年에 門下府가 革罷되면서 門下府의 宰臣이 議政府의 職員으로 充當됨으로서 議政府는 門下府의 機能을 계승하여 百官·庶政을 總轄하는 政務의 最高機關이 되었다. 太宗 十四年에 議政府의 庶務가 六曹에 移管·分屬되어 그 分掌事務가 確定되면서 각기 分掌事務를 六曹에서 王에게 直啓하도록 되어 議政府는 王에 대한 重臣의 顧問機關에 지나지 않는 것 같이 되었다. 그러나 世宗 十八年에는 다시 議政府의 署事制가 실시되어 六

曹의 所管事務는 먼저 議政府에 報告하여야 하고 議政府가 그 可否를 가려서 王에 啓聞하도록 되어서 六曹의 直啓制가 廢棄되고 議政府의 權能이 復舊된 셈이다. 이 같은 六曹直啓制와 議政府署事制가 王朝中期에 이르기까지 몇번에 걸쳐서 번갈아 실시 되었던 것은 각기 王權의 強化와 臣權의 結集을 그 나름대로 나타낸 것으로 해석 되기도 한다. 壬辰亂을 契機로 備邊司의 機能이 擴大強化되어 文・武高官 會議機關으로 軍國의 機務를 總轄하게 되고 三議政이 이에 同參하게 되면서 議政府자체의 원래의 機能은 喪失되었던 것이다. 高宗朝 大院君執權下에 議政府의 원래의 機能이 復活되어 備邊司는 議政府의 附屬機關으로 되었으며, 高宗 十七年(一八八〇)에 統理機務衙門이 新設되면서 領議政은 統理機務衙門의 總理大臣으로 登場하게 된 것이다. (末松保和,〈朝鮮議政府考〉『朝鮮學報』九、一九五六)

196 百官을…經綸한다

議政府의 職能으로 庶政을 고르게 한다(平庶政)는 것은 太祖 一年(一三九二)의 制에서「百揆庶務」라고 한 宰臣의 職任을 이어받은 것이오, 百官을 統率한다는 職能에 대하여서는 明確한 規定이 보이지 않으나 太宗朝初에 이미 나타나 있는 바와 같다(太宗 五、二・六・庚戌). 또한「陰陽을 다스리고 邦國을 經綸한다」는 職能은 古制(周制)에서 三公(太師・太傅・太保)이「論道經邦 燮理陰陽」(邦國과 陰陽을 經理)한다는데서 이끌어온 것이다(世祖 二、一・八・壬子。成宗 一〇六、一〇・七・丙辰)。

197 領議政

領相、首相 또는 領揆라고도 하여 宰臣의 領首를 의미하고、左・右議政과 아울러 三公 또는 三政丞(議政)이라 並稱되기도 한다. 太宗 一年(一四〇一) 七月 議政府 成立當時에는 領府事라고 하던 것을 世祖 十二年(一四六六) 一月 官制更定때에 領議政으로 改定하였다. 領議政은 最高官으로서 領經筵事・領弘文館事・領藝文館事・承文院都提調・領觀象監事・世子師(侍講院)를 例兼하게 되어있다.

198 左議政・右議政

左議政은 左相・左揆 또는 左政丞、右議政은 右相・右揆 또는 右政丞이라고도 한다. 門下府 左・右侍中이 議政府 成立당시에 議政府 左・右政丞으로 되었던 것이 太宗 十四年 四月에 判府事

(二員)라 改稱되고、同年 六月에 다시 左・右議政으로 고쳐졌다。

199 左贊成・右贊成 太祖 一年(一三九二)의 官制新定때 門下府의 從一品職으로 贊成事 二員을 두게 하였던 것이 議政府成立후인 太宗 十四年(一四一四) 四月에 同判議政府事(二員)로 改定되고、同年 六月에 左・右參贊으로 고쳐졌으나 다시 太宗 十五年 一月에 左參贊이 贊成으로 右參贊이 參贊으로 改稱되었으나 世宗 十九年(一四三七) 十月에는 左・右議政과 規를 같이하기 위하여 贊成 一員을 加置하여 左・右贊成으로 하고 參贊도 二員으로 늘려 역시 左・右參贊으로 나누게 하였다(世宗 七九、一九・一〇・庚申)。→ 註199 참조。

200 左參贊・右參贊 議政府의 正二品官으로 「貳公」이라고도 한다(成宗 六六、七・四・癸巳)。

201 舍人 恭愍王朝의 門下舍人이 太祖 一年 官制新定때에 內史舍人으로 改稱되었으나(太祖 二、一・七・庚子)、太宗 三年 七月에 司諫院이 分立・新設되면서、司諫院에 內書舍人이 두어졌었다(太宗 三、七・辛丑)。太宗 六年 三月에 舍人의 職任이 諫官과 名實이 같지 않다하여 議政府의 經歷・都事도 革罷하고 「內書舍人」을 「議政府舍人」으로 고친 것이며、그 職任도 王과 人臣의 말(言)을 傳하는 「代言(뒤의 承旨)에 버금하는 것」으로 간주 되었다(太宗 六、三・七・辛丑)。실제로 舍人은 議政府 堂上會議의 결과를 가지고 王에게 啓達하는 역할을 하고 있다。王이 議政府에 傳敎할 때에는 舍人을 불러서 하였다(文宗 三、即位年・九・戊辰)。舍人의 勤勞가 六曹의 郎廳보다도 더 심하다하여 六曹郎廳의 例에 따라 勤務期間 三十朔이 차면 改品하여주게 하고(世宗 七九、一九・一〇・癸未)、去官될 때에는 반드시 三品階를 除授하도록 되었다(世宗 一〇一、二五・七・戊辰)。

202 檢詳 太祖 一年 七月 官制新定때 都評議使司의 屬司인 檢詳條例司에 檢詳(一員)을 두었던 것이나、太宗 十四年 四月에 檢詳條例司가 禮曹에 所屬되게 되었다。그리하여 禮曹의 檢詳・錄事등이 모든 條例나 謄錄등을 상세히 검토하는 任務를 맡아왔으나(世宗 六、一・二二・壬申)、그 후로는 文臣(參外) 二人이 담당

하여 따로 官號가 없던 것을 議政府에서 署事를 하게 된 世宗 十八年 이후로 條例 등의 검토를 위하여 檢詳이라는 官號를 別立하여 議政府에 속하게 한 것이다(世宗 七四、一八・七・丁酉)。 檢詳이 舍人의 任務를 代行한 일도 있어서 舍人이 缺員이 되면 바로 檢詳을 舍人으로 任命하게 된 것으로 생각된다。

203 司錄 世祖 十二年(一四六六) 一月 官制更定때 檢詳條例司 錄事가 議政府의 司錄으로 改稱된 것이다。

204 忠勳府 여러 功臣의 官府로서 一名 盟府 또 勳府라고도 한다。 世宗 十六年(一四三四) 九月에 功臣都監이 忠勳司로 改稱되었던 것이(世宗 六五、一六・九・乙亥) 端宗 二年에 府로 陞格된 것이다(端宗 一〇、二・一・丁卯)。 功臣을 정할 일이 있으면 임시로 功臣都監(權設職)을 앉히고 議政府와 三司(弘文館・司憲府・司諫院)에서 封君對象者의 勳功을 勘定하여 一・二・三等으로 等級을 나누어 勳號를 내려주게 하되、一等功臣에는 十字、二等功臣에는 六~八字、三等功臣에는 二~四字의 勳號를 쓰게 하였다(例、輸忠衞社協贊靖難佐翼功臣―崔恒)。 功臣에게는 功臣田을 賜與하고 그 世襲을 認定한다。 일반으로 功臣이라고 만 하면 原從功臣은 이에 包含되지 않는다。 功臣의 勳號를 받은 者들은 擇日하여 國王에 대하여 勳府壇(盟壇을 임시로 만든다)에서 「會盟」한다。 功臣 一等第一人을 「元勳」이라고 한다。 太祖 一年에는 功臣의 母와 妻에게 「宅主」로 封爵하여 給祿한 바도 있다(太祖 二、一・閏二・己丑)。

205 親功臣 功勳을 세운 당사자로서 功臣의 勳號를 받은 者를 가리킨다。 功臣의 封爵은 功臣號를 받은 者로부터 四世까지는 承襲되어 功臣待遇를 받게되어 있어서、親功臣이라 함은 그렇듯 承繼받아서 대우를 받는 功臣(功臣承襲者)과 구별하여 일컫는 말이다。 親功臣身死者에게는 職位가 낮은 경우 正二品職을 追贈하고 諡號도 주게 되어있다(成宗 二三、二・閏九・壬寅)。 親功臣이 通政以上으로서 直子가 없으면 甥・姪女婿중에서 一人을 叙用하도록 하고、直子와 甥・姪女婿가 있더라도 親功臣이 그의 兄弟를 叙用하여 줄 것을 願한다면 들어주게 하였다(端宗 一一、二・六・辛卯)。 親功臣의 「一君」號위에는 「府院」二字를 붙여서

府院君이라 일컫는다。

206 府院(君) 親功臣과 王妃의 父親에게는 封君하되 그 「君」字위에 「府院」이라는 두字를 添加하여 府院君이라 일컫는 것을 말한 것이다。王妃族親에 관련하여서는 이미 『續六典』 吏典 封君條에 「中宮(王妃) 父親外에는 封君을 許하지 않는다」라고 되어 있어 王妃父에게만 封君하게 되어 있었다(端宗 一、二・六・戊子)。中國 古制에도 없는 爵號이다。

207 經歷 從四品職으로 文書의 出納을 맡는다。忠勳府・儀賓府와 義禁府・開城府에 두었다。원래는 觀察使의 輔佐官으로 外官으로도 파견되었으나、世祖 十二年에 外官 經歷은 모두 革罷되었다。(張炳仁、〈朝鮮初期의 觀察使〉 一五一面、『韓國史論』 四、一九七八)

208 都事 從五品職으로 中央에서는 忠勳府・儀賓府・忠翊府・開城府의 屬官으로 두어 庶務를 主管케 하였다。外官으로는 원래 觀察使의 補佐官으로 파견되었으나、世祖朝에 經歷은 革罷되고 都事만이 남게 되었다。都事는 본시 經歷과 같이 이른바 首領官으로 通稱되었으나(太宗 二、一・一一・辛卯)、經歷이 革罷된 뒤로는 都事가 監司와 같이 一道의 巡歷과 糾察을 分擔하고、監司 有故時에는 그의 任務를 代行하기도 하여 都事를 「亞監司」라고도 하였다(成宗 三六、四・一一・乙未)。

209 儀賓府 종래 王의 사위(女婿)、즉 公主・翁主의 配匹을 駙馬라고 일컬어 오던 것을 世宗 十六年 四月에 儀賓이라 改稱하게 된 것은(世宗 六四、一六・四・乙卯) 「天子의 사위는 駙馬라고 諸王의 사위는 儀賓이라 한다」(『經註』 六九)는 古制에 따른 것으로 생각된다。원래 異姓諸君府라고 하던 것이 駙馬府라고 改稱되면서 하나의 衙門으로 삼게되고、異姓諸君府의 종래의 所掌事는 忠勳府로 移屬되고 駙馬府의 經歷都事로 하여금 府中의 庶務를 管掌케 하였다(世宗 一〇五、二六・七・戊申)。그러나 世祖 十二年 一月 官制 更定때에 駙馬府를 儀賓府로 改稱하게 된 것이다。그때까지 經歷所 經歷、經歷所 都事라고 일컬어지던 것

을 단지 經歷・都事로만 일컫도록 되었다. 宗親과 마찬가지로 駙馬諸君에게는 실제 政事(職事)를 맡기지 않게 되어 있으며(「不任以事」定宗 四、二・五・一) 그들에 대한 料理는 司憲府의 所管으로 삼게 하였다(世宗 三○三、二六・三・甲寅). 公主・翁主의 남편이 만약 犯罪를 저지렀다면 그가 받았던 科田은 公主・翁主에게 給與하게 되어 있었고(世宗 一○四 二六・六・癸巳), 그(儀賓)가 죽으면 남편의 職(爵位)에 따라 그 祿俸과 職田은 公主・翁主에게 給與하도록 되어 있었다(睿宗 八、一・一○・壬子). 원래부터 異姓諸君府・駙馬府에서는 그 職에 鄕貫을 號로 삼도록 되어 있었다(成宗 一○、一五・二・庚辰).

210 尙公主・尙翁主　尙이라 함은 「奉事」 또는 「配」를 뜻하여 (『經註』 六八) 公主・翁主의 남편에게 가리킨다. 定宗 二年(一四○○) 五月에 宗親・駙馬(뒤의 儀賓)에게는 職事를 맡기지 않도록(不任以事)한 理由는 宗親府(註108)에서 설명된 바와 같다(定宗 四、二・五).

211 尉　儀賓府의 正一品以下 從二品까지의 爵號로서 公主의 남편에게는 從一品階부터, 翁主의 남편에게는 從二品階부터 授與하게 되어 있다. 成宗 十五年(一四八四) 勘校廳의 啓에 따라 儀賓 二品以上을 尉, 三品 堂上官을 副尉, 堂下官以下 四品까지를 僉尉라 일컫게 하였다(成宗 一六四、一五・三・戊申).

212 副尉　儀賓府의 正三品(堂上)階의 爵號로 郡主(王世子의 嫡女)의 남편에게는 副尉부터 授與하게 되어 있다 (成宗 一六四、十五・三・戊申).

213 僉尉　儀賓府의 從三品階의 爵號로 縣主(王世子의 庶女)의 남편에게는 僉尉부터 授與하게 되어 있다(成宗 一六四、十五・三・戊申).

214 敎寧府　太宗 十二年(一四一二) 五月에 王室의 外戚인 后戚에게는 權要의 職을 除授하지 못하고 또 封君도 許容하지 않도록 하여 王權의 安定을 꾀하였다(太宗 二三、一二・五・己卯). 太宗 十四年 二月에 敎寧府를 設置하여 宗親으로서 太祖의 系統이 아닌, 封君도 할수 없는 者, 王의 外戚姻婭(아내의 族屬 및 아내

의 姉妹의 남편) 및 王室의 外孫등에 대한 禮遇機關으로 삼은 것으로 그 밑에 隸屬機關도 實際의 職事도

없는 기관이다(太宗 二七、一四·二·癸卯)。 원래 宗姓 및 異姓의 親近者를 待遇하여 親戚간의 誼를 敦

睦하게 한다는 것이 그 設置의 本趣旨로 世宗十九年 七月에는 그 濫授의 弊를 막기 위하여 구체적으로

親戚의 範圍를 寸數로 制限하여 敦寧府職에 除授하기로 하였다(世宗 七八、一九·七·乙未)。大君·王子

君의 良妾所生·賤妾所生女의 남편에게는 敦寧府職에 처음 授職할 때에 嫡室女의 남편에게 주는 品階보다 각기 한

等級씩 낮추어 주도록 한 것은 成宗 三年(一四七二) 七月의 일이다(成宗 二〇、三·七·己未)。

215 王親 王의 子孫으로 玄孫(四代孫)以內에 있는 父系親(內親)을 뜻하여 宗親과도 구별되어 쓰여진다。

216 外戚 戚은「異姓의 親」族을 말하여(『廣才物譜』一、人倫部) 父系親(內親)에 대해서 外親이라고도 한다。「國俗에

는 外親을 흔히 여러 同姓과 다름이 없어서」奔競(就職운동)을 禁하는데도 六寸까지 모두 制限하고、成宗

二年 六月부터는 外親六寸과 사이에 서로 婚姻하지 못하게 하였다(成宗 一〇、二·六·己未)。

217 宗姓 宗室의 姓(王族)과 同一한 姓을 의미한다。

218 世子嬪 王世子의 正夫人을 말한다。朝鮮王朝初에는 王妃·王世子嬪에게는 모두 徽號를 加하여 某妃·某嬪

이라고 일컫던 것을 世宗 十四年(一四三二)부터는 古制에 따라 다만 王妃·王世子嬪이라고만 일컬으

게 되었다(世宗 五五、一四·一·戊寅)。

219 領事 正一品職으로 敦寧府·經筵·弘文館·藝文館·春秋館·觀象監에 두어 각기 衙門의 庶務를 統理하는

任務를 맡는다。 敦寧府 領事만은 王妃父로서 처음 授職하는 者에게도 除授하게 되어 있고、그 밖의 領

事職은 議政이 兼帶하게 되어있으며、春秋館·觀象監의 領事는 領議政이 例兼한다。

220 判事 從一品職으로 敦寧府와 義禁府에 두어져서、判敦寧府事는 王親外戚에게 授職되고、判義禁府事는 他

官이 兼하게 되어 있다。朝鮮王朝初期에 여러 機關의 長으로 두어졌던 領事는 모두 改編·革罷되었다。

221 **知事** 正二品職으로 敦寧府·義禁府·經筵·成均館·春秋館에 두어져서 敦寧府外의 諸衙門의 知事는 모두 他官이 兼하게 되어있다.

222 **同知事** 從二品職으로 知事와 같이 敦寧府·義禁府·經筵·成均館·春秋館에 두어져서 敦寧府外의 諸衙門의 同知事는 모두 他官이 兼하게 되어 있다. 知事의 輔佐役을 맡는다.

223 **僉正** 從四品職으로 諸雜廳에서도 副正 밑에 두어져서 각기 官衙의 總務를 處理하는 任務를 맡는다. 太祖 一年(一三九二) 七月 官制新定이후 대체로 太宗 十四年(一四一四) 一月의 官制改定때에 職制의 整備를 피한 것이 다시 世祖 十二年(一四六六) 一月의 官制更定때에 正·僉正·判官·主簿·直長·奉事·參奉의 體系로 갖추어진 것이다(太宗 二七, 一四·一·辛卯. 世祖 三八, 一二·一·戊午). 世祖 十二年 一月 종래의

224 **判官** 中外의 從五品職으로 中央에서는 敦寧府·漢城府를 위시하여 尙瑞院·奉常寺·軍資監등 五院·六寺·五監의 屬僚이고, 地方에서는 主로 府·牧屬僚로서 公事處理를 輔佐하는 任務를 맡는다. 다만 典艦司에는 水運判官·海運判官을 두어, 水運判官은 京畿의 左·右道에 각 一員씩 배치되었다. 敦寧府 判官은 太宗 十四年 二月에 敦寧府가 新設될 때부터 두게 된 것이고, 漢城府의 경우에는 太祖 一年 官制新定때에 開城府에 두었던 것이 漢城府로 移屬되고, 諸監에는 太宗 十四年 一月에 監丞이 判官으로 改稱되고, 諸院·寺에 있어서는 世祖 十二年 一月 官制更定때에 增置되어 中央에 있어서의 判官職制가 정비되었다. 地方에 있어서도 그 設置年代는 서로 다르나 府·牧의 判官은 守令과 庶務를 分掌하고(世宗 一二三, 三一·一·癸卯), 兩界 巨鎭諸邑의 判官은 주로 民事를 專掌하게 마련이었다(世宗 六〇, 一五·五·癸酉).

225 **主簿** 從六品職으로 世祖 十二年(一四六六) 一月 官制更定 때에 종래의 注簿·副使등이 主簿로 改稱되었다. 각 衙門의 文書와 簿籍을 主管하는 임무를 맡는다.

226 直長 從七品職으로 太祖 一年 七月 官制新定 때에 一部 官衙에 直長(從七品)이 두어졌으나 世祖 十二年(一四六六)一月 官制更定때에 종래의 副使・丞・副丞의 體系가 主簿・直長・奉事의 體系로 整備되었다.

227 奉事 從八品職으로 世祖 十二年 一月 官制更定때에 종래의 錄事・副丞등이 奉事로 改稱되었다.

228 叅奉 從九品職으로 世祖 十二年(一四六六) 一月 官制更定때에 九品官은 모두 叅奉이라 일컫게하고 諸陵・殿直도 모두 叅奉이라 일컫게 하였다.

229 義禁府 王命을 받들어 謀逆등을 위시하여 國家의 治安을 문란하게 하는 따위의 重罪를 다스리는 國王直屬의 最高法司이다. 禁府 또는 金吾라고도 하여 刑曹・漢城府와 더불어 三法司라고 倂稱되기도 한다. 義禁府는 원래 麗末의 巡軍萬戶府가 太宗 二年에 巡衛府로, 그 다음해에 義勇巡禁司로 改編되었던 것이 太宗 十四年(一四一四) 八月에 義禁府로 陞格・改稱하게 된 것이다. 義禁府는 王 直屬의 法司로서 地位의 高下, 身分의 貴賤을 不問하고 다스리게 되어있어 그 治理의 對象과 範圍에는 制限이 없었으나 學刑에 있어서는 刑曹의 職掌과 중첩되는 면이 있었고, 巡綽捕禁에 있어서는 府兵의 機能과도 倂行되어 그 職掌의 限界는 明確하지가 않았다. 義禁府에는 東・西・南面에 獄이 있어 東間・西間・南間이라 하고, 西間에는 朝官輕罪者를, 東間・南間에는 逆獄등 重罪者를 囚禁하였다. 罪人의 押送・押來・推閱・處刑이나 三更巡綽・晝巡禁亂등의 雜役을 위하여 義禁府에는 世宗朝 당시에「都府外」士卒(一千名)과 螺匠(一百名 羅將과 同義)이 소속되어 있었다. 闕內에는 義禁府 官員의 當直廳을 두어 그들로 하여금 闕內巡綽의 任務도 맡게하고, 太宗朝에 闕門에 設置된 申聞鼓도 義禁府 當直廳에서 管掌케 하였다(韓㳓劤〈麗末鮮初 巡軍硏究〉『震檀學報』二二, 一九六一). 뒤에 都府外는 革罷되고, 都城內 晝巡禁亂은 漢城府의 所管으로 移管되었다.

230　推鞫　推는 罪를 審問한다는 뜻이고 鞫은 罪人에게 刑杖을 加하면서 罪人을 窮理한다는 뜻으로(『經註』六九) 罪科를 鞫問하는 일을 말한다. 刑具를 쓰지 않고 審問하는 것을 「平問」이라고 하였다.

231　六曹　議政府밑에서 庶務를 分掌하는 吏・戶・禮・兵・刑・工의 六曹를 의미한다. 曹는 「治事者」를 의미한다(『經註』七〇). 朝鮮王朝初(定宗朝)에 議政府가 成立되면서 議政府에서 各司의 庶政을 總管하던 것이 太宗 五年(一四〇五)의 官制改編에 따라 各司의 庶政을 六曹에서 分掌하게 되었다. 즉 종래에 錢穀을 관장하던 司平府를 革罷하여 그 事務를 戶曹에 歸屬시키고, 甲兵을 관장하던 承樞府를 革罷하여 그 事務를 兵曹에 歸屬시키고, 尙瑞司에서 管掌하던 東・西班의 銓選을 吏・兵曹에 歸屬시키는 동시에 六曹의 官司位格을 높여서 各司의 庶務를 六曹에서 각기 分掌하도록 하였다. 그리하여 六曹의 分擔事務와 曹內의 屬司 그리고 所屬衙門의 調整을 거쳐서 本法典에서와 같이 確定된 것이다. 원래 麗末以來로 六曹의 序次는 吏・兵・戶・刑・禮・工의 順位로 되어 있었던 것을 世宗 即位年에 中國 古制의 官稱號에 따라 吏・戶・禮・兵・刑・工의 順으로 바꾸고, 각기 天・地・春・夏・秋・冬官으로 일컫기도 하였다(世宗 二, 即位・二・庚辰). 그리하여 設官分職의 統屬을 분명히 하기 위하여 각 官司에서는 國王의 特旨나 各司內의 細瑣한 일을 除外하고는 일의 緩急을 헤아려서 반드시 所掌事務에 따라 六曹중의 어느 曹를 통하여서만 啓達할 수 있게하여 各官司에서 저마다 直啓하는 일은 이를 禁止하였다(世宗 六四, 一六・六・丁巳). 各道의 觀察使의 경우에도 다름이 없었다.

232　吏曹　六曹의 하나로서 一名 天官 또는 東銓이라고도 하고 兵曹와 아울러 兩銓 또는 銓曹라고도 한다. 吏・兵曹는 각기 東・西班의 銓選을 管掌하였기 때문이다. 太宗 五年 三月에 六曹分職이 詳定될 때 이미 文選・勳封・考課의 政事를 맡아보게 되고 그 屬司로・文選・考勳・考功의 三司로 나누어졌던 것이다.

다만 各司의 所掌事務의 細目이 늘어났고 所屬衙門의 改編이 있었을 뿐이다.

233 文選 文選의 選은 銓官 또는 銓選을 의미한다(『經註』 七○). 文選은 즉 宗親·文官등의 任命·俸祿·資格·採用試驗등에 관한 일을 뜻한다.

234 勳封 勳은 王功을 의미하여 王業을 輔成함을 일컫는다(『經註』 七○). 勳封이라 함은 功勳에 따른 封君·封爵에 관한 일을 의미한다.

235 考課 考는 校의 뜻이고 課는 計·程·試의 뜻으로(『經註』 七○) 여기서 考課라 함은 文官의 功過, 勤務成績의 査定에 관한 일을 의미한다. 太宗 四年에 처음으로 考課決事官法을 세울 것을 議政府에 命한 일이 있다.(太宗 七、四·三·癸卯. 考課의 內容에 관하여서는 註 1075 考課 參照)

236 戶曹 六曹의 하나로서 一名 地官、地部라 하고 혹은 度支部라고도 한다. 원래 錢穀을 管掌하던 司平府가 太宗 五年에 革罷되어 그 所掌이 戶曹에 歸屬되고, 뒤이어 六曹分掌의 制가 詳定될 때 戶曹內의 屬司는 版籍司·會計司·給田司로 區分되었던 것이(太宗 九、五·一·壬子. 太宗 九、九·三·丙申) 그 뒤에 給田司는 없어지고 經費司를 두게 한 것이다.

237 戶口 戶는 民居를 뜻하고 口는 人口를 의미한다(『經註』 七○). 戶口의 格式은 麗朝舊制에 따랐던 것을 太宗 十五年(一四一五)에 禮曹로 하여금 새로 詳定하게 하였다. 원래 每三年에 戶口를 調査하여 成籍을 하여 왔으며, 太宗 十四年에는 戶口成籍한 것을 漢城府·監司營庫·당해 各官(地方官)에 각기 一件씩 藏置하도록 하였다(太宗 二七、一四·四·乙巳). 世宗 十年에는 各戶首에게 그의 狀告에 依據하여 戶籍謄本을 作成하여 주는 規式이 마련되었다(世宗 四○、一○·五·壬子). 戶口의 正確한 把握은 賦役의 負課, 戶口流移의 防止, 良賤의 分揀을 위하여 國家的으로 아주 緊要한 문제였다.

238 貢賦 貢은 獻을 뜻하고 賦는 土地所産의 方物을 의미한다(『經註』 七一). 또는 위(上)에서 取하는 바를 賦라

하고 아레(下)에서 供上하는 것을 貢이라 한다고도 하였다（太祖 二、 1・一○・庚申）。 그리하여 土地物産을 일반으로 常貢이라하고 橘袖와 같은 時物로서 常貢으로 삼기 어려운 것은 別貢이라 이름하였다（太祖 二、 1・一○・庚申）。 國初에 貢賦詳定都監을 設置하여 처음으로 貢賦의 數를 定한 것은 太宗 元年（一四○一）의 일이었다（太宗 一、 1・五・辛卯）。

239 田粮 田은 土田을 뜻하고 粮은 租稅를 의미한다（『經註』 七一）。

240 食貨 食料와 財貨를 뜻한다。

241 禮曹 六曹의 하나로서 一名 春官 또는 儀曹、 南宮이라고도 한다。「明倫」을 가르치는 것을 任務로 삼아서 禮樂・祭祀・宴享・朝聘・學校・科擧에 관한 일을 관장한다。

242 禮樂 朝鮮王朝가 儒敎政治를 指向하게 되면서 禮樂觀도 종래의 佛敎的인 내지는 土俗信仰的인 것에서부터 儒敎的인 것으로 轉換되어 갔다。 그리하여 禮・樂은 「爲政의 大本」이오 「治國의 本」으로 여겼다。 禮라 함은 家・國의 基本秩序를 의미하여 禮節이 없이는 政治를 바르게 할 수 없는 것으로 여겼고、 樂이라 함은 「聖人이 性情을 기르고 神人을 和合하게 하는 所以로 天地에 順從하고 陰陽을 調和시키는 길(道)」（世宗 五○、 二二・二・丁酉）로 인식되었다。 그리하여 禮樂은 中國古制를 참작하여 周禮에 비견되는 『經國大典』은 물론、 儀禮에 견주어 『國朝五禮儀』가 만들어졌고 『家禮』는 『朱子家禮』를 기준으로 삼게 되어 吉・凶・軍・賓・嘉의 五禮 내지 冠婚喪祭의 四禮가 重要視되고、 독자적인 音樂研究를 통하여 『樂學軌範』을 마련하여 樂器의 製作과 音樂敎育에 萬全을 期하게 하였다。

243 祭祀 國家的인 祀祭는 中國의 古制에 따라 大・中・小祀로 그 等第가 改編되면서 世宗朝에 이르러 大祀는 社稷・宗廟로、 中祀는 風雲雷雨(山川城隍)・嶽海瀆・先農先蠶雩祀・文宣王・朝鮮檀君・後朝鮮始祖箕子・高麗始祖로、 小祀는 靈星・名山大川・司寒・馬祖・先牧・馬社・七祀禜祭로 區分되었다（世宗 一二六、 五禮

辦祀). 私家의 祭禮는 『朱子家禮』를 기준으로 삼게 되었다.

244 宴享

宴은 合飮을 뜻하고 享은 獻, 즉 奉上한다는 뜻으로 宴으로써 慈惠를 나타내 보이고 享으로써 恭儉의 迎送을 위한 宴享을 뜻한다. 祭祀때의 祭享과는 區別·使用되었다.

245 朝聘

朝는 人君을 謁見(觀君)한다는 뜻이고, 聘은 隣國使臣의 交聘(訪問)을 의미한다(『經註』七二).

246 學校

學은 庠序의 摠名이고 校는 敎學의 宮을 뜻하여 中國 古代 夏의 庠, 殷의 序, 周의 校에서 由來되었다. 學校는 즉 學業을 講習하는 고장으로(『經註』七二) 여기서 구체적으로는 서울의 成均館과 四部學堂, 지방의 鄕校등 官立學校의 通稱이다.

247 科擧

科는 科程 또는 等第를 뜻하고, 擧는 選拔 즉 取士의 뜻으로(『經註』七三) 官吏登用의 資格試驗制度를 의미한다(註 1049 諸科 參照). 주 「分科考試」의 通稱으로(『六部成語註解』禮部) 「諸科」로서 通用된다.

248 兵曹

六曹의 하나로 一名 夏官 또는 西銓이라고도 한다. 吏曹와 아울러 銓曹 또는 兩銓으로 일컬어진다. 太宗 五年(一四〇五)의 官制改編때에 承樞府의 所掌을 兵曹에 歸屬시키고 屬司로는 武選·乘輿·武備의 三司로 整備되었다.

249 武選

文選에 대한 武選으로 武官의 銓選을 뜻한다.

250 儀威

儀는 度를 뜻하여 儀式을 의미하고 威는 威嚴을 나타내는 것을 의미하여(『經註』七三) 여기서는 儀式을 갖춘 兵衛를 뜻한다.

251 郵驛

郵도 驛과 마찬가지 뜻이나 步傳의 경우를 郵, 馬傳의 경우를 驛이라 한다(『經註』七四).

252 兵甲

兵은 械 즉 兵器를 뜻하고 甲은 甲胄(鎧、갑옷)를 의미한다(『經註』七四).

253 器仗

器는 兵器를, 仗은 兵衛를 뜻하는 것이나(『經註』七四) 여기서는 鎧甲·(갑옷) 槍劍·金鼓·旗纛·弓弩·

254 門戶 「外曰門 內曰戶」로 概念規定이 되어 있으나(『經註』七五) 여기서는 실제로 「闕門・城門과 坊民家戶」의 警備를 뜻한다.

255 管鑰 管은 열쇠(鍵)를、鑰은 열쇠를 여러개 쇠줄로 얽어맨 것을 뜻하여(『經註』七五) 管鑰이라 함은 宮闕의 여러 門의 열쇠를 관리하는 일을 의미한다.

256 刑曹 六曹의 하나로 秋官 또는 秋曹라고도 한다. 義禁府、漢城府와 아울러 三法司라고 司憲府・司諫院(臺諫)과 아울러 三省이라하여 義禁府에서 鞫問할 때에 三省이 同參하기도 하였다(成宗 一〇九、一〇・一〇・癸未)。太宗 五年의 官制改編때에 刑曹에는 考律司・掌禁司・都官司의 三司를 두었던 것이나、그 뒤에 都官司는 掌隷司로 名稱만 바뀌었고、死罪를 취급하는 詳覆司가 添設되었을 뿐이다. 世宗 十九年(一四三七) 十二月 記錄에 詳覆司・都官司가 같이 있었으므로 詳覆司는 世宗 十九年 以前에 新設되고 都官司는 그 以後에 革罷된 것으로 생각된다(世宗 七九、一九・二二・庚辰)。그리하여 刑曹는 法律・詳讞・詞訟・奴隷등에 관한 政事를 司밑에 각기 一・二房으로 나누어져 있었다(世宗 七九、一九・二二・庚辰)。관장하게 되었다.

257 法律 律令과 관련되는 刑政을 뜻하는 것으로 오늘날의 立法事務를 의미하는 것은 아니다.

258 詳讞 罪를 상세히 審議하여 刑罰을 바르게 하는 일을 뜻한다(『經註』七五)。

259 詞訟 詞는 辭와도 通하는 말로 역시 訟과 같은 뜻으로(『經註』七五)告訴나 訟事에 관한 일을 의미한다.

260 奴隷 → 註 450 奴隷

261 工曹 六曹의 하나로 一名 冬官 또는 水府、例作이라고도 한다. 太宗 五年(一四〇五)의 官制改編때에 이미 營造・工治・山澤의 三司로 整備되었던 것이다.

262 山澤 山林과 沼澤의 財賦를 의미한다(『經註』七六).

263 工匠 工匠은 工도 匠과 같은 뜻으로 手工으로 器物등을 만드는 匠人을 말한다(『經註』七六).

264 營繕 모든 土木工事를 의미한다. →工典 註 10 營繕

265 陶冶 각종 陶器類의 製作을 總稱하여 陶라하고, 각종 鑄造(鑪錸)作業은 冶라고 일컫는다(『經註』七六).

266 文選司 吏曹의 屬司로서 官職任命과 직접·간접으로 관련되는 일과 祿牌·賜牌등에 관한 일을 맡는다.

267 文官 武官의 對稱으로 科擧(文科, 生員·進士試)에 及第하여 任官된 官員을 뜻한다. 班列에 따라 東班 또는 文班이라고 한다.

268 雜職 →註 736 雜職

269 僧職 麗朝以來 僧科의 合格者를 大禪이라하고 禪宗은 中德·禪師·大禪師·都大禪師의 차례로, 敎宗은 中德·大德·大師·都大師의 차례로 각각 승진되게 한 것이 僧人에 대한 職階이다. 원래 僧人에 대한 人事權은 禮曹所屬의 僧錄司에서 관장하던 것이 太宗 十六年에 吏曹에 移管되어 僧職管轄을 吏曹에서 하게된 것이다(韓㳓劤, 〈麗末鮮初의 佛教政策〉 『서울大學校論文集』六, 一九五七). 그후 실지로 僧職의 除授는 吏曹에서 하였음을 볼 수 있다(成宗 一五七, 一四·八·甲戌).

270 告身 官職을 授與할 때 내어주는 任命狀을 말한다(『經註』一四五. 註 1062 告身 참조).

271 祿牌 →註 1089 祿牌

272 文科 生員·進士賜牌 원래 文·武科의 合格者에게는 紅牌를, 生員·進士試의 合格者에게는 白牌를 각기 合格證으로 내주었다. 그리하여 紅牌는 已出仕者와 관련되므로 吏曹에서, 白牌는 儒生의 일이므로 禮曹에서 分賜하여 오던 것을 白牌(生員·進士賜牌)도 吏曹에서 分賜하는 것이 좋겠다는 論議가 있어 이를 禮曹에서 改議하도록 命한 바 있었다(成宗 一五一, 一四·二·庚寅). 이 같은 論議로 그 時期는 未詳이

282 281 280 279 278 277 276 275 274 273

273 差定 差는 擇한다는 뜻으로 差任하는 것을 의미하여 差定은 官吏를 擇定·任命한다는 뜻으로 쓰여졌다 (『經註』七七).

나 결국 生員進士의 賜牌도 吏曹所管으로 되었다.

274 取才 → 註 1025 取才

275 改名 → 註 1109 改名

276 贓汚·敗常人 贓汚는 貪贓으로 더럽혀진 것을 뜻하고 敗常이라 함은 五常(父子·君臣·夫婦·長幼·朋友의 五倫)을 毁傷시킴을 뜻하여 그러한 貪汚敗倫者의 姓名을 記錄하여 두는 文案을 錄案이라 한다. 文案이라 함은 證憑文書를 뜻한다(『經註』七七). 世宗 十八年 六月에 贓吏와 淫女의 子孫에게는 東班에 叙用하지 못하게 制限하였다(世宗 七二·一八·六·甲子).

277 考勳司 吏曹의 屬司로서 封爵이나 그 追贈에 관련되는 일과 享官·老職·命婦등의 爵帖, 鄉吏給帖등에 관한 일을 맡는다.

278 宗宰 宗親과 宰相을 並稱한 말이다(『經註』一一五). 그러나 실지로는 宗親과 宰樞를 並稱한 例도 볼 수 있다(世祖 二九·八·一一·戊子 및 世祖 三七·一一·一○·丙申).

279 封贈 封은 生存者에게 封爵하는 것을 뜻하고, 贈은 死者에게 官爵을 追贈하는 것을 말한다(『經註』七八).

280 諡號 죽은 者의 平生의 行迹(功德)을 기려서 바꾸어 주는 名號이다(『經註』七八, 睿宗 一, 即位·九·庚辰). 世宗 四年(一四二二)以後로는 諡號를 定하는데 提調는 관계하지 않고 禮曹의 判事(判書)以下만으로 議定하도록 하였다(世宗 四○·一○·閏四·癸卯).

281 享官 國家에서 設行되는 各 陵殿등의 祭祀를 맡아보는 祭官을 뜻한다.

282 老職 八十歲以上의 老人에게 주는 이른바 老人職(註 1094 老人職 參照)으로, 敬老禮遇의 뜻으로 주어 實

四四

職이 아님은 물론이다.

283 **命婦爵帖** 內命婦·外命婦에게 내려주는 封爵辭令書를 말한다.

284 **鄉吏給帖** 州府郡縣등 地方官衙의 吏胥 즉 京衙前에 대한 外衙前을 鄉吏라고 한다. 成宗 二年(一四七一)에 당시의 大典에 記載되어 있지 않은 遵行條件으로 諸邑의 鄉吏에 대하여 各其 地方官의 報告에 依據하여 吏曹에서 그 資格을 查定하여 攝戶長·正朝戶長·安逸戶長등의 職帖을 給與하도록 한 것이 本法典에 收載된 것이다(成宗 一○、二·五·丁酉).

285 **考功司** 吏曹의 屬司로 文官의 勤務成績과 京衙前·鄉吏등의 근무에 관한 일을 맡는다.

286 **功過** 文官의 功績과 過失을 뜻한다(『經註』七八).

287 **休假** 休暇와 같다.(『吏典』給假 참조)

288 **衙前** 京外官衙의 吏胥를 말하되, 中央官衙의 吏胥를 京衙前, 地方官衙의 吏胥를 外衙前, 또는 鄉吏라고 한다.

289 **版籍司** 戶曹의 屬司로 版籍이라 함은 戶籍과 같은 뜻이다. 版籍司는 戶口와 土田 그리고 農業生產과 직접 간접으로 관련되는 일은 맡는다.

290 **土田** 土地와 田畓을 의미한다.

291 **租稅** 租는 田賦를 뜻하고、稅는 土物의 徵收를 의미하나(『經註』八○)、國初에는 租(地代)와 稅(田稅)가 명백하게 구별·사용되었으나、世宗朝이후로는 租稅도 稅와 같은 뜻으로 쓰여졌다.(『戶典』註 232 참조)

292 **賦役** 役은 差役을 뜻하여 國初에는 賦役을 田地의 廣狹、人口의 多少에 따라 役을 差等分定하게 하였었다.

293 **貢獻** 土產物을 進獻한다는 뜻으로(『經註』八○) 여기서는 中國에 대한 進獻을 의미한다.(『戶典』註 333 徭役 참조)

294 農桑 農耕과 養蠶을 위한 뽕나무(桑)의 種植을 課業(義務的)으로 勸勉하는 일을 뜻하여(『經國大典』八○)『元六典』에 이미 大戶는 三百本、中戶는 二百本、小戶는 一百本의 桑木을 심기로 規定되어 있었다(世祖 一○、三・二二・丁未)。

295 賑貸斂散 賑은 救濟의 뜻이고 貸는 베푼다、꾸어준다는 뜻이다. 斂은 거둔다는 뜻이고 散은 베풀어준다는 뜻이다. 賑貸斂散이라 함은 饑饉이 일어났을 경우에 官에서 粮穀을 國民에게 無利息으로 꾸어주었다가 秋收期에 걷우워 들이는 일을 말한다(『經註』八一)。

296 會計司 戶曹의 屬司로 京外의 儲積・歲計・解由등에 관한 일을 맡는다.

297 儲積 米穀등 物貨를 畜積・預備하여 두는 일을 말한다(『經註』八一)。

298 歲計 歲抄(末)에 一年 것을 通算한 會計를 뜻한다(『經註』八一)。

299 解由 → 註 1069 解由

300 闕欠 財貨의 損失이나 不足함을 뜻한다(『經註』八一)。

301 經費司 戶曹의 屬司로 京中支調와 倭人粮料등의 經常費를 맡는다.

302 支調 支는 支供을 뜻하고 調는 算度를 의미하여(『經註』八三) 支待調度, 支待用度, 支供調度등의 줄인 말이다.

303 倭人粮料 東萊倭館에 오는 使行倭(日本)人에게 給與해주는 食糧을 말하여 단지 倭料라고도 일컫는다. 慶尙道에서 生産되는 米穀이 이에 充當되었다(成宗 六三、七・一・庚申)。

304 稽制司 戶曹의 屬司로 稽制라 함은 여러가지 制度를 신중히 上考한다는 뜻이다(『經註』、八三)。稽制司는 儀式・制度・朝會・經筵・史官・學校・科擧・印信・表箋・册命・天文・漏刻・國忌・廟諱・喪諱・喪葬등의 일을 맡는다。

305 制度 각종 規制를 말한다。例컨대 圓壇制度、宗廟・社稷祭때의 用牲之制 등등이 이에 속한다。

306 朝會 各司의 官吏는 每月 五日마다 여섯번 詣闕肅拜한 뒤에 本衙門에 돌아가 公務를 執行하게 되어 있어 이를 六衙日의 朝叅이라고 한다(世宗 三○、七・二一・庚寅)。六衙日의 衙의 뜻은 여기서는 臣이 朝會하는 곳을 의미한다(太宗 一一、六・四・丙戌。太宗 二三、一一・一○・甲寅)。正朝・冬至・誕日에 群臣이 朝會하는 곳을 大朝會라 하였다。太祖당시에는 衙日의 朝會를 五更四點에、大朝會는 五更一點에 百官이 闕門에 集合하였고(太祖 一○、五・一○・己丑)每月 一・六・十一・十六・二十一・二十六日에 하던 朝會를 端宗 二年(一四五四)부터는 一・五・十一・十五・二十一・二十六日에 갖게한 것은 中國의 制에 따른 것이었다(端宗 一○、二・三・丙寅)。

307 經筵 ↓ 註 460 經筵。

308 史官 史官이라 함은 人君의 言動、時政의 得失、風俗의 美惡、鄕土의 邪正을 記錄하여(成宗 六四、七・二・丙子) 後日 國史(實錄)편찬을 위한 草稿를 마련하는 官員을 뜻한다。史官에 闕員이 있으면 藝文・春秋館堂上이 時散文官叅外內에 職品相當者로서 經史와 製述을 시험하여 이에 能通하고 內外에 痕咎가 없는 者 三人을 薦望하여 吏曹에 移關하여 한 사람을 뽑았다(太宗 三四、一七・二二・乙酉)。史官을 새로 任命할 때 藝文館에서 議論하여 才行明望者 三人을 薦擧、吏曹에서 그 중의 首擧者 一人을 叙用하였다(世宗 六六、一六・一○・己巳)。藝文館의 專任官과 春秋館의 修撰官以下가 史官이다。

309 印信 印信 印章 또는 官印을 말한다。信이라 함은 글을 새겨서 文書에 合印하여 사람에게 믿음(信)을 산다는 뜻에서 印信이라고 한다(『經註』八四)。太宗 三年(一四○三)에 中外各衙門의 印信을 改鑄하여 그 長廣의 規格을 새로 制定하고(太宗 五、三・九・戊午)世宗 十四年(一四三二)二月에는 國王과 王妃、世子와 世子嬪의 印信을、世宗 二十五年 十二月에는 兩界都護府의 印信을、世宗 三十一年 八月에는 驛丞・渡丞에서

縣司、站司에 이르기까지의 印信을 規格化하였다。世祖 十二年의 官制更定때에 官號가 바뀌어진 것은 역시 改鑄·사용하도록 하였다。

310 表箋 文體의 종류로서 表文과 箋文을 合稱한 것이다。表는 臣下가 國王에게 올리는 글을 뜻하여 혼히는 慶賀할 때에 쓰여지고、箋文은 혼히 나라에 큰일이 있을 때 國王에게 올리는 四六騈驪體의 글을 뜻한 다。여기서는 中國에 대한 事大文書에 表箋文을 專用하여 國王이 中國 皇帝에게 올리는 글을 表、皇太 后·皇太子에게 올리는 글을 箋이라 하였다(世宗 五一、一三·二·壬寅)。

311 册命 册은 符命의 뜻으로 諸侯가 王에게 나아가 命을 받는 것을 뜻하나(『經註』、八五)、여기서는 王妃·王 世子·世子嬪등에 대한 册封에 관한 敎書를 뜻한다。

312 天文 天體 즉 日月·五緯·二十八宿(星辰)에 관한 모든 現象 또는 이에 관한 學(天文學)을 가리킨다。또한 天文에 관한 推步測驗의 書를 가리키기도 한다(『經註』八五)。

313 漏刻 銅壺에 물을 담아서 時刻을 定하는데 쓰는 그릇(器)을 漏라 하고 晝夜의 時刻을 表示하는 浮箭을 刻 이라 하여 물時計를 이름이다。世宗 十六年에 授時曆法을 參考하여 새로 漏刻을 만들어 조금도 差誤가 없이 되었다고 하였다(世宗 六四、一六·六·己巳)。

314 國忌 王·王妃·王世子·世子嬪 등의 別世로 치르게 되는 國葬 또는 그 祭祀日(忌日)을 뜻한다。

315 廟諱 王이 살아 있는 동안에는 王의 稱號가 없이 殿下 또 今上이라고 하고、別世한 뒤에 붙이는 諱(이름) 를 廟諱라고 한다。(例、且은 廟諱、太祖는 廟號)

316 典享司 禮曹의 屬司로、宴享·祭祀·牲豆·飮膳·醫藥등의 일을 맡는다。

317 牲豆 祭祀에 쓰는 牛·羊·豚을 牲이라 하고、이를 담는 나무그릇을 豆라하여 牲豆라 함은 곧 祭物을 뜻 한다(『經註』八六)。

318 飮膳 酒希、즉 술과 술안주를 뜻한다.

319 典客司 禮曹의 屬司로 外國의 使臣, 倭・野人의 迎接, 外方의 朝貢, 이에 따른 宴設・賜與 등에 관한 일을 맡는다.

320 使臣 여기서는 大明使臣・日本國(王)使臣・琉球國使臣 등과 같이 外國에서 朝鮮으로 파견되어 오는 國使를 뜻한다(世宗 四、一・七・丁巳. 世宗 五、一・九・癸亥). 日本의 對馬島主・巨酋(封建領主)들이나 野人에게서 파견되어 오는 者에 대해서는 흔히는 使客・客人등으로 구별하여 指稱하였다. 例를 들면「日本國使及 大內客人」「諸島客人」등의 用例를 볼 수 있다.

321 野人 鴨綠江・豆滿江 對岸에 살던 女眞族을 가리킨다.

322 朝貢 小國이 大國에 貢物을 바치는 일을 朝貢이라 한다. 여기서 外方이라 함은 日本・琉球・野人등을 가리킨다.

323 賜與 위의 사람이 아래 사람에게 물건을 내려주는 것을 賜라 하고、與라는 것은 許한다는 뜻으로(『經註』八・六)여기서는 外國使臣이나 臣下에게 國王이 回賜・下賜하는 것을 말한다.

324 武選司 兵曹의 屬司로 武官・軍士・雜職등의 除授 및 告身・祿牌・附過・給假・武科 등의 일을 맡는다.

325 武官 武科(科擧)에 及第하여 任官된 官員을 말한다.

326 軍士 內外의 騎步軍兵을 總稱하는 말로서 그 役割이나 所屬에 따라 각기 그 稱號를 달리하였다. 世祖朝 당시의「軍士」는 所屬에 따라 親兵(內禁衛・兼司僕)・衛兵(甲士・別侍衛)・勳位(忠義衛・忠贊衛)・宿衛(奉忠衛・拱辰衛)・番上軍(正兵・平虜衛)・步軍(破敵衛)・役軍(防牌)・使令軍(攝六十)・控鶴軍(近仗)・奴軍(壯勇隊)・軍器監(別軍)・義禁府(都府外)・鎭守軍(鎭軍・船軍・守城軍) 등으로 구별되었다(世祖 三四、一〇・八・壬午).

327 附過　文武 大小官員의 公務上의 過失을 官員名簿에 附錄하여 두는 일로 官員들의 考績(考課)에 참고하기 위한 것이다.

328 武科　文科에 對稱되는 武官選拔試驗으로 『經濟六典』의 規定에 따라 太宗二年(一四○二)부터 처음으로 施行되었다. 즉 三年에 一次씩 보게 하는 式年試로서 三等級으로 나누어 合格시키되, 武經七書·馬步武藝에 모두 精熟한 者를 一等으로 三名을, 三家兵書와 馬步武藝에 通한 者를 二等으로 五名을, 다만 馬步武藝에만 通한 者를 三等으로 二十名을 都合 二十八名을 定員으로 뽑았다. 그리하여 一等은 從七品을, 二等은 從八品을, 三等은 從九品을 直拜하여 武職에 銓注하게 하고, 원래 官職을 가진 者는 一等級을 올려 주게 하였다(太宗三、二·一·己丑). 合格者에게는 合格證으로 紅牌를 주었다. 二十八名을 定員으로 삼은 것은 二十八宿에 依托한 것으로 생각된다.

329 乘輿司　乘輿라 함은 임금이 타는 車駕 즉 御駕를 뜻하며(『經註』八七), 乘輿司는 六曹의 屬司로 鹵簿·輿輦·廐牧·程驛·補充隊·皂隷·羅將·伴倘에 관한 일을 맡는다.

330 鹵簿　車駕의 次第를 뜻하여(『經註』八七) 임금의 行幸 또는 朝令때의 儀仗을 말한다. 高麗朝의 『詳定古今禮』에는 正郎二人이 儀仗을 指揮하게 되어 있었으나, 國初의 『經濟六典』에는 兵曹 乘輿司의 正郎·佐郎 各 一人이 乘輿鹵簿를 統領糾察하게 되어 있어 그대로 실시하게 하였다(世宗 六八、一七·六·己酉).

331 輿輦　輿는 無屋彩轝를 뜻하고(『經註』八七)「車中에 사람이 타는 곳」을 말하여 (『廣才物譜』二 器用部)、輿輦은 임금의 수레와 가마를 의미한다. 國王의 輦鞍所藏處를 德應房이라고 하였다(文宗 三、即位·九·庚申).

332 廐牧　廐는 馬舍(마구칸)를 뜻하고 牧은 養馬를 뜻하여(『經註』八八)、廐牧이라 함은 廐馬의 牧養을 의미한다. 「廐馬」라 함은 御用을 위하여 기르는 말(馬)을 뜻하여 일반 軍馬(軍士之馬)와는 구별되며, 임금이 功績있는 臣下에게 下賜하는데에도 「廐馬」를 썼다(太宗 一一、六·四·丁卯).

333
程驛　程은 道里 즉 里程을 뜻하고、驛은 馬傳을 위하여 騎馬를 配置하여 둔 곳을 의미한다(『經註』八八)。

334
補充隊　補充軍을 뜻한다。京中 諸司의 皂隷·螺匠·諸色人의 定額外의 使令을 差備라고 일컬어서(世宗 一六、五·六·壬子) 各差備로 補充軍·攝六十(使令軍)등으로 나누어져 使喚에 役使되어 定數가 없던 것을 世宗 二十六年에 攝六十은 一百二十名으로、補充軍은 一百四十名으로 限定하여 謄錄·施行하도록 하였다(世宗 一〇五、二六·七·壬子)。

335
皂隷　司諫院 隷屬의 使令을 丁吏라고 하던 것을 皂隷라고 고치고、다시 皂隷를 司憲府의 使令과 같이 喝道라고 改稱한 것을 보면 各司의 下隷를 丁吏·皂隷·喝道라고 부른 것을 알 수 있다。그들은 烏巾·革帶·淡朱色衣를 입어서 使令의 行色을 나타내게 하였다(太宗 三四、一七·一一·壬子)。皂隷는 또 螺匠·都府外 등과 같이 雜色人으로 并稱되기도 하였다(文宗 一〇、一·一〇·甲戌)。

336
羅將　義禁府의 「螺匠」과 같은 뜻으로 司憲府의 所由·刑曹의 杖首와 더불어 모두 刑官卒徒이다(世宗 六四、一六·五·甲申)。흔히 工商賤隷·所由·螺匠·杖首 등으로 列擧·呼稱되기도 하고、皂隷·螺匠(羅將)·杖首·所由 등「諸色使令」(奴子)으로 一括 呼稱되기도 한다(世宗 四九、一二·九·乙巳 및 世宗 一二〇、二〇·六·庚申)。

337
伴倘　麗末以來의 私兵의 弊를 革罷하게 되면서 있게 된 것으로 伴은 侶、倘은 黨의 뜻으로(『經註』八九、倘은 儻과 同意이므로 흔히는 伴儻이라고 일컬었다。나라에서 王子·功臣이나 堂上官 등에게 差給되는 驅從(몸종)으로 伴人이라고도 하여 奴子와는 구별되고 私私로이 부리고 있는 伴倘을 私伴倘이라고도 하였다。

338
武備司　兵曹의 屬司로 軍籍、馬籍 등을 위시하여 軍士의 徵發·訓鍊、城鎭、兵器、戰艦、烽燧 등에 관한 일을 맡는다。

339 軍籍 太祖 二年에 처음으로 各道의 軍丁을 點考・成籍하여 八道의 軍籍이 갖추어졌다。世祖 二年에는 居京者만이 籍이 없다하여 外方의 例에 따라 軍籍을 만들어 漢城府와 兵曹에 各 一件씩 藏置하게 하였다(世祖三、二・一・己丑)。外方의 軍籍도 각기 本邑・觀察使營・處置使・兵曹에 藏置하도록 하였다(世祖二八、八・五・癸卯)。그리하여 京外의 軍籍은 六年마다 作成하도록 된 것이다(兵典 成籍)。

340 馬籍 諸道 牧場의 故失・遺失馬牛의 數를 漢城府와 各 觀察使가 每年末에 啓聞하게 되어 있는 것으로 미루어 馬籍은 本官・漢城府・監營 그리고 兵曹에 各 一件씩 藏置하게 되어 있는 것으로 생각된다。(戶典 雜令條 參照)。

341 兵器 弓箭・甲冑・槍劒・銃筒 및 弓帒・羅韜・藂・旗・金・鼓 등의 軍器를 通稱한다(世宗 一三三、軍禮 兵器)。

342 戰艦 혼히 戰艦은 兵船과 混用되고 있으나 兵船이 大小軍用船을 并稱하는데 대하여 戰艦은 大型軍用船을 가리킨다。艦이라 함은「船上有屋」의 軍用船을 뜻한다。(『廣才物譜』二 器用部。舟艦建造의 所管官司의 變遷에 관하여서는 吏典 典艦司와 註 618 典艦司 參照)

343 宿衛 宮禁(官闕)을 晝夜 直宿하는 일을 宿衛라 하고 이에 대하여 城門을 直宿하는 일을 守衛라 한다(『經註』八九)。太宗 十年 五月에 甲士(衛兵)宿衛下番(遞代＝當番交代)의 法이 制定되었다(太宗 一九、一〇・五・戊寅)。

344 巡綽 巡이라 함은 往來하며 서로 살피는 일을 뜻하고、綽은 違의 뜻으로 聲勢를 廣張하거나 行貌를 살피는 일을 의미한다(『經濟六典』과 그 뒤의 受敎로 制定되어 있었던 것이나、太宗 一年(一四〇一)에 그 法을 嚴히하여 人定에서 罷漏까지 즉 初更三點 이후부터 五更三點以前의 犯巡者는 모두 囚禁하도록 하였다(太宗 一、一・五・戊申)。

345 城堡　堡라 함은 적은 城을 뜻한다(『經註』九一). 城에는 石城과 柵城이 있으며, 城堡는 民事를 다스리고(國內治安) 外侮(外敵)에 對備하기 위한 것이라 하였다(世宗 七三、一八・閏六・庚辰). 鎭에는 主鎭・巨鎭・諸鎭의

346 鎭戍　수자리(戍)라는 뜻으로 邊方을 守備하기 위하여 設置되었다(『經註』九一). 鎭에는 主鎭、巨鎭、諸鎭의 구별이 있었다(兵典 註 144 主鎭、146 巨鎭、149 諸鎭 참조).

347 備禦　禦는 止・扞・拒字의 뜻과 같으니(『經註』九一) 備禦는 곧 防備하는 일을 말한다.

348 征討　征은 위의 사람이 아래사람의 不正을 바로잡기 위하여 치는 것을 뜻하고, 討는 辭令을 받들어서 罪를 伐하는 것을 의미하여(『經註』九一) 征討는 바로 征伐과 같은 의미다.

349 軍官　武科及第者 및 下番中인 別侍衛・甲士를 鎭將이 추천하여 兵曹에서 확인하고 王에 아뢰서 任命하되 滿一年이면 交遞된다。主鎭에는 물론 軍士가 있는 巨鎭・諸鎭에 둔다(兵典 軍官 참조)。忠淸道의 內廂(兵馬節制使置使處)과 慶尙道 兵馬僉節制使守禦處(蔚山・迎日・東萊・寧海・泗川鎭)에 각기 五百人과 三百 以上의 軍官이 配屬된 것은 正軍(正兵)과 같은 뜻으로 쓴 것 같다(世宗 一四九、地理志 忠淸道。世宗 一五○、地理志 慶尙道。世祖 二八、八・六・辛卯)。

350 軍人　軍役에 服務하는 士卒을 말하는데 軍官과 구별하여 쓰여지고、때로는 軍士와 같은 의미로 쓰여지기도 한다。(軍官・軍士에 관하여서는 각기 註 349 軍官과 註 326 軍士 참조)

351 番休　當番을 定하여 遞番交代하여 軍役에 종사시키는 일로서 番은 當番을 뜻하고 休는 下番(쉬는 차례)을 의미한다。

352 給保　軍役義務對象者(十六세 이상 六十세 이하의 丁男)중에서 軍役에 徵發된 者(正丁 또는 正軍)에 대하여 그들에 대한 物資의 뒷바라지를 해주기 위하여 나머지 役對象者를 餘丁이라 하여 각기 당해 正丁을 돕게 하여 이를 保人(一保=二丁) 또는 奉足이라고 하였다。給保라 함은 이 같이 正丁에 대하여 각기 保人을

353

定給하여 주는 것을 말한다.（閔賢九、〈朝鮮初期의 軍事制度와 政治〉五九面·七一面 韓國研究院 一九八三。世宗 七、二·一·乙巳）→ 兵典 註 503 給保

354

給假 → 註 1099 給保

侍丁 老父母의 扶養을 위하여 服役中의 兵役을 免除하여 주어 돌아가서 老父母를 모시도록 許해 주는 者를 侍丁이라고 한다. 侍丁의 法은『經濟六典』에서부터 規定되어 있었던 것을『續六典』兵典에서 다시 다음과 같이 規定되어 施行되어 왔다. 즉 父母의 나이가 七十以上이거나 父母가 篤病者의 경우는 七十 未滿이라도 侍丁 一人을 주고、八十以上되는 者의 아들이 從仕(仕宦)하는 者는 歸家시켜 父母를 侍養하게 하고、父母가 九十以上인 者의 여러 아들은 모두 侍丁의 特典을 주고、五子以上이 軍役에 服役하는 者에 대하여서는 그의 父母가 七十未滿이라도 侍丁을 許給하게 되어 있다(世祖 二四、七·六·庚午)。侍丁의 任務가 끝나면 바로 다시 差役하게 된다(世宗 五九、一五·一·庚午)。官奴婢의 경우에도 侍丁制가 실시되었다.

355

復戶 復戶라 함은 父母의 年齡 및 家族狀況 등에 따라 그 아들의 兵役을 免除하여 주어 그의 家戶에로의 復歸를 許하여 주는 制度를 말하는 것으로『經濟六典』에 이미 規定되어 있었다. → 兵典 註 530

356

火炮 火藥을 發射하는 銅銃으로 隋唐以後 西域에서 中國에 流入된 것이 다시 流傳되어 朝鮮朝에 이른 것이다(『經註』九二)。火砲의 造作方式은『五禮儀』에 詳說되어 있다(成宗 九七、九·一〇·辛丑)。

357

烽燧 烽이라 함은 候表의 뜻으로 外寇가 있을 때 불을 피워서 (舉火) 通報하는 것을 뜻하고、낮에는 燧라고 하여 그 煙氣를 바라보게 하는 것을 燧라고 하여 낮에는 燔燧(연기)、밤에는 烽火를 들어 通報하는 制度를 말한다(『經註』九二)。烽燧에 관한 全國的인 體制는『續六典』(兵典)에서 이미 詳定되어 있었다(世宗 一九、五·三·丁丑·世宗 一〇四、二八·一〇·庚子)。→ 兵典 註 560 烽燧

358

改火 『周禮』의 夏官 司烜이 行火의 政을 맡아 四時의 「國火」를 改變하여 時疾을 救한다는 古制에 따라 實施된 行事로、官衙에서 年中 살펴두는 불씨를 四季節에 갈아주는 일을 改火라고 한다。太宗 六年 三月에 改火令을 내려서 京中에서는 兵曹、外方에서는 守令이 每年 四季節 入節日(立春·立夏·立秋·立冬)과 六月의 土旺日에 나무를 마찰·發火케 하여 새로 불씨를 만들어 여러 廚房에서 쓰면 陰陽의 氣候가 순조롭게 되고 疾害의 災害도 그치게 된다는 傳說에 따라 行해진 것이다。地方에서도 改火의 法을 실시케 한 것은 成宗 二年서부터이다(太宗 一一、六·三·甲寅。成宗 一〇、二·五·丁酉。成宗 一三、二·二·戊申)。

그리하여 四季 改火를 위하여 사용되는 나무는 春에 楡·柳、夏에 棗·杏、夏季에 桑·柘、秋에 柞·楢、冬에 槐·檀을 取하도록 되어있었다(成宗 一三、二·二·戊申)。

359

禁火 禁火라 함은 救火·防火를 뜻한다。太宗朝에 들어서 처음에는 兵船用 松木의 保護를 위하여 各道 守令에게 禁火·禁伐의 令을 내리고、그 뒤에 錢穀·軍器·威儀(儀仗用 道具)를 맡고 있는 京中 各司에게 徹夜 禁火(防火)를 命令하였다(太宗 一三、七·四·己丑。太宗 二六、一三·二·己未)。太宗 十七年(一四一七) 十一月에는 다시 京中 各司와 外方 守令에게 禁火令을 내렸다。世祖 十三年(一四六七)에 이르러 救火事目이 마련되어 防火墻(壁)의 築造、滅火軍(消防員)의 定額、斧·鐵鉤·長梯(긴사다리) 등 消火器械

360

符信 兵符와 標信을 뜻한다。兵符는 發兵符로서 陽符와 陰符(左·右符)를 같이 만들어 陽符는 觀察使와 節制使·處置使에게、陰符는 主鎭將과 萬戶·僉節制使에게 發送하여 水陸軍의 習陣·發兵時에 諸邑·浦의 備置、登樓(鍾樓)監視와 巡察 등에 관한 細規가 마련되었다(世祖 四四、一三·二·壬子)。에 미리 보내 있는 陰符와 合驗(맞추어 보는 것)하여 發兵의 信標로 삼게 하였다(世祖 一〇、三·二·庚子。世祖 一三、四·八·己卯)。標信에는 通行標信·宣傳標信 등이 있어 闕內와 城內外를 巡察하여 探密警守·嫡奸하기 위한 通行證으로 쓰였다(世祖 六、三·二·丙辰。世祖 七、三·三·丁亥。世祖 九、三·九·丙子)。

標信에는 따로 大妃標信(體方、 一面書慈旨 一面書御押) 中宮標信(體銳、 一面書內旨 一面書御押) 世子標信(體直、 一面書徽旨 一面書御押) 등도 있었다(睿宗 五、 一·五·乙未)。 兵曹에서 所屬官司의 根隨奴나 令史에게 차고 다니게 한 信符(일종의 신분증)와는 다른 것이다(世宗 三三、 八·八·丙寅)。

361 更籤 更牲과 같은 뜻이다(『經註』 九三)。 初更에서 五更까지의 夜間에 두 時間마다 將兵으로 하여금 關內와 都城內를 巡行·夜警하게 하였다。 이 夜警巡察員이 가지고 다니는 木牌(標札)를 更籤이라고 한다.

362 詳覆司 詳覆이라 함은 상세히 審議한다는 뜻으로(『經註』 九三)、 詳覆司는 刑曹의 新設屬司로 死罪를 覆審하는 일을 맡는다. 死罪의 失中을 防止하기 위하여 加設되었다(世宗 一〇〇、 二五·六·丙戌)。

363 大辟 辟이라 함은 刑罰의 뜻으로 大辟은 死罪를 의미한다.

364 考律司 刑曹의 屬司로 律令과 按覈등에 관한 일을 맡는다.

365 律令 律은 累와 같은 뜻으로 人心을 얽어묶어서 放肆하지 못하게 함을 말하고、 令은 領과 같은 뜻으로 犯할 수 없도록 다스림을 말하여(『經註』 九三)、 범죄자를 처벌하는 刑律과 국민이 지켜야 하는 法令을 아울러서 律令이라고 한다. 律에는 『大明律』을 쓰는 것으로 되어 있다.

366 按覈 按은 考 또는 驗字와 같은 뜻으로(『經註』 九四) 按覈이라 함은 罪狀같은 것의 有無如何를 자세히 조사하여 밝혀내는 일을 말한다.

367 掌禁司 刑曹의 屬司로 刑獄과 禁令에 관한 일을 맡는다.

368 刑獄 刑은 罪를 罰하는 것을 뜻하고 獄은 罪人을 가두어 두는 곳을 의미하여(經註 九四) 刑獄이라 함은 人에 대한 處刑과 拘囚에 관한 일을 가리킨다.

369 禁令 禁이라 함은 制·止의 뜻으로(『經註』 九四) 禁令은 하지 못하게 禁制하는 法令을 의미한다. 世祖 三年(一四五七)에는 禁令이 너무 많고 冗雜하여 제대로 실시하기도、 刑政을 바로하기도 어렵다하여 모두 五

十條項內의 緊切한 十餘條件을 除外하고는 아울러 실시하지 않기로 하고(世祖 六、三・一・癸巳) 그 二年後에는 禁令可行條件으로 四個條項을 添加시켰다(世祖 一七、五・八・甲寅).

370 掌隷司 刑曹의 屬司로 奴隷簿籍과 俘囚에 관한 일을 맡는다.

371 俘囚 俘는 軍이 敵軍을 生捕한 者를 뜻하고 囚는 摯・拘의 뜻으로(『經註』九四) 俘囚는 즉 捕虜를 뜻한다.

372 營造司 工曹의 屬司로 宮室・城池・公廨등의 土木工事나 工役・皮革・氈罽등에 관한 일을 맡는다.

373 宮室 원래 宮이라 함은 中이라는 뜻으로 中央에 居하여 四方에 通함을 이름하여 貴賤所居를 모두 宮이라 일컬을 수 있었으나 秦漢以來 至尊이 居處하는 곳을 일컫게 되었다. 室은 實을 뜻하여 人物이 그 中에 차있음을 말한다. 여기서는 宮闕 안의 王의 居室을 의미한다(『經註』九五).

374 城池 池는 「穿地鍾水」의 뜻으로 (『經註』九五) 城과 못(池)을 合稱하여 城池라 하였다.

375 公廨 「公舍」의 뜻으로(『經註』九五) 官府의 廳舍를 의미한다.

376 皮革 자연 그대로의 生가죽을 皮라하고 手工을 들여 처리된 가죽을 革이라 한다(『經註』九六).

377 氈罽 털로 짠 담요와 방석을 가리킨다(『經註』九六).

378 功治司 攻은 專治한다는 뜻이고、治는 治字의 誤記인 것 같아、木・石・金・玉등의 手工일을 말하여(『經註』九六) 攻治司는 工曹의 屬司로 百工制作・金銀珠玉・銅鑞鐵의 冶鑄・陶瓦・權衡등에 관한 일을 맡는다.

379 百工 衆工의 뜻으로(『經註』九七) 여러가지 手工일을 의미한다.

380 銅鑞鐵 흔히는 銅鐵과 鑞鐵을 의미한다고 볼 수 있다(世祖 八、三・六・壬寅). 실지로 「銅鐵産出」이라는 用例도 찾아 볼 수 있다(成宗 四四、五・閏六・辛丑). 여기서 銅鐵・鑞鐵의 「鐵」은 덩어리(塊)라는 뜻으로 씌어진 것 같다(例、「銅鐵數塊」成宗 九、二・三・癸未). 그러나 鐵鑛이나 鐵場・鐵匠도 있어서 「金銀銅鑞鉛鐵等物 我國亦産」이라고 하였을 경우(成宗 四、一・四・丁卯) 銅・鑞・鉛・鐵로 각각 보아야 한다면

「銅鐵鑛」은 경우에 따라서는 銅·鑛·鐵로 각각 나누어서 보더라도 무방하겠다.

381 陶瓦 陶器制作은 司饔院(吏曹所屬)의 所掌이오, 蓋瓦制作은 瓦署(工曹所屬)의 所掌이므로, 여기서 陶瓦라 함은 陶器와 蓋瓦를 并稱한 것이 아니라, 흙으로 구어서 만든다는 뜻의 燔瓦를 가리켜서 蓋瓦를 말하는 것으로 보아야 할 것이다. 例컨대 「民戶之未葺 命設別窯 陶瓦許人買賣 不數年 而瓦屋成者過半」(世宗 二六、六·二二·戊申)이라 하였을 때의 陶瓦는 燔瓦(蓋瓦)를 가리키는 것이 分明하다.

382 權衡 權衡이라 함은 事物을 저울질 하여 그 輕重을 고르게 한다는 뜻으로 (『經註』九七) 여기서는 度量衡器를 아울러 가리킨다(工典 註 15 度量衡 참조).

383 山澤司 工曹의 屬司로 山澤·津梁·苑囿·種植·炭·木石·舟車·筆墨·水鐵·漆器 등에 관한 일을 맡는다.

384 苑囿 여기서는 果園 및 宮闕의 庭園을 의미한다. 苑이라 함은 禽獸를 기르는 곳을 뜻하고 囿라 함은 담장(牆)이 있는 곳을 뜻한다(『經註』九七)。그리하여 苑囿는 원래 王의 遊樂을 위한 場所로서가 아니라 그 안에 馬·鹿·麞 등을 放養하여 祭祀와 講武의 目的으로 마련되는 곳이다(世祖 九、三·一〇·丁未)。실제로 昌德宮 後苑에 말(馬)을 放養한 記錄도 보인다(世祖 三四、一〇·八·甲午)。

385 津梁 津은 水渡(나루), 梁은 水橋를 뜻한다(『經註』九七)。

386 種植 漆木·桑木·果木등 有用한 나무를 栽植하는 일을 말한다(工典 栽植 참조)。

387 炭 木炭(숯)을 말한다(工典 註 77 炭 참조)。

388 算員 世祖 四年 五月에 算員(算學重監)으로서 仕滿去官한 算業精熟者 四人을 擇하여 계속 久任으로 근무하게 하되 兵曹·刑曹의 書員(律員)과 더불어 和會授職하도록 하였었다(世祖 一二、四·五·丁酉)。成宗 二年 五月에 이르러 校正廳에서 大典에 收載되어 있지 않는 遵行條件을 마련하여 시행하게 된 중에 算員

으로서 去官後에 계속 근무하는 者에 대하여 그 遞兒職은 모두 試才(才能에 대한 시험)를 통하여 除授하도록 되어서(成宗 一○、二・五・丁酉) 算員・律員에 대한 이같은 規定들이 『經國大典』에서 종합된 것으로 생각된다.

389 都目・兩都目　都目이라 함은 「都目政事」를 略稱한 말로서 每年 六月과 十二月에 吏・兵曹에서 中外官吏의 功過를 論하여 그 성적에 따라 陞進・黜陟시키는 人事行政을 의미한다. 이에 대하여 無時로 官職을 除授하는 것을 都目政에 대하여 「轉動政」이라고 하였다(成宗 二、即位 二二・庚辰). 一年에 二次 실시하게 됨으로 兩都目이라 하고, 一年에 네차례 실시하는 경우를 四都目이라 한다.

390 去官　勤務하던 官職에서 물러나게 하는 것을 去官이라고 하는데, 일반 官員에 대해서는 遷轉(改任)・去官節目(規例)이 마련되어 있었고(三館의 경우, 睿宗 五、一・四・乙丑) 諸學등 技術官의 경우 品階를 制限하여 三品去官・六品去官 등으로 그 위의 品階로 昇進을 못하게 規制하였다. 一般的으로 三品去官의 例로 보면 三品去官이라 하면 「三品이 되면 바로 去官시킨다」는 뜻으로 풀이되나(成宗 七五、八・一・戊申), 그 實은 「去官시킬 때에는 반드시 三品을 준다」는 措處를 말하는 것이다(世宗 一○一、二五・七・戊辰). 技術官의 경우는 일반적으로 六品去官이 常規이고, 이들 去官者는 取才試에 應하거나 「仍仕」하거나의 두 갈래의 길이 있었으며, 仍仕者가 昇進되더라도 다시 三品去官으로 限定되어 있어 그 위의 品階로 昇進되지는 못하게 되어 있다.

391 仍仕　종래 근무하여온 職에서 그대로 계속 勤務하는 것을 뜻한다.

392 正三品에서 그치고 다만 正三品이라고 하면 正三品堂下官을 의미하며 여기서는 昇進의 制限線을 뜻한다.

393 和會試才　서로 合議・會同하여 才能을 시험하는 일을 말한다. 和會取才와 다름이 없다(睿宗 四、一・六・戊午).

394 居次者 刑曹・典醫監・觀象監・司譯院등 取才試(註 1025 取才 참조)를 실시하는 衙門을 「取才衙門」이라 하여 여기서는 모두 應試者가 取得한 시험성적으로 劃數(點數)가 가장 많은 者를 뽑아서 正式으로 授職하게 되어 있고, 劃數가 같은 者가 생기는 경우에는 應試者(例, 習讀官)의 勤務日數의 多少를 헤아려서 많은 者를 授職하게 되어 있었다. 이러한 경우에 授職者로 뽑히게 된 者의 다음으로(次席) 劃數가 많은 者를 「居次者」라고 하여 外任으로 보냈다(世宗 八二、二〇・八・戊午).

395 本業人 이는 오로지 「本學人」을 指稱하는 뜻으로(『經註』九) 諸學(技術學)중의 어느 하나에 해당되는 學을 專攻하는 者를 말한다.

396 判書 各曹(六曹중)의 長官(正二品)으로 正卿이라고도 한다. 원래 太祖 一年 七月 官制新定 때에는 各曹의 上官으로 典書(正三品) 二員을 두었던 것이 太宗 五年(一四〇五) 一月에 議政府에서 專總하던 庶務를 六曹에서 分掌하도록 官制를 改定하면서 各曹의 典書를 革罷하고 判書 一員(正二品)을 두어 각기 所管庶務를 分掌케 하고(太宗 九、五・一・壬子), 바로 뒤이어서 六曹의 分職體系와 所屬衙門도 配定되었다(太宗 九、五・三・丙申). 六曹의 判書 六名과 議政府의 左・右參贊, 漢城判尹은 모두 正二品職으로, 이들사이의 會議를 一名 九卿會議라고 일컬었다.

397 參判 各曹의 從二品職으로 正卿(判書)에 대해서 一名 亞卿이라고도 하여 判書를 補佐하는 次官格의 職任을 지녔다. 원래 司平府의 左・右使가 太宗 四年 三月에 參判司平府事로 改稱되었던 것이(太宗 七、四・三・甲寅) 太宗 五年 一月에 司平府가 戶曹에 併合되고 六曹의 議郎 各二人을 左・右參議로 代替되었던 것이 그 뒤에 參判・參議 各一人으로 改編된 것으로 생각된다.

398 參議 六曹의 正三品堂上官職으로, 太宗 五年 一月 官制改編 때 종래의 六曹 議郎 各二人을 革罷하고 左・右參議 各一人을 두게 되었던 것이(太宗 九、五・一・壬子) 그 뒤에 參判・參議 各一人으로 정비된 것이 右条議 各一人을 두게 되었던 것이

로 생각된다.

399 參知

兵曹에만 加置된 正三品職이다. 원래 太宗 一年(一四○一) 七月에 門下府를 改編하여 議政府 職制로 고치면서 參知議政府事(二人 從二品)가 增置되었던 것이(太宗 二, 一·七·庚子) 그 뒤에 議政府 職制에서는 汰去되고 兵曹에 移設된 것으로 생각된다.

400 正郎

六曹의 正五品職으로, 曹內 各司의 實務責任官으로 配置된 것이다. 太宗 五年 一月 六曹의 庶務分掌의 制로 改編되면서 各司에 正郎·佐郎(正六品) 各 一人씩을 增置하게 되었다(太宗 九, 五·一·壬子). 正郎의 補佐役인 佐郎과 合稱하여 郎官 또는 曹郎이라고도 하고, 또 吏曹와 兵曹를 銓曹라 함에 따라 吏兵曹의 郎官을 銓郎이라고 하였다. 吏·兵曹의 文·武選司의 郎官은 高官會議에서 官吏를 銓衡할 때에 實務官으로 이에 陪席하여 被薦者의 名單을 記錄하는 任務를 맡아서 이 때 郎官이 不參하는 경우에는 薦望名單에 記錄하지 않는 權限이 있었다는 것으로, 특히 三司官員의 差擬는 郎官에게 專任되었던 것이다(『擇里誌』人心篇). 그 위에 銓郎이 遞任되는 경우에는 그 後任者를 自身이 推薦(自薦)하도록 規定되어 있어 이를 銓郎法 또는 銓郎薦代法이라고도 하였다.

401 佐郎

六曹의 正六品職으로, 太宗 五年 一月 六曹職制改編때에 正郎과 더불어 增置되어 正郎을 補佐하는 任務를 맡게 하였다. 世宗 十三年 十一月에는 六曹의 正·佐郎에 闕員이 생기면 他官으로 充差하고 六曹內에서 서로 移差하지 못하게 하고, 佐郎이 賢能하여 각기 曹의 堂上官이 推薦하는 경우에만 正郎으로 陞遷시키도록 하였다(世宗 五四, 一三·一一·壬戌). 그러나 世宗 十八年 二月以後로는 佐郎去官者를 바로 正郎으로 遞任시킬 수 없이 規制한 것은 이른바 「循資法」(資階를 뛰어 넘어서 昇進되지 못하게 한 法)에 어긋난다는 때문이었다(世宗 七一, 一八·二·乙卯).

402 教授

(算學教授·律學教授) 教授·訓導·教導 등을 通稱 教官이라하여 원칙적으로 教授는 文科出身 六品以上

을 일컬으고、七品以下(숚外)를 訓導、生員・進士의 경우를 敎導라고 하였다(太宗 三二、一六・八・己巳)。外方에 대하여서도 大邑(都護府以上邑)에는 文科出身者인 敎授를 外敎官으로 파견하도록 되어 있었고 (成宗 九、二・一・丁亥)、五百戶以上인 地方에는 敎導를 파견하게 되어 있었다。算學敎授・律學敎授를 처음 두게 된 年紀는 未詳이나 成宗 四年 八月以前에 이미 두게 되었던 것이다(成宗 三二、四・八・癸酉)。

403 別提 正・從六品職의 하나로 無祿官이다。從六品衙門(諸署)에 있어서는 別提가 각기 官司의 長이기도 하였다。圖畵署 別提의 경우 그의 畵格이 精妙하다하여 祿職으로 陞授하기도 하였다(成宗 一六五、一五・四・乙酉)。

404 算士 世祖 十二年 一月의 官制更定 때에「算學」을 戶曹에 屬하게 하고、종래의 算學博士를 革罷하고 從七品職으로 算士二員을 두었던 것이(世祖 三八、二二・七・戊午) 그 후 一員이 減員된 것이다。원래 算學博士는 太祖 一年 七月 官制新定때 壽昌宮提擧司의 從九品職으로 두었던 것이 世祖 十二年에 革罷되었다。

405 明律 世祖 十二年(一四六六) 一月의 官制更定 때에 종래의 司律院을 다시「律學」이라 改稱하여 刑曹에 屬하게하고、從品職으로 明律을 두게하였다。원래「律學」은「有祿官衙門」인데도 다른 諸學稱號와 마찬가지로 다만「律學」이라고 일컫는 것이 未便하다하여 世宗 十六年 八月에「律學」을 司律院이라 改稱하게 된 것이었다(世宗 六五、一六・八・庚午)。

406 計士 世祖 十二年 一月의 官制更定 때에「算學」을 戶曹에 屬하게하고 算士(從七品) 二員과 計士(從八品) 二員을 두게 하였다(世祖 三八、二二・一・戊午)。

407 審律 世祖 十二年(一四六六) 一月의 官制更定 때에 司律院을 다시「律學」으로 改稱하여 刑曹에 所屬시키고

明律(從七品)을 두면서 審律(從八品) 二員도 두게 한 것이다。

408 訓導(算學訓導·律學訓導) 원칙적으로 敎官으로서 文科出身 六品以上을 敎授官이라 한데 대하여 七品以下

즉 条外를 訓導官이라 한다(太宗 三二、六·八·己巳。世宗 七八、一九·九·戊申)。단순히 學習시키는 者

(學習人)를 學官이라고 일컫는데 대하여 「才堪敎訓者」(敎訓人)를 訓導官이라 일컬어 一義理에도 通曉한

다」는 것이 訓導官의 要件이기도 하였다。司譯院에는 太宗 十三年(一四一三) 六月에 文官訓導를 두어

(太宗 二五、一三·六·乙卯) 文臣을 訓導官에 兼用하게도 되었다(世宗 二九、七·九·丁巳。太宗 二五、一三·

六·乙卯)。算學訓導·律學訓導는 世祖 十二年 一月의 官制更定 때에 「算學」·「律學」을 각기 戶曹·刑

曹에 所屬시키면서 각기 二員씩 두게하였던 것이 그 뒤에 一員으로 減員된 것이다。

409 會士 世祖 十二年 一月의 官制更定 때에 「算學」을 戶曹에 所屬시키면서 從九品職으로 會士 二員을 두게하

였다。

410 檢律 世祖 十二年 一月의 官制更定 때에 司律院이 「律學」으로 改稱되고 刑曹에 所屬되면서 職制를 改編、

從九品職으로 檢律 二員을 두게 되었다。

411 漢城府 太祖 三年에 開城에서 漢陽으로 遷都한 뒤 太祖 四年에 漢陽府를 漢城府로 改稱하고、太祖 五年에

五部坊名標를 세웠다(太祖 七、四·六·戊辰。太祖 九、五·四·丙午)。一名 京兆 또는 京都라고도 한다。

太宗 十三年부터는 종래 刑曹에서 모두 管掌하던 罪囚照律事件중에서 族親不睦·家財代田·竊盜和奸·

闘歐罵詈·逃亡容隱·公私推徵·抑賣考察·街巷肅淸 等事가 漢城府에서 管掌하게되어 비로서 犯罪人을

推鞠할 때에 枷鎖·訊杖을 쓰게되어 笞罪는 刑曹에 移文하도록 하였다(太宗 二五、

一三四·壬戌)。世宗 九年에는 다시 刑曹所掌이던 賭博·良賤相婚의 禁制·禁火·死人檢屍 등의 일이 漢

城府 所掌으로 移管되었다(世宗 三七、九·九·丁酉)。漢城府는 京官으로 六曹의 屬衙門이 아니며 義禁

府·刑曹와 아울러 三法司의 하나로 간주된다. 文宗朝 당시 漢城府의 郞廳 七員중의 一員은 還上出納을 專掌하고 나머지 六員이 五部와 城底十里를 分掌하도록 되어 있었다(文宗 一〇·一〇·丁丑). 그 뒤에 郞廳 二員이 減員된 것으로 생각된다. 郞廳이라 함은 通德郞(正五品)以下 將仕郞(從九品)까지의 官員을 並稱하는 것이며, 城底十里라 함은 都城外 十里以內의 地를 가리키는 것으로 漢城府 所管地域에 포함된다. 世祖 六年 五月 官制改編때 禁火都監이 漢城府에 合屬되었다(世祖 二〇·六·五·丙申). 判官以上 一員을 久任으로 한 것은 成宗 八年(一四七七) 九月의 傳旨에 의한 것이다(成宗 八四、八·九·甲戌).

412 京都　京은 크다는 뜻이고、都는 四方에서 사람이 모여드는 곳을 의미하는 것으로(『經註』 九八) 여기서는 首都 서울인 漢城府를 가리킨다.

413 口帳　口는 人口를、帳은 籍을 가리키는 것으로(『經註』 九八) 口帳은 人口帳籍을 의미한다.

414 市廛　물건을 交易買賣하는 곳을 市라 하고, 그러한 店舍를 廛이라 하며 또 市中의 虛地도 廛이라고 한다. (『經註』 九八) 太宗 十年에(一四一〇) 市를 大市와 小市로 나누어 大市로는 長通坊以上에서 米穀과 雜物등을 去來하게 하되、東部는 蓮花洞口까지、南部는 薰陶坊까지、西部는 惠政橋까지、北部는 安國坊까지、中部는 廣通橋까지로 하고、牛馬는 長通坊下 川邊에서 買賣하도록 하였다. 그리고 閭巷의 小市는 각기 所居門前에서 서게 하였다(太宗 一九、一〇·二·癸卯). 그 뒤 太宗 十二年 二月부터 大市廛으로 惠政橋에서 昌德宮洞口에 이르는 左右行廊 八百餘間의 建造工役을 시작하여(太宗 二三、二·二·乙丑) 이른바 注比(夫)廛을 完成하여 各種 商人에게 店舖로 賃貸하여 주었다. 이른바 市廛은 이 長行廊의 市廛을 가리키고 市人 또는 市民이라 하면 이 市廛商人(民)을 말한다. 이들 市廛商人에게는 각기 特定商品의 獨占販賣權이 주어졌다. 그리하여 市廛 每一間에 대하여 春秋에 각각 錢百二十文의 稅를 거두게 하였다 (端宗 七、一·八·丙申).

415 家舍

家舍 즉 住居의 家屋이 문제되는 것은 身分에 따라 家屋의 規模에 差等을 두어 一定한 制限을 加하였기 때문이다. 世宗 十三年(一四三一)에는 王의 親子·親兄弟·公主는 五十間으로, 大君은 여기에 十間을 더하고 二品以上은 四十間、三品以下는 三十間、庶人은 十間을 넘지 못하게 制限하고 柱礎外에는 熟石을 못쓰고 花拱도 못쓰게 하였다(世宗 五一、一三·一·丁丑)。世宗 三十一年(一四四九)에는 正寢·行廊의 넓이、樑과 기둥(柱)의 길이에도 制限을 두었고(世宗 一二三、三一·一·丁未)、成宗 九年(一四七八)에 그 制限을 再調整하였다(成宗 九五、九·八·辛亥)。

416 田土

漢城府 所管內의 田地와 土地를 의미한다。

417 四山

漢城府를 위어싸고 東西南北에 각기 자리잡고 있는 山을 合稱한 것으로、白岳山(北)·木覓山(南)·仁王山(西)·駝駱山(東) 등을 四山이라 하였다(『經註』九九)。文宗 一年(一四五一)에는 四山의 地脈을 保全하기 위하여 城안쪽은 물론 城外의 山등마루까지도 伐石하는 것을 禁하였다(文宗 八、一·六·癸巳)。

418 道路

都城內의 道路의 廣狹의 制定은 國初 建都할 때에 定해진 셈이다. 中·小路의 制가 詳定된 것은 世宗 八年(一四二六)의 일이다(世宗 三二、八·四·戊辰)。이미 太宗 十五年(一四一五)에 漢城府에서 道路의 制를 上言하면서 國中의 道路에 대하여서도 廣狹의 規制를 定할 것을 提議하여 이를 施行하게 되었다(太宗 三〇、一五·八·辛未)。

419 橋梁

車馬가 通行할 수 있는 다리를 橋라하고、사람만이 건너다닐 수 있는 다리를 梁이라 한다(『經註』九九)。初期 實錄의 記錄으로는 都城內의 錦川橋·惠政橋·廣通橋 그리고 貞善坊洞口와 神化坊洞口의 다리들은 모두 石橋이고(太宗 二三、一二·二·庚午)、그 밖의 것은 木造 또는 土築으로 된 다리였다(『서울六百年史』一、橋梁)。

420 溝渠

下水道를 뜻하며 큰 것을 溝 적은 것을 渠라 하여(『經註』九九) 都城內의 下水道를 가리킨다。

421 逋欠 官物을 빌려서 없이하거나 숨기고 還收하지 않은 것을 逋欠이라 하여(『經註』九九) 官員의 逋欠을 官逋、吏胥의 逋欠을 吏逋라고 하였다.

422 負債 빌려 받은 것을 갚지 않은 것이 負이고、돈을 빌려서 利子가 생기게 된 것이 債이다(『經註』一〇〇).

423 鬪歐 서로 다투는 것(相爭)을 鬪라 하고、서로 치는 것(相擊)을 歐라 하여(『經註』一〇〇) 鬪歐殺人者와 故殺人(故意殺人)者에 대한 刑에는 絞와 斬의 差等을 두었다(世宗 五八、一四・一〇・乙巳。世宗 一〇三、二五・一五・庚辰)。

424 晝巡 漢城府에서 晝間에 市中에서 不法行爲를 하는 것을 巡視・禁亂하는 일을 말한다(『經註』九九)。원래 晝巡禁亂은 義禁府의 所掌이던 것이나、漢城府의 職掌이 「王都의 肅淸」에 있음으로 晝巡도 漢城府 所掌으로 하자는 論議가 일어나(世宗 二九、七・九・癸丑) 그 뒤에 漢城府 所管으로 되었다.

425 檢屍 죽은 사람의 屍體를 檢察하는 일로서(『經註』一〇〇) 원래 京中 및 城底十里(城밖 十里以內地域도 漢城府의 管轄區域이다)에서 생긴 死人에 대한 檢屍는 漢城府에서 실시하여 刑曹에 報告書를 보내면 刑曹에서 檢屍에는 干與하지 않고 그 報告書에 의하여서만 罪人을 推問하던 것을 世宗 二十八年(一四四六)에 이르러 먼저 五部에서 初檢하여 그 檢屍狀을 직접 刑曹에 보내고、漢城府에서 復檢하여 그 檢屍狀도 刑曹에 보내게 하여、刑曹의 詳覆司에서 初・復檢狀의 異同을 살펴 施行하도록 되었다(世宗 一〇〇、二五・五・庚午。世宗 一二三、二八・五・壬午)。成宗 十四年(一四八三)에 死者의 傷處를 헤아리기 위한 銅製 檢屍官尺을 만들어 刑曹・漢城府・諸道에 分送・使用케 하고、毒藥에 의한 中毒致命與否를 가리는 手段으로는 銀釵(비녀)를 목에 探入하는 方法을 쓰게 하였다(成宗 一五九、一四・一〇・癸酉。世宗 一六〇、一四・一一・丙申)。

426 車輛 車輛의 輛은 원래 一車에 두개의 바퀴(兩輪)가 달린 것을 의미한다(『經註』一〇〇)。

427 故失牛馬 여기서 故失이란 「物故」즉 죽은 것을 의미해야 한다. 點馬別監의 牛馬籍에는 故失・遺失・虎攬

의 三項目으로 記錄되어 잃어버린 牛馬, 범에게 물려간 牛馬와 구별되어 「事故로 因하여 亡失된」 것과는 다른 것임이 分明하다(成宗 二、一・一・癸未)。 牛馬가 죽은 경우에도 「物故」라고 하였다。 여기서는 「故失牛馬烙契」로 연속시켜야 한다(『經註』 三七。 『經註』 一〇一)。

428 **烙契** 烙契라 함은 烙印(器物이나 馬毛에 찍는 燒印)과 文契(證明書)를 의미하며, 여기서는 牛馬가 죽으면 그 緣由를 官司에 告하면 官司에서 가죽을 벗겨서 烙印을 찍고 文契를 成給하여 證憑으로 삼게 함으로써 함부로 牛馬를 宰殺하지 못하게 한 것으로, 여기서 烙契는 故失(物故)牛馬에 대한 烙契를 말하는 것이다(『經註』 一〇一)。

429 **判尹** 國初에 國都인 漢城府에는 舊都 開城府의 경우와 같이 判事・尹・小尹・判官・条軍등의 官員을 두고(世宗 一四七、地理志 京都 漢城府) 判事도 二員이었던 것이다。 定宗 二年(一四〇〇)에는 判事를 革罷하는 대신에 責任官을 府尹 一員만으로 하되 吏曹 典書(正三品、二員)의 上位로 陞級시키자는 建議가 있었던 것으로(定宗 四、二・四・辛丑) 그 뒤에 年紀는 未詳이나 判事를 一員으로 하여 責任官으로 삼고 典書의 上位로 陞級시킨 것으로 보인다。 그러던 것이 世祖 十二年(一四六六) 一月 官制更定때에 判事를 府尹으로 改稱하게 되었으나 睿宗 一年(一四六九)에 다시 判尹으로 改稱하게 된 것이다(睿宗 六、一・七・辛巳)。 判尹은 正二品으로 左・右条賛、六曹判書와 같이 이른바 九卿會議를 갖는 수도 있었다。

430 **左尹・右尹** 원래 判事 밑에 尹(府尹) 一員이던 것을 世宗 十四年에 府尹 一員이 加設되어 二員으로 되었다(世宗 五五、一四・三・甲戌)。 世祖 十二年(一四六六) 一月 官制更定 때에 判事가 府尹으로 改稱되게 되면서 종래의 府尹 二員을 각기 左尹・右尹으로 改稱하게 된 것이다(世祖 三八、二一・一・戊午)。

431 **庶尹** 世祖 十二年(一四六六) 一月 官制更定 때에 원래 二員이던 小尹중의 一員을 庶尹으로 改稱하게 하고 一員은 革罷되었다。

雜軍 國初부터 開城府의 例에 따라 正七品職으로 雜軍 二員을 두었던 것으로 생각되나 官員數의 變動의 年紀는 未詳이다.

司憲府 一名 憲府・憲司 또는 臺省・霜臺라고도 한다. 司諫院과 合稱하여 臺諫 또는 兩司라고 하여 같이 「言官」의 구실을 하였다(「職在言官」世宗 二三、六・二・壬戌). 또한 臺諫은 刑曹와 같이 「三省」으로 合稱되어 訟事에 대한 判決을 내리는 경우도 있다(太宗 二八、一四・一一・辛亥。太宗 六二、一四・一二・辛未). 한편 司憲府는 司諫院・弘文館과 아울러 三司라고 일컬었다. 百官을 糾察하고 風俗을 바로잡는 職掌으로 司憲府의 官員을 風憲官이라고도 하여 「內而憲司 外而監司」로 憲司의 大司憲과 守令을 監察하는 觀察使는 같은 職能을 갖는 것으로 간주되었다(世宗 六二、一五・一〇・癸酉). 원래 唐・宋의 制를 모방한 麗朝의 御史臺가 忠烈王때에 司憲府로 改編된 것이 朝鮮王朝에 들어서 그 機能이 擴大되고 職制가 번복・개편되어 太宗 一年 七月에 『經國大典』의 職制와 같이 整備되었다. 司憲府의 職掌이 麗朝에는 時政의 論執・風俗의 矯正・糾察彈劾이던 것이 太祖때에 糾察彈劾으로 褒貶彈劾으로 바뀌고 官吏의 功過를 考察하는 機能이 添加되었다. 『經國大典』에서는 褒貶彈劾과 功過考察이 「糾察百官」으로 要約된 위에 冤抑을 펴게하고 濫僞를 禁하는 職掌이 첨가되었다(崔承熙、〈朝鮮初期 言官・言論研究〉韓國文化研究所、一九七六).

時政 太祖 一年의 官制改編 때에는 「時政의 得失을 論執」하는 것으로 되었던 것이 麗代의 表現으로 還元시켜서 得失이라는 語句가 省略되었을 뿐이다. 이 같은 「論執」의 職務는 唐・宋의 御司臺의 職掌에는 나타나 있지 않았던 것으로 이로서 臺諫이 같이 言官의 구실을 하게 되었으며, 이 점에서 또 中國의 制와 는 다른 一面을 볼 수 있다.

風俗 위의 百官을 糾察한다는 職掌은 원래 大小官吏에 대한 褒貶彈劾과 功過考察이라는 두 가지 所掌이 하나로 묶여진 것이다. 司憲府에서는 때로는 地方에 官員을 파견하여 水陸將帥와 守令・萬戶・驛丞 등

의 貪墨虐民 與否를 監察하게도 하고 또는 入燕使行을 따라가는 大小人員에 대해서도 隨行檢察의 任務가 맡겨졌다. 이와같이 臺官(司憲府官員)을 地方에 파견하는 경우 이를 「分臺」(分司憲府)라고 하였으며, 世宗 九年(一四二七)에는 위와 같은 大小人員檢察事目(七個條)이 마련되고 (世宗 三七·九·九·丁未) 世祖 一年(一四五五)에는 諸道分司憲府事目이 마련되었다(世祖 二·一·二一·戊辰). 특히 風俗은 國家의 元氣로 治道의 升降이 風俗의 汚隆과 직결되는 것으로 여겨서 日常生活에서 여러가지 禁制(例、禁奢侈·禁酒·禁賤隷騎馬·禁黃色衣)를 마련하여 風俗을 바로 잡으려고 하였다. 家舍制·服制·喪制등을 지키는 일도

436

風俗과 관계되는 일이었음은 물론이다(世宗 八七、二一·二一·戊寅. 世宗 九七、二四·七·壬申).

원통하고 억울한 것을 풀어주고 太宗朝에 申聞鼓설치에 따라 請願·上訴制度가 마련되면서 司憲府가 上告官署가 되어서 所掌하게 된 職能이다. 즉 抑窟한 일이 있을 때는 누구나 地方에서는 一次로 守令에게、再次로 觀察使에게、서울에서는 바로 主掌官에게 呼訴하여 여기서 올바로 措處해주지 안는 경우에는 司憲府에 呼訴하도록 되어 있어 司憲府가 國民의 冤抑을 올바로 가려서 解決해주도록 한 것이다. 司憲府에서도 올바로 措處해주지 않는다고 생각되는 경우 請願·上訴者는 闕門 곁의 申聞鼓를

437

였다.(韓㳓劤、〈申聞鼓의 設置와 그 實際的 效能〉 李丙燾博士華甲紀念論叢 一九五六)

濫僞 司憲府의 職掌중의 하나는 奔競·印信僞造·淫祀·私獵·伐松등의 禁令을 犯하거나 金銀彩緞·金銀首飾·黃色衣着用등 身分上 禁制되어 있는 것을 犯하여 외람되거나 속이는 일을 監察하는 일이다. 이러한 일들은 바로 司憲府 職掌의 하나로 列擧된 「風俗을 바로 잡는 일」과 서로 表裏를 이루는 것이 된다. 風俗의 風은 위에서 行해지는 것을 아래에서 效倣하는 것을 뜻하고、衆心이 安定됨을 俗이라 하여(『經』註 一〇) 風俗이야 말로 國家의 元氣로서 治道의 升降이 風俗의 汚隆에 걸려 있는 것으로 여겼다(世宗 八七、二一·二一·戊寅). 또한 司憲府는 司諫院과 같이 이른바 署經權(註 1062 告身 참조)을 갖고 人事

438 **大司憲** 恭愍王 十八年(一三六九) 이후로 쓰여진 司憲府의 長官으로、一名 都憲이라고도 하고 觀察使와 같이 行政의 專橫濫僞를 防止하는 效能을 爲한 것도 그 職掌과 통하는 일이다。風憲官이라 하여 從二品職이다。司憲府의 官員을 通稱 臺官이라 하고、監察을 除外한 司憲府의 官員은 司諫院의 正六品以上官과 아울러 모두 「臺長」이라고도 하였다(成宗 二〇、三・七・壬寅)。

439 **執義** 太祖 一年(一三九二) 七月의 官制改編때 中丞・兼中丞(各一人・從三品)을 두었던 것을 太宗 一年(一四〇一) 七月 官制改定 때에 恭愍王 당시의 職名인 執義(一員)로 還元시켰다。諸道에 「分臺」를 파견할 때에 혼히는 執義를 兼職으로 授與하였다(世祖 五、二・二二・丙申)。

440 **掌令** 太祖 一年(一三九二) 七月의 官制改編때 侍史(二人・正四品)를 두었던 것을 太宗 一年(一四〇一) 七月 官制改定때에 恭愍王 당시의 職名인 掌令(二員)으로 還元시켰다。諸道에 分臺를 파견할 때에 掌令을 兼職으로 授與하기도 하였다(世祖 五、二・二二・丙申)。

441 **持平** 太祖 一年(一三九二) 七月 官制改編때 雜端(二人・正五品)을 두었던 것을 太宗 一年(一四〇一) 七月 시의 職名인 持平(二員)으로 還元시켰다。諸道에 分臺를 파견할 때에 持平을 兼職으로 授與하기도 하였다。持平以上의 臺官은 모두 臺長이라고 일컬어서 監察만은 여기서 除外되었다(成宗 二〇、二・七・壬寅)。

442 **監察** 그 職銜이 나타내는 대로 監察은 內・外官의 非違(不法行爲)를 실제로 監察하는 任務만을 遂行하고、持平以上인 臺長들이 彈劾・署經 등을 위하여 合坐・會議하는 데에는 同參하지 못한다。監察도 地方官의 非違를 檢察하기 위한 分臺(行臺)로 파견되고、또 各司로부터의 「請臺」(司憲府의 檢察을 要請하는 일)에도 파견되었다。따라서 監察은 多數이어야 하였기 때문에 원래 二十員이던 것을 世祖 때에는 兼監察 五員이 增置되기도 하여(世祖 二九、八・九・己酉) 결국 二十四員으로 정해진 셈이다(崔承熙、〈朝鮮初期 言官・言論研究〉 韓國文化研究所 一九七六)。臺長은 물론 監察들도 行動擧止가 모든 官吏의 모범이 되어야 하였으

므로 監察職에는 淸望이 있는 者를 薦擧하여야 했고、또 그들에 대해서는 亂侵看訪・許參伏地・戲謔과 같은 行動은 일체 禁斷하였다(太宗 一○、三・七・己酉)。

443 開城府 高麗朝의 首都 開城府는 建國初인 太祖 一年 官制改編 때에도 그대로 開城府로서 京畿의 土地・戶口・農桑・學校・詞訟 等事를 관장하게 되어 있었다。그러나 漢陽으로 國都를 옮긴 後에는 開城留後「司」로 格下・改稱되고 留後・副留後를 두어 그 職掌도 이에 따라 縮小되었다(太宗 七、四・六・乙亥)。그러나 世宗 八年에는 舊都라는 데에서 漢城府 城底十里例에 따라 隣接諸縣을 留後司에 隸屬시키고(世宗 三一、八・一・壬子)、世宗 二十年에는 中國의 唐・宋制에 따라 舊都로서 다시 開城「府」로 陞格시켰다(世宗 八三、二○・一○・丙寅)。開城은 京官으로 삼아서 六曹의 屬衙門은 아니었으나、그렇다 하더라도 寶은 外官이나 다름없다는 것이었다(世宗 一二五、三一・七・丙申)。開城府는 또 世祖 十一年 十一月에는 本來 鄕吏가 없었기 때문에 平壤・咸興例에 따라 처음으로 土官이 設置되었던 것이나、睿宗 一年 六月에 革罷되었다。

444 留守 世宗 二十年 十月에 開城留後司를 開城府로 고치면서 留後・副留後도 留守・副留守로 改稱되었다。그 뒤에 留守 二員으로 삼았다。京畿監司가 留後(留守)를 兼任하게 된 것은 遷都以後의 일임은 물론이고、留後(留守)는 또 舊例에 따라 節度使도 兼하게 되어 있었다。(世宗 三一、八・一・壬子・睿宗 六、一・七・壬午)

445 忠翊府 世祖 二年에 太祖朝以來의 原從功臣所(衙門)를 忠翊司로 일컫게 하고 都事 二員을 두어 原從功臣 및 그 子孫으로 任命・授職케 하면서 太宗原從功臣도 이에 并屬케 하였다(世祖 四、二・六・丙午。世祖 五、二・八・甲子)。世祖 十二年의 官制更定 때에 忠翊司를 忠翊府로 改稱하게 되었다。原從功臣은 諸功臣보다 位格이 떨어져서 그 官府인 忠翊府도 諸功臣의 府인 忠勳府와는 달리 吏曹의 屬衙門으로 된 것이다。

承政院　一名 銀臺 또는 喉院이라고도 하고、政院이라고만 略稱되기도 한다。高麗朝의 中樞院이 樞密院 密直司 등으로 改稱되면서 承宣이라던 職名도 承旨로 바뀌어져서 王命의 出納을 管掌하여 왔다。太祖 一年의 官制新定 때에 密直司는 다시 中樞院으로 復舊되어 中樞院의 從二品以上 官員은 兵機・軍政・宿衛・警備・差攝 등의 일을 맡게 되고 正三品인 五承旨(都承旨、左・右承旨、左・右副承旨)는 啓復出納을 관장케 하며 二名의 堂後官(正七品)을 두게 하였다(『高麗史』 七六、百官志 密直司。太祖 一、一・七・丁未)。定宗 二年에는 中樞院이 義興三軍府와 承政院으로 나누어지면서 五承旨와 堂後官이 承政院에 속하게 되었다。그러나 太宗 一年(一四○一)의 官制改定 때에 上記의 두 官府가 다시 承樞府로 合쳐지면서 都承旨는 知申事로、承旨는 代言으로 改稱되고 五代言으로 合稱되기도 하였다(太宗 二、一・七・庚子)。이로서 五代言(知申事、左・右代言、左・右副代言)은 각기 吏・兵・戶・禮・工曹의 일을 分掌하게 되었으나、太宗 五年에 承樞府가 廢止되고 承政院이 復設되면서 同副代言(一員)이 增置되어 刑曹의 일을 맡게 되면서 六代言이 각기 吏・兵・戶・禮・工・刑曹의 일을 분담하게 되었다(太宗 九、五・一・壬子)。그리하여 世宗 十五年(一四三三)에 이르러 知申事・五代言의 職名도 都承旨와 여러 承旨로 통일되었다(世宗 六一、一五・九・己酉)。承政院의 地位도 분명하게 되어 여러 官司에서는 물론 臺諫에서까지도 直接 王에게 報告해야만 할 重大事 이외의 일은 모두 承政院에 直達해야 되고、世宗 十六年 六月 이후로는 王의 特旨나 司中에서 施行되는 細瑣한 일 이외의 大小公事는 그 重要性에 따라 六曹나 承政院에 告해야만 하도록 되었다(世宗 三六、九・六・戊午。世宗 六四、一六・六・丁巳)。承政院에서는 闕內의 管鑰과 闕門 등을 主管하여 闕門出入人에게 出入證으로 信符(承政院 三字를 烙印한 牙牌)를 發給하는 일도 맡았다(世宗 一八、四・一○・乙酉)。

都承旨・左承旨・右承旨・左副承旨・右副承旨・同副承旨　太祖때의 都承旨가 太宗朝에 知申事로 改稱되었

다가 世宗 十五年(一四三三)에 知申事·五代言이 六承旨로 고쳐지면서 都承旨·左承旨·右承旨·左副承旨·右副承旨·同副承旨로 定하여졌다. 원래 知申事의 「申」字의 原意는 「奏」 또는 啓字와 같은 「下意上達」의 뜻이 있는 말로서、世宗 十五年에 종래로 쓰여오던 善申·申呈·謹申·申聞 등의 用語를 각기 善啓·上言謹啓·啓聞 등으로 고치면서 知申事도 都承旨로、諸代言을 承旨로 改稱하게 된 것이다(世宗 六·一、一五·閏八·壬申·丁丑。世宗 一五·九·己丑·辛丑)。都承旨의 職掌은 承政院의 長官으로 王命의 出納을 總掌하고、吏房承旨로서 銓選도 兼掌하게 되어 있었으며、承旨의 職掌이 王命의 出納이었기 때문에 실제에 있어서의 權要가 議政보다도 優位라는 것이다(世宗 六·五、一六·八·丙午·辛亥). 그 위에 都承旨는 藝文館의 直提學、尙瑞院의 正을 兼하게 되고、六承旨는 經筵의 叅贊官을 兼하게 되어 있었다.

448

注書 定宗 二年(一四〇〇)에 中樞院 堂後官이 承政院의 堂後官으로 되었다가(定宗 四·二·四·庚子) 그 뒤에 注書로 改稱된 것이다. 注書의 職任은 承政院의 日記를 쓰는 일로서、원래 史官을 兼하지 않았던 것이나 世祖 三年 七月부터 비로서 注書가 春秋館 記事官을 兼하게 되었다(世祖 八、三·七·己巳·丁丑). 때로는 注書로 하여금 義禁府·典獄署 등의 刑獄을 往審케 하기도 하였다(成宗 七二、七·一〇·癸未).

449

掌隸院 國初에 奴婢訟事의 誤決을 辨正하기 위하여 奴婢辨正都監의 置廢가 거듭되어 왔다. 世祖 十二年(一四六六) 一月에 종래의 刑曹都官이 辨定院으로 改編되었으나 世祖 十三年 一月에 다시 辨定院이 掌隸院으로 고쳐지면서 判決事를 두게 되었다(世祖 四一、一三·一·己巳)。刑曹·漢城府·開城府에서도 奴婢決訟을 관장하여、決訟淹滯를 防止하기 위하여 이들 各司의 決訟度數를 每月末에 報告하도록 되어 掌隸院에서는 三個月間에 小事는 三十度(件)、大事는 二十度以上이 되어야 하게 하였다(成宗 一〇、二·五·丁酉). 掌隸院은 奴隸簿籍과 奴婢決訟을 관장한다.

450 奴隷

奴隷는 「爲人役者」를 뜻하여 (『廣才物譜』一, 庶流部) 奴隷는 奴婢와 같은 의미로 쓰여졌다 (世宗 四七, 一二·三·甲子。世宗 八五, 二一·五·己未)。

451 判決事

掌隷院의 正三品 堂上官으로, 該院의 長官이며 奴婢訟事에 대한 判決의 責任官이다。그러나 訟事에는 반드시 郎廳(郎官 즉 司議와 司評)과 共議하여 決定하도록 되어 있으며, 誤決의 경우에는 모두 證責당한다(成宗 一一三, 二一·一·辛丑)。

452 司議

掌隷院의 正五品職으로 判決事의 輔佐官이다。世祖 十二年(一四六六) 一月에 刑曹都官이 辨定院으로 고쳐지면서 正郎이 司議로 改稱되었다。

453 司評

掌隷院의 正六品職의 職名이다。世祖 十二年(一四六六) 一月에 刑曹都官이 辨定院으로 고쳐지면서 佐郎이 司評으로 改稱되었다。

454 司諫院

一名 薇院이라 하고 그저 諫院이라고도 한다。司憲府와 같이 臺諫이라 合稱되고, 弘文館과 臺諫을 합하여는 三司, 刑曹와 臺諫을 합하여는 三省이라고 하였다。正言以上 大司諫까지의 司諫院官員을 모두 臺長이라고 通稱한 것은 司憲府의 경우와 같다(成宗 二〇, 三·七·壬寅)。太祖 一年 七月 官制新定 때에는 高麗朝에서와 같이 門下府의 郎舍가 諫官의 職能을 감당하게 하였다。즉 門下府의 宰臣(二品以上官)은 百揆庶務(庶政捻轄)를 관장하고 郎舍는 「獻納諫諍·駁正差除·受發敎旨·通進啓牋」 등의 일을 관장하게 되어 있어 「諫諍·駁正」위에 敎旨의 受發·啓牋의 通進과 같은 일을 承旨와는 따로 관장하게 되어 있었다。高麗朝에 있어서 諫官으로 通稱된 郎舍에 해당되는 門下府의 官職은 太祖 一年 七月 당시에는 左·右散騎常侍(각 一人, 正三品) 以下 左·右拾遺(각 一人, 正六品)에 이르는 十一人으로 생각된다(太祖 一, 一·七·丁未)。그러나 太宗 一年 七月에 門下府가 革罷되고 中國의 官制와는 달리 最高官府로 議政府가 創設되면서 門下府 郎舍도 따로 獨立된 官府인 司諫院으로 改編되었다。世祖 十二年 一月 官制更

定 때에 整備된 司諫院의 職制는 『經國大典』의 그것과 같다. 그리하여 諫諍과 論駁을 主로하는 職掌으로 司憲府와 같은 言官으로서의 職能을 띠게 되었다. 司諫院은 「諫諍得失·侍從贊相」하는 일을 專掌하여 社稷의 大計와 人物의 賢否를 人主와 더불어 宰相·國王과 더부러 是非를 다투는 일을 맡아 그러한 일이 諫官의 任務이고, 그러한 者를 바로 諫臣이라 일컬었다(太宗 二、一·七·癸卯).

455 諫諍論駁 諫이라 함은 善惡을 分別하여 國王에게 陳述함을 말하고, 諍이라 함은 「止」의 뜻으로 그 分別이 그릇되는 일을 制止시킨다는 의미다. 論駁이라 함은 唐制 門下省의 給事中이 封駁을 主管한데 유래된 것으로 國王의 詔勅에 不可한 것이 있을 경우 이를 論駁封還하는 職能을 의미한다(『經註』 一〇四).

456 大司諫 高麗朝이래의 左·右諫議大夫(各一人)가 世祖 十二年(一四六六) 一月 官制更定때에 大司諫 一員(正三品 堂上官)으로 고쳐져서 司諫院의 長官으로 삼게 되었다.

457 司諫 高麗朝이래의 直門下가 太宗 一年(一四〇一) 七月에는 知司諫院事(從三品)로 改稱되었으나 世祖 十二年 一月에 司諫으로 更定된 것이다.

458 獻納 高麗朝에서 左·右補闕이 左·右司諫으로 改稱되었던 것이 太祖 一年(一三九二) 七月에 다시 左·右補闕로 還元되었다가 太宗 一年(一四〇一) 七月에 獻納으로 定하여졌다(太宗 二、一·七·庚子).

459 正言 高麗朝에서 左·右拾遺에서 左·右正言으로 改稱되었던 것이 太祖 一年(一三九二) 七月에 左·右拾遺로 還元되었다가 太宗 一年(一四〇一) 七月에 正言으로 定하여졌다(太宗 二、一·七·庚子). 正言以上 大司諫까지의 司諫院의 官員을 모두 「臺長」이라 일컫는다는 것은 註 454 司諫院에서 말한 바와 같다.

460 經筵 國王에게 經史를 進講하고 治道를 論講하는 일을 맡으며 모두 他官이 兼한다. 太祖 一年 七月 官制新定 때에 麗末의 制를 이어서 그 職制도 가추어졌으나, 成宗朝에 들어서 『經國大典』에 收載된 體系와 같이 整備된 것으로 생각된다(南智大,〈朝鮮初期의 經筵制度〉『韓國史論』 六、一九八〇). 世宗 一年 二月에 經

461 豢贊官 經筵의 正三品職으로 知事・同知事를 輔佐하는 任務를 맡는다。太祖 一年(一三九二) 七月 官制新定 때 麗末의 制를 이어서 豢贊官(五員 正三品)을 두었던 것이 成宗朝에 七員으로 增員되었으나 承旨(六員)와 副提學이 이를 兼하게 되었다.

462 侍講官 經筵의 正四品職으로, 太祖 一年 七月 官制新定 때 講讀官(四員 從三品), 檢討官(二員 正四品)을 두었던 것이 睿宗 即位年(一四六八)에는 郎官으로 六員만을 두어 모두 侍講官으로 通稱되었으나、그 뒤에 侍講官(正四品)・侍讀官(正五品)・檢討官으로 分設된 것이다.

463 侍讀官 經筵의 正五品職으로, 睿宗朝에는 侍講官 六員만 두었던 것이 成宗朝에 侍讀官이 新設된 것으로 생각된다.

464 檢討官 經筵의 正六品職으로、太祖 一年(一三九二) 七月 官制新定 때에 正五品職으로 두어졌던 것이 睿宗朝에 일시 없이 했으나 成宗朝에 正六品職으로 復活된 것으로 생각된다.

465 司經 원래 太祖 一年 七月 官制新定 때에는 「世子官屬」의 侍講官으로 左・右司經(各一員、正六品)을 두었던 것이 成宗朝에 經筵으로 編制된 것으로 생각된다. 經筵 講官職의 하나이다.

466 說經 經筵의 正八品職으로、成宗朝의 經筵職制整備에 따라 두어진 講官職의 하나이다(成宗 七七、八・閏二・甲寅)。

467 典經 經筵의 正九品職으로、成宗朝의 經筵職制整備에 따라 두어져서 經籍의 收藏과 出納管理의 일을 맡았다.

468 弘文館 一名 玉堂 또는 玉署라 하고、司憲府・司諫院과 같이 三司로 合稱되기도 한다。麗朝에서도 諸殿閣의 하나로、그 置廢가 거듭되었던 것이나、朝鮮王朝에 들어서는 世祖에 의하여 撤廢된 集賢殿에 대신

하여 世祖 九年에 移管되었던 藏書閣이 弘文館으로 改編되고、여기에 兼官職으로 大提學以下 正字까지를 두게 하였다(世祖 三一、九·一一·辛未)。弘文館은 舊集賢殿과도 같이 「治事의 勞」가 없이 全的으로 文翰으로써 業으로 삼는 곳이기 때문에 闕內의 經籍을 관장하고 文翰을 다스려 王의 顧問에 對備하는 일이 그 職掌이다。成宗 十一年에는 弘文館員 每三人씩 교체하여 「賜暇讀書」의 特典을 주게 하였다(成宗 一二五、二·三·庚子)。國王도 玉堂의 官員에 대해서는 직접 「儒臣」이라고 불렀다。따라서 正字나 校理와 같은 弘文館의 官員이 되는 것이 가장 榮譽롭게 여겨졌으며 그것도 이른바 弘文錄(一云 本館錄)에 의하여 뽑히는 것을 더욱 영예롭게 여겼다。弘文館에서 官員을 뽑을 때는 候補者의 名單을 적어 놓고 銓衡官이 각기 천거하는 자의 名單아래 둥근 點을 치게 하고 이를 圈點이라 하여 그 點數가 많은 者가 뽑히게 되는데 그렇듯 錄名된 것을 弘文錄이라고 한다。이렇듯 일종의 選擧方式에 의해서 弘文館에서 抄擇된 것이 吏曹에 보내져서 吏曹에서 磨勘된 것이 다시 議政府에 報告되면 議政府에서 最終으로 磨勘하여 비로서 入選되는 것이다(中宗 一二、五·二一·癸酉)。弘文館官員을 뽑는 일이 가장 重視되었기 때문이다。

469 經籍 經傳·諸子·史 즉 經書·史籍등을 의미한다(『經註』一○四)。

470 文翰 文은 文章을 뜻하고 翰은 詞翰을 뜻하여(『經註』一○五)여기서는 館閣文字를 일컫는다。

471 知製教 國王이 내리는 教書의 글을 짓는 일을 맡은 者로、大小의 祭文(國祭)도 知製教가 製進하였다(世宗 一○一、二五·七·庚午)。中國 唐宋의 知制誥의 制에 따라 知製教에도 內制·外制로 구별하여 集賢殿이나 弘文館의 官員이 兼任되는 경우는 外知製教라 하고、六品以上의 文臣중에서 擇差되는 경우는 內知製教에 해당된다(世宗 四四、一一·五·壬寅)。

472 遷轉 遷이라 함은 「改任」을 뜻하여(『經註』六四) 勤務日數를 채운 者를 他職으로 轉任시키는 것을 의미한다。

遷轉에는 平遷(平叙)・陞叙(陞叙)의 구별이 있어 同品職에 改任시키는 것을 平遷 또는 平叙라 하고 높은

品職으로 改任시키는 것을 陞遷이라고 한다(成宗 一三四、一二・一〇・乙巳)。 혹은 또 左遷・右遷이라고

도 하여 원래의 品職보다 낮은 品職으로 떨구어 改任하는 것을 左遷이라 하고、右職(원래보다 높은 品職)

으로 改任하는 것은 右遷이라고 한다。 일반적으로 勤務日數가 滿了된 者를 大典에 依據하여 「例遷」한다

하면 陞叙가 아닌 平叙(平遷)을 의미하며(成宗 二四一、二一・六・庚子)、勤務日數가 滿了되면 當然히 陞

叙하게 되어 있는 者는 左・右通禮(二員)、承文院의 判校、奉常寺正、議政府의 舍人、六曹의 郎廳(郎官)

뿐으로、이들을 除外하고는 勤務日數가 滿了되었다 하여 반드시 陞叙하라는 法은 大典의 本意가 아니

어서 闕員이 있는 경우에는 陞叙하되 闕員이 없으면 平叙하는 것이 通常的인 遷轉方式이라는 것이다

(成宗 九一、九・四・壬子)。그러므로 遷轉이라 하면 반드시 陞叙를 뜻하는 것은 아닌 것이다。한편 「以

次 遷轉」(차례대로 改任)과 「次次遷轉」(차례차례 改任)을 구별하여 쓰여지고 있어 「以此遷轉」은 다른 官

司의 職으로 改任시키는 것을、「次次遷轉」은 같은 官司 內에서의 改任을 나타내는 表現의 구별이라고 생

각된다。

473

大提學・提學 世祖 九年(一四六三) 十一月에 弘文館을 設置하면서 宋의 秘書閣의 職制에 따라 大提學(正二

品)・提學(從二品)을 두어 他官으로 兼하게 하였다。弘文館 大提學을 文衡이라고 한다。한편 太宗 一年

(一四〇一) 七月에 藝文春秋館이 藝文・春秋 二館으로 分立되면서 大學士(正二品・二員)를 大提學(正二

品)・提學(從二品)으로 고쳐서 역시 他官으로 兼하게 하였다。大提學・提學은 각기 弘文館・藝文館의

正・從二品職으로 他官이 兼帶하게 되었다。

474

副提學 弘文館의 正三品 堂上官職으로 弘文館의 專任館長으로 副提學 以下 副修撰까지 知製教를 兼帶하게

되어 있다。副提學은 또 春秋館의 修撰官(正三品堂上官)을 兼한다。

475 直提學 弘文館의 正三品 堂下官으로、世祖 九年(一四六三) 十一月 弘文館을 設置할 때에 校理에 이르는 官員 중에서 藝文館의 應敎를 擇兼시키게 되어 있다.

476 典翰 弘文館의 從三品職으로 文翰의 守藏・管理의 任務를 맡는 것으로 생각된다.

477 應敎・副應敎 弘文館의 正・從四品職으로 文春秋二館으로 分立될 때에 革罷되고、弘文館이 新設된 뒤에 宋의 秘書閣의 職制에 따라 增設된 것으로 생각된다(世祖 三〇、九・六・戊午)。藝文館에도 正四品職으로 應敎 一員을 두게 하고 이를 弘文館의 應敎와 副應敎중에서 「將來 主文者」 一人이 兼帶하기로 되었다(成宗 一四二、一三・六・癸亥)。

478 校理・副校理 弘文館의 正・從五品職으로、世祖 九年(一四六三) 十一月에 弘文館이 新設된 뒤에 校理・副校理職이 增設된 것으로 생각된다。校理는 書籍의 異同・正誤를 調査・整理하는 任務를 맡고 副校理는 校理를 輔佐하는 任務를 맡는다。承文院에도 文書應奉司 때의 制에 따라 校理(從三品) 副校理를 두었으나 校理만 남겨두어 他官으로 兼하게 하였다。

479 修撰・副修撰 弘文館의 正・從六品職으로 世祖 九年(一四六三) 十一月 弘文館이 新設된 뒤에 增設된 것으로 생각된다。修撰은 文翰編修의 任務를 맡고 副修撰은 修撰을 輔佐하는 任務를 맡는다。副提學以下 副修撰까지가 知製敎를 兼帶한다。承文院・校書館에도 각기 修撰을 두었다。

480 博士 弘文館의 正七品職으로 世祖 九年(一四六三) 十一月 弘文館 新設 때에 두었다。博士職은 成均館・承文院・校書館의 正七品職이기도 하다。中國의 經書를 爲主한 古今의 學을 涉臘하여 制撰・敎育・校勘 등의 일을 輔佐케 하였다。

481 著作 弘文館의 正八品職으로 世祖 九年(一四六三) 十一月 弘文館新設 때에 著作郎을 두었던 것이 世祖 十二年 七月 官制更定 때에 著作으로 改稱되었다。承文院・校書館의 正八品職이기도 하다。著作(郎)은 國

史의 修撰을 그 任務로 삼았다.

482

正字 弘文館의 正九品職으로 世祖 九年(一四六三) 十一月 弘文館 新設때에 두었다. 承文院・校書館의 正八品職이기도 하다. 正字는 典籍이나 文章의 校正을 그 任務로 삼았다.

483

藝文館 一名 文苑이라고도 한다. 麗初에 制撰詞命의 職掌으로 設立된 學士院이 뒤에 翰林院으로 改編되고 麗末에 春秋館과 併合되어 藝文春秋館으로 되었던 것을 太祖 四年 二月에 그대로 踏襲되어 藝文春秋館이 設置되었다. 그러나 太宗 一年 七月의 官制改編 때에 藝文春秋館을 藝文館과 春秋館의 二館으로 分立시켜서, 藝文館官員은 祿官으로 春秋館官員은 兼官으로 充員되게 하였다. 그리하여 官職도 다시 按配・改稱하게 되었다(太宗 二、一・七・庚子). 원래 藝文直提學과 直館 二員(藝文春秋館에는 直館 四員이던 것이 藝文春秋 二館으로 分立될 때 藝文館에 直館 二員을 두게 되었음)은 별다른 職事가 없으므로 史官을 兼帶하게 하여 每日 出勤하게 하였으며, 大小衙門에서 藝文館에 提供・報告된 文書를 點檢하여 禮樂刑政에 관계되는 現行事務로서 大體에 관계되는 것을 漏失없이 記錄케하여 春秋館에서 逐年・修撰한 것을 「時政記」라 이름하여 後日의 修史(實錄편찬)資料로 삼게 한 것이다(世宗 六六、一六・一一・戊寅、成宗 六六、七・四・甲申). 藝文館專任官員인 奉敎以下로서 春秋館의 記事官을 兼하게 한 理由도 이 때문이었다. 그리하여 藝文館의 專任官 八員 즉 奉敎・待敎・檢閱을 通稱 翰林이라 하였으며(成宗 九〇、九・三・辛巳、翰林 八員 皆兼春秋館記事官) 藝文館에서 館外로부터 修史資料를 운반해 오는데 사용하는 櫃를 翰林櫃라고 하였다. 史庫에 守藏된 實錄이나 史草의 曝晒를 위시하여서는 翰林이나 玉堂에서 曝晒官을 差出하는 것이 恒例였다. 藝文館에도 弘文館의 경우와 같이 館員의 抄擇을 위한 藝文錄이라는 것이 있어 圈點 三個(三圈)以上者는 藝文館에 收錄되게 한 것이다(成宗 二二、三・九・戊午).

484

制撰 制는 裁의 뜻이고 撰은 述의 뜻으로(『經註』 一〇五) 王의 命令을 지어 撰述하는 일을 의미한다.

485 **主文** 文翰을 主宰한다는 뜻으로(成宗 一五二、一四・三・庚子)「主文者」「將來主文者」云云하기도 하였다。원래 主文者는「宗匠」의 뜻이 있어(『廣才物譜』一、文學部) 藝文館의 大提學・提學을「主文」로서 差任할 것을 啓請하기도 하고(睿宗 六、一・六・庚午) 또는「弘文館의 應敎・副應敎중의 將來主文者 一人을 擇하여 云云」하기도 한 것이(成宗 一四二、一三・六・甲子) 그 用例이다。또한「主文堂上」・「主文大臣」등의 用例도 찾아볼 수 있다(成宗 六八、七・六・乙亥。成宗 一五二、一四・三・庚子)。

486 **奉敎** 太祖 一年(一三九二) 七月 官制新定 때 藝文春秋館의 供奉官(正七品)을 太宗 一年(一四○一) 七月에 藝文・春秋 二館으로 分立되면서 奉敎로 改稱、藝文館의 屬官으로 되었다。供奉이란 원래 中國 古制의 이른바「翰林供奉」에서 緣由된 것으로 藝文館의 奉敎(二員)・待敎(二員)・檢閱(四員)은 專任官으로 이들을 通稱 翰林・八翰林이라고 하여、이「翰林 八員은 모두 春秋館의 記事官을 兼한다」(成宗 九○、九・三・辛巳)。또한 奉敎以下는 經筵職을 兼하지 못하게 하였다(成宗 八九、九・二・庚申)。

487 **待敎** 春秋・藝文館때의 正八品職 修撰(官)이 太宗 一年(一四○一) 七月 春秋・藝文 二館으로 分立되면서 待敎로 改稱、藝文館의 屬官으로 되었다。翰林八員중의 하나로 春秋館의 記事官을 兼한다。

488 **檢閱** 春秋・藝文館의 直館(正九品)이 太宗 一年(一四○一) 七月 春秋・藝文 二館으로 分立되면서 檢閱로 改稱、藝文館의 屬官으로 되었다。翰林八員중의 하나로 春秋館의 記事官을 兼한다。

489 **成均館** 儒學敎育을 위한 國家의「最高學府」로 一名 國學 또는 學宮・泮宮이라고도 한다。泮宮이라 함은 天子의 學은 辟雍이라 하고 諸侯의 學은 泮宮이라 한다는 中國 古制에 依한 것으로、실제로 成均館의 左右편에 泮水로 둘려 싸게 되어 있었다。麗朝 忠宣王때에 成均監이 成均館으로 改稱된 것을 朝鮮王朝에서 그대로 이어받아 太祖 四年에 漢陽에 새로 着工되어 太祖 七年에 完工되었다。成均館에는 明倫堂・文廟를 위시하여 東西齋・正錄廳・養賢庫・食堂 등 總 九十六間에 이르러서、聖賢을 奉祠하는 祠廟的

機能을 兼備한、高級官吏養成을 위한 敎學機關이다。成均館에 入學할 수 있는 資格은 入學試驗에 合格된 生員・進士와 文科・生員進士試의 鄕・漢城試에 각기 一・二度(번) 合格된 者、叅上・叅外의 現職官吏、門蔭子弟등으로、生員・進士를 上齋生(正規生)으로 그 밖의 幼學들을 下齋生(寄齋)으로 區分되었다。成均館의 職制는 太祖朝이래 太宗・世祖朝에 官制改編 때 마다 多少의 변동은 있었으나 큰 변동은 없었다。成均館・承文院・校書館을 혼히 三館이라 일컬어、式年試 文科合格者 三十三人중에서 散官을 받은 者를 위의 三館에 權知(臨時職)로 分差(配屬)하여 이를 三館分差(分館)의 制라 한다(世宗 二一五・四・庚午。睿宗 五、一・四・癸未)。成均館의 正錄所는 生員試應試者의 豫備審査를 관장하고、生員試 자체가 成均館에서 실시되는 것이 보통이며 大司成이 그 試官으로 任命되는 것이 通例였다(李成茂、〈鮮初의 成均館研究〉『歷史學報』三五・三六合輯、一九六七)。

490 大司成 成均館의 正三品 堂上官으로 成均館의 長(一云泮長)이 되는 셈이다。太祖 一年(一三九二)七月 官制新定때부터 麗末의 制를 이어서 正三品職으로 設定되어온 것이 世祖 十二年(一四六六)官制更定 때에 堂上官으로 陞格시켰다。大司成은 全國 學者의 師表로 崇仰되었다(世宗 五五・一四・三・丁丑)。司成以下 典籍以上은 宗學의 敎官을 兼하였다。

491 司成 成均館의 從三品職으로 太祖 一年(一三九二)七月 官制新定때에 麗末의 制를 이어서 祭酒를 두었던 것이 太宗 一年 七月에 司成으로 改稱되었다(太宗 二・一・七・庚子)。祭酒는 「國學의 老師」를 일컬으는 것으로 飮酒禮에 있어서 老師의 祭先을 뜻하는 말이다(丁若鏞、『雅言覺非』)。

492 司藝 成均館의 正四品職으로、太祖 一年 七月 官制新定때에 麗末의 制를 이어서 樂正(正四品)을 두었던 것이 太宗 一年 七月의 改編때에 다시 司藝로 改稱된 것이다。원래 樂官의 長을 樂正이라고 하였다。

493 直講 成均館의 正五品職으로、太祖 一年 七月 官制新定때에 麗末의 制를 이어서 設定되었다。博士와 더불

어 講授의 任務를 맡는다.

494 典籍 成均館의 正六品職으로, 太祖 一年 七月 官制新定때 麗制의 注簿를 이어서 典簿(正六品)를 두었던 것이 太宗 一年의 改編때 다시 注簿로, 世祖 十二年의 官制更定때에 典籍으로 復舊·改稱되었다. 國籍의 收藏과 出納·管理의 일을 맡는다. 司成以下 典籍以上은 宗學 敎官을 兼하게 되어있다. 또한 成均館의 典籍중의 一員은 養賢庫의 注簿를 兼하고, 또한 典籍以下는 四學의 學官을 兼한다.

495 學正 成均館의 正九品職으로, 太祖 一年(一三九二) 七月 官制新定때 麗末의 制를 이어서 두게 된 것이며, 敎官의 任務를 맡는다. 學正중의 一員은 養賢庫의 奉事를 兼한다.

496 學錄 成均館의 正九品職으로, 太祖 一年(一三九二) 七月 官制新定때 麗末의 制를 이어서 두어진 것으로 敎官輔佐의 任務를 맡는다.

497 學諭 成均館의 從九品職으로, 太祖 一年(一三九二) 七月 官制新定때 麗末의 制를 이어서 설치된 것이다.

498 尙瑞院 高麗末 昌王때에 종래의 政房이 革罷되고 尙瑞司가 設立되었던 것을 踏襲하여 太祖 一年(一三九二)에 官制가 新定될 때 尙瑞司도 그대로 두게 되어 符印과 除拜等事를 관장하게 되었다. 그러던 것이 太宗 五年(一四○五)에 東·西班 銓選權이 吏·兵曹에로 돌아가게 되면서 尙瑞司는 寶璽·符信만을 맡아 보는 官廳으로 되었다. 世祖 十二年(一四六六) 一月의 官制更定때에 尙瑞司는 尙瑞院으로 改編되고 職名도 變改되었다(世祖 三八, 二二·一·戊午). 璽寶·符牌외에 節鉞이 尙瑞院의 所管으로 된 經緯와 年紀는 未詳이다(金潤坤,〈麗末鮮初의 尙瑞司〉『歷史學報』二五, 一九六四).

499 璽寶 王室의 印信을 말하며, 玉印을 璽(玉璽)라 하고 金印을 寶라 한다. 國王의 金印을 大寶라 하여 用途에 따라 寶名을 달리하였다. 册封·除授등에는 「施命之寶」를 쓰는 경우와 같아서 그 밖에 「傳命之寶」(傳位時)·「制命之寶」(軍事上 下命時)·「受命之寶」(事大文書의 경우) 등이 있었다.

500

符牌 兵符와 巡牌・馬牌를 合稱한 말이다。兵符는 發兵할 必要가 있을 때에 大將・各道의 監司・兵水使・義州府尹・東萊府使・防禦使 등에게 國王이 내려주는 일종의 發兵符이다(註 360 符信 참조)。巡牌는 巡將이 夜間에 巡廻警備할 때에 휴대케 하는 圓形의 信牌로서 巡將牌라고도 한다。巡牌의 一面에는「巡牌」라고 새기고 다른 一面에는「信」字를 새겼다。馬牌는 官員이 公務로 旅行할 때 驛馬를 使用할 수 있는 信標(證明)로 發給하는 것으로、公務의 緩急에 따라 一馬牌에서 五馬牌까지의 區別이 있어 牌面에 새겨진 馬匹의 數로 分別되게 하였다。

501

節鉞 節은 使臣에게 내려주는 信標라는 뜻이고 鉞은 大斧를 의미한다(『經註』一〇七)。斧形으로 만든 手旗로서 觀察使와 兵・水使가 赴任할 때에 國王이 내려주는 節鉞은 그들에게 生殺權을 내어주는 것과 같은 의미를 지닌다。成宗 五年 二月에는 觀察使가 節鉞을 갖어야 한다는 大典의 條規가 잘 擧行되지 않아서 每道 各 二件을 製造하여 尙瑞院에 所藏하고 觀察使가 陛辭때 반드시 받아갔다가 遞任되어 돌아오면 還納하도록 하였다(成宗 三九、五・二・丙辰)。

502

副直長 尙瑞院의 正八品職으로、世祖 十二年 一月의 官制更定때에 尙瑞司가 尙瑞院으로 改編되면서 尹이 正으로、丞이 判官으로、錄事가 副直長으로 改稱되었으며、副直長職은 尙瑞院에만 두었다。

503

春秋館 國初의 藝文・春秋館이 太宗 一年 七月에 藝文館과 春秋館의 二館으로 分設되어 春秋館의 官員은 모두 兼職으로 構成되게 되었다(太宗 二、一・七・庚子)。원래『元六典』一款에「京外大小衙門으로 하여금 모든 施行되는 일로서 可히 勸戒할 만한 것은 明白히 開寫하여 本館(春秋館)에 보내어 記事의 根據로 삼는 것을 永久히 恒式으로 삼게 한다」고 되어 있었다(世宗 六六、一六・一一・戊寅)。春秋館의 官員을 모두 다른 諸官司의 官員으로 兼하게 되어 있는 것도 그들이 각기 所屬衙門의 施行事를 春秋館兼官(各司의 兼帶史官)의 자격으로 開寫・送付하는 任務를 띠게 하기 위해서였다。實錄(國史)을 편찬할 때에는 春

秋館의 修撰館이 京中과 地方의 史草를 督納시켜서 임시로 實錄廳을 設置하여 편찬의 일을 맡긴다.

로서 大體에 관계되는 것을 漏失없이 記錄하여 두어 이것을 春秋館에서 逐年 修撰하는 일을 맡는다.

그렇듯 作成된 記錄을 時政記라고 일컫는다(世宗 六六、一六·一一·戊寅。世祖 四○、一二·一一·乙酉。成宗 六六、七·四·甲申)。

504 時政을 記錄 大小衙門에서 藝文館에 提供·報告된 文書를 點檢하여 禮樂刑政등 時政에 관계되는 現行事務

505 監事 春秋館의 正一品職으로 左·右議政이 兼帶하여 領事(領議政 兼帶)를 輔佐한다.

506 修撰官 太宗 一年 七月에 藝文·春秋二館으로 分立되면서 太祖朝 以來의 修撰官(正八品)이 藝文館의 待敎로 改稱되었으나、世祖 十二年(一四六六) 一月의 官制更定때에 春秋館의 職制가 領事·知事·同知事로 改編되면서 同知事 밑에 修撰官이 充補되어 正三品堂上官으로 되었다. 他官이 兼한다.

507 編修官 春秋館의 正三品堂下官에서 從四品까지의 職名으로、太祖 一年(一三九二) 七月 官制新定때에는 兼嘉善(從二品) 以上 二員이 編修官에 充補되고 四品以上으로 兼編修官에 充補되었던 것이 世祖 十二年 一月 官制更定때에 正三品 堂上官으로 修撰官이 復設되면서 編修官은 堂下官으로 改編된 것으로 생각된다.

508 記注官 太宗 一年(一四○一) 七月에 春秋館이 分立된 이후 太宗 十年以前에 設置된 春秋館의 正·從五品職으로、記注는「時事를 記注」한다는 뜻이다(太宗 一九、一○·一·戊寅。太宗 二五、一三·一·丙申)。 모두 他官으로 兼任하게 되어 있다.

509 記事官 春秋館의 正六品에서 正九品까지 時事를 記錄하는 일을 맡는 職名으로、藝文館의 奉敎以下 專任官 八員이 記事官을 兼帶한다(成宗 九○、九·三·辛巳。成宗 一一五、一一·三·戊申)。

510 承文院 一名 槐院이라고도 하고、成均館、校書館과 合稱하여 三館이라고 하였다. 원래 諸詔勅과 事大·交隣文書를 專修·保藏하던 文書應奉司가 太宗 十一年 六月에 承文院으로 改編되어 判事·知事 各 一員.

檢知事・校理・正字・副正字 各 一員을 두었던 것이(太宗 二二、一二・六・戊申) 世祖 十二年(一四六六) 一月의 官制更定때에 『經國大典』의 職制와 같이 整備되었다(世祖 三八、一二・一・戊午)。事大文書를 위한 吏文・漢語의 習讀이나 奏本・咨文・表箋・方物狀 등의 書寫의 任務가 莫重하여 이것들을 查對할 때에 脫・誤字가 있는 경우에는 書寫官은 司憲府의 推鞫을 받았다。그리하여 每五年마다 謄錄을 撰集하게 하여 吏文謄錄・日本圖書契・詔勅・中朝榜文 등이 撰集되기도 하였다(端宗 一三、三・一・丁卯)。聖節・千秋・正朝使行時의 表・箋文의 경우는 使臣發行 二・三十日前에 製述하여 承文院에 보내서 충분히 檢討하도록 하였다(世宗 一九、五・一・甲辰)。

511 事大文書 事大란 明에 대한 外交關係를 의미하여 「以小事大、以大字小」(孟子)에서 말미암은 用語로서、적은 나라의 大國에 대한 관계를 뜻한다。事大文書는 奏本・咨文・表箋・方物狀 등을 의미한다。

512 交隣文書 交隣이란 隣國과의 通交를 뜻하여 구체적으로는 明을 除外한 隣國인 倭(日本)・琉球 및 女眞과의 관계를 의미한다。事大文書에 대하여 交隣文書는 「倭書契」・「野人書契」라고 하였다(成宗 一三三、一二・九・乙未。成宗 一四七、一三・一〇・壬辰)。

513 議政 다만 議政이라고 하면 領議政、左議政、右議政을 并稱하는 말이다。여기서 都提調 三員이 議政이라

514 提調 提는 擧의 뜻이고、調는 和를 의미하여、提調(제조)는 한 官司의 事務를 調和롭게 처리한다는 뜻으로 함은 위의 三議政이 각기 都提調가 된다는 뜻이다。『經註』一〇八 여기서는 실지로 堂上官以上의 官員이 無堂上各衙門을 兼攝하는 者를 이름이다。正一品職者의 경우는 都提調라 하고、從一品以下 從二品職者의 경우는 다만 提調라 하고、通政(正三品堂上官)의 경우는 副提調라 하여、都提調(議政)는 承文院과 巡禁司(義禁府의 前身)를 除外하고는 직접 當該 官司에 出勤하지 않고(不坐其司) 같이 配置된 提調가 出勤하여 所屬官吏의 勤慢을 살펴서 殿最할 때에 都提

調와 議論·等第하도록 되어 있다(太宗 二七、一四·六·二·戊子。成宗 六一、六·二二·戊子)。그러므로 提調는 當該 各司에 常坐(常時出勤)하게 되어 있어、成宗朝初에는 諸司 提調의 出缺을 每季月(三個月마다)에 王에게 報告하도록 하였다(成宗 一〇、二·五·丁酉)。提調는 配屬 官司의 運營을 統攝하고 隸下 官員에 대하여 當該曹의 堂上官과 考績·褒貶에 關與하게 되어 있어 隸下 官員을 檢察하는 任務를 담당하게 된다。대부분의 無堂上衙門에는 一員以上의 提調가 配置되었으며、그것이 配置되지 않은 無堂上衙門은 通禮院·世子侍講院·宗學·典設司·豊儲倉·廣興倉·內需司·司醞署·義盈庫·長興庫·養賢庫 그리고 四學、五部이다。 無堂上衙門에서는 일반적으로 行首(각기 官司의 長)가 長官이 되나、提調가 干與하는 경우에는 그 提調가 長官이 되고 祿官行首以下가 佐貳官이 된다(世宗 六八、一七·六·甲子)。그 밖에 國葬·山陵都監이나 刊經都監 또는 提堰工事와 같이 臨時로 설치된 工事機關에 提調가 差任되어 無衙門 提調가 되는 경우도 있다(成宗 四、一·四·戊午)。

515 吏文習讀官 吏文이라 함은 事大文書에 쓰이는 독특한 用語와 文體를 말하여 吏文製述은 매우 重要視되었다。그리하야 「吏學」은 承文院의 所掌이었다(世祖 二八、八·三·丙辰)。天文·醫學·漢學(漢語)과 더부러 吏文 등 特殊技術學은 평소부터 肆習하여 熟鍊될 필요가 있어 文臣·生員·進士·門蔭子弟 들중에서 技術學生徒로 入屬시켰던 것이다(李成茂、〈朝鮮初期의 技術官과 그 地位〉『柳洪烈博士華甲紀念論叢』一九七一)。世宗 七年(一四二五)에 承文院의 吏文敎訓人을 訓導官、學習人을 「學官」이라 일컬어 吏文習讀에 專念케 하여(世宗 二九、七·九·丁巳。世宗 二九、七·二二·辛卯) 世宗 二十一年에 처음으로 承文院에 吏文習讀에 吏文「生徒」를 두었다 함으로(世宗 八四、二一·二·己巳) 여기서 吏文習讀官이라 함은 天文習讀官의 경우에 비추어 역시 祿外祿官을 뜻하는 것으로 생각된다。世宗 十二年에 吏文習讀人을 三十人定員으로 삼았다(世宗 四七、一二·一·辛未)。

516 判校　承文院의 正三品 堂下官職으로 世祖 十二年 一月의 官制更定때 종래의 判事가 判校로 改稱되었다。원래 承文院의 行首官은 근무일수가 차면 堂上官으로 昇進시켜 주게 되어 있었던 것이(成宗 四、一・三・庚子)『經國大典』에서도 그대로 실시하도록 되어 堂上官으로 올을 수 있는 중요한 職窠가 되었다。

517 叅校　承文院의 從三品職으로 世祖 十二年(一四六六) 一月 官制更定 때에 知事가 叅校로 改稱된 것이다。文書校勘의 일을 맡는다。

518 校勘　承文院의 從四品職으로 世祖 十二年(一四六六) 一月 官制更定 때에 副知事가 校勘으로 改稱된 것으로 文書校勘의 일을 輔佐한다。

519 校檢　承文院의 正六品職으로、文書를 校檢하는 일을 맡는다。

520 副正字　承文院과 校書館의 從九品職으로 正字(典籍・文章의 校正任務)를 輔佐하는 任務를 맡는다。

521 通禮院　太祖 一年(一三九二)의 官制新定 때에 朝會・儀禮를 관장하는 官司로 「閤門」을 두었던 것이 「通禮門」으로 고쳐져서 禮曹에 所屬되었었다(太宗 九、五・三・丙申)。世祖 五年(一四五九)에 通禮門이 專掌하는 朝儀(朝賀・朝参)가 중요한 職務이기 때문에 承文院의 例에 따라 東・西班을 물론하고 兼差하여 常時에는 그 所屬官司에서 근무하되 朝賀・朝参時에는 그 任務에 臨하도록 하였다(世祖 十六、五・三・丙午)。世祖 十二年(一四六六) 一月 官制更定때에 이르러 通禮門이 通禮院으로 改稱되었다。

522 臚唱　臚는 傳의 뜻으로 위의 사람이 말을 傳하여 아랫사람에게 告한다는 뜻이고、또는 陳序의 뜻으로 禮로서 賓客을 陳序한다는 의미로서(『經註』一〇八) 여기서는 儀式때에 笏記(홀기)・차례를 唱讀하는 것을 말한다。

523 左通禮・右通禮　通禮는 近侍執禮하는 官을 뜻한다(世宗 一一七、二九・七・甲辰)。世祖 十二年 一月의 官制更定때에 判通禮門事・兼判通禮門事가 각기 左通禮・右通禮로 改稱된 것이다。원래 通禮院・承文院・奉常

寺・司僕寺의 行首官은 仕滿이면 堂上官으로 올려주도록 되어있던 것을 너무 猥多하다하여 通禮院 通

禮와 承文院 判校의 경우에만 堂上官으로 陞級시켜 주는 것이 되었던 것이다(成宗 四、一・三・庚子)。 그리하여

大典(甲午大典)에는 通禮院의 左・右通禮와 奉常寺 正、承文院 判校만이 仕滿이면 堂上官에 오를 수 있는

職窠로 되어 있었다。 그러나 成宗 六年(一四七五) 十二月에 右通禮는 일단 左通禮로 昇進되어서 그 任期

가 차야만 다시 말하면 左通禮가 되고 나서야만 堂上官으로 오를 수 있게 되었다(成宗 六二、六・二二・

辛丑)。 이때의 規定이 本法典에 收載된 것이다。

524 相禮

世祖 十二年(一四六六) 一月 官制更定 때에 知事가 相禮로 改稱된 것이다。

525 奉禮

世祖 十二年(一四六六) 一月 官制更定 때에 副知事가 奉禮로 改稱된 것이다。

526 贊儀

世祖 十二年(一四六六) 一月 官制更定 때에 判官이 贊儀로 改稱된 것이다。

527 引儀

世祖 十二年(一四六六) 一月 官制更定 때에 奉禮郎이 引儀로 改稱된 것이다。

528 奉常寺

太祖 一年 七月 官制新定 때 麗制를 이어받아 奉常寺를 두어 宗廟・祭享 等事를 관장케 하였던 것이

太宗 九年(一四○九)에 典農寺를 典祀寺로 고치면서 奉常寺가 典農寺로 改編되어 그 所掌任務도 바뀌어

졌었다。 그러나 世宗 二年(一四二○)에 다시 太祖 때의 制로 奉常寺와 그 職掌이 復舊되어 四品以下官

은 文科出身者로 充任케 하였다(世宗 七、二・閏一・己卯)。 그리하여 奉常寺는 祀典所載 京中의 여러 神

廟와 壇場에 대한 考察을 專掌케 하였다(世宗 三三、八・八・庚辰)。 祈雨祭의 경우 그 禮器도 奉常寺에서

造作・別藏하여 필요할 때에 쓰도록 하였다。 奉常寺의 職制는 太祖때에 判事・卿・小卿・丞・博士・協

律郎・大祝・錄事로 編制되었던 것이 判事・令・正・副令・副正으로 바뀌어지고 太宗 十四年 一月에는

令・正이 尹으로, 副正은 小尹으로, 博士는 注簿로 고쳐지고, 世宗 二十七年 十一月에 判官 一

人이 增置되었으며, 成均館・校書館・承文院에서 祭外官으로 各 二人씩을 充差하던 것을 副錄事(위의

三館의 九品職) 二人을 革罷하고 成均館 二人、校書館・承文院 각 一人으로 減員시켰다。世祖 十二年(一四六六) 一月의 官制更定 때에 判事・尹・小尹이 각기 正・副正・僉正으로、注簿는 主簿로 錄事는 奉事로 改稱되고、副奉事・參奉 各 一員을 增置하여 대체로 『經國大典』의 體制가 갖추어졌다。奉常寺 判事는 仕滿이면 堂上官으로 昇進되게 마련이던 것이(世宗 一〇、二七・一一・丁丑) 成宗 一年에 一時 中斷되었다가 成宗 五年(一四七四)의 大典(甲午大典)에서 復舊되어 奉常寺 正이 堂上官으로 昇進되는 職窠로 굳어졌던 것이다。奉常寺는 祭祀를 관장하는 機關이기 때문에 여러 寺・監으로 불리우는 官司중에서는 最上位를 차지하는 官司였다(成宗 一五九、一四・二・壬午)。

529 **副奉事** 世祖 十二年(一四六六) 一月의 官制更定 때에 奉常寺에 增置되었던 正九品職으로、正字・訓導를 除外한 堂下官衙門의 正九品 行政職을 말하게 되었다。

530 **宗簿寺** 太祖 一年 七月 官制新定때 王室親屬의 譜牒과 殿內의 給事등의 일을 관장하는 殿中寺가 設置되었던 것이 太宗 一年에 宗簿寺로 改編된 것이다(太宗 二、一・七・庚子)。그리하여 한때는 「在內諸君府」에 屬하였다가 다시 宗簿寺로 독립되고、在內諸君府는 世宗 十二年에 宗親府로 改稱되었다(世宗 五〇、一二・二二・丙寅)。원래 宗簿寺는 中國 宋朝의 宗正寺와 修玉牒官을 大宗正司와 合쳐서 하나의 官司로 만든 것으로、宗親間의 敦睦을 꾀하고 非違가 있으면 이를 糾察하는 일을 그 職掌으로 삼고、그 위에 宗學과 春秋館 二品以上 一人、三品以下 一人도 兼하게 되어있었으며、十年에 한번씩 璿源錄을 修撰하고 三年마다 宗室譜牒을 纘寫하도록 되어 있었다(世宗 四二、一〇・一〇・壬午)。宗簿寺는 또 王子・王女의 婚嫁 때에 이를 備辦하는 일도 主掌하였다(世宗 六七、一七・一・丙申)。또한 世宗 二十一年(一四三九)에는 宗親을 糾察하는 條件(十三個條)을 磨勘하여 이에 따라 실시하게 되었다(世宗 八六、二一・八・壬寅)。太宗

531 **璿源譜牒** 璿은 美玉의 뜻이오 源은 水本(水源)을 뜻하여 王室祖系의 簡牒을 의미한다(『經註』 一〇九)。太宗

朝에는 王室의 族譜에서 太祖의 庶兄弟를 分揀하기 위하여 族譜를 세 가지로 나누어 만들었다。즉 王室의 祖系를 記述한 것을 璿源錄、宗子를 記述한 것을 宗親錄、그리고 宗女 및 庶孽을 記述한 것을 類附錄이라 하여 區別하였다(太宗 二四、一二・一〇・戊寅)。世宗 十九年(一四三七)에는 闕外에 있던 璿源殿을 宮城內에 있는 文昭殿 北편으로 옮겨 새로 璿源殿을 지어 璿源錄과 祖宗의 晬容을 奉安하게 하였다(世宗 七六、一九・二・壬戌)。

532

屬尊宗親　屬尊이라 함은 親屬으로 尊貴하게 여긴다는 뜻으로(『經註』 一三一) 父母 및 父母와 같은 항렬사이의 친족으로、여기서는 王室의 이른바 偯屬親을 의미한다。

533

校書館　太祖 一年 七月 官制新定때 校書監을 두어 文籍・圖書 및 祭醮・祝疏 등의 일을 관장케하여 判事・監・少監・丞・郎(正七品)・著作郎・校勘・正字 등의 官職을 두었다。太宗 一年 七月에는 校書監이 校書館으로 改稱되고、小監以上의 官職은 廢하고、校理・副校理를 새로 두게 하고、僉外 즉 郎以下는 종전대로 두었다。그러나 世祖 十二年 一月의 官制更定 때에 校書館이 典校署로 改稱되면서 兼判校 一員과 校理 一員을 새로 두고 나머지는 그대로 두어 本『經國大典』의 職制로 갖추어진 것이다(成宗 一六二一、一五・一・己酉)。判校가 他官으로 兼任케 된 것도 이때부터이다。成宗 六年부터는 儒生이 처음 科擧에 及第를 하면 四館(藝文館・成均館・校書館・承文院)에 分屬시켰다(成宗 五八、六・八・庚辰)。원래 承文院・成均館・校書館을 三館이라 合稱하여 三館分屬制가 있었다。藝文・成均・校書의 三館에서는 각기 所賞物이 있어 藝文은 薔薇、成均은 碧松、校書는 紅桃로서 每三年에 한번씩 돌아가며 宴會를 베풀어 校書館의 경우는 그 所賞物에 따라 紅桃宴이라고 불렀다(太宗 三、二・二・辛巳)。文科(大科)의 甲科 第一人者(壯元及第者)에게는 바로 校書館 副校理(從六品)에 差任하여(太宗 一五、八・三・辛酉) 그것이 恒例가 되었다。

534 香祝 祭需의 香과 祝文을 合稱하여 香祝이라 한다。 宗廟·社稷을 위시하여 나라의 각종 祭祀 때에 王이 香祝을 親傳하게 되어 있어, 內侍別監 一人과 校書館 官員 一人이 香祝을 全掌하게 되어 있었다。 校書館의 条外 八人에게 그 職任을 주어 여러해동안 그 일을 鍊習한 者에게 그 任務를 맡기고, 內侍중에서 文理通曉한 者 六名을 香室別監의 定員으로 삼아서 交替·任命하도록 하였던 것이다(世宗 八九、一二一· 五·癸丑)。

535 印篆 篆字體(漢字體의 一種)의 一種으로 색이는 일을 말한다。 篆字에는 大篆·小篆·上方(印)篆의 三種으로 쓰여져서 각기 碑碣·圖書·印章에 쓰는 字體의 크기로 區別된다(世宗 八八、一二二·一·癸丑)。 그리하여 字學은 校書館의 所掌이었다(世祖 二八、八·三·丙庚)。

536 別坐 正·從五品職으로 無祿官이다。 諸衙門의 別坐는 이미 六品以上을 거친 者를 選揀하여 口傳으로 差定하는 것으로 되어 있다(世宗 八九、一二一·五·庚戌。 註 539 提擧 참조)。 別坐로서 任期가 차더라도 三·四年 또는 五·六年이 되어야 겨우 直長(從七品)을 例授하게 되어 있던 것을 成宗 七年(一四七六) 이후로는 条職을 주어 遷轉의 길을 넓혀주도록 하였다(成宗 七一、七·九·己巳)。 그러나 別坐의 遷轉이 역시 沈滯되어 成宗 十四年부터는 守令이 考課에 二中을 맞은 者가 있으면 別坐와 같은 無祿官으로 相換해 주도록 하였다(成宗 一五二、一四·三·甲辰)。

537 司饔院 司饔의 饔은 飮食物을 잘 익힌다는 뜻으로 『周禮』 註에는 割烹煎和의 뜻으로 풀이되어 있었다(『經註』 二○)。 御膳과 闕內賓客에게 供辦하는 일을 맡아, 節物薦新과 進上物膳을 관장하여 온 司饔房이 世祖 十三年 四月에 司饔院으로 改編되어 비로소 祿官을 두게 되었다(世祖 四二、一三·四·己亥)。 司饔院에서는 文昭殿의 薦新을 관장하고, 宗廟의 薦新은 禮曹에서 관장하도록 되었다(睿宗 四、一·三·癸丑)。

538 御膳 臣下가 王에게 進上하는 바를 御라 하고, 膳은 飮食物을 갖춘다는 뜻이며 또는 祭祀用의 牲肉을 의미

하기도 한다(『經註』一一〇). 御膳이라 함은 王·王妃·王世子의 飮食資料의 具備와 割烹煎和(料理)하는 일을 아울러 뜻한다.

539 提舉 正·從三品의 無祿官으로 司饔院에만 두어진 官名이다. 世宗 二十五年 당시의 例로 보면 內醫院에 官員을 두면서 三品職을 提舉라 하고 六品以上은 別坐라 하여 提舉·別坐가 區別되었고(世宗 一〇〇, 二五·六·戊戌) 上林園·忠扈衛·福興庫 등의 提舉·別坐는 司調·司鑰에 除授하여 朝官으로 差任하게 하였다(世宗 九九, 二五·一·乙丑). 더구나 口傳衙門內의 推刷色·詳定所는 三品衙門인데도 의례히 別監이라 일컫고, 유독 鑄字所에서만 提舉라 일컬어 統一性이 없이 混用되었기 때문에 世宗 三十年 七月에는 鑄字所의 提舉도 別坐로 改稱되고, 그 밖의 各 衙門에서의 提舉라는 稱號는 모두 革罷하여 別坐로 일컫게 하였다(世宗 一二一, 三〇·七·癸卯). 그 뒤에 司饔院에만 提舉(堂下三品官)를 두게 된 緣由는 未詳이다.

540 提檢 正·從四品職의 無祿官으로, 司饔院·禮賓寺·修城禁火司·豊儲倉에 두었다.

541 內醫院 世宗 二十五年(一四四三) 六月에 종래 所屬官員의 名號도 없던 內藥房을 內醫院으로 고쳐서 官員 十六人을 두면서 三品을 提舉、六品以上을 別坐、条外는 助教로 각기 號稱을 정하였다(世宗 一〇〇, 二五·六·戊戌). 世祖 十二年 一月 官制更定때에 正·僉正(各 一)、判官·主簿(各 二)·直長(三) 奉事·副奉事·条事(各 二)를 두었다가 다시 官員數가 再調整되어 本 法典과 같이 되고, 또한 언제나 祿職으로 삼게 하였다(成宗 八〇, 八·五·庚寅).

542 尙衣院 太祖 一年 七月 官制新定때에 內府事를 두어 府藏貨財出納·服飾·鋪陳燈燭 等事를 맡게 하였던 것이나 太祖 二年 五月以前에 尙衣院이 따로 設置된 것으로 생각된다(太祖 三, 二·五·乙丑). 尙衣院은 王·王妃의 內帑衣帶服飾 等物 즉 進上服御物을 관장하는 官府이다(定宗 一, 一·五). 內資寺·內贍寺에서도 進上服御物을 全掌한다는 것이나(世宗 一九, 五·二·甲戌) 世宗 四年 十月부터 위의 兩寺에서는 綾縟를

織造하지 못하게하고 그 綾羅匠을 尙衣院에 移屬시킨 것으로 보아(世宗 一八、四・一〇・乙未) 綾羅織造를 위한

는 尙衣院에서만 專擔하게 된 것이다。尙衣院 近處에는 服御所用의 轎子・交床 等物을 造作하기 위한

雕刻房(工作所)을 두고 繕工監에서 관장케 하던 것을 尙衣院으로 移屬시키고(世宗 二三、二〇・一一・癸

卯)、韶軒・銀念珠 등까지 製造하였으며、文宗朝에는 雕刻房・火鑌房・墨房 등을 尙衣院에 倂合시켰

다(端宗 六、一・五・戊午)。또한 地方所在의 鑄室도 尙衣院에서 主管하였다(世祖 二八、八・四・癸未)。이

같은 服飾等物의 工作을 위하여 尙衣院에는 많은 工匠이 所屬되어 있어서 世宗 二十一年(一四三九) 一

月現在 四百六十餘名이나 되었다(世宗 八四、二一・一・辛丑)。

543 衣襨 『高麗史』 및 『經濟六典』에는 모두 衣對로 되어 있어、「宋 賜衣二對」의 用例와 같다(『經註』 一一二)。衣

襨라 함은 王室의 所御服을 의미한다。

544 財貨・金寶 服飾用 金銀寶貨를 의미하는 것은 물론 宗廟에 藏置되었던 先王의 金寶도 尙衣院에 移藏하게

하였다(世宗 一九、五・三・癸未・己丑)。

545 司僕寺 太祖 一年 七月 官制新定때 司僕寺를 두어 輿馬・廐牧等事를 맡게하고、判事・卿・少卿・注簿・兼

注簿・直長 등의 職을 두게하였다。그 후 太宗 十四年 一月의 職制改編과 世宗 八年 四月의 改編을 거

쳐 世祖 十二年 一月의 官制更定때에 이르러 職制도 本法典에서와 같이 정비되었다。司僕寺(所)의 所養

馬數는 續典(續兵典)에 冬 二百七十四 夏 一百四로 되어있었으나(文宗 二、一・七・己未)、成宗 一年現在

所養馬는 六百四에 이르고(成宗 六、一・七・辛丑)、이를 위하여 京畿諸邑으로부터 莫大한 穀草와 生草를

輪次로 輸納하여야 하였다(成宗 四、一・四・丁巳)。또한 司僕寺에는 鷹師가 多數 所屬되어 있어 御廚와

祭祀・宴享에 所用되는 禽獸는 모두 司僕寺에서 獵獲한 것으로 充用되었다(端宗 七、一・七・庚申)。

546 軍器寺 太祖 一年 七月 官制新定때 軍器監을 두어 兵器・旗幟・戎仗・什物 等事를 관장하게 하였던 것이 世

祖 十二年의 官制更定때 軍器寺로 改稱되었다。그 職制는 太祖朝 新定때 判事・正・監・少監・丞・注簿・直長・錄事의 體制로 가추어졌던 것이 太宗 十四年 一月에 監・少監・丞이 각기 正・副正・判官의 體制로 바꿔고、世祖 六年 五月에 兼正・兼副正・兼判官・兼注簿 各 一員이 減員되고、世祖 六年 八月에 副正 二・判官 一・注簿 一을 久任員으로 정하였고、世祖 十二年 一月 官制更定때에 直長・錄事 各 一員을 革罷하는 대신 判官・主簿・副奉事・叅奉 各 一員을 增置하여 職制가 本 法典體制로 整備되었다。軍器監의 事務가 煩多하여 世宗 十六年에는「權直長」二十名을 定員으로 配屬시켰으며(世宗 六四、一六・四・甲寅) 또 判事의 總管下에 官員 十人이 鑄成・爐治・弓箭・(火)藥의 四色으로 分掌하도록하고 奴婢色은 錄事로 하여금 分掌케하였다(世宗 一四九、三一・一○・丙辰)。또한 弓矢의 製作을 위하여 弓人 九十人、矢人 六十人을 配屬시켜 三番으로 交替立役케 하였다(世祖 二一、六・八・甲辰)。

547 內資寺 太祖 一年 七月의 官制新定때 內府寺를 두어 府藏貨財의 出納・服飾・鋪陳・燈燭 等事를 관장케 하였던 것이 太宗 一年 七月에 內資寺로 고쳐졌다(太宗 二、一・七・庚子)。太宗 三年 六月에는 종래의 義成庫를 內資寺에 합쳤다。內贍寺와 같이 進上服御(衣襨)를 全掌하고、內供의 御庫 구실을 하였다。

548 內贍寺 太宗 三年(一四○三) 六月에 德泉庫를 革罷하여 內贍寺로 삼았다(太宗 六、三・六・乙亥)。內贍寺는 內資寺와 같이 모두 內供을 위한 御庫로서、供上藥酒、獵獲된 鹿茸(獐鹿)等物과 進上衣襨를 관장하였다。世宗 四年(一四二二)에 內資・內贍寺에서 관장하던 綾羅의 織造는 금지되어 綾羅匠은 尙衣院으로 移屬시켰다(世宗 一八、四・一○・乙未)。

549 供上 京・外官이 大殿과 王妃殿에 奉進하는 것을 進上이라 하는데 대하여 太上王・上王殿이나 그 밖의 各殿에 奉進하는 일을 供上이라고 한다(世宗 二七、七・二・辛酉)。

550 司䆃寺 太祖 一年 七月 官制新定때 料物庫를 두어 內膳米穀의 收納支待하는 일을 맡게하여 使・副使・注

簿등의 官職을 두었었다。太宗 一年(一四〇一) 七月 官制改定때 料物庫는 供正庫로 改稱되고、供正庫가 다시 司樂寺로 改稱된 것이다(『東國輿地備攷』一、司導寺)。成宗 九年(一四七八) 八月記錄에 이미 司樂署가 보이고(成宗 九五、九・八・辛卯)、世祖가 大典을 頒降할 때에 本來 五品衙門이던 司樂寺를 三品衙門으로 陞格시켰다는 사실로(成宗 一六一、一四・二二・壬午) 미루어、成宗 九年 八月以前에 供正庫가 司樂署로 改稱되고 그 以後에 司樂寺로 다시 改稱된 것으로 생각된다。

551 御廩 廩이라 함은 米穀을 貯藏하는 倉庫를 뜻하여(『廣才物譜』三、穀部) 御廩은 宮內用의 米穀倉庫를 말한다。

552 禮賓寺 太祖 一年(一三九二) 七月 官制新定때에 賓客에 대한 『宴享』을 管掌하게끔 禮賓寺를 두고、判事・正卿・少卿・丞・兼丞・注簿・兼注簿・直長・錄事의 職制로 定하였던 것이 그 뒤 몇 차례의 改定을 거쳐서 整備되었다。禮賓寺는 賓客宴享외에도 宗廟親享때의 享官・諸執事에 대한 日飼도 供辦하고(太宗 二七、一四・一・乙酉) 耆老所 春秋宴의 供辦도 담당하였다(世祖 三二、一〇・二・癸未)。이 같은 供辦을 위하여 禮賓寺에서는 羔羊・唐猪・鴈鴨鷄등을 飼養하기도 하였다(太宗 三一、十六・五・戊戌)。

553 燕享 燕은 宴과 같은 뜻으로 燕享은 宴享과 같은 의미이다。

554 司贍寺 太宗 一年(一四〇一) 四月에 처음으로 司贍署를 두고、令・丞・直長・注簿를 두어 楮貨를 발행・관장하게 하였다。世祖 六年 五月에는 司贍署를 典農寺에 合屬시켰다가 翌六月에 그 典農寺가 다시 司贍寺로 確立되었다(世祖 三〇、六・五・丁酉。世祖 三〇、六・六・辛丑)。世祖 十二年 官制更定때에 正・副正・僉正・主簿・直長의 職制로 整備되었다。

555 楮貨 닥나무 껍질로 만든 紙類로 製造한 紙幣를 말한다。麗末에 만든 것은 流通되지 않았고、太宗 一年에 司贍寺를 設置하여 楮貨의 發行・通用을 管掌하게 하고、다음해 一月에 비로소 楮貨 二千張을 新造하였다。楮貨 一張은 常五升布 一匹、米 二斗로 값을 定하였다(太宗 三、二・一・己丑)。그리하여

楮貨通行策을 거듭 마련하여 그 流通을 꾀하고, 太宗 十五年에는 工匠·商賈(行商과 坐賈) 및 長廊稅 등

도 楮貨로 收納하게 하였으나(太宗 二九、一五·四·己巳) 좀처럼 제대로 流通되지 않았다. 그해 六月에

는 銅錢(朝鮮通寶)을 새로 鑄造하여 楮貨와 銅錢을 兼用하자는 建議가 받아들여졌으나 僞造가 容易하다

는 理由로 즉시 그 鑄造는 禁止되었다(太宗 二九、一五·六·辛巳). 楮貨의 값은 계속 下落되어 楮

貨 一張의 값이 米 一升까지 下落、商人들도 쓰지를 않게 되어(世宗 一一、三·三·丙戌。世宗 一一、三·

四·戊戌。世宗 一一○、二七·一○·壬子) 楮貨流通의 實效를 거두지 못하였다.

556

外居奴婢貢布　外居奴婢라 함은 諸司에 隸屬된 奴婢로서 外方(地方)에 居住하는 者를 말한다. 外居奴婢는

每年 輪次로 選上하게 되어 있어 選上되지 않은 奴婢는 一年에 正布 一匹을 上納하게 되어 이를

外居奴婢貢布라고 한다. 正布 一匹의 貢布上納보다 選上奴의 艱苦가 훨씬 심하여 점차 雇人代立하는

일이 늘어났다(端宗 二二、二·二二·戊寅).

557

軍資監　太祖 一年(一三九二) 七月 官制新定때 軍資監을 두어 軍旅糧餉의 일을 관장하도록 하였다. 太宗 十

三(一四一三)年 四月에는 종래의 監庫가 狹小하여 龍山江에 새로 分監(龍山江倉、八十四間)이 竣工되고(太

宗 二五、一三·四·乙丑) 다시 松峴에도 軍資倉을 建立하여 本監과 아울러 三處에 軍資倉을 두어 判事가

三處를 摠治하고 각기 官員이 分擔하여 出納을 監守하게 하였다(世祖 二二、六·八·丁卯). 그 職制는 太

祖朝 新定때 判事以下 錄事에 이르는 體系가 가추워지고, 太宗 十四年 一月에 正·副正·判官의 體制

로 바뀌었으며, 世祖 十二年(一四六六)의 官制更定때 判官·主簿·副奉事·参奉 各 一員이 增置되어 軍

558

濟用監　太祖 一年 七月 官制新定때 濟用庫를 두어 匹帛紬苧等事를 관장케하고、使·副使·丞·注簿·錄事

等의 職制도 갖추어졌다. 太宗 九年 十二月에는 濟用庫를 濟用監庫로 陞格시켜 國帑藏을 관장케하고、

器寺의 경우와 같은 經緯를 거쳐서 本 法典의 職制로 整備되었다.

判事・監・小監을 새로 두고 그 밑에 使를 判官으로 副使를 注簿로 고쳐두었고、太宗 十四年(一四一四)에 諸監에서와 같이 監・小監・丞을 각기 正・副正・判官으로 다시 고쳤으며、世祖 十二年(一四六六) 官制更定 때 錄事를 革罷하고 솼奉을 增置함으로서 本 法典의 職制로 整備되었다。世宗朝부터는 百官에게 賜與하는 朝服・公服을 濟用監으로 하여금 만들어 供給하게 되었으며(成宗 一〇、二・五・庚寅)、世祖 六年에는 종래의 都染署도 濟用監에 合屬시켰다(世祖 二〇、六・五・丁酉)。따라서 織造・染色등의 일도 濟用監의 所掌으로 된 것이다。

559

進獻布物 여기서는 人蔘・各種 花席等物과 아울러 中國에 禮物(方物)로 進獻하는 布物(麻・苧)을 의미한다。

560

紗羅綾段 紗는 갑사(甲紗)、羅는 亢羅(황나)、綾은 무늬있는 비단(紋繪)、緞은 비단(緋緞)을 흔히는 紗羅、綾段으로 合稱되기도 하나 羅 一匹、紗 一匹을 각기 下賜하는 경우와 같이 각기 區別되는 것이다。紗羅綾段은 본시 本國의 所産이 아니고 中國産이라고 하였으며(成宗 七、一・九・癸卯。成宗 七〇、七・八・甲午) 綾羅匠이 있어서 生産이 되기는 하였으나 그 繰絲・染色技術이 中國의 것에 미치지 못하여 才能이 있는 者를 번갈아 中國에 보내서 그 技術을 傳習하여 오도록 하기도 하였다(世祖 二四、七・六・丁卯)。紗羅綾

561

段은 稀貴物이고 奢侈品으로 간주되어 世宗 三十一年(一四四九)에는 衣服・靴鞋・衿裙등의 사용에는 身分에 따른 각종 制限을 加한 禁制條件이 마련되기도 하였다(世宗 三三、三一・一・丙午)。

布貨 世祖朝에 頒降한 大典(戶典)에는 그 國幣條에 幣布 즉 布貨의 規格을 一匹長 三十五尺으로 하고 十七尺五寸을 半匹로 간주하여 그 兩端에「朝鮮通幣」라는 官印을 찍게하여 賣買하는 通貨로 삼게 하였다。官印을 찍을 때에는 二十分의 一의 稅를 걷우게 하되 正布 一匹에 楮貨 四張、常布 一匹과 正布 半匹에는 楮貨 二張、常布 半匹에는 楮貨 一張을 받게 하였다(世祖 二三、七・二・戊寅)。常布라 함은 民間에

서 通用되는 布貨를 가리킨 것으로 본래 二十五尺을 표준하여 一四로 간주되었기 때문에 正布(國幣) 半

匹로 換算되었으나 그것이 제대로 지켜지지 않아 成宗 四年(一四七三)以後로는 一切 禁斷하도록 規制되

었다(成宗 一三·二·二一·庚戌)。端宗朝 당시 布(廠布) 一四이 直米 二斗로 換算되고、綿布 一匹은 直米

七斗로 換算되었다(端宗 一、即位·六·辛未)。世祖朝 國幣는 三等級으로 나누어져서 五升布를 上等、三

升布를 中等、楮貨를 下等으로 삼았다(世祖 二二、六·八·乙卯)。

562 綵色入染、 여기서는 綾段에 무늬 染色을 하는 일을 말한다。綾段과 같은 奢侈品이 아닌 일반 雜色入染의

布物은 尙衣院에 많이 있었다고 한다(成宗 一四〇、一三·四·辛亥)。

563 繕工監 太祖 一年(一三九二)七月 官制新定때에 繕工監을 두어 土木營繕·柴炭支應등의 일을 맡게 하였다。

職制는 太祖 때에 判事·監·少監·丞·注簿·直長·錄事의 體制로 갖추어졌던 것이 太宗 十四年(一四

一四)一月의 改定때에 正·副正·判官의 制로 고쳐지고、世祖 十二年(一四六六)一月 官制更定 때에 本

法典의 職制로 整備된 것이 諸監의 경우와 같다。

564 司宰監 太祖 一年 七月 官制新定때 司宰監을 두어 漁梁山澤의 일을 맡게 하고、司水監을 두어 戰艦을 營修

하고 轉輸를 감독케 하였던 것을 太宗 三年에 司水監을 司宰監에 合쳤다(太宗 五、三·六·乙亥)。이로서

司宰監은 舟楫을 專掌하여 中外의 船隻을 無時로 考察하되、京畿와 外方의 公處船(兵船·漕運船·水站船

捉魚船등)은 各道의 觀察使가 每三年 年末에 差使審核、船籍을 만들어 司宰監에 送納하도록 하였다。또

한 魚梁·水梁등이 司宰監에 專屬되어 여기서 收稅하여 國用에 쓰도록 이미 元典에 載在되어 있었고、

魚梁·水梁에서 祭祀·宴享에 所用되는 魚物과 箭主·船主의 名單 밑 接處도 成籍하도록 되었다(太宗

二六、一三·二·戊戌)。司宰監에는 多數의 水軍이 隸屬되어 있어서 이를 轉運奴라하여 分番立役케 하고

그 밖의 所屬奴婢는 奴婢身布(一年 一四)를 濟用監에 바쳐야 하였다(太宗 三一、一六·二·辛未)。司宰監

의 職制는 대체로 다른 諸監의 경우와 같이 몇 차례의 改編을 거쳐 世祖 十二年 更定 때에 整備된 셈이다.

565 燒木 麗末에 科田法을 실시할 때 高麗時代의 田柴科는 廢棄되어 柴地分給의 制가 없어짐에 따라 燒木(숯)의 需用은 이른바 其人役에 의하여 充足시키게 되었다。太宗 七年 現在 京畿左·右道에 司宰監所屬 燒木軍이 四百人에 이르던 것을 太宗 九年에는 燒木收納法을 고쳐서 其人 百三十名을 增置하여 供役케 하였다(太宗 一五、七·二二·辛未。太宗 一七、九·四·丁丑)。

566 炬火 王의 行幸이나 兩班官僚의 婚姻·送終(喪禮) 때에 쓰는 횃불을 뜻한다。品官의 炬火 使用에는 그 柄數가 制限되어 있어서 婚姻 때에는 二品以上은 十柄、三品以下는 六柄으로、送終時에는 死者가 二品以上이면 二十柄、三品以下면 十二柄으로 제한되어 있었다(世宗 六一、一五·八·甲辰)。

567 掌樂院 高麗末期에 音樂을 맡아보던 慣習都監、특히 聲律의 校閱을 맡아보던 典樂署(樂工職) 그리고 宗廟의 樂歌를 따로 맡아보던 雅樂署(樂工職) 등이 朝鮮王朝初에 들어서도 踏襲·設置되었다。한편으로 太宗 六年 十一月에는 十學의 하나로 「樂學」이 設置되고(太宗 一三、六·一一·辛未) 世祖 三年 一月以前에 위의 樂學과 慣習都監을 一司로 합쳐서 樂學都監이라 하고、雅樂署와 典樂署를 一司로 합쳐서 掌樂署라 고 하였다(世祖 一〇、三·二二·丁亥)。그러나 世祖 十二年에는 樂學(慣習)都監도 掌樂署로 改稱되어 掌樂署로 一元化되었다(世祖 三八、一二·一·戊子)。이 掌樂署가 成宗 一年 이전에 掌樂院으로 改稱되었던 것으로 나타나나 그 年紀는 未詳이다。國初부터 樂工職만을 두어 流品에 섞이지 못하게 하였으며,(太祖 一、一·八·丁未) 世祖 三年에 掌樂署로 合쳐질 때 樂生遞兒職으로 令·副令·丞·副丞、樂工遞兒職으로 典樂·副典樂·典律·副典律·直律 등의 職을 두었으나(世祖 一三、四·七·丙戌) 이미 掌樂院으로 改編된 成宗 一年에는 祿官이 아니던 것을 祿官으로 바꾸어 두게 되었다(成宗 三、一·二·辛未)。

568 聲律 聲은 宮·商·角·徵·羽의 五聲을 말하고、律은 黃鍾律을 뜻하여 音階와 音律을 合稱한 것이다(『經註』)

二一六。

569 観象監 観은 天文의 觀察을 뜻하고、象은 天象을 의미한다(『經註』二一六)。太祖 一年 七月 官制新定 때 書雲觀을 두어 天文·災祥·曆日·推擇 等事를 관장하게 하였던 것이 世祖 十二年의 官制更定 때에 觀象監으로 改稱된 것이다。 그 職制는 太祖朝에 判事·正·副正·丞·兼丞·注簿·兼注簿·視日·司曆·監候·司長을 두게 하였던 것으로、世祖 十二年의 更定 때에 掌漏는 直長、視日은 奉事、監候는 副奉事、司長은 參奉으로 改稱되고 司曆은 革罷되는 한편 判官·副奉事·參奉 各 一員이 增置되어 職制가 整備되게 되었다。 世宗 二十年(一四三八) 이후로는 天氣를 候察하는 簡儀臺와 觀天器인 圭表·渾象·渾儀 등은 書雲觀에서 主管하여 每夜 五人이 入直·觀察하도록 되었었다(世宗 八〇、二〇·三·戊子)。

570 地理 원래 原六典에서는 天文·地理·星命·卜課를 總稱하여 陰陽學이라고 일컫던 것인데、世宗 二十年頃까지는 地理를 業으로 삼는 것을 陰陽學이라 일컫고 曆象·日月·星辰을 관장하는 것을 天文學이라 일컬어 陰陽과 天文을 구별하여 왔고、世宗 二十年(一四三八) 十月 이후로는 地理를 業으로 삼는 것을 舊例대로 風水學이라 일컫기로 하였다(世宗 八三、二〇·一〇·癸酉)。 그러던 것이 世祖 十二年(一四六六)의 官制更定 때에는 다시 風水學으로、陰陽學을 命課學으로 改稱하게 되었다(世祖 三八、一二·一·戊午)。 文臣과 風水學專修者 중에서 業精者로서 風水學訓導(二人)에 差任하여 祿俸을 優給하여 勸勵하도록 하였다(睿宗 四、一·閏二·辛巳)。 여기서 地理學이라 함은 이른바 風水地理를 의미하여 地形·地勢·方位 등에 따라 吉凶禍福을 따지고 山水의 脉을 究觀하여 相地에 活用되는 學問을 말한다。

571 曆數 曆은 紀數의 書를、數는 推步의 法을 뜻하는 것으로 (『經註』二一六)、즉 曆書와 그 推算法을 曆數라 한다。

572 占算 占치는 技術을 말하며 天文學과 같이 試才하게 되어 있었다(世宗 五九、一五·二·丙戌)。

573 刻漏 물시계(水時計)로서 漏壺라는 그릇에 물을 담아 그릇 밑에 작게 뚫은 구멍으로 일정하게 물이 새어 떨어지게 하여 漏壺의 水量이 줄어드는 정도를 계산하여 시간을 잴 수 있게 만들어진 것이다.

574 取才 → 註 1025 取才

575 分數 取才試가 있는 여러 衙門에서는 일반적으로 과목마다 합격으로 표시된 劃數에 따라서 授職하고, 그 劃數가 같은 者가 있는 경우에는 근무일수가 많은 자에게 授職하게 되어 있었던 것을 世宗 二十年 八月 이후로는 四孟朔마다 시험하는 成績에 分數를 明白히 帳簿에 올려서 그 劃數를 通計하여 劃數最多者를 轉任·昇進시키도록 하였다(世宗 八二, 二〇·八·戊午). 그러나 取才試 合格劃數에는 과목마다의 等第가 매겨지는 것이 아니었기 때문에 取才分數가 一·二劃에 지나지 않는 者라도 陞資되는 不合理함을 고쳐서 世宗 二十二年 七月부터는 每科目의 取才分數를 一分에서 十分까지로 하고, 몇 가지 시험과목을 限하여 十分以上을 얻은 자를 一等으로, 六分以上을 얻은 者를 二等으로, 三分以上을 얻은 者를 三等으로 規定하여, 一·二等者만 擢用하게 하고 三等者는 叙用을 不許하도록 하였다(世宗 九〇, 二二·七·戊辰). 여기서는 觀象監에서 필요한 天文·地理·命課學과 같은 技術을 가진 者에 대한 取才試에 있어서 그 성적을 一分에서 十分까지의 等級(等第)을 매기는 그 級數를 分數라고 하는 것이다.

576 天文學習讀官 世宗 七年(一四二五)에 書雲觀 所屬인 天文·禁漏·風水學 등의 所任이 각기 다르기 때문에 이것들을 分科別로 習讀시키기 위하여 天文習讀參外祿官 및 前銜·權知를 아울러서 二十人으로, 禁漏에 四十人으로, 風水學習讀에 十人으로 각기 習讀人의 定員을 정하였다(世宗 二九, 七·八·丙申). 여기서 天文學習讀官이라 함은 上記의 天文習讀參外祿官을 의미하는 것으로 생각된다. 曆算의 경우 曆算生徒를 學官으로 改稱하게 된 것은 世宗 三十年의 일이다(世宗 一一九, 三〇·一·庚戌). 따라서 이 경우의 學官이 參外祿官은 아니었으리라고 생각된다.

577 守令取才　天文習讀官(技術職者)은 六品이 되면 그 職에서 물러나게 되어 있다。그것은 그들이 修己治人의 學(儒學)을 專修하지 않았기 때문에 그대로 守令(牧民官)으로 遷任될 수 있는 자격을 부여하지 않는다는 것을 뜻하며、특히 그 중에서 守令의 職務를 감당할만한 才能의 所有者에게만 守令取才試에 應할 수 있게 하여 그 合格者에게만 守令叙用을 許한다는 뜻이다。天文習讀官에게 去官後 錄事例에 따라 守令取才合格者를 叙用토록 한 것은 睿宗 一年(一四六九) 六月부터의 일이다(睿宗 六、一・六・辛巳)。

578 肄習官　여기서는 習讀官으로 叙用되었다가 散官이 된 者로서 天文學에 精通한 者에게 天文學을 專治하도록 授與하는 官職名이다(『經註』一〇)。다른 例를 들면 譯語肄習子弟로서 有職者인 경우에 그를 漢學講肄官이라고 일컬은 바와 같은 것으로(世宗 六三、一六・一・甲辰)、成宗朝初에는 天文肄習(官)으로서 堂上官으로 昇進한 例까지도 볼 수 있다(成宗 一七四、一六・一・辛卯)。

579 三學　여기서 三學이라 함은 觀象監과 관련되는 세 가지 技術學 즉 天文・地理・命課의 三學을 가리킨다(中宗 二六、一一・一〇・丁丑)。

580 顯官　東・西班의 正職을 가리키는 것으로(『經註』一二) 內侍府・雜職・遞兒職 등은 正職으로 간주되지 않는

581 禁漏　禁은 禁中・闕內를 뜻하고 漏는 刻漏(물時計)를 의미하여 禁漏는 즉 闕內에 設置된 물時計를 뜻하고 또 그 것을 지키는 禁漏員의 職名이기도 하다。世宗 七年에 天文・禁漏・風水學의 習讀人 定員數를 定할 때 禁漏員을 四十人으로 정하고(世宗 二九、七・八・丙申)、天文・禁漏・風水學을 합하여 一年에 一都目으로 하여 一年에 一人만 去官하게 되어 있었던 것을 禁漏員은 每年 兩都目 去官으로 고치고 그들을 매일밤 交替하여 入闕守更하게 하였다(世祖 一一、四・一・戊寅)。禁漏員의 定員이 三十人으로 約定된 것은 成宗 六年의 일이다(成宗 六一、六・二・己巳)。

西班遞兒職은 顯官이 아니다(成宗 五一、六・一・

丙辰）。

582　**日月食述者**　日月食은　日蝕・月蝕을　推算하며（太宗　二六、一三・一二・庚申）、日月食述者는　日蝕・月蝕을　推算하는　사람을　이른다（『註解』一一七）。이미　吏典贍錄에　日月食述者에게는　散官을　주지　못하고　軍職遞兒職을　주게　되어　있었다（成宗　一〇、二・六・辛未）。

583　**西班遞兒**　西班（武班）의　遞兒職을　말하는　것으로、이는　顯官、즉　正職으로　간주되지　않는다（成宗　五一、六・一・丙辰）。

584　**命課盲**　命課學을　專業으로　삼는　盲人　즉　命課盲人을　의미한다。실제로　觀象監에서는　盲人을　모아서　命課學을　修鍊하게　하여　四孟朔에　取才하여　官職을　授與했던　것이다（成宗　四九、五・一一・戊寅）。

585　**命課學**　陰陽學을　말한다。→　註　579　三學　참조

586　**典醫監**　太祖　一年　七月의　官制新定때　麗朝以來의　典醫監을　그대로　設置하여　診視・和劑（宮中에서의　醫療와　施藥）에　관한　일을　관장하게　하였다。그리하여　惠民局과　같이　各道의　鄕藥材를　輸納케하기　위하여　太祖　六年에　設置된　濟生院이　世祖　六年　五月에　惠民局・濟生院을　合稱하여　三醫司라　일컬어　內醫院은　三醫司에　包含되지　않았다（用例、「內醫院及三醫司」端宗　四、即位・一二・壬子、「內醫院所藏諸書　及三醫司醫書」世祖　五、二・九・癸亥）。그　職制는　太祖朝에　判事・監・小監・丞・兼丞・注簿・兼注簿・直長・博士・檢藥・助敎　등을　두게　하였으나、그　후의　多少의　改編을　거쳐서　世祖　十二年　官制更定　때에　檢藥・助敎가　각기　副奉事・參奉으로　改稱되고、兼正・直長이　革罷되고　判官이　增置되어　本　法典의　職制로　갖추어졌다。所屬　醫員은　諸衛醫員、六曹醫員　등으로　일컬어진　바와　같이　主要　官司에　分屬되었던　것이라　생각된다（世祖　三〇、九・四・庚申）。

587　**習讀官（醫書習讀官）**　世祖　二年（一四五六）　당시에는　習讀官이　十五人이던　것으로（世祖　五、二・九・癸亥）　士族

588

司譯院

子弟로서 年少聰敏한 者를 뽑아서 習讀官으로 삼았으며(世祖 二二、四・三・丁未) 世祖 八年에는 醫書習讀官 勸懲條件을 마련하면서 定額(定員數)을 三十人으로 늘리고 三館 및 生員・進士 內의 二十五歲 以下로서 聰敏한 者를 議政府・吏曹・禮曹・典醫監提調 등이 같이 擇定하여 修鍊토록 하여 成績이 뛰어난 者는 顯官에 除授하고 현저하게 懶慢한 者는 그의 告身을 回收하게 하였다(世祖 二七、八・二・己卯)。

司譯院 太祖 二年 九月에 司譯院을 設立하여 華語 즉 中國言語音訓과 文字體式을 敎習케 하였다(太祖 四、二・九・辛酉。太祖 六、三・一一・乙卯)。太祖 三年 十一月에 司譯院에서 敎科課程을 정하여 漢語・蒙古語와 蒙古字・偉兀字의 書寫 등을 가르치게 하고 京中 五部와 地方 府州에서 良家子弟 十五歲 以下로서 明敏한 者를 뽑아올려 교육시켜 三年 一次의 試驗을 보게 할 것을 건의 하였다。太宗 十五年 九月에는 倭學이 設置되어 太宗 十八年에 司譯院에 合屬시키게 되었으나 실제 倭語學習生徒의 數는 종래 十一名이던 것이 四名으로 減少되는 형편이었다(太宗 三五、一八・五・壬子)。太宗 十一年 閏十二月에는 蒙學訓導者 二人을 두고、太宗 十三年 六月에는 漢學訓導(文官)도 두어 여러가지로 勸勵策을 써서 漢語學習生徒는 增加되었다。한편 世宗 十六年 당시에는 女眞文字를 解得하는 者가 一・二人에 不過하여 侍朝女眞人과 咸吉道 女眞子弟中 女眞文字를 解得하는 者 四・五人을 뽑아서 司譯院의 訓導로 삼고 通譯의 任務도 겸하게 하였다(世宗 六四、一六・六・庚午)。그리하여 世宗 二十年에는 十二人의 生徒로 하여금 女眞語를 分番・學習케 하고、十二人의 生徒 중에서 六人을 精擇하여 勸勵하고、한편으로 北靑以北 한곳에서 女眞文字를 잘 아는 者 一人을 「敎訓」으로 삼아 그 지방의 年少聰敏한 者 十人을 選擇・敎育하여 留京者 六人 중에 闕員이 생기면 監司가 試才・上送하도록 後繼者의 確保를 꾀하였다(世宗 八三、二〇・一一・丙申)。世宗 十年(一四二八)의 記錄에 의하면 三學(漢・蒙・倭)에 속한 前銜・權知・生徒의 總數는 각기 百三十、十八、二十七人이오 여기에 漢學의 別學(別齋學官) 十三人과 上記 女眞語學習生徒 十二人(世宗二十年現在)

을 합하면 總二百人이 되었다(世宗 四二、一〇・二二・丁酉)。世祖 十二年(一四六六) 一月 官制更定 때에 漢學敎授 二員 訓導 四員、蒙學・倭學・女眞學訓導 各 二員으로 整備되었다。그리고 外國使客의 迎接을 위하여 黃州・平壤・義州에는 漢學訓導가、薺浦・富山浦에는 倭學訓導가 配置되기도 하여 京外諸學訓 導라함은 즉、그들을 并稱하는 것이다。

589 漢學習讀官 司譯院에서 漢學(語)을 肄習하게 하기 위하여 대체로는 中外의 良家子弟로서 聰敏한 者、蔭子 弟、四館參外官、成均館・四學儒生 중에서 揀擇되어 任命되었다(李成茂、〈朝鮮初期의 技術官과 그 地位〉 『柳洪烈博士華甲紀念論叢』一九七一)。文臣으로서 習讀官이 되는 것은 榮選이 아니어서 그들이 淸要職으 로 나아가는데 지장을 주었으므로 이를 꺼렸기 때문에 成宗 二年(一四七一)에는 精詳하게 才學을 成遂한 者는 특별히 淸要職으로 陞遷시키는 것으로 勸勵하고、赴京使行이 있을 때에는 그들중 赴京의 경력이 없고 勤務日數가 많은 者를 뽑아서 보내기로 하였다(成宗 一〇、二二・五・丁酉)。

590 단지 女眞語의 … 있는 者 譯學(通譯공부)하는 사람이 그 文字는 解得하지 못하고 語音만을 아는 者를 「只 通」이라고 하여(世宗 四九、一二・八・辛未)、「女眞學 只通十人」과 같이 쓰여진다(世祖 三九、二二・五・ 癸未)。

591 世子侍講院 太祖 一年 七月 官制를 새로 定할 때에 「世子官屬」을 設置하여 世子를 위한 講學과 侍衛를 맡 게 하였던 것이 太宗 十八年에 世子翊衛司가 別設되면서 世子에 대한 侍講 즉 書筵은 「世子官屬」에서 專擔하게 되었다。年紀는 明白치 않으나 이 「世子官屬」이 世子侍講院으로 改編된 것이 틀림없을 것이 며、世祖 十二年 六月 記事에 「侍講院 弼善」이라는 官司・職名이 처음 나타나 그 이후 계속 侍講院에 관한 기록이 보이므로 世祖 十二年 六月이전에 世子侍講院으로 改稱된 것을 알 수 있다(世祖 三九、 二二・六・辛丑)。

592 師

太祖 一年(一三九二) 七月「世子官屬」을 設置할 때에는 高麗의 制에 따라 左師・右師 各 一(正二品)을 두었으나, 그 뒤에 左師・右師를 師・傅로 고친 것으로 생각된다。師는 「道之敎訓」, 傅는 「傅之逳義」를 뜻하여 원래 德行이 있는 老成한 臣과 忠直有道의 士로 삼게 되어 있어(太宗 二・一・九・戊寅) 師傅는 반드시 端良正士로써 任命하여 世子의 德性을 薰陶하는 것이 任務이다(太宗 一九、一〇・四・乙巳。世宗 八七、二一・二一・丁卯)。뒤에 師・傅는 世子侍講院의 正一品職으로 領議政과 議政이 각기 兼하게 하였다。太宗朝에 書筵에는 반드시 書筵官 三員을 갖추어 進講하게 되었다(太宗 三三、一七・五・甲午)。

593 傅

↓ 註 592 師

594 貳師

世子侍講院의 從一品職으로 議政府의 賛成이 兼한다。太祖 一年(一三九二) 七月에 新設된 「世子官屬」의 職制에는 없던 職名으로、太祖 四年 三月記事에 「世子二(貳)師」鄭道傳이 孟子를 講한 것으로 되어 있어 貳師의 職은 그 사이에 두어진 것으로 생각된다。

595 左賓客・右賓客

世子侍講院의 正二品職으로、太祖 一年에 「世子官屬」을 設置할 때에는 從二品이던 것이 그후 正二品職으로 개편된 것이다。

596 左副賓客・右副賓客

太祖 四年(一三九五) 五月에 처음으로 副賓客을 두게 되어 左・右副賓客 各 一員을 두었다(太祖 七、四・五・癸卯)。世子侍講院의 從二品職이다。

597 輔德

世子侍講院의 從三品職이다。太祖 一年에 「世子官屬」을 設置할 때 高麗의 制에 따라 書筵官職에는 각기 左・右 二員을 두게 되었던 것이나、睿宗 一年에 처음으로 『經國大典』이 마련되었을 때에는 모두 一員으로 減縮되고 左・右의 稱號가 없어진 것이다。

598 弼善

世子侍講院의 正四品職이다。원래는 左・右弼善 各 一員으로 되어있던 것이 一員으로 減縮되어 左右의 稱號가 없어진 것이다。右의 稱號가 없어진 것은 輔德의 경우와 같다。

599 文學 世子侍講院의 正五品職으로, 원래는 左·右文學 各 一員으로 되어있던 것이 文學 一員으로 된 것이다.

600 司書 世子侍講院의 正六品職으로, 원래 左·右司經(正六品) 各 一員이던 것이 睿宗 一年(一四六九)에 司書 一員으로 減員改稱된 것으로 생각된다.

601 說書 世子侍講院의 正七品職으로, 원래 左·右正字 各 一員이던 것이 世祖 十二年(一四六六)에 說書 一員으로 減員改稱된 것으로 생각된다.

602 宗學 世宗 九年(一四二七) 禮曹에서 唐宋의 制에 따라 建春門밖에 따로 學舍를 建立하여 宗親子弟로서 八歲가 되면 모두 入學시켜서 儒教의 教養을 쌓게하자는 建議에 따라 世宗 十年 七月에 비로소 宗學을 세워 大君以下 宗室子弟를 就學케한 王室教育機關이다(世宗 三七、九·九·己丑。世宗 四一、一〇·七·壬戌。世宗 四六、一一·一〇·癸巳)。成均館官員이 宗學官을 兼하게 된 것은 世宗 十二年부터의 일이다(世宗 四七、二·三·丙午。金成俊、〈宗學에 대하여〉『郷土서울』二六、一九六六)。

603 導善 宗學의 正四品職으로, 世宗 十二年 三月에 成均館에 司成·直講·注簿를 一人씩 加設하여 宗學官을 兼하게 한 것이 宗學官을 成均館官員이 兼하게 된 효시이다(世宗 一四、二·三·丙午)。종래에 宗學官을 宗學博士로 通稱하여 오던 것을 世祖 十二年(一四六六) 一月 官制更定 때에 導善(正四品)·典訓(正五品) 各 一, 司誨(正六品) 二員으로 구체적인 職名을 붙이게 한 것이다(世祖 三八、二·一·戊午)。

604 典訓 宗學의 正五品職이다。종래 宗學官을 통털어 宗學博士라고 通稱되어 오던 것이 世祖 十二年 一月 制更定 때에 導善·典訓·司誨의 세 가지 職名으로 改編된 것이다(註 603 導善 참조)。

605 司誨 宗學의 正六品職이다。종래 宗學官을 통털어 宗學博士라고 通稱되어 오던 것이 世祖 十二年 一月 制更定 때에 導善·典訓·司誨의 세 가지 職名으로 改編된 것이다(註 603 導善 참조)。

606

修城禁火司 世宗 四年(一四二二) 二月에 都城內外의 巡審을 위하여 城門都監이 設立되고(世宗 一五、四・二・辛亥)、世宗 八年 二月에 都城內의 消防機關으로 禁火都監이 別立되었으나(世宗 三一、八・二・庚寅)、그령듯 필요성이 없다하여 兩都監을 幷合하여 修城禁火都監이라 일컬어 修城・禁火・疏導川渠・修道橋梁 等事를 모두 專掌하게 하였다(世宗 三三、八・六・辛巳)。그리하여 前記 兩都監이 각기 工曹와 兵曹에 所屬되어 있던 것을 합쳐서 工曹에 屬하게 하였다(世宗 三三、八・七・乙亥)。

607

宮城 太祖 三年(一三九四)에 漢陽을 都邑으로 定하여 遷都하게 되면서 王宮(景福宮)을 새로 起工하여 太祖 四年 九月에 完工되었다. 여기서 宮城이라 함은 이 王宮을 둘러싼 城廓을 의미한다。城의 둘레(周)는 一千八百十三步、높이(高)는 二十一尺 一寸이며、四面 中央에 城門을 내어 光化門(南)・神武門(北)・建春門(東)・迎秋門(西)이 宮城四門이다(『經註』二八。『宮闕志』)。

608

都城 漢陽遷都에 따른 宮闕과 宗廟의 建築工事가 거의 끝날 무렵인 太祖 四年 九月에 漢陽의 外廓을 에워싼 築城計劃을 세워 太祖 五年初부터 二次에 걸쳐 各道의 民丁이 徵發되어 築造된 것으로 世宗 四年에 改修되었다. 都城의 둘레(周)는 九千九百七十五步(59,500尺)、높이는 四十尺 二寸으로 白岳山(北)・仁旺山(西)・南山(南)・駱山(東)의 四山을 연결한 城廓이다。門樓의 建築에는 특수한 技術이 필요하여 二次工事가 끝난 다음에 建築技術에 능숙한 僧徒들을 동원하였으며、四面 八個處에 大小의 城門을 築造하여 그 중의 南大門은 二年 뒤인 太祖 七年 二月에 竣工되었다。城門으로는 崇禮門(正南・俗稱 南大門)・肅淸門(正北)・興仁門(正東、俗稱 東大門)・敦義門(正西、俗稱 西大門)・惠(弘)化門(東北、俗稱 東小門)・彰義門(西北)・光熙門(東南、俗稱 水口門)・昭德門(西南、俗稱 西小門) 등이며、이 중에서 崇禮門의 懸板은 세워달고 興仁門의 懸板에는 「之」字를 더하여 「興仁之門」이라고 板書하여 붙인 것은 風水地理의 神補 思想에서 緣由된 것이다(『經註』二九。『漢京識略』)。都城의 各門은 人定과 罷漏의 鍾聲으로 開閉하게

되어 있었다（世宗 五二、一三・四・戊子）。

609 宮闕 王朝初期의 宮闕로는 景福宮・昌德宮・昌慶宮을 들 수 있다。景福宮은 太祖 四年에 竣工된 것으로、北部 觀光坊 白岳南쪽에 자리잡고、宗室・功臣・文武群官의 朝賀를 받는 正殿인 勤政殿을 中心으로 이루어졌고、景福宮이라는 宮名을 위시하여 宮內의 여러 殿閣의 이름은 王命에 따라 鄭道傳이 지은 것이다。昌德宮은 太宗 五年에 竣工된 것으로、北部 廣化坊 鷹峰下에 자리잡고 있으며、王子의 亂으로 一時 舊都 開城으로 遷都하였다가 太宗 四年（一四〇四）에 還都하면서 避方을 위하여 離宮으로 築造된 것이다。昌慶宮은 成宗 四年（一四七三）에 建立된 것으로、昌德宮 東쪽 壽康宮舊基에 貞熹王后・昭憲王后・安順王后의 三宮을 위하여 築造된 것이다。（『漢京識略』。『서울六百年史』一、宮闕）

610 坊里 五部의 各部는 다시 坊으로 區域을 나누어 太祖 五年（一三九六）四月에는 漢城府로 하여금 각기 坊名 標를 세우게 하여 東部 十二坊、南部 十一坊、西部 十一坊、北部 十坊、中部 八坊으로 모두 五十三坊으로 나누어졌으나、뒤에 西部의 三坊이 폐지되어 모두 四十九坊으로 되었다。그리하여 각기 坊은 다시 여러 洞里로 區分되었다。洞里入口에는 각기 里門을 세워 里內人을 뽑아 直宿・警守하도록 하였다。

611 典設司 太宗 三年（一四〇三）六月에 司幕을 忠順扈衛司로 고치고、太宗 十四年 八月에 다시 忠扈衛로 고쳐 儀式 때에 帳幕設置의 任務를 맡겨오던 것을 世祖 十二年 一月 官制更定 때에 忠扈衛를 典設司로 改稱하고 守（正四品）一員과 主簿・直長・奉事・副奉事를 두게하였다（世祖 三八、一二・一・戊午）。
（註 685 里門警守 참조）

612 帳幕 帳은 張（設）의 뜻으로 帳幕은 帷帳을 設置하는 일을 의미한다。帷는 옆에 치는 것、幕은 위에 치는 것을 말한다（『經註』二一〇）。

613 豊儲倉 太祖 一年 七月 官制新定 때에 豊儲倉을 두어 國用의 收支等事를 맡게 하여 使（從五品）・副使・丞・

注簿를 두게 하였다。太宗 六年(一四〇六) 당시에도 軍資倉과 같이 倉庫가 적어서 倉米를 露積해야 할 형편이었으므로 太宗 九年에 分倉의 建立이 論議되다가 太宗 十三年 四月에 이르러서야 西江에 分豊儲倉(七十間)이 建築되었다(太宗 一二、六・八・辛卯。太宗 二五、一三・四・乙丑)。世祖 十二年 一月 官制更定 때에 使가 守로 바뀌어 正四品으로 陞資되고 主簿・直長・奉事・副奉事의 職制로 改編되어 豊儲倉은 正四品衙門으로 되었다。豊儲倉은 稅米豆를 儲置하여 두고 필요한 國用에 支供하던 것으로、世宗 十八年(一四三六) 당시 所儲米가 十二萬餘石에 不過하다하여 종래의 四部學生供給、各處員吏點心 및 工匠糧料 등을 減給하게 한 것으로 보아 그 支供의 일부 內譯을 엿볼 수 있다(世宗 七四、一八・七・己酉)。

614 草芚 絹茅 즉 부들이나 띠 같은 풀로 엮어서 비나 햇빛을 가리고 덮는 거적같은 것을 俗稱 草芚 또는 둥우리라고 한다(世宗 一九、五・一・辛卯。『廣才物譜』二、器用部 草芚)。草芚은 豊儲倉과 廣興倉에 貢納되는 것으로 본래는 定式이 없던 것이 世宗 二年부터는 그 規格을 定하여 長 四尺、廣 七尺、經 二十으로 定式化되었다。그러나 그것도 너무 크고 값도 많다는 理由로 世宗 五年 三月부터는 長 三尺 五寸、廣 六尺、經 十七로 縮小시켜 上納케 하였다(世宗 五、一・一〇・庚寅。世宗 一九、五・三・甲申)。豊儲倉 所儲

615 紙地 紙地의 地도 紙를 의미하는 뜻으로 쓰여져서 紙物을 紙地라고 일컬었다(『經註』一二一)。의 紙物로는 草紙(글을 초잡아서 쓰는 종이)가 있었다(成宗 二九、四・四・戊子)。

616 廣興倉 太祖 一年 七月 官制新定 때 廣興倉을 設置하여 百官의 祿俸을 收支하는 일을 관장토록 하였다。그리하여 使에서 注簿에 이르는 官員은 豊儲倉例에 따르게 하였다。世祖 十二年 一月에 使는 守로 고쳤다。一品에서 九品에 이르는 十八科에 대한 俸祿은 처음에는 六月에 한번 나누어 주던 것이 每春秋 두번에 頒賜하게 되고、世宗 十七年 六月에는 中國의 每月頒賜法을 參酌하여 每四孟朔에 頒賜하도록 하여 그 以後로 定式이 되었다(太宗 二一、一一・六・辛卯。世宗 六八、一七・六・丙申)。

祿俸 祿은 米穀을 뜻하고、俸은 布帛을 의미하여(『經註』一二二) 流品外의 官人에게 支給되는 「給料」 또는 「朔料」와는 區別・使用된다。

典艦司 太祖 一年 七月 官制新定 때 司水監을 設置하여 戰艦을 營修하고 轉輸를 감독하는 일들을 관장하게 하였다。 그 職制는 判事以下 錄事에 이르기까지 軍資監例에 따르게 하였다。 그러나 太宗 三年(一四〇三) 六月에는 司水監을 司宰監에 合치도록 하였다(太宗 五、三・六・乙亥)。 世宗 十四年末(一四三二)에 이르러 司宰監의 원래의 職能이 河海山澤의 利를 관장하게 되어있어 司水監이 이에 合倂된 이후로는 戰艦 등을 專掌하는 기관이 없게 되었으므로、 戰艦을 專掌하는 위에 松木培養・船隻修造等事에도 干與할 수 있도록 종전의 「司水色」을 復設하게 하여 都提調(一)・提調(二)・別監(二)・錄事(二)를 恒置하여 中外에 出入하며 考察하도록 하였다(世宗 五八、一四・一二・乙巳)。 그러나 世宗 十八年에는 다시 司水色은 修城 典船色으로 改編되었다(世宗 七二、一八・五・甲午)。 文宗朝에 들어 都城의 頹圮處가 많아져서 따로 修城 都監의 設置가 論議되다가 端宗朝에는 이미 그것이 別置된 것이었다(文宗 五、一・一・戊午。端宗 六、一・五・壬午)。 그리하여 年紀는 未詳이나 成宗 一年 당시에는 典船色이 이미 典艦司로 改編되어 있었으며、司宰監의 船舶도 典艦司로 移屬시켜서 雜物收納에 쓰도록 하였다(成宗 六、一・六・乙丑)。

舟艦 漕船・站船과 같은 轉運船과 大型軍用船인 戰艦을 포함한 大小兵船을 가리킨다。

水運判官 稅米 등의 輸送 즉 轉運에는 陸轉(陸路輸送)과 漕運(河海路輸送)으로 나누어 일컬으고、漕運은 水運과 海運 즉 水路(河水)轉運과 海路를 거치는 轉運이므로 그 別되어 일컬어진다(太宗 二、一・八・戊午)。 그리하여 水運과 海運의 監督(押領)官을 각기 水運判官、海運判官이라고 한다。 漕船의 載米量(250石・200石・130石)에 따라 大・中・小船의 長・廣이 規格化된 것은 世宗 二十八年 九月의 일이다(世宗 一二三、二八・九・辛巳)。

海運判官 ↓ 註 620 水運判官

典涓司 國初에 敬德宮・景福宮・昌德宮 등 諸宮에는 각기 提擧司를 두고、提控・司涓 등 官職을 두어 宮闕修繕 등의 일을 맡겨오던 것을(世宗 五七、一四・八・己丑) 世祖 十二年(一四六六) 一月 官制更定 때에 景福宮提擧司가 典涓司로 改編되어 提控 一員과 司涓이 改稱된 參奉 六員이 增置되었으며(世祖 三八、一二・一・戊午)、成宗 十五年(一四八四)에 提控이 直長으로 改稱되게 되었다(成宗 一六六、一五・五・癸丑)。

內需司 宮內의 需用을 調達하던 內需別坐가 世宗 十二年(一四三○) 六月에 內需所라는 官司로 改編되고、여기에 所屬된 奴婢와 土田이 있었고、咸吉道諸邑에는 內需所 所屬의 海尺(海邊漁人)・鷹師 三百戶가 있어서、內需所는 실제로 宮이라고 일컬어서 하나의 宮房과 같은 位置에 있었다(端宗 五、一・二・辛卯)。이 內需所가 世祖 十二年(一四六六) 一月 官制更定 때에 內需司로 改編되어 典需(正五品)・副典需・典會・典穀・典貨 등의 職制로 정비되었다。

雜物 人蔘과 같은 特定禁制品目이나 金銀・布貨・米穀 등을 除外한 諸般 物品을 總稱한 것이다。例컨대 各種 席子・紙物・皮物・生苧 등을 위시하여 牛毛・加士里 등 海藻에 이르기까지 特定物品 외의 모든 物品을 並稱한 말이다(世宗 五四、一三・一一・癸未。成宗 二九、四・四・戊子)。

奴婢 여기서는 內需司 所屬의 奴婢를 의미하며、成宗 二年부터 원래 「本宮奴婢」라고 부르던 것을 內需司奴婢라고 부르게 하여 內奴婢라 하면 內需司奴婢를 가리킨다。內需所 당시부터 多數의 所屬奴婢가 있어서 內需所奴婢案은 특히 「宣頭案」이라고 하여 主掌都官이 三件을 作成하여 都官、架閣庫、內需所(司)에 각기 一件씩 所藏하던 것을 뒤에 架閣庫는 除外되었다(世祖 三四、一○・八・壬辰)。

書題 京衙前에는 들어있지 않으나 錄事와 비등한 役任을 맡은 上級胥吏格으로 公文의 發送・接受 등 行政實務를 담당하는 者를 이름이다。(成宗 六二、六・一二・己亥。申解淳〈朝鮮初期의 下級胥吏「吏典」〉『史學研究』

三五、一九八二)

627 特旨 中外各衙門의 啓聞奉行文書를 모두 敎旨라고 하여(世宗 二九、七・七・甲戌) 王이 특별히 내리는 敎旨는 모두 特旨라고 할 수 있겠으나、여기서는 官職除授를 위한 王의 特別한 敎旨를 뜻한다。그리하여 除授 啓本이나 移文(公文)內에서 王이 除授者를 差出하는 것을 特旨라 일컬었으며(太宗 二七、一四・一・癸巳)、『續典謄錄』班簿來歷條에는 文・武 三品以下의 경우 薦望節次를 거치지 않고 王이 직접 除授하는 것을 特旨라 일컬었다(世宗 四、一九・八・丙辰)。그러나 王의 特旨인 만큼 실제에 있어서는 위의 文・武 三品以下라는 規定에 制限되지 않았다。

628 典需 內需司의 職名은 世祖 十二年(一四六六) 一月 官制更定 때에 정비되었다。 典需는 正五品職으로 內需司의 職務를 總管하는 자이다。典需・副典需・別坐・別提는 서로 交替・任命되게 된다。

629 典會 內需司의 從七品職으로 本司의 會計를 總管하는 職任을 맡은 者로 생각된다。

630 典穀 內需司의 從八品職으로 職名에 표시된 대로 本司의 穀物出納의 任務를 맡는다。

631 典貨 內需司의 從九品職으로 職名에 표시된 대로 本司의 諸般 財貨(雜物)의 出納任務를 맡는다。

632 昭格署 國家的인 星宿醮祭를 위한 道敎의 司祭官署이다。儒敎政治를 표방한 朝鮮王朝가 開創됨에 따라 麗朝를 통하여 中外에 散在되어 있던 道敎의 宮觀・殿堂들이 거의 다 革罷되고 昭格殿과 大淸殿만은 그대로 存置되었다。그리하여 新王朝가 漢陽으로 遷都하게 되어 太祖 五年(一三九六)에는 新都에 새로 昭格殿이 營造되고 三淸殿도 建置되어 星辰醮祭가 設行되었다。世祖 十二(一四六六)年 一月 官制更定 때에 昭格殿이 昭格署로 된 것이다。(韓㳓劤、〈朝鮮王朝에 있어서의 儒敎理念의 實踐과 信仰・宗敎〉六、道敎宮觀의 整理、『韓國史論』三、서울大學校 一九七八)

633 三淸星辰 三淸이라 함은 玉淸・上淸・太淸의 三府星辰을 말하고 각기 聖境・眞境・仙境을 의미하여(『經註』

634

二二二)、道敎에서는 三淸을 모두 仙人이 살고 있는 星座로 여긴다。

醮祭　醮라는 것은 祭名으로 夜間에 星辰 밑에서 醮脯麨餌의 幣物을 陳設하고 天皇太一 또는 五星列宿에 祭祀하되、靑詞라고 일컫는 祭文을 꾸며 儀式에 따라 玉皇上帝에 上奏하는 祭式을 말한다。그것은 水旱등 災難을 당하였을 때의 消災祈禳、星變에 따른 鎭兵・爲兵 등의 軍事的 行事 그리고 國王・王妃 등의 疫疾에 따른 治癒祈禱 등의 手段으로 設行되었다。(韓㳓劤、上揭論文 參照)

635

宗廟署　先王의 靈을 祭享하는 宗室(王室)의 家廟로서、國家의 祀典에서 社稷과 더불어 大祀에 속한다。宗廟署는 그 寢廟를 守衞하는 일을 맡는 官署이다。宗廟의 祔祭는 「諸侯五廟 二昭二穆太祖之廟 五」라고 規定된 中國의 古制에 따라 五廟制가 採擇되었다。朝鮮王朝初에 漢陽으로 遷都하게 됨에 따라 太祖 三年(一三九四)末에 宮闕과 같이 漢陽에서 着工되었으나 一時 開京還都의 事情 때문에 지연되다가 太宗 (一四〇五)五年에는 이미 完工되어 있었다。左廟右社의 古制에 따라 宗廟는 王宮의 正面左便에 營建되었다。(韓㳓劤、上揭論文)

636

寢廟　廟의 字義는 尊嚴한 名貌라는 뜻이다。古制에 「前日廟 後日寢」이라 하였다。(『經國大典註解』上 吏典 寢廟)

637

社稷署　社는 土地神、稷은 穀神을 의미하여 社稷은 后土・后稷氏의 神牌를 모시고 五土 五穀의 神을 祭享하는 祀壇이다。宗廟와 같이 新都 漢陽에서 着工되기는 太祖 三年末이었으나、一時 開京還都로 工事가 중단되었다가 太宗 七年에야 完工되었다。左廟右社의 古制에 따라 社稷壇은 王宮 正面右便에 位置하게 築造되었다。世宗 八年(一四二六)에 社稷壇이 社稷署로 陞格되었다。社稷署는 社稷壇을 灑掃하는 일을 맡는 官署이다(『經註』一二四。韓㳓劤 上揭論文)。

638

壇壝　封土로 만든 祭壇과 이를 둘러싸게 만든 토담(壝)을 말하며 여기서는 社稷壇과 그 둘레의 토담을 가

리킨다。(『經註』一二五)

639 平市署 太祖 一年(一三九二) 七月 官制新定 때 麗代의 制를 답습하여 京市署를 두어 市中(市廛)의 物價를 均平하게 하고 奸僞를 摘發·禁斷하고 稅課를 감독하도록 하였다。世祖 十二年(一四六六) 一月 官制更定 때에 京市署를 平市署로 고쳤으며 太祖때의 丞·注簿·錄事의 職은 數次의 變改를 통하여 令·直長·奉事의 職制로 갖추어진 것이다。京市署는 원래 七品衙門이던 것이 世祖 八年에 從五品衙門으로 陞格되었다(世祖 二八、八·四·丙辰)。

640 斗斛 穀物을 되는 單位로 斛·斗·升·合 體制를 사용하던 것을、世宗 二十八年(一四四六) 九月에 新營造尺을 기준하여 斛斗升合 體制를 다시 새로 定하였다。이에 의하면 斛에는 二種으로 容二十斗者와 容十五斗者로 區別되어 長·廣·深의 尺·寸·分數와 容積이 規定되어 있고 斗는 長 七寸·廣 二寸·積 一百九十六寸으로 定하여졌다。升·合도 그렇듯 그 規格이 모두 定해진 것이다(世宗 一二三、二八·九·壬辰)。

641 丈尺 十尺을 丈이라하고 十寸을 尺이라하여(『經註』一二五) 物體나 物體間의 거리를 재는 單位(尺度)를 이름이다。

642 司醞署 司醞의 醞은 釀(술빚는 일)을 뜻한다。太祖 一年(一三九二) 七月 官制新定 때에 司醞署를 두어 酒醴의 일을 맡게하고、令·丞·直長·副直長을 두었다。太宗 十四年(一四一四) 一月 官制改編 때에 丞은 注簿로 고치고、世祖 十二年 一月 官制更定 때에 副直長은 奉事로 改稱되어 司醞署의 職制는 整備된 셈이다。司醞署에는 酒庫가 屬해 있었다(文宗 二二、二·二·癸酉)。

643 義盈庫 太祖 一年 七月 官制新定 때에 義盈庫를 두어 油蜜·菓實·蘿茸等에 관한 일을 맡게하고、使·直長·注簿 등의 官職을 두었다。太宗 三年 六月에는 延福宮을 義盈庫에 合치게되고、太宗 十四年 一月에 注簿는 副直長으로 고쳐졌던 것이 世祖 十二年 一月 官制更定 때에 使는 令으로、副直長은 奉

黃蠟

644

事로 改編되면서 義盈庫의 職制는 정비된 셈이다。義盈庫收納物 중에는 過徵・監用의 弊가 있어서 眞油

(참기름)의 例를 들면 世宗 七年 당시 一年所用이 一百五十石이 채 되지 않았는데 義盈庫納 眞油元數가

三百四十六石이나 되었던 것으로도 알 수 있다(文宗 二九、七・八・戊子)。

黃蠟　密蠟(밀랍)을 뜻하여 木脂로 만들어지는 琥珀을 말한다。黃蠟도 역시 八道에서 貢納시켰으며 平安道

의 경우 義盈庫納 黃蠟의 量은 二百五十餘斤에 이르렀다(世宗 一八、二九、一一・壬辰)。胡椒・人蔘等

物과 같이 明의 使臣이 求請하는 물건이기도 하였다(成宗 一五七、一四・八・壬午)。

645

646

素物　藿茸 즉 牛毛・加士里와 같은 海藻類와 松茸等物로、素饌의 자료가 되는 貢納物을 뜻한다。

胡椒　원래 南蠻産으로 琉球國은 南蠻에서、日本國은 琉球에서 海上貿易으로 胡椒(호초 生青熟紅、『廣才物譜』

四 味果類)를 入手하였다(成宗 一八五、一六・二一・戊午)。그리하여 朝鮮에는 흔히 이들 日本國 使臣이나

封建領主들의 使客、琉球國 使臣들이 여러가지 方物을 來獻하는 중에 胡椒도 들어 있었다。따라서 胡椒

는 貴한 物種의 하나로 朝鮮에 오는 中國 使臣들이 求請하는 物種의 하나이기도 하였고、國內에서도 宗

宰以下 여러 官員에게 分賜되기도 하였다(成宗 一八九、一七・三・甲寅)。胡椒는 또 暑毒을 다스리는데 有

效하다하여 劑藥所의 需要物이기도 하였다(成宗 一八四、一六・一〇・乙酉)。

647

長興庫　太祖 一年(一三九二) 七月 官制新定 때에 長興庫를 두어 布匹・紙(地)・席(子) 等 物品에 관한 일을

맡게 하고、使・副使・直長・注薄 등의 官職을 두었다。太宗 三年(一四〇三) 六月에는 興信宮을 長興庫에

合屬시키고、太宗 十四年 一月의 官制改編과 世祖 十二年 一月의 官制更定으로 長興庫의 職制도 令・

主薄・直長・奉事의 體制로 統一・정비되었다。

648

席子　돗자리를 뜻하며 長興庫所管의 席子는 皮竹席、草席 등이었고(成宗 二九、四・四・戊子。成宗 一二三、一

一・一・壬寅)、內府에서 쓰는 彩花席・滿花席 등 高級席子는 尙衣院 所管이었다(成宗 二九、四・四・戊子)。

649 油芚 防水用으로 쓰이는 두꺼운 油紙를 말한다. 長興庫所儲雜物 중에는 油紙俗도 있었고、油芚은 또 흔히 明나라 使臣에게 贈與되기도 하였다.

650 氷庫 太宗 五年 二月 六曹分職 때에 氷庫는 禮曹에 屬하게 되었으므로 氷庫는 太宗 五年 以前에 建置되었던 것으로 생각된다. 東氷庫・西氷庫가 있었다. 東氷庫는 豆毛浦에 있어서 애초에는 城中 開川의 汚流를 避하여 氷庫와는 거의 二十里相距한 淵波昆에서 伐氷・輸來하던 것을 成宗朝에 이르러 八・九里에 지나지 않는 楮子島近處에서 伐氷・輸來하도록 하였으며、東氷庫는 祭享・供佛등을 위하여 設置된 것이다(世宗 一四八、地理志、京都漢城府 氷庫。成宗 八、一・二一・辛丑)。西氷庫는 柯木洞 屯地山에 있어서 御膳・賓食에 供給하고 百官에 頒賜하기도 하였다(世宗 一四八、地理志 同上)。闕內에는 따로 內氷庫를 두었다.

651 藏氷 藏氷을 위해서는 겨울철에 江물이 두텁게 얼었을 때에 伐氷(採氷)하여 氷庫까지 운반해 와서 貯藏해야 했고、氷庫에는 또 材木・藥草・松枝 등 雜物이 需要되어 이를 民役에 의하여 充足시켰으나、太宗 十四年 二月에 이르러 庶民藏氷의 弊를 없이하기 위애 各領의 隊長・隊副와 各司의 奴隷로 하여금 藏氷케하였고(太宗 二七、一四・二・戊申)、氷庫의 修理나 藏氷所用의 雜物 등을 京畿民으로 하여금 備納케 하였다(成宗 三四、四・九・癸巳)。世祖 十三年 十一月에는 藏氷事目을 制定하여 伐氷處相爭・陷役・凍傷 등의 防止에 留意하여 醫員도 配置하도록 하였다(世祖 四四、一三・一一・戊辰)。

652 別檢 氷庫와 司圃署의 正八品職으로 無祿官이다.

653 掌苑署 世祖 十二年 一月 官制更定 때에 太祖朝 以來의 上林園이 掌苑署로 改稱된 것으로、苑圃(註385 參照)와 花果(花草와 果物)를 관장한다. 上林園은 太祖 三年 八月에 「東山色」을 上林園으로 고친 것으로 薦新・進上과 使客支待 등의 需要를 위한 각종 果物(紅柿子・木瓜・石榴・生梨・柚子・柑子等物)을 관장하

였고(世祖 三・二・二・戊戌 및 世宗 三一・八・二・戊辰), 世祖 十一年 七月에 諸司所學의 果物은 모두 上林園에서 관장하도록 된 것이다. 上林園에서는 또 배(柿)와 같은 果樹는 藏植하기도 하였다. 掌苑署에는 內侍別監이 소속되어 있어 雜務에 종사케하여 雜職이 주어지기도 하였다.

654 掌苑 掌苑署의 正六品職으로 世祖 十二年(一四六六) 正月 官制更定 때에 掌苑 一員을 두게하였다.

655 司圃署 世祖 十二年 一月 官制更定 때에 종래의 沈藏庫가 司圃署로 改稱된 것으로 園圃와 蔬菜를 관장한다.

656 園圃 樹果處를 園이라하고, 種菜田을 圃라하여(『經註』 二二八) 園圃는 즉 果園과 菜田을 의미한다.

657 司圃 司圃署의 正六品職으로 世祖 十二年(一四六六) 一月 官制更定 때에 司圃 一員을 두게 하였다.

658 養賢庫 太祖 一年(一三九二) 七月 官制新定 때에 養賢庫를 두어 成均館(國學)「諸生支應諸事」를 맡게하고, 太宗 十二年 五月에 國學事宜를 上奏할 때에 判官 二員 위에 成均館의 注薄・博士・學諭 各 一員이 養賢庫의 使・丞・錄事에 兼差하여 庫務를 專掌케할 것을 建議한 바 있다(太宗 二三・一二・五・甲午). 太宗 十四年(一四一四) 一月 官制改定 때에 判官 二員은 모두 錄事로 改稱되고, 世宗 八年(一四二六) 十一月에 兼錄事는 成均館의 學正・學錄이 差任되도록 하였고, 世祖 十二年(一四六六) 一月에 成均館 注簿가 典籍으로 改稱되어 그 後로 典籍・博士・學正이 養賢庫職에 兼差되게 된 것이다. 世祖 十一年(一四六三)에 養賢庫를 豊儲倉에 合屬시켜(成宗 五・一・五・庚寅)「分豊儲倉」으로 일컬어오던 것을 成宗 十四年(一四八三) 十二月에 다시 養賢庫로 獨立시켰다(成宗 一六一・一四・一二・丙寅). 養賢庫에는 원래 田地 一千結이 所屬되어 있었으나(太宗 二五、二三・六・丁丑), 그 所收田稅가 成均館 二百儒生에 대한 一年需要額인 九百六十石에는 不足하여(世祖 三二、四・四・申巳) 他機關에서 補充해야 했다.

659 典牲署 世祖 六年 六月에 國初부터 있었던 典廐署를 名實이 不副하다 하여 典牲署로 改稱한 것이다. 원래 典廐署는 太祖 一年 七月 官制新定 때 設置되어 牲犧畜養을 관장하게 하여 令・丞을 두었다. 典廐署에

鵝鴨을 專養하였다 하며, 또 典廐署 및 禮賓寺 所畜으로 羔羊·唐猪·雁鴨鷄 등도 들고 있다(太宗 二二·二·六·乙未·庚戌). 典廐署의 主된 所管은 犧牲 즉 祀天犧牛의 供給이어서, 해마다 宗廟祭·永寧殿祭·社稷祭·文宣王釋奠祭·文昭殿別祭 등에 需要되는 黑·黃犧牛, 黑·黃大牛를 供給하는 일로서, 이 같은 祀天犧牛는 해마다 諸邑에서 受納하여 監選·送給하여야 했다(世宗 八·四·二二·乙卯 및 世祖 二二·四·二·庚子). 世祖 十二年(一四六六) 一月 官制更定 때에 令이 主簿로 고쳐지고 奉事 二員이 增置되면서 職制도 정비된 셈이다.

660 犧牲 祭祀때 祭物로 바치는 家畜을 말한다. 犧는 純毛를 뜻하되 宗廟에 祭祀하는데 바치는 牲을 犧라하고 卜하여 吉日을 얻으면 祭物로 바치는 소(牛)를 牲이라고 한다(『經註』二二八).

661 司畜署 世祖 十二年(一四六六) 一月 官制更定 때에 종래의 分禮賓寺가 司畜署로 改稱되었다. 雜畜을 飼養하는 일을 맡는다.

662 司畜 司畜署의 從六品職으로 世祖 十二年 一月 官制更定 때에 分禮賓寺가 司畜署로 改稱되면서 새로 두게된 職名이다.

663 造紙署 世祖 十二年 一月 官制更定 때에 원래의 造紙署로 改稱된 것이다. 造紙所는 종전에 議政府에 上納되던 各道의 休紙(古文書 不用者를 俗稱 休紙라고 하였다. 世宗 二九·七·八·戊子)로서 楮貨紙를 만들어 地方의 紙貢의 弊를 除去하기 위하여 太宗 十五年 七月에 設置되게 된 것이다(太宗 三〇·一五·七·庚申). 世宗朝에는 그 規模도 擴大되고 여기서 生産되는 紙質도 아주 좋아서 表箋·咨文紙의 製造도 거의 造紙所에서 담당하게 되었다. 그리하여 造紙所에서는 表箋·咨文紙 외에도 各種 紙物과 册紙도 製造되었다.

664 表箋紙 表文·箋文을 쓰는 特別히 만든 紙類(종이)를 뜻한다. 表·箋에 관하여는 註 310 表箋 참조.

665 咨文紙 咨文用의 紙類를 뜻한다. 咨文은 中國의 衙門에 보내는 公文書를 말한다. 원래는 中國에서 二品以上官이 同品衙門에 보내는 公文을 咨文이라고 한 것이다(『經註』二二八).

666

司紙　造紙署의 從六品職으로 世祖 十二年(一四六六) 一月 官制更定 때에 두게 된 職名이다. 司紙는 掌苑·司圃와 같이 祿官으로 行首가 되는 셈이다(睿宗 一, 即位·九·己卯).

667

惠民署　世祖 十二年(一四六六) 一月 官制新定 때에 設置되고, 太祖 六年 八月에 惠民局이 惠民署로 改稱된 것이다. 濟生院은 世祖 六年 五月에 惠民局과 같이 해마다 鄉藥材를 各道에서 輸納하였다(太祖 二二·六·七·壬寅). 濟生院은 世祖 六年 五月에 惠民局에 合屬되었다. 世祖 十二年에 惠民署로 改稱되면서 錄事 二員이 革罷되고 主簿·訓導 各 一員과 參奉 四員을 두게 되면서 職制도 정비된 것 같다.

668

圖畫署　定宗 二年 四月 以前에 圖畫院은 이미 設置되었던 것으로 따로 祿官을 두었었다(定宗 四·二·四·辛丑). 世祖 一年에서 成宗 九年 八月 以前에 圖畫署로 改稱되었을 것으로 正確한 年紀는 未詳이다.

669

圖畫　圖는 圖解나 圖說에 필요한 그림으로 服飾·明器·車輿·度量衡器 등의 圖와 朝賀圖·排班圖·各種 饌實圖 등을 볼 수 있고(世宗 二二~二三六·五禮), 畫는 人物·山水·鳥花 등의 繪畫를 뜻한다.

670

典獄署　太祖 一年 七月 官制新定 때 典獄署를 두어 囚徒事를 맡게 하고 令·丞의 職制를 마련하였으나, 太宗 十四年(一四一四) 一月의 職制改定을 거쳐 世祖 十二年(一四六六) 一月의 官制更定 때에 主簿·奉事·參奉의 職制로 정비된 셈이다. 滯獄이나 罪囚凌虐의 폐단이 많아서 『元六典』에 이미 獄囚庇護條件이 마련되어 있기도 하였다(世宗 一二一·三○·八·戊寅).

671

獄囚　留獄囚人 즉 獄에 갇혀있는 罪囚를 뜻한다(世宗 六四·一六·六·己巳).「典獄囚本月死者十人」이라 한 경우에서 보는 바와도 같다(端宗 六·一·六·辛亥).

672

活人署　太祖 一年 七月에 官制를 새로 定할 때 麗朝의 東·西大悲院을 그대로 踏襲·設置되었던 것이 太宗 十四年 九月에 東·西活人院으로 改稱되었다가 世祖 十二年 官制更定 때에 活人署로 고쳐졌다. 東活人

院은 東小門 밖에, 西活人院은 西小門밖에 설치되어 活人署로 改稱된 以後에도 그대로 東·西로 나누어져 있었다. 活人院(署)에는 漢醫員과 醫巫 그리고 幹事僧·埋骨僧이 配置되어 있었다. 그리하여 都內의 無依托病者가 收容되고 多數의 傳染病患者가 발생되는 경우에는 따로 病幕을 假設·收容하여 粥飯湯漿·藥餌와 衣服·薦席 등을 配給·調護하게 하고 死亡者는 埋葬하여 주도록 하였다(世宗 一四八、地理志 京都漢城府 東活人院·西活人院). 世宗 九年(一四二七)에는 東·西活人院에 各 八名씩의 埋骨僧이 增員配置하도록 하고(世宗 三七、九·九·丙戌)、世宗 十九年에는 寺社田 중에서 百四十結을 活人院에 移屬시켜 幹事僧의 衣纏供給의 費用으로 쓰게하였다(世宗 七九、一九、二一·丙申)。

673

瓦署 國初에 東西窰가 설치되어 新都營建에 따른 陶瓦需要에 충당케 하였다. 뒤이어 太宗 六年에 僧 海宣을 化主로 別窰가 처음으로 설치되어 일반에게 陶瓦를 買賣케하여 都市美觀과 火災防止에 도움이 되게 함으로써 서울民戶의 過半이 瓦屋으로 改造되었다. 燔瓦工役에는 많은 僧徒와 瓦匠이 動員되었다(太宗 一一、六·二一·己未)。 그 후 太宗 九年에는 公私瓦窰가 일시 革罷되었다가 太宗 十六年에 僧 海宣의 건의에 따라 別窰를 復設하게 되었다. 그로부터 九年후인 世宗 六年에는 僧 海宣을 化主로 寶를 設立하여 燒木工役錢등 經費에 充當케하고 朝官 二員을 파견하여 감독케하였다(世宗 二六、六·二二·戊申)。東西窰와 瓦署와의 관련은 명확치 않으나 成宗 一年(一四七〇) 四月에 瓦署가 設置되어 있었던 것은 틀림없으며(成宗 四、一·四·丁巳)、歸厚署가 設置된 바로 뒤에 瓦署도 설치되어 幹事僧이 배치되었다는 것이다(成宗 一三〇、一二·六·壬戌)。成宗 三年에는 別瓦署도 加設된 일이 있다(成宗 一四、三·一·丙辰)。

674

歸厚署 歸厚라 함은 「民德歸厚」를 뜻하는 말이다(「經註」 二二九)。太宗때에 僧 信戒가 龍山江 가에 寺刹을 創建하고 여기에서 棺槨을 私備하여 팔아서 나라에서 그 僧에게 諸邑의 貢物을 代納하는 權利를 주어 그 收益으로 棺槨用 木材를 賙給하여 주었었다. 이것이 緣由가 되어 歸厚署가 設置되어 棺槨의 公貿易

은 官員이 관장하고 私貿易은 이 僧이 主幹하여 이를 幹事僧이라고 하였다(成宗 一三○、一二・六・壬戌)。
歸厚署가 創置된 것이 太宗 六年이라 하였으나(『東國輿地備攷』、革陵公署 歸厚署) 典據가 없다。實錄에 의
거하면 太宗 十四年(一四一四) 二月에 棺槨色을 施惠所로 고치고、九月에 施惠所를 歸厚所라 改稱하였
고、世宗 二十五年에도 歸厚署에서、車輿・雜物은 禮葬都監에서 所掌하던 것을 禮葬都監이 歸厚署에 合屬되었으
에는 棺槨은 歸厚署로 指摘된 것을 볼 수 있다(世宗 一○二、二五・一一・甲寅)。睿宗 一年 以前
므로(睿宗 三、一・一・辛巳) 世宗 二十五年~世祖朝 사이에 歸厚署가 歸厚署로 改稱된 것으로 보인다。

675 棺槨　棺은 屍體를 保藏하는 관을 말하고 槨은 外棺을 뜻한다(『廣才物譜』、禮節部)。

676 和賣　파는 자가 사는 자와 값을 合意해서 파는 行爲를 뜻한다(『經註』 二二九)。

677 禮葬　勳親이나 功績이 뛰어난 從一品以上 文武官 및 功臣에게 나라에서 베풀어 주는 葬禮를 말한다。國葬
及大臣禮葬이라 하여 國葬과 (大臣)禮葬을 나누어 大臣禮葬을 國葬보다 넓은 의미에서는 같은 禮葬임을 말하여 주기도 한다。禮
하고、「宗親及大臣禮葬」이라고도 하여 國葬에 버금하는 것으로 일컬어지기도
葬은 國王이 「賜物助喪」하여 厚葬케하고 諡號도 下賜하여 國家에서 公式으로 葬禮를 擧行하는 것을 의
미한다。처음으로 禮葬贈諡의 法이 制定된 것은 太宗 五年(一四○五)의 일로서 從一品以上의 경우는 禮
葬贈諡하고 正二品은 贈諡致賻、從二品은 致賻만 하게하고 功臣의 葬諡는 종래대로 하였다(太宗 一○、
五・一二・寅卯)。大臣禮葬에는 종래 造墓・禮葬의 二都監을 設立하던 것을 世宗 六年(一四二四) 以後로
는 禮葬都監으로 合稱하게 되었다(世宗 二六、六・一○・丙寅)。

678 四學　漢城府의 行政區域을 五部로 나뉘어져있어、원래 各部에 學堂 하나씩을 세워 麗末의 制에 따라 五部
學堂을 갖추려고 하였다。그리하여 太宗 十一年에 南部 誠明坊에 南部學堂이 設置되고、世宗 四年에는
中部學堂이 造成되었으나、이때까지 東・西・北 三部의 學堂은 미처 營建되지 않았다(太宗 二一、一・六・

午年。世宗 一八、四・二一・乙未)。世宗 六年에는 西部學堂이 慈恩宗 京庫에 新設되었다가 西部 中央의 軍資監 西쪽 空地에 移建되고(世宗 二五、六・八・庚申)、世宗 十年까지에는 東部學堂도 設置되었던 것으로 생각된다. 北部學堂은 종내 設置되지 않아서 中・東・南・西의・四部學堂으로 일컬어지게 되었다. 文科出身 六品以上官을 敎授(官)、쯔外官을 訓導(官)라 하였다(太宗 三二、一六・八・己巳。李光麟、〈鮮初의 四部學堂〉『歷史學報』一六、一九六一)。『續六典』에는 八歲以上이 學堂에서「小學之道」를 배우게 하고

679 中學 京中의 四部學堂의 하나인 中部學堂을 말한다。世宗 四年(一四二二)十二月에 觀光坊에 造成된 것으로、그 때까지 東・西・北 三部學堂은 아직 따로 營建되지가 못하였었다(世宗 一八、四・二二・乙未。李光麟、〈鮮初의 四部學堂〉『歷史學報』一六、一九六一)。

680 東學 京中의 四部學堂의 하나인 東部學堂을 말한다。定宗때에 開京의 順天寺에 學生을 모이게 하였으나、生徒들이 佛寺의 三寶를 훼손시킨다 하여 罷學하게 되었었다。世宗 十七年(一四三五)이전에 東部學堂이 세워졌으나 世宗 二十年에 그곳을 北平館으로 삼고、國家施設인 乳牛所로써 東部學堂으로 쓰게하였다。

681 南學 京中의 四部學堂의 하나인 南部學堂을 말한다。太宗 十二年(一四一二)六月에 南部 誠明坊에 學堂을 처음 設置하였다고 하나 獨立된 學堂建物은 太宗 十二年 十月에 造成되었다(李光麟、上揭論文)。

682 西學 京中의 四部學堂의 하나인 四部學堂을 말한다。定宗때에는 開京의 彌勒寺를 빌려 쓰다가 罷學되고、漢陽에로 還都한 후에는 慈恩宗派에 屬하는 京庫를 學堂으로 利用하였으나、世宗 六年에는 西部學堂을 軍器庫 西쪽 空地로 造成・移轉코저 하다 이루지 못하고、世宗 十七年(一四三五)以前에는 西部 餘慶坊

一二四

에 建造되었던 것으로 보인다(李光麟、上揭論文)。

683 五部 漢城府의 中・東・南・西・北部를 말하며 部라 함은 官署의 뜻이다(經註 一三〇)。 五部는 즉 漢城府를 다섯 行政區域으로 나누어 行政責務를 각기 部에 分掌시켰다。

684 頒火 周禮에 따른 改火法에 의해서 실시되는 行事로서、四季(立春・立夏・立秋・立冬)와 土旺日에 兵曹에서 불씨를 새로 만들어 前의 불씨를 버리고、새불씨를 殿宮에 進上한 뒤에 各 官衙와 諸臣에게 새로 만든 불씨를 나누어 주는 行事를 말한다。불씨는 나무를 문질러서 만드는데 立春에는 楡・柳、立夏에는 杏桑、土旺日에는 桑・柘、立秋에는 柞・楡、立冬에는 槐・檀을 비벼서 만들게 되어있다。地方에서는 諸邑에서 各戶에 나누어주게 하였다(太宗 二一、六・四・甲寅。世宗 一三、二・一一・戊申)。

685 里門警守 世祖 二年(一四五六)에 五部 坊內의 各洞里에 里門을 세워 盜賊에 防備케 하자는 建議가 있었으나 들려지지가 않았다。그러나 世祖 十一年에 世祖는 漢城府로 하여금 兵曹・刑曹・都捴府와 같이 각기 里門의 基地를 審定케 하여 임시로 衡門을 세우게 하였다(世祖 四、二・五・甲午。世祖 三七、一一・一・壬子)。그리하여 里門直宿은 里內人이 분담하게하여、門內 十戶以下에서는 每夜 二人、二十戶以下는 三人、三十戶以下는 四人、三十戶以上은 五人의 比率로 輪次 直宿케하는 동시에 巡官과 兵曹에서 糾摘하게 하였다。外方에 대하여서도 居民이 稠密한 고장에서는 守令이 擇하여 里門을 設置하도록 하기도 하였다(世祖 三八、一二・二・戊子)。

686 家代 國俗에 집을 建立하는 땅을 家代 또는 空代라고 한다(世宗 六九、一七・九・庚午)。즉 家屋의 垈地를 의미한다。家屋垈地에는 身分에 따른 制限이 있어서 그것을 犯越하지 않아야 한다。

687 文昭殿 太祖 七年(一三九八) 十一月에 節妃 韓氏를 神懿王后로 追尊하여 別殿에 奉安하고 이를 仁昭殿이라 하였다(太祖 一五、七・一一・癸未)。太宗 八年 八月에 仁昭殿을 文昭殿으로 改編하여 魂殿都監・判事使

副使・判官・別監등의 職官을 두고、 每日 三人이 入直侍衛하게 하였다(太宗 一六、八・八・辛丑)。 그 러
나 世宗 十四年(一四三二)에는 原廟를 새로 建築하여 文昭殿・廣孝殿의 位牌를 移安하고 그대로 文昭殿
이라 하였다。 文昭殿에는 太祖・太宗의 位牌가 奉安되었고(世宗 五八、一四・一○・甲寅。世宗 五九、一五・
三・戊辰)、 獻官에는 宗姓과 庶姓이 交替・差任되도록 하였다(世宗 六○、一五・五・癸丑)。

688 各陵殿 畿內의 諸陵・殿을 말하는 것으로、 陵은 健元陵・齊陵・厚陵・獻陵・英陵・顯陵・光陵 等이고 殿은
穆淸殿・奉先殿등이다(『經註』一三一)。

689 畿內 畿는 京畿를 뜻하여 畿內는 京畿管轄地域內를 의미한다。 京畿에 관하여서는 註 829 京畿 참조。

690 延恩殿 德宗이 世子로서 早卒(일찍 別世)하였기 때문에 成宗이 即位後에 德宗을 追崇하여 延恩殿에 位牌를
모신 곳으로(『經國大典輯註』吏典 延恩殿 萬曆本) 宮城內의 古世子宮을 延恩殿으로 삼았다(世宗 六○、六・
一○・辛卯)。

691 奉朝賀 職事는 없이 賀禮式에만 參與한다는 뜻으로 古制의 「奉朝請」에서 緣由된 것이다(『經註』一三四)。 즉
功臣封君者、 功臣의 嫡長子孫 및 東西班으로서 堂上官以上職에 있던 者가 致仕(辭任)한 뒤에 주는 일종의
勳號로서 在職時의 品階에 따라 所定의 祿俸을 給與하게 되어 있는 일종의 恩給制度이다。 이미 世宗朝
에 議政致仕者등에게 減額給祿한 事例는 있었으나(世宗 一四、三・一二・壬寅)、 이것이 世祖 三年(一四五七)
에는 奉朝請의 法으로 制定되어 親功臣・功臣嫡長・東西班의 堂上官致仕者에 대한 給祿規定이 마련되었
던 것이며(世祖 八、三・七・丙寅)、 이 奉朝請의 法이 奉朝賀로 改稱된 것은 世祖 十年 四月과 世祖 十三年
正月 사이의 일로(世祖 三三、一○・四・甲午。世祖 四一、一三・一・癸酉) 給與 祿俸額이 再調整된 것이다。

692 功臣의 嫡長 功臣의 爵號는 嫡長子에게 承襲되게 마련이어서、 여기서 功臣이라 함은 親功臣(註 205 참조)
을 말하여 功臣의 嫡長子에 대한 給祿은 親功臣에 대한 그것과 差等을 두었음을 말하여 주는 것이다。

功臣의 嫡長子로서 正妻의 아들이 없는 경우 同母弟의 有無와는 관계없이 妾子를 入屬시키면 國家에서 功臣의 法에 따라 待遇하게 되어 있어 그의 妾子가 功臣號의 承襲者가 되게 되어 있다(世宗 六·七·一七·三·壬午)。 功臣嫡長의 封君은 父沒後에 承襲하게 되었다(成宗 五·一·五·辛卯)。

693 凡人 여기서는 親功臣도, 功臣嫡子도 아닌 일반 文·武官員을 의미한다。

694 內侍府 太祖 一年 七月 文·武百官의 制를 新定할 때 文·武流品의 正職外에 따로 內侍府를 設置하여 宦官職으로 삼고、掖庭署(雜職)를 內竪職으로 삼았다(太祖 一·一·七·丁未)。 內侍府設置의 緣由는 司憲府에서 麗末 宦官의 弊를 들어 內侍는 守門掃除의 일만을 시키고 「不任以事」즉 近侍하여 政事에 關與하지 못하도록 宦官을 斥汰할 것을 上疏한데 대하여 太祖는 宦官·僧尼를 斥汰하는 일만은 開國初에 遽行할 수 없다하여 官制를 定할 때 內侍府를 正職外에 두게 하였던 것이다。 內侍府의 勤慢에 대하여서는 承政院에서 考察하게 되어 있다(太宗 一四·七·一〇·己巳)。 成宗 卽位年에 內侍府職은 四品까지만 除授하도록 制限하였다(成宗 一·即位·一二·戊寅)。

695 長番 일반적으로 交代勤務하는 경우에 交代없이 계속 勤務하는 것을 뜻한다。

696 出入番(者) 당번(當番)이 되어 들어가는 것을 入番、당번에서 풀려나 나아가는 것을 出番이라고 하여、出入番者라 함은 交代로 당번이 되어 근무하게 되어 있는 者를 가리킨다。

697 講 人材를 登用하기 위한 試驗科目의 一種으로、經書 중의 몇대목을 句讀、訓釋하여 성적을 매기는 시험方式을 말한다。

698 通(略通·粗通) 講經시험의 成績을 等級으로、通은 一等으로 精通한다는 뜻이고、略通은 通 다음의 成績으로 대체로 通한다는 뜻이며、粗通은 粗雜하게 通한다는 뜻이다。 全然 通하지 못한 경우를 「不通」이라고 한다。

699 別仕 원래의 正常勤務가 아니고 특수한 作業이나 臨時的인 作業을 위하여 特勤하는 勤務日數(仕數)를 뜻한다.

700 誦 人材를 登用하기 위한 試驗方式의 하나로, 經書의 몇 대목을 暗誦시켜서 通·略通·粗通·不通의 四等級으로 성적을 매긴다.

701 四書 中國의 네가지 經書로 論語·孟子·大學·中庸을 가리킨다。四書는 일반적으로 義理의 淵源이고 初學의 門戶가 되는 것으로 看做되었다(世宗 七一、一八·三·庚午)。

702 小學 中國의 書籍名으로 劉子澄이 朱熹의 가르침을 받아 편찬한 책이다。小學은 小兒들에게 예의·범절을 가르치기 위하여 古書중에서 嘉言善行을 뽑아서 편찬된 책이다。

703 三綱行實 世宗 十四年(一四三一)에 당시의 集賢殿 副提學 偰循이 王命에 따라 君臣·父子·夫婦의 大倫인 三綱에 비추어 孝子·忠臣·烈女로 뛰어난 者를 뽑아서 圖形을 그리고 實紀를 적은 國民敎化를 위한 책이다(世宗 五六、一四·六·丙申)。

704 准職 종래에 司譯院 講肄官에 軍職遞兒職을 주고 달마다 考講置簿하고 歲末에 이르러 試才·等第하여 「准職에 叙用되면 終年受祿」하고 그 중의 業精者는 華秩을 除授하게 되었던 것을 睿宗 一年(一四六九)에 그 遞兒職을 革除하였다는 것이다(睿宗 四、一·三·甲辰)。准職이라 함은 資階는 升降이 없이 그대로 두고, 祿만 올려주거나 내려주는 授職措處를 의미한다(成宗 二三、一一·一·戊戌)。「階窮者에게는 准職을 주고, 이미 准職에 있는 者는 堂上官에로 올려준다」는 條規는 睿宗 一年 閏二月에 規定된 것이다(睿宗 四、一·閏二·甲申)。

705 尙膳 尙이라 함은 主管의 뜻으로 人君의 물건을 主管한다는 뜻이다(『經註』一二一)。尙膳은 食饌을 만드는 品種을 준비하는 책임을 맡는 內侍府 從二品職이다.

706 尚醞 正三品 上階의 內侍府 職名으로 술 빚는 일을 管掌한다。

707 尚茶 正三品 下階의 內侍府 職名으로 茶果를 준비하는 일을 管掌한다。

708 尚藥 從三品의 內侍府 職名으로 醫藥의 處方과 施藥에 관한 일을 맡는다。

709 尚傳 正四品의 內侍府 職名으로 宮中 傳命에 관한 일을 맡는다。(成宗 九六、九・九・甲戌・乙亥)

710 尚册 從四品의 內侍府 職名으로 書册에 관한 일을 맡는다。

711 鷹坊 狩獵을 위한 매(鷹子・松鶻)를 기르고 매사냥에 관한 일을 맡아 보는 職所로서 鷹房이라고도 하여, 鷹坊(房)人을 十六人으로 制限하고 鷹牌를 차고 다니게 하였다(太宗 六、三・二一・庚寅。太宗 一四、七・一一・甲寅)。薦新 및 兩殿의 日用을 進上하기 위하여 設置되었다(成宗 一八六、一六・一三・甲午)。

712 薛里 內侍府의 正四品職에서 正六品職까지 해당되는 자로 원래 蒙古語로서 華言(中國語)으로는 「助」의 뜻으로(『經註』一五三) 곁에서 시중하는 일을 맡겨서 各宮・殿에 붙여 두었다。司饔院에는 都薛里가 있었다(成宗 一一四、一一・二一・甲子)。

713 對客堂上 內侍府의 從四品職에 해당되는 자로 원래 外國의 使客이나 詣闕宰相에 대한 供饋에는 堂上內官(堂上內侍의 뜻)이 接待하게 되어 있어 이는 被接待者에게 敬意를 표하는 뜻에서였다。그러나 堂上內侍가 陵・殿등의 任事가 많아서 「非堂上內侍」에게 堂上官을 표시하는 「象牙牌」를 차고 接待에 任하게 하여 堂上이 아닌 內侍를 外觀上 堂上으로 구며서 接待의 구실을 맡게하였다。外國의 使客을 接待하는 데 있어서 「非堂上內侍」라 일컫게 된 것이다。「對客堂上」이라 일컫게 원래 堂上內侍가 하는 使客接待의 구실을 맡기게 되어 이것이 職制化되어 從四品으로 「對客堂上」이라 일컫게 된 것이다(成宗 一七三、一五・一二・己卯)。

714 承傳色 內侍府의 從四品에 해당되는 자로 王・王妃의 命令을 出納하는 宦官(內侍)을 뜻하여 承傳宦官・承傳內侍라고 일컬어진다(成宗 一六六、一五・五・丁亥)。色이라 함은 當該 任務의 담당자라는 뜻이다。王

이나 王妃의 傳敎중의 大事는 承政院에서、小事는 承傳色이 出納하게 하였고(太宗 一八、九·八·戊申)、王의 行幸등으로 서울에 不在時 필요하면 王妃의 傳命으로 處理하게 될 때도 있다(世宗 二五、六·八·丙辰)。王妃의 傳敎는 承傳色이 親히 傳하고 掖庭署의 司謁등이 대신하지 못하게 하였다。

715 **尙弧** 內侍府 正五品職으로 弧는 木弓을 뜻하여(『經註』 一三五) 木弓을 관리하는 일을 맡는다。

716 **尙帑** 內侍府의 從五品職으로 帑이라 함은 金幣所藏을 뜻하여(『經註』 一三五) 宮殿의 財貨를 관리하는 일을 맡는다。

717 **大殿廂庫** 廂은 廡라고도 하여 월랑 또는 行廊을 가리키는 말로, 王宮 앞면 마당을 끼고 宮門 兩便과 左·右로 연이어서 廂庫(行廊)를 지어 宮中의 需要物品을 保藏하는 宮中倉庫를 이름이다。太宗 六年(一四〇六) 당시에 豊儲·廣興 兩倉이 狹小하여 米穀을 露積하여 두게 되어 臨時로 景福宮의 兩廡(左·右廡)에 移轉·保管케 한 일도 있었다(太宗 一二、六·八·辛卯)。

718 **燈燭房** 宮中에서 燈燭에 관한 일을 맡아 보는 內侍들의 處所이다。

719 **多人** 宦官들이 모여 있는 하나의 處所를 의미하여 多人房이라고도 하며 여기에 屬해있는 宦官을 多人이라고도 한다。多人이라 함은 원래 供役人(闕內)의 稱號이다。

720 **監農** 農事에 관련되는 일을 관리·감독하는 宦官으로 從五品職에 해당된다。

721 **尙洗** 內侍府의 正六品職으로 大殿의 掌器등과 王妃殿의 燈燭房·世子宮·嬪宮의 酒房등의 일을 맡아 보는 職員名이다。

722 **掌器** 宮中에서 器物등에 관련된 일을 맡아 보는 宦官을 뜻하는 것으로 생각된다。

723 **掌務** 宮中에서 事務를 管掌하는 宦官이었으리라고 생각된다。

724 **火藥房** 宮中에서 火藥에 관련되는 일을 맡아 보는 宦官들의 處所이다。

725 司鑰房 大殿과 闕內 여러 門의 자물쇠를 管掌하는 宦官(司鑰)들의 處所이다.

726 掌內苑 內苑 즉 宮城안의 苑圃(註 385 種植 참조)에 관한 일을 管掌하는 宦官을 뜻하는 것으로 생각된다.

727 進止 「밤」(飮食)의 높임말이다.

728 尙燭 內侍府의 從六品職으로 燈燭에 관한 일을 맡은 宦官이다.

729 門差備 원래 差備(자비)라는 말은 두가지 경우에 쓰여졌다. 그 하나는 「京中 諸司의 皁隷・螺匠・諸色人(諸色掌)등 定額(定員)外의 나머지 사람을 일컬어서 差備로 삼았고」(世祖 一六、五・六・壬子) 이 같은 宮中差備는 본시 宦官으로 充當케 하였었다(定宗 一二、二・二二). 다른 하나는 「樂學都監에서 武工・樂工에게서 綿布를 거두고 休暇를 내주는 行爲를 差備라고 이름하였다」(世祖 三三、一〇・六・戊子). 특히 雅樂工人으로 「年老不成才者」 즉 二十年이 되어도 제대로 樂工으로서의 才能을 갖추지 못한 者는 歇差備라고 일컬었다(世宗 一〇一、二五・九・丁卯). 여기서 門差備라한 差備는 前者 즉 皁隷・螺匠・諸色人 등의 定員外의 人員을 總稱하는 말로, 그 중에서 宮殿의 여러 門을 지키는 일을 담당케한 供役人(宦官)을 門差備라고 하고, 그중에서 從六品・正七品職인 尙燭・尙烜으로 근무하게도 된다.

730 尙烜 內侍府의 正七品職으로 원래 周禮의 司烜氏가 해(日)에서 불(火)을 取하였다는 말에서 由來된 職名으로、取火의 任務를 맡은 宦官職이다.

731 尙設 內侍府의 從七品職으로 「典設」(內命婦)과 役任이 같은 것이다. 즉 幃帳・茵席・灑掃・張設등에 관한 일을 맡은 宦官職이다.

732 尙除 內侍府의 正八品職으로 闕內 掃除任務를 도맡은 宦官職이다.

733 尙門 內侍府의 從八品職名으로 宮殿의 門에 관한 일을 맡은 宦官職이다.

734 尙更 內侍府의 正九品職名으로 禁漏(闕內에 있는 漏刻)에 따르는 일을 맡은 宦官職이다. 夜間時刻의 通報

등이 任務였으리라고 생각된다.

735　尙苑　內侍府의 從九品 職名으로 內苑에 관한 일을 맡은 宦官職이다.

736　雜職　中國 官制에서는 各品에 모두 雜職을 두어 雜職에 있는 者는 流品班列에 끼일수가 없게 되어 있는데 대하여 朝鮮王朝 初期 官制에는 雜類를 差別하지 않아서 工商賤隷・皂隷・所由・螺匠・杖首까지도 官職을 얻으면 朝班에 끼어 士類와 混雜되어 있었다. 그러므로 원래 司甕・司幕・尙衣院・上林園・樂工・圖畵院所屬輩는 流品이 아니어서 朝班에 參列하지 못하는 것과 같이 工商賤隷로서 受職하는 자 全般에 걸쳐 班列에서 除外하기 위하여 雜職制를 따로 設定하여 文・武兩班과 差別하게 되었다(世宗 四九、一一・九・乙巳). 그리하여 世宗 二十六年(一四四四) 閏七月에 西班雜職品階가 새로 設定되었으나 東班雜職階의 制定年紀는 밝혀져있지 않다(李成茂、〈朝鮮初期의 文武散階〉『朝鮮學報』一○二、一九八二). 雜職의 階는 正職 같이 하였으나 散官 職事의 號를 流品과는 달리 定하고, 雜職을 받았던 者에게 正職을 授與하게 되는 경우에는 一階를 降等하여 주게한 것은 成宗 二年에 規定되었다(成宗 一一、二・七・癸酉).

737　馬醫　馬醫는 道流와 같이 士人職이 아닌 雜職으로 看做되어 流品 즉 東班實職에서는 排除되었다(成宗 八、二・八・七・壬午). 馬政은 重要部門이었기 때문에 國初부터 「養馬」、「馬醫」를 두어 말의 喂養・理治에 留心하였으나, 馬醫方・理藥・針刺등은 모두 臆測으로 處理해야 하였다(太宗 一四、七・九・乙亥、世宗 五二、一三・六・甲寅). 世祖朝에 이르러서 世祖는 徐居正으로 하여금 諸臣・衛士로부터 말(馬)의 喂養・理治의 法에 대한 見聞・經驗을 蒐集케 하여 馬醫書를 編輯케 한 것이 馬醫書編纂의 효시이다(世祖 三八、一二・四・甲寅).

738　道流　道敎를 닦는 사람으로 昭格署에 十五員이 所屬되어 있다. 道流는 馬醫와 같이 士人職이 아닌 雜職으로 看做되어 東班實職、즉 流品內에 들지 못하게 하였다(成宗 八二、八・九・壬午).

畫員 繪畫를 專攻하는 사람으로 圖畫署에 二十員이 所屬되어 있어 圖畫院의 畫工과 같은 生徒와는 구별된
다。世宗朝에는 畫院의 元額이 四十으로、畫性(畫才)이 있는 者는 習業에 專念하여 一年이 넘어서 取才
에 合格되면 隨品受職하게 되어있어 每年 四孟朔에 取才하기로 하였었다(世宗 四六、一一・一一・乙丑。
成宗 七五、八・一・戊申)。畫員 六品職者는 去官시키고、계속 근무하는 者에게는 西班遞兒職을 주게 하
였다(成宗 八六、八・一一・癸未)。

正職 東・西班의 實職이 있는 官職을 말하는데 이른바 「流品」이라 함은 東西班實職을 가리킨다。여기서
「階는 正職과 같다」고 한 것은 馬醫・道流・畫員등 雜職에 있어서도 品階의 等級은 正職과 같이하였으
나、最高 正六品에 制限하고 각기 職事의 號는 正職의 그것과 달리하여、形式은 같으나 名分은 달리한
다는 의미가 內包되어 있다。高麗때의 同正職體系가 朝鮮王朝에 들어서 雜職體系로 轉換되었다고도 볼
수 있다。(金光洙、〈高麗時代의 同正職〉『歷史敎育』 二一・二二合輯、一九六九)

供職郞 雜職階 正六品上位의 官階名으로서 雜職階중의 最高位이다。

勵職郞 雜職階 正六品下位의 官階名이다。

蓬任郞 雜職階 從六品上位의 官階名이다。

効任郞 雜職階 從六品下位의 官階名이다。

奉務郞 雜職階 正七品의 官階名이다。

承務郞 雜職階 從七品의 官階名이다。

勉功郞 雜職階 正八品의 官階名이다。

赴功郞 雜職階 從八品의 官階名이다。

服勤郞 雜職階 正九品의 官階名이다。

750 展勤郎 雜職階 從九品의 官階名이다.

751 綾羅匠 綾羅織造의 匠人으로 世宗 四年(一四二二)이후로는 尙衣院에 專屬시켰다(世宗 一八、四・一〇・乙未).

752 紙匠 각종 紙地製造의 匠人 → 工典 註 192 紙匠

753 元仕 通常勤務 一日을 仕 一로 仕數를 計算하여 官職에 따르는 任期를 勤務日數(仕)로 定하였다. 원래 定해져 있는 勤務日數를 元仕라고 한다. 特殊한 作業이나 臨時的인 勤務에 대해서는 따로 「別仕」라 하여 仕數를 加算하여 주는 規定도 있었다.

754 工造 匠人에게 주는 雜職 從八品에 해당되는 職名으로 工曹・校書館・司瞻寺・造紙署・尙衣院・軍器寺・繕工監등에 屬한다.

755 工作 匠人에게 주는 雜職 從九品에 해당되는 職名으로 工曹・校書館・司瞻寺・造紙署・尙衣院・軍器寺・繕工監등에 屬한다.

756 守藏 校書館에는 册板・模印・群書・祭祀用 香祝등이 所藏되어 있어 이들 所藏品을 지키는 任務를 맡는 사람을 守藏(諸員)이라고 한다.

757 粧册 校書館에는 書册을 만들어 내는 作業을 위하여 列字書員, 粧册書員등이 있어서(世祖 二五、七・七・辛丑) 粧册은 書册의 製本을 의미한다.

758 司准 校書館의 雜職인 從八品職의 職名으로 守藏諸員의 遞兒職이다.

759 司勘 校書館의 雜職인 從九品職의 職名으로 守藏員의 遞兒職이다.

760 諸色匠 여러가지 手工製品을 만드는 匠人이라는 의미로 諸色이라는 「色」은 각기 「當該」種目의 手工製作을

761 飯監 闕內 差備人(供役人)의 일종으로(世宗 一四、一六・七・辛丑)、飯饌 그 밖의 飮食物을 맡아 보는 사람으 뜻한다.

762 各色掌

로 身分은 賤口이다。殯殿의 飯監은 內瞻寺 奴가 담당한 경우와 같다(成宗 一四、三・一・丁巳)。

各色掌 각기 所掌하는 일을 맡아 보는 者를 뜻하여 闕內(司饔院)에서 飯食을 마련하는데 각기 所掌을 달리하여 湯水色・床排色・炙色・酒色・茶色・燈燭色등이 이에 속하여 身分은 賤口이다(太宗 三三、一七・五・

763 庚寅。『經國大典』刑典, 闕內各差備。世宗 一二、三・六・丙申)。

宰夫 司饔院의 雜職 從六品職의 職名으로, 大殿・王妃殿의 廚房長과 같은 임무를 맡는다。

764 水刺間(수라깐)、水刺(수라)는 원래 蒙古語로서 湯味를 뜻하는 말로(『經註』一三六)、여기서 水刺間은 廚房을 의미한다。

765 膳夫 司饔院의 雜職 從七品職의 職名으로、膳은 善을 뜻하는 것으로 美物을 珍膳이라고 하며、膳夫는 食官(食事擔當官)의 長을 의미한다(『經註』一三六)。

766 調夫 司饔院의 雜職 從八品職의 職名으로 調는 飮食物의 調理를 뜻하여 調夫는 일종의 調理師이다。

767 飪夫 司饔院의 雜職 正九品職의 職名으로 飪은 火熟의 뜻으로 食官의 하나이다(『經註』一三七)。

768 城上 各司의 奴隷(奴子)로서 所掌器物을「典守」하는(지키는) 者를 城上이라 하여 各殿・各廳・各司에 配置되어 있다(世宗 一五、四・三・己卯)。各殿의 銀器城上 외에도 香室城上・外房城上・宰樞廳城上・內侍府城上・尙瑞司城上・經筵城上・忠義衛城上 등 각기 稱號가 있어、이들은 闕內出入證인 信符를 佩持하도록 되어있었다(世宗 一九、五・二・辛酉)。

769 烹夫 司饔院의 雜職인 從九品職의 職名으로 烹은 음식물을 삶는다는 뜻으로 그러한 일을 담당하는 食官의 一員이다。

770 工製 尙衣院과 軍器寺에 속하는 雜職 從七品職의 職名으로 裁縫과 製作의 임무를 맡는 것으로 생각된다。

771 冶匠 爐鑄를 治라하여(『經註』一七六) 鑄鐵匠을 말한다。

772 環刀匠　環刀를 만드는 匠人이다.

773 玉匠　玉工藝品을 만드는 匠人이다.

774 味匠　金銀帶를 만드는 匠人이다(『經註』 三四三)。

775 銀匠　銀製品을 만드는 匠人이다.

776 安驥　司僕寺의 雜職 最高位인 從六品職의 職名으로, 말(馬)의 調鍊、理馬(馬病치료)、保養등을 總管하는 任務를 맡은 것으로 생각된다. 驥는 善馬를 뜻한다.

777 調驥　司僕寺의 雜職 從七品職의 職名으로 말을 調鍊하는 任務를 맡은 것으로 생각된다.

778 理驥　司僕寺의 雜職 從八品職의 職名으로, 馬病을 치료하는 것을 「理馬」라고 하였었다.(世宗 五二、一三・六・甲寅)

779 保驥　司僕寺의 雜職 從九品職의 職名이다.

780 弓人　弓을 만드는 匠人으로 百工의 上이기 때문에 弓匠이라 아니하고 弓人이라 하였다(『經國大典輯註』 工典 弓人)。

781 矢人　矢를 만드는 匠人으로 矢匠이라 아니하고 矢人이라 한 것은 百工의 上이기 때문이다(『經國大典輯註』 工典 矢人)。

782 甲匠　갑옷을 만드는 匠人이다. → 工典 註 131 甲匠。

783 鑄匠　鑄物을 만드는 匠人이다. → 工典 註 123 鑄匠。

784 木匠　木製品을 만드는 匠人이다. → 工典 註 148 木匠。

785 自擊匠　漏刻을 치는 童子를 만드는 匠人이다(『經國大典輯註』 工典 自擊匠)。

786 石匠　石造物을 만드는 匠人이다.

222

787

樂師　掌樂院에서 樂에 종사한 經歷이 가장 오래된 자로서、音律에 通曉하여 樂工의 스승(工師)이 될 수 있는 사람으로(世宗 五三、一三・九・戊子)、掌樂院의 雜職 最高職인 正六品(遞兒)職 典樂과 副典樂(從六品)에 任用된다。掌樂院의 左・右坊에 樂師가 각 二人씩 있었다。(『經國大典』禮典 雅・俗樂)

788

樂生　掌樂院에 소속된 樂學生徒를 뜻한다。원래 太祖以來 麗朝로부터 이어온 典樂署와 雅樂署가 並置되어 있을 때는 樂工만이 있어서 그 散官・職事의 號가 流品의 그것과 混雜되지 않도록 配慮되었다。太宗 九年에 兩署 樂工의 散官・職事의 官品을 정하여 從五品 司成郎 典樂、從六品 調成郎 副典樂、從七品 司協郎 典律、從八品 調協郎 副典律、從九品 調節郎 直律로 定하여졌다(太宗 一七、九・閏四・己酉)。世宗 三十年에는 대체로 良人樂工이 소속되어 있는 雅樂署 樂工을 典樂署의 賤人樂工과 구별하여 散官・職事의 號를 따로 정하여 각기 嘉成郎(從五品)・純和郎・司音郎・和聲郎・和節郎(從九品)과 令・副令・郎・丞・副丞으로 定하였고(世宗 二九、三〇・二・辛酉)、世祖 四年에 雅樂・典樂 兩署를 合쳐서 掌樂署로 삼는 동시에 良賤을 구별하여 樂生(良人)은 齊郎・武工과 같이 左坊에、樂工(賤人)은 右坊에 각기 소속시킴으로서 樂生과 樂工의 稱號로 나누어졌다(世祖 一三、四・六・丙戌)。그러나 睿宗 一年에 이르러 樂工에 良賤을 並差하게 되어(睿宗 三、一・二・癸丑)、그후로는 掌樂院 雜職의 散官號와 職事號를 綜合하여 職事號로만 정비되어 『經國大典』所載의 職官體制로 갖추어지고 樂生・樂工의 구별은 그대로 남게 되었다。

789

樂工　→ 註 788 樂生

790

良人　朝鮮王朝初期의 사회신분은 크게 良人과 賤人(奴婢)으로 나누어진다。賤人은 그 身分을 世襲하여 賣・買・相續・讓與의 對象이 되는、財物과 같이 취급된 身分인데 대하여、良人은 본시 「良善한 사람」이란 뜻으로 賤人을 除外한 모든 階層이 이에 屬한다。그러나 朝鮮王朝의 兩班官僚體制가 硬化되어가는 過程에서 良人사이에도 血緣・職業등에 따라서 여러가지 身分的 制限을 받게 되어 점차로 士・庶(兩班과

庶民)의 구별이 생기는 한편 庶孽(妾의 子孫)·雜職從事者(技術者)·京外衙前등이 差別待遇를 받게 되어 각기 다른 身分階層을 이루게 되었다. 여기서 良人이라 함은 좁은 의미에서의 良民을 가리키는 말이다.

791 唐樂 樂에는 雅樂·俗樂·唐樂·鄉樂등이 있고, 혹은 男樂·女樂으로 구별되기도 한다(睿宗 六·一·六·辛巳). 唐樂이라 함은 歷代 中國의 樂을 일컫는다. 世宗朝에 宗廟의 祭를 비롯하여 園壇·社稷·風雲雷雨·雩祀·先農先蠶·釋奠등의 祭에는 唐樂을 쓰고 鄉樂은 쓰지 못하게 하였다(世宗 三八、九·一二·癸酉、三九、一〇·一·丁亥).

792 鄉樂 新羅以來의 朝鮮의 傳統國樂을 뜻한다. 文昭殿의 祭樂으로는 初獻에는 唐樂을、亞·終獻에는 鄉樂을 奏樂하도록 하였으며(文宗 四、即位·一一·壬戌), 일반 宴享이나 會禮樂으로는 鄉樂이 常用되었다(世宗 三九、一〇·一·丁亥).

793 管絃盲 管絃盲人 즉 盲人樂工의 뜻으로 宮中宴享時 絲竹杖鼓를 다루는 盲人奏樂者를 가리킨다. 國初 慣習都監시절부터 所屬되어 있어 이들에 대해서 良人의 경우에는 試才受職하도록 制定되어 있었고、賤人의 경우에는 世宗 十六年(一四三四)末에 流品外의 雜職에는 試才受職할 수 있게 되었다(世宗 六六、一六·一二·戊戌). 世宗 二十九年에는 管絃盲이 하는 役割을 倡妓가 할 수 있도록 鄉·唐樂을 다 學習시켜서 管絃盲이 소용없이 된 위에 管絃盲人이 官籍에 繁累되어 그들 형편대로 生活할 수 없다는 것을 이유로 管絃盲을 革罷하자는 建議에 世宗도 따랐다고 되어있으나(世宗 一一六、二九·四·庚子)、管絃盲은 그대로 存續되어온 것으로 생각된다.

794 典樂 典樂·副典樂 掌樂院의 雜職 正·從六品職의 職名으로 遞兒職이다. 원래 太宗 九年(一四〇九)에 雅樂·典樂署의 職事號를 정할 때에는 모두 從職으로 각기 從五品·從六品이던 것이 正·從六品으로 고쳐졌다. 典樂과 副典樂 二員중의 一員은 樂師로서 任命한다.(註788 樂生 參照)

795 **典律·副典律** 掌樂院의 雜職 正·從七品職의 職名으로 遞兒職이다。원래 太宗 九年에 雅樂·典樂署의 職事 號를 정할 때에는 모두 從職으로 각기 從七品·從八品이던 것이 正·從七品으로 고쳐졌다。(註 788 樂生 參照)

796 **典音·副典音** 掌樂院의 雜職 正·從八品職의 職名으로 遞兒職이다。(註 788 樂生 參照)

797 **典醫·副典醫** 掌樂院의 雜職 正·從九品職의 職名으로 遞兒職이다。(註 788 樂生 參照)

798 **太一殿** 太一이라 함은 天의 尊神名 太一星(天極星)을 뜻하여、太一殿은 道敎의 神祠이다。太一은 또 「常居」의 의미로 恒時 보이는 별(星)을 말하며、그 變하는 位置에 따라 이 神祠의 處所도 옮겨진다(『經註』 一三七)。

799 **遁甲** 이른바 遁甲術을 말한다。唐의 黃帝書、遁甲經등에 緣由된 것으로 新羅人 金巖도 역시 遁甲術을 成立시켰다고 한다(『經註』 一三七)。

800 **志道** 昭格署의 雜職 從九品職의 職名이다。道流중에서 差任된다。

801 **尙道** 昭格署의 雜職 從八品職의 職名이다。道流중에서 差任된다。

802 **別監** 闕內各差備의 한 部類(『經國大典』 刑典 闕內各差備)로 掖庭署와 掌苑署에 속하되 諸宮殿에 配置되어 內侍別監으로도 일컬어진다(定宗 六、二·二·癸酉)。世祖 一年(一四五五) 당시에는 大殿·嬪宮등 諸宮에는 掖庭署소속 別監이、中宮·東宮에는 慶昌府소속 別監이、上王殿·大妃殿에는 上林園(뒤에 掌苑署)소속 別監이 配屬되었으나(世宗 二、一·二·甲申)、그 뒤에 掌苑·掖庭 兩署에 分屬된 것 같다。掌苑署소속 別監은 苑內의 花果·禽獸飼養에 따르는 雜務에 종사하여 그 중에는 각기 所掌의 雜職(遞兒)에 差任되기도 하였다。

803 **愼花** 掌苑署의 雜職 從六品職의 職名으로、苑內의 花草栽植등에 관련된 일을 맡는다。

804 愼果　掌苑署의 雜職 從七品職의 職名으로、果物에 관련된 일을 맡는다。

805 愼禽・副愼禽　掌苑署의 雜職 正・從八品職의 職名으로 苑內의 鳥類를 飼養하는 일을 맡는다。

806 愼獸・副愼獸　掌苑署의 雜職 正・從九品職의 職名으로、苑內의 짐승을 기르는 등의 일을 맡는다。

807 掖庭署　뜰(庭)이 掖門안에 있기 때문에 掖庭이라 하며、掖門이라 함은 宮中의 小門이 正門 옆에 있어서 마치 사람의 肘掖(겨드랑이)과 같다는 뜻에서 일컫는 말이다(『經註』一三八)。太祖 一年 七月 文・武百官의 制를 정할 때에 掖庭署는 內堅(內侍)職으로 正職과는 구별되었다。掖庭署는 國王의 侍衞・陪從・傳調・闕門의 자물쇠(鑰)、禁庭의 舖設、各種 儀式때의 香案・表案・寶案등의 設置等事를 관장하는 雜廳이다。掖庭署의 各品職者에 대하여서는 官案에 某官・某府의 某官이라고 반드시 分揀하여 戴錄하도록 하였고(世宗 二、即位・二二・己卯)、成宗 二年에는 掖庭署別監이 去官後에는 掌苑署로 移屬시키도록 하였다。(成宗 一〇、二・五・丁酉)

808 書房色　闕內各差備人의 한 部類로(世宗 六、五、一六・七・辛丑) 혼히 司謁・司鑰과 並稱되는 「奉書之官」을 뜻한다(定宗 六、二・二・癸酉)。掖庭署의 한 分掌으로 國王에게 紙・筆・墨등을 마련하여 올리는 일을 맡는다。

809 司謁　掖庭署의 雜職인 正六品(遞兒)職의 職名으로、闕內에서 傳謁 즉 王命의 傳達과 謁見등의 일을 맡는다。大殿司謁 二名중의 一名이 된다。

810 司鑰・副司鑰　각기 掖庭署의 雜職인 正・從六品職의 職名으로 遞兒職이다。司鑰은 大殿司鑰 二名중의 一名과 大殿司鑰중에서 差任된다。宮門과 闕內의 여러門의 자물쇠를 맡아 보는 일을 한다。副司鑰은 世祖 三年 七月에 新設되었다(世祖 八、三・七・丙寅)。

811 司案・副司案　각기 掖庭署의 雜職인 正・從七品職의 職名으로 遞兒職이다。嘉禮・賓禮등 闕內 儀式에 設

置되는 香案·表案등에 관한 일을 맡아본다。副司案 三員중의 一員은 大殿書房色이나 王妃殿司鑰중에서、 一員은 大殿別監으로 나머지 一員은 大殿洗手·水賜間別監이나 世子宮司鑰중에서 差任된다。

812 水賜間 水賜라 함은 大殿洗手와 같은 말로 「무수리」를 뜻한다。各司 奴婢중의 童男을 데려다가 巴只라고 하여 闕內에서 掃除를 시키는데 童女의 같은 경우를 水賜(伊)라고 한다。水賜間은 이 같은 무수리(水賜伊)들이 있는 闕內의 處所를 가리킨다。(太宗 二二、一一·閏二二·戊午)

813 司鋪·副司鋪 각기 掖庭署의 雜職인 正·從八品職의 職名으로 遞兒職이다。宮闕內庭(禁庭)의 鋪設의 임무를 맡는다。

814 司掃·副司掃 각기 掖庭署의 雜職인 正·從九品職의 職名으로 遞兒職이다。闕內에서 掃除의 임무를 맡는다。

815 善畵 圖畵署의 雜職 從六品職의 職名으로 畵員중에서 差任된다。

816 善繪 圖畵署의 雜職 從七品職의 職名으로서 畵員 중에서 差任된다。

817 畵史 圖畵署의 雜職 從八品職의 職名으로 畵員중에서 差任된다。

818 繪史 圖畵署의 雜職 從九品職의 職名으로 畵員중에서 差任된다。

819 外官職 中央官職인 京官職과 對稱되는 것으로 中央에서 外任으로 地方官衙에 파견되는 官職의 通稱이다。太宗 六年(一四〇六)에 地方官號를 改定하여 雞林·永興·平壤·完山 四府外의 大都護府는 牧으로 都護府 및 小府는 知州로、 知州는 知郡으로、 監務는 縣令으로 고쳐서 牧·州·郡·縣의 地方 行政體系가 정비되었다(太宗 一三、六·七·庚戌)。世宗 十三年(一四三二)에는 外官의 品秩을 周官六翼의 制에 依倣하여 制定하게 되어 從二品은 留守官、 正三品은 大都護府·牧官、 從三品은 都護府、 從四品은 知郡事、 從五品은 判官·縣令、 從六品은 縣監으로 外任品秩의 大宗이 마련되었다(世宗 五一、一三·一·丁丑)。

820 觀察使 흔히는 監司라고 불리우고 또는 方伯·道伯·外憲·道先生·營門先生등으로 일컬어지기도 한다。

監司의 營門을 監營이라고 한다. 觀察使制는 太宗 一年 十一月에 麗末以來의 按廉使制가 觀察使制로 改編되면서 점차 정비되어 世祖 十二年 一月 官制更定때에 都觀察黜陟使를 觀察使로 改稱한 것이다. 觀察使의 任務는 각기 道內의 守令을 黜陟하고 一道를 專制하여 그 본래의 統察任務외에도 監倉·安集·轉輸·勸農·管學等事를 兼掌하고 刑獄·兵馬公事를 調和롭게 하는 일까지 맡아서(世宗 二二、五·二二·甲寅)守令·萬戶·察訪·驛丞등에 貪污不法行爲가 있으면 功臣·議親·堂上官을 가리지 않고 直斷·推轂할 수도 하였다(睿宗 五、一·五·庚寅). 그리하여 觀察使가 留守·兵·水使까지 兼하게 된 것은 成宗 一年(一四七〇) 三月부터이다(成宗 四、一·三·甲申). 觀察使의 守令糾察黜陟의 任務는 그 機能이 마치 憲府와 같아서 「內而憲府 外而監司 一體」로 보아 觀察使와 大司憲은 다 같이 風憲官이라고도 하여 觀察使를 「外憲」이라고 한 理由도 여기에 있다. 그리하여 觀察使는 그 首領官(經歷·都事, 以後는 都事)과 더불어 京官으로 兼差하고 文臣으로만 交差하게 되었다(世祖 八、三·七·丙寅·世祖 三四、一〇·二二·甲午). 그리고 觀察使는 首領官(都事)과 더불어 그들의 父母·妻父母가 道內에 있는 그 道에는 任差하지 못하게 되었고(世宗 一二三、三一·一·癸卯), 그 任期는 端宗 二年(一四五四)以後로 一年(360日)으로 定하여졌으나 永安·平安 兩道만은 世宗朝以來의 三年任期가 固守되었다.(張炳仁、〈朝鮮初期의 觀察使〉『韓國史論』四、서울大學校 一九七八)

堂上官이나 未挈家守令 云云 堂上官으로서 守令에 赴任되는 경우에 그 任期가 三十個月로 限定된 것은 世祖 三年 六月의 일이다(世祖 七、三·六·庚申). 朝鮮王朝에서는 正妻라도 痕咎가 있으면 守令된 者는 率妻赴任할 수가 없었고 率妾赴任은 許容되지 않았다(世宗 五六、一四·六·甲寅). 續六典에도 妻가 死亡한 者가 守令이 되어 付托할 者가 없는 幼弱한 子女는 任地로 데리고 갈 수가 있되, 妾은 데리고 赴任할 수가 없도록 規定되어 있었다(端宗 一四、三·五·戊午). 또한 平安道와 咸鏡道 北青以北의 各官守令도 逖

警이 寢息된 동안은 그 任期를 三十箇月로 定하여 妻子를 데리고 赴任하지 못하게 되었다(文宗 五、即位・一二・丁亥 및 一二・壬辰)。그리하여 兩界北道의 未挈家守令에 대하여서는 京倉의 月給支米의 例에 따라 그의 집(家)에 支給하여 주도록 하였던 것이다(成宗 八、一・四・壬戌)。이 같은 緣由로 堂上守令이나 未挈家守令에 대하여서는 그 任期를 일반적인 경우보다 短縮시켜주는 것으로 되었다。春分前 勤務

822 崇義殿 高麗朝의 太祖・顯宗・文宗・忠敬王의 四王의 功德을 기려서 그 位牌를 모시게 한 祠堂으로、王氏 後孫 一人으로 하여금 世授・奉祀하게 하였다。麻田郡(京畿)에 所在한다(『經註』一三九)。王氏奉祀는 元 六典에 八位로 되어있던 것을 續六典에는 四位로 되어 文宗때에 續六典에 따르게 된 것이다(文宗 二二、二・三・戊戌)。

823 畿外諸陵殿 太祖의 四祖 및 王后 그리고 太祖의 睟容을 奉安한 京畿外 地方에 있는 여러 陵과 殿을 말하며 다음과 같다。德陵・安陵(咸興)・智陵(安邊)・淑陵(文川)・義陵・純陵・定陵・和陵(咸興)・濬源殿(永興)・慶基殿(全州)・集慶殿(慶州)・永崇殿(平壤)(『經註』一三九)。

824 教授는 …택하여 任命한다 外方에 파견되는 敎官의 資格에 대하여서는 邑의 大小에 따라 여러 가지로 規制 되어 왔다。成宗 二年(一四七一) 五月에는 外方敎官에 府以上은 모두 文科出身者로 除授하고、文科出身 者가 不足하면 生員・進士로써 充差하기로 되었던 것이(成宗 一〇・二・五・丁酉)、成宗 三年 二月부터「大 都護・牧以上은 반드시 文臣 明經人으로서 考滿者를 敍用하고、都護府・郡以下는 生員・進士로서 學行 이 있는者를 擇差」하는 것을 原則으로 삼게되었다(成宗 一五、三・二・甲申。註 1029 外敎官 참조)。

825 守令 守는「守土養民」의 뜻이오 令은 받들어 施行한다는 의미로(『經註』一三八) 府尹(府는 大州를 뜻함)以下 縣監에 이르는 各道內의 地方長官을 通稱하는 말이다。守令六期의 法은 이미 『元六典』에 所載된 것이며

(端宗 一一、二・八・己卯)、世宗三年부터 堂上守令의 任期는 三十朔으로 定하였다(世宗 七、三・四・丙辰)。

守令의 治績은 七事를 기준하여 觀察使가 褒貶・等第하도록 이미 續六典에 規制되어 있었고(世宗 七二、

一八・五・丁丑)、世宗十三年부터는 各官 守令은 農閑期를 기다려 適差하도록 하였다(世宗 五二、一三・六・

甲辰)。또한 守令의 任務가 過多하므로 農務의 提督은 勸農官이, 住民의 移動・出生死亡의 考覈等事는

里正長이 分掌하도록 『元六典』에 規制되어 있었다(世宗 八九、二二・五・戊午)。世宗二十二年에는 守令을

거치지 않은 者는 四品으로 올려주지 못하게하고 다만 特旨나 文章・武藝・吏文・漢語特異者는 例外로

삼게 되었다(世宗 八九、二三・二・己未)。그 위에 成宗朝에 들어서는 東班六品職을 거치지 않은 者에게는

外任을 許하지 않게하여、그러한 措處는 逆으로 「初条六品者」는 守令職을 拜授하지 못하게 된 것이다

(成宗 三、一・二・辛未、成宗 二七、四・二・癸未)。그리고 원칙적으로 本鄕에는 물론 自己田莊保有地에는

守令으로 파견하지 못하게도 하였다(成宗 一三八、一三・二・丁未)。이 같은 一連의 措處는 官吏들의 外

任忌避傾向을 防止하는 反面 守令의 地方세력化를 防止하는 效果를 期한 것이라 할 수 있다。

826　敎官　敎官은 敎授官・訓導・敎導를 通稱한 것으로(世祖 一四、四・二・戊午)、원래 文科出身 六品以上을 敎授(某官儒學敎授官)로、余外를 訓導官으로 生員・進士의 경우는 敎導로 삼도록 하였다(太宗 三一、一六・八・己巳)。地方(外)敎官에 관하여서는 註 1029 外敎官 참조。

827　守令이나 敎官이……任用하지 아니하고 世祖 三年以前에 이미 外任을 辭退하는 者는 六年間 叙用하지 않는다는 法이 制定되어 있어서(世祖 七、三・三・甲子)、그것이 守令과 外敎官에 通用되게 된 것이다。

828　父母의 나이가……못한다 世宗 八年 八月에 七十歲以上 老親이 있는 者는 「遠方」守令에 差遣하지 못하게 되었고(世宗 三三二、八・八・戊寅)、다시 世宗 二十三年 三月에 獨子로서 父母가 七十歲以上이거나 宿疾이 있는 者는 守令에 除授하지 못하고 그 밖에 七十老親이 있는 者는 「三百里內」의 守令職에 叙用하는 것이

829

京畿 太祖 三年(一三九四)에 漢陽에 定都한 바로 다음해인 太祖 四年(一三九五)에 新都로 부터의 道里의 遠近에 따라 行政區域을 調節하여 一部 郡縣은 西海道에 還屬시키고 楊廣道의 一部 郡縣은 京畿에 來屬시켜서 麗制에 따라 京畿를 左·右道로 나누었다. 太宗 十三年에 다시 四方道里의 遠近을 參酌하여 所屬郡縣을 再調整하면서 종래 京畿 左·右道라 일컫던 것을 다만 京畿라고만 일컫기로 하였다. 世祖 十二年에 都觀察黜陟使는 觀察使로 改稱되고, 觀察使 밑에 都事만을 두게 되고, 京畿管轄下에 牧 四、都護府 七、郡 七、縣 十九로 本 法典에 보이는 바와 같이 갖추어지게 되었다(世宗 一四八、地理志 京畿。『新增東國興地勝覽』六、京畿)。 원래 京畿라 함은 中國(唐)의 州縣制에서 緣由된 것으로 京縣(赤縣)과 畿縣이 合稱된 것이며 각기 京都所治의 郡縣과 京都旁邑을 가리키는 것이었다. 원래 高麗朝 成宗때에 開城府로 陞格되면서 赤縣 六、畿縣 七을 管轄하였으며(尹武炳、〈所謂「赤縣」에 대하여〉『李丙燾博士華甲紀念論叢』一九五六)、顯宗 九年(一〇一八)에 開城縣令所管 三縣과 長湍縣令所管 七縣을 尙書都省에 直屬시켜 비로소 이를 京畿라고 일컬었다. 麗末 恭讓王 二年(一三九〇)에 京畿는 左·右道로 兩分되고 그 위에 京畿 所屬地域(郡縣)이 擴大(增廣)되었다(世宗 一四八、地理志 京畿)。 이 같은 京畿地域의 擴大는 新王朝 創建을 前後하여 科田·功臣田을 畿內에 制限하여 給與하려던 施策에 依한 것이기도 하였다(太祖 七、四·四·丁卯)。 新王朝의 遷都에 따라 京畿管內의 地域이 여러차례에 걸쳐서 改編된 것이다.

830

牧使 牧이라 함은 조선 王朝때의 觀察使(道) 所管下의 地方行政區域의 하나로, 留守「府」의 다음가는 等級으로 大都護府와 더부러 州府郡縣 名號等級에서 三等級에 속하는 것이다. 太宗 十三年 十月에 州府郡縣의 名號를 정비하면서 知官이나 監務官이 두어진 郡縣 즉 留守府·大都護府·牧外의 單府(都護府)以下 郡縣名에 「州」字가 들어있는 邑號는 모두 「山」이나 「川」字로 代替하여(例、寧州→寧山、衿州→衿川) 牧은

모두 二十個州로 정비되었다(太宗 二六、一三・一○・辛酉。李樹健、〈朝鮮初期 郡縣制 整備에 대하여〉『嶺南史學』一、一九七一)。高麗朝에는 十二牧을 두었다가 顯宗朝에 八牧으로 되었던 것이 朝鮮王朝에 와서 州府郡縣의 정비에 따라 二十州牧으로 정하여진 것이다。牧使는 각기 州牧을 맡아 다스리는 正三品의 外官職이다。

831 廣州

高麗朝에는 楊廣道에 屬하던 것이 太祖 四年에 行政區域改編時에 京畿左道로 編入되었다。원래 百濟以來 南漢山城→漢山州→南漢山州→漢州로 改稱되어온 것을 高麗 太祖 二十三年에 비로소 廣州로 고쳐지고 高麗 成宗때에 두어진 十二州牧의 하나가 되고、高麗 顯宗때에 八州牧의 하나로 되어온 것이 朝鮮王朝에 들어서 二十州牧의 하나가 된 것이다(世宗 一四八、地理志 廣州牧)。世宗朝에 監司本營을 水原으로부터 廣州로 옮긴 것은 監司의 兼任을 重히 여겼기 때문이었다(世宗 一三○、三○・四・戊申)。

832 驪州

睿宗 一年(一四六九) 八月에 종래의 驪興府를 牧으로 陞格시키는 同時에 驪州로 改稱하게 되었다(睿宗 七、一・八・己巳)。麗初에 黃驪縣이던 것이 忠烈王때에 驪興郡으로 陞格되고 禑王때에 다시 黃驪府로 陞格되었다가 恭讓王 一年(一三八九)에 다시금 驪興郡으로 降等되었으나、太宗 一年에 中宮 靜妃의 內鄕으로 驪興府로 陞格되었던 것이다。(世宗 一四八、地理志 京畿 驪州郡)

833 坡州

世祖 五年 十月에 종래의 原平府를 慈聖王妃의 內鄕이기 때문에 邑號를 恒例에 따라 陞格시키면서 坡州牧으로 改稱하게 된 것이다(世祖 一八、五・一○・庚戌)。원래는 太祖 二年(一三九三) 十一月에 峯城縣을 陞格시켜 瑞原郡이라 하였고(太祖 四、二・一一・丙午) 이어서 太祖 七年에 이르러 坡平을 瑞原郡에 併合하면서 原平郡으로 改稱되었던 것이 太宗 十五年(一四一五)에 民戶가 千戶以上이었기 때문에 原平都護府로 陞格되었던 것이다。(世宗 一四八、地理志 京畿 原平)

834 楊州

太祖 四年 六月에 漢陽府를 漢城府로 고치면서 그 吏民을 見州에 移住케할 때에 見州를 楊州郡으로

改稱하였다가 太祖 六年(一三九七) 二月에 다시 楊州府로 陞格시켰다(太祖 七、四・六・戊辰。六・二・丁丑)。太宗 十三年(一四一三)에는 楊州都護府로 되었다가(世宗 一四八、地理志 京畿 楊州) 世祖 十二年 一月의 官制更定때에 楊州牧으로 陞格시킨 것이다。

835 使

朝鮮王朝初期에는 고려의 制가 이어져서 諸倉・庫의 官長을 使라 하였으나 世祖 十二年 一月 官制更定때에 使는 守 또는 令으로 改稱되고、여기서는 正・從三品의 外官職(地方長官)으로 각기 大都護府・牧과 都護府에 파견되는 使臣을 의미한다. 특수한 경우로는 崇義殿의 官長도 使라고 하였다.

836 都護府使

都護府는 고려의 制를 이어온 地方官의 名號로、太宗 六年에 地方行政體系가 정비되면서 大都護府・牧官은 正三品으로, 都護府는 從三品으로 定하여져서、都護府는 牧의 아래 郡의 위에 두어졌다(太宗 一三・六・七・庚戌)。太宗 十三年 十月에 各道 各官의 號를 改定할 때 各道의 單府官을 都護府로 改稱하고(太宗 二六、一三・一〇・辛酉) 太宗 十五年 四月에는 종래의 郡으로서 一千戶 以上인 것은 都護府로 陞格시켰다(太宗 二九、一五・四・癸亥)。都護府使는 都護府를 맡는 地方長官으로 「使」臣을 의미한다.

837 水原

麗末에 邑號의 陞降이 거듭되어 水原府로 되어 있던 것을 太宗 十三年에 都護府로 改編된 것이다(世宗 一四八、地理志 京畿 水原都護府)。世宗朝에 監司 本營이 水原에서 廣州로 옮겨졌다.

838 江華

麗末에 江華府던 것이 太宗 十三年(一四一三)에 江華都護府로 改稱되었다. 원래 高麗初부터 江華縣이고 高宗朝에 蒙古兵을 避하여 江華로 遷都하게 되면서 江華郡으로 陞格되고 江都라고 號稱하게 되었었다. 일시 仁州에 併合되었으나 다시 復舊되어 禑王 三年에 江華府로 陞格되었던 것이다。(世宗 一四八、地理志 京畿 江華都護府)

839 富平

원래 高麗 忠宣王때 諸牧을 降等시켜 吉州牧을 富平府로 改名하였던 것을 太宗 十三年에 都護府로 고쳤던 것으로、世宗 二十年에 縣으로 되었다가 世宗 二十八年에 다시 都護府로 復舊된 것이다。(世宗 一四

八、地理志 京畿 富平都護府。世宗 八四、二一・三・癸酉。世宗 一一四、二八・一一・甲戌)

南陽 원래 高麗 忠宣王때에 諸牧을 降等시켜 益州牧을 南陽府로 改名하였던 것을 太宗 十三年(一四一三)에 都護府로 고친 것이다。(世宗 一四八、地理志 京畿 南陽都護府)

利川 高麗 太祖가 南征할 때 郡人이 有利하게 引導하였다하여 利川이라는 邑號를 賜名하고 郡으로 陞格시킨 것이 利川이라는 邑號를 갖게된 효시이다。高宗때 永昌縣으로 되었다가 麗末 恭讓王때에 祖妣 申氏의 鄕으로써 高句麗때의 古名에 따라 南川이라는 郡名으로 改稱・陞格시켰던 것을 朝鮮 太祖 二年(一三九三)에 利川縣으로 다시 格下되었던 것이다(世宗 一四八、地理志 京畿 利川縣)。그러나 世宗 二十六年 六月에 利川縣은 都護府로 陞格되었다(世宗 一〇四、二六・六・丁亥)。

仁川 高麗 肅宗때에 慶源郡이던 것이 仁宗때에 仁州로 陞格되고 恭讓王때에 慶源府로 陞格되었던 것을 朝鮮 太祖 一年에 舊號 仁州로 復舊되었다。그리하여 太宗 十三年(一四一三)에 仁川郡으로 다시 고쳐졌다(世宗 一四八、地理志 京畿 仁川郡)。世祖 五年에 이르러 慈聖王妃의 外鄕으로써 都護府로 陞格된 것이다(世宗 一八、五・一一・癸未)。

長湍 新羅때부터 長湍縣이었던 것이 高麗때 一時 湍州로 改稱되었던 일이 있었으나 長湍으로 復舊되었다。世祖 四年에 臨津・長湍・臨江을 併合하여 一縣으로 삼아 臨津을 治所로 하였던 것이나(世祖 四、二・七・辛未) 世祖 四年에 이르러 長湍이 中宮의 祖以上 五代의 葬地인 이유로 縣名을 長湍으로 고치고 縣令을 差任하게 되었다(世祖 一三、四・六・辛巳)。睿宗 一年에 開城府를 京官으로 삼으면서 그 前에 開城府에 所屬되었던 江華等地를 長湍에 移屬시키고 長湍을 都護府로 陞格시켜 互鎭으로 삼게 되었다 (睿宗 六、一・七・壬午)。

郡守 從四品 東班 外官職名을 뜻한다。郡은 行政單位이고 「守」는 「守土養民」의 뜻으로 (經註) 一三八) 太宗

六年(一四〇六)에 地方官號의 改定으로 留守・大都護府・牧官・都護府・知州・知郡・縣令의 外官體系가 일단 調整되고、世宗 十三年(一四三一) 再調整때에 知郡事를 從四品職으로 定하여진 것이 (註 819 外官職 參照) 그 뒤에 郡守로 改稱된 것으로 中央에서 파견되는 諸郡의 責任官을 말한다。外官으로 郡守以外에 守의 職名을 쓰게한 것은 崇義殿의 從四品職에 限하였다。

判官　京・外의 東班 從五品官의 職名으로 外官職으로 大州와 巨鎭에 中央에서 파견된다。大州에 있어서는 守令이 諸般事務와 使客의 支待、勸農等事로 다른 餘暇가 없기 때문에 民間雜訟에까지 用心할 수가 없어서 그 같은 詞訟을 專擔케하기 위하여 設置되었다(世祖 三、二・三・丁酉)。兩界의 巨鎭諸邑의 경우 節制使는 軍務에만 專任하고 進上・使客支待等事와 民事는 判官에게 委任하게 되었으나、世祖 二年 五月부터는 節制使와 判官이 一體를 同義施行하도록 한 것이다(世祖 四、二・五・乙未)。京畿의 경우에는 判官 五員중의 二員은 각기 京畿左道水運과 京畿右道水運을 押領하는 일을 맡는다。

左道(京畿)　京畿는 朝鮮 八道의 하나로 畿內라고도 한다。京畿는 麗末의 制를 踏襲하여 朝鮮王朝에 들어서도 左・右道로 나누어져서 太祖 三年 七月에는 州縣의 殘盛廣狹에 따라 左・右道를 改定하고、太祖 二年 十一月에 各道의 界首官을 定할 때에도 京畿左道에는 漢陽・鐵原을、京畿右道에는 延安・富平을 界首官으로 삼았었다(太祖 六、三・七・辛卯。太祖 四、二・十一・癸丑)。世宗 十三年 一月에는 京畿程驛察訪이 一人이던 것도 察訪道(註 848 察訪 참조)를 二道로 나누어 京畿右道程驛察訪과 京畿左道忠淸道程驛察訪으로 察訪 一人을 增置하여 左・右道를 分管시켰다(世宗 五一、一三・一・乙亥)。그 후 京畿領域의 거듭된 改編에 따라 京畿左道・右道 所屬의 郡縣도 여러 차례 改編되었다。여기서 左道水運・右道水運(水運에 관하여서는 註 620 水運判官 참조)이라 함은 京畿左道・京畿右道의 水運을 專管하는 判官 各一人이 파견된다는 것을 뜻한다。

847

縣令 令은 中外 東班 從五品의 官職名을 뜻하여 王命을 「받들어서 그것을 施行한다」(『經註』 一三八)는 의미가 들어있는 말이다。太宗 六年(一四〇六)에 吏曹에서 地方官號를 改定하여 종전의 知州는 郡으로、監務는 縣令으로 고칠 것을 청하였으나(太宗 一二、六・七・壬子) 世宗 十三年(一四三一) 外官의 品秩을 制定할때 縣令은 判官과 더부러 從五品職으로 정하게 되었다(世宗 五一、一三・一・丁丑)。外官職으로 縣令以外에 令의 職名을 쓰게 한 것은 崇義殿의 從五品職에 限하였다。

848

察訪 所定地域內의 程驛(驛路)을 巡察하여 驛路에 관한 事務를 專掌하는 從六品 東班 外官職으로、守令의 例에 따라 觀察使의 考察・褒貶의 對象이 된다。원래 麗末에서 世宗朝에 이르는 時期에는 「程驛察訪」이라하여 朝官(京官)을 그때 그때 파견하였고、太宗 八年(一四〇八)부터는 「水軍(海道)察訪」을 파견하여 各浦의 軍士를 撫恤케 하고 萬戶・千戶의 行跡을 巡視하도록 하였었다(『韓國軍制史』近世前期篇、五四五面 陸軍本部 一九六八)。朝鮮王朝에 들어서 驛의 新設이 늘어나고 특히 太宗朝이후로는 驛의 廢合이 거듭되면서 世祖 三年(一四五七) 九月과 世祖 六年 二月 兩次에 걸쳐 程驛管理體制가 크게 改編・整備되어 대체로 『經國大典』所載의 驛路와 一致하게 된 것으로 世祖 八年에 이르러 그 基本틀이 잡혀진 것이다。各기 察訪이 管掌하는 驛路를 「察訪道」라고 하여(世祖 二七、八・一・壬子) 察訪이 所管諸驛外로 越行하는 것은 禁止되고 不法貪汚는 물론 屬吏를 侵虐하지 못하도록 하였다(世祖 九、三・九・庚辰)。

849

迎曙道・良才道・平丘道 각기 京畿 察訪道의 하나로서 혼히는 主邑의 郡縣名을 따서 察訪道의 名稱으로 삼는다。원래 京畿程驛의 察訪은 단 一人이던 것을 世宗 十三年 一月에 一人을 加置하여 각기 京畿右道 程驛察訪(迎曙驛에서 俊猊驛에 이르는 一道管掌)、京畿左道忠清道程驛察訪(良才驛에서 無極驛에 이르는 一道이라하여 京畿察訪道를 二道로 나누었었다(世宗 五一、一三・一・乙亥)。그 뒤로 京畿의 程驛路는 左道忠清道程驛察訪道・右道程驛察訪道・京畿江原道程驛察訪道와 重林道・同化道・平丘道・慶安道・桃原道로

縣監 縣은 下位行政單位로「縣」의 뜻으로 郡에 領屬되어 있음을 의미한다(『經註』一四一)。監은 東班 正・從六品의 官職名으로 太宗 一三年 一〇月에 종래의 監務(縣)를 縣監으로 고치게 하였다(太宗 二六、一三・一〇・辛酉)。世宗 十三年 一月에 外官의 品秩을 定할 때에 縣監은 從六品職으로 정하여져서(世宗 五一、一三・一・丁丑) 守令(外官)의 最下位를 차지하게 되었다。이것을 바꾸어 말하면 朝官 六品以上이라야 守令으로 差任될 수 있음을 뜻하나、「初叅六品者」즉 처음으로 六品이 된 者는 바로 守令職을 拜授하지는 못하게 規制하였다。그것은 外任을 그 만큼 重히 여겼기 때문이다(成宗 二七、四・二・癸未)。外官職으로 縣監以外에 監의 職名을 쓰게 한 것은 崇義殿의 從六品職에 限하였다。

850

改編을 보아 『經國大典』의 察訪驛路體制로 정비된 셈이다(成宗 六二、六・二二・丙子)。

迎曙道로 나누어졌음을 알 수 있다(成宗 二五、三・二二・乙丑)。그 후 成宗 六年에도 上記 三道屬驛의

시 世祖・成宗朝에 걸쳐서 察訪道만이 거듭 改編되어 成宗 三年(一四七二)에는 이미 良才道・平丘道、

改編、細分되어(世宗 一四八、地理志 京畿) 驛丞所管의 重林・慶安・桃源 三驛路는 거의 整備되었다。다

審藥 地方에서 採取・上納되는 藥材를 審査・監督하기 위하여 各道의 監司所在處와 兵使所在處(節度使道) 및 濟州에 파견되었던 東班 從九品 醫員職을 말한다(成宗 三三、四・八・癸亥)。원래 太祖 二年에 地方에는 醫藥에 通曉한 자가 없어서 醫學敎授 一員을 各道에 파견하고、또 각 界首官에는 醫院을 設置하여 兩班子弟를 모아 生徒로 삼아 二〇의 識字勤厚者를 뽑아서 敎導로 삼아 鄕藥을 學習케 하였다。그리하여 採藥丁夫를 定屬시켜서 藥材를 採取케하여 劑造・敎療하였던 것이다(太祖 三、二・一・乙亥)。이렇듯 地方에서 採取된 藥材가 上納하게 되면서 藥材의 審査를 專掌하는 官員을 파견할 필요가 있었던 것이다。

851

驛丞 所管 驛路를 專掌하는 東班 從六品 外官職名이다。麗末 恭讓王때에 원래 口傳官(口頭로 任命하는 官)인

852

程驛別監이 驛丞으로 고쳐져서 正式으로 除授되게 하여 朝鮮王朝에 이르러서도 그대로 踏襲된 것이다.

그리하여 흔히 各司의 吏典(胥吏)去官者가 驛丞으로 파견되어 그 資質이 庸劣하였던 탓으로 世宗朝에

853

서 世祖朝에 걸쳐서는 咸吉・平安・忠淸・京畿등의 驛丞을 革罷하고 察訪으로 正式任命하였으며(世宗 三五、九・三・己亥。世宗 一一六、二九・五・辛丑。世祖 八、三・七・戊寅)、世祖 八年(一四六二) 八月에 이르러서는 各道驛路에 察訪과 驛丞을 나누어 파견하게 하였다(世祖 二九、八・八・丁卯)。

渡丞 京畿의 七個處 渡・津을 각기 專掌하는 東班 從九品 官職名이다。원래 津・渡에는 津渡別監이 口傳으로 差任되어 왔으나、이 같은 口傳官에 대한 褒貶이 觀察使에게 맞겨졌던 不合理 때문에 太宗 十五年 十二月부터는 驛丞의 例에 따라 五六品以下 九品以上의 員人으로 差下하여 渡丞이라고 일컫게 하였다 (太宗 三○、一五・二・甲子)。그후 驛丞・渡丞의 品階는 모두 從九品으로 定하여졌다.

854

忠淸道 朝鮮 八道의 하나로 一名 湖西라고도 한다。太祖 四年(一三九五)에 漢陽으로 移都하면서 楊州・廣州 및 그 所領郡縣을 京畿에 移屬시키고 종래의 楊廣道(忠肅王때에는 楊廣忠淸州道를 楊廣道라고 하였었다)를 界首官(忠州・淸州)의 이름을 따서 忠淸道라고 改稱하게 된 것이다。定宗 一年(一三九九)에 寧越郡을 江原道에 移屬시키고 원래 江原道 原州任內의 永春縣을 忠淸道에 來屬시켰으며、太宗 十三年에 다시 驪興・安城・陰竹・陽城・陽智를 京畿에 移屬시키고 원래 慶尙道의 沃川・黃澗・永同・靑山・報恩을 忠淸道에 來屬시켜서、몇 차례의 道域의 分割・轉屬이 있었다(世宗 一四九、地理志、忠淸道)。天安・報恩은 太宗 十六年 八月에 寧山・報令을 改稱한 것이다.

855

忠州 新羅때의 中原京으로 高麗 太祖 二十三年에 忠州로 改稱되었다。高麗 成宗朝에 十二牧의 하나로 되고、顯宗朝에 八牧중의 하나로 朝鮮王朝에 들어서도 州牧으로 踏襲된 것이다。別號를 大原이라고 하였다。(世宗 一四九、地理志、忠淸道 忠州牧)

856 清州 新羅때의 西原京으로 高麗 太祖 二十三年에 淸州로 改稱되었다。高麗 成宗朝에 十二牧의 하나로 되고 顯宗朝에 八牧중의 하나로 朝鮮王朝에 들어서도 州牧으로 踏襲되었다(世宗 一四九、地理志 忠淸道 淸州牧)。淸州가 監司本營이었다(世宗 二〇、三〇・四・丁丑)。

857 公州 新羅때의 熊川・熊州로 高麗 太祖 二十三年(九四〇)에 公州로 改稱되었다。高麗 成宗朝에 十二牧의 하나로 되고 一時 知州事로 降等되었다가 忠惠王 後二年에 牧으로 陞格되어 朝鮮王朝에 들어서도 州牧으로 踏襲되었다。(世宗 一四九、地理志 忠淸道 公州牧)

858 洪州 高麗 顯宗朝에 종래의 運州가 洪州로 改稱되고 恭愍王朝에 牧으로 陞格되었던 것으로, 그 뒤 一時 知洪州事로 陞等되었다가 곳 牧으로 復舊되어 朝鮮王朝에 들어서도 州牧으로 踏襲되었던 것이로(世宗 一四九、地理志 忠淸道 洪州牧)。太宗 八年(一四〇八) 十月에 洪州에서 二十里밖에 안되는 麗陽縣을 倂合하여 洪州의 領域이 넓혀지면서 비로소 洪州에도 判官을 두게 하였다(太宗 一六、八・一〇・丁亥)。

859 栗峯道 忠淸道 察訪道의 하나이다。驛路의 編制는 대체로 世祖 三年(一四五七)과 世祖 六年의 改編을 거쳐 世祖 八年 八月의 全面改編을 거쳐 거의 整備가 된 셈이다。世宗朝에는 忠淸道驛丞 九人으로 栗峯道(驛丞)所管驛이 七이던 것이 世祖 六年에는 察訪所管으로 二十一驛으로 늘려졌다가 世祖 八年에 十七驛으로 정하여졌다。(世宗 一四九、地理志 忠淸道。世祖 二九、六・二・壬子)

860 連原道 忠淸道 察訪道의 하나로 世宗朝 連原道(驛丞)所管驛이 六이던 것이 世祖 八年에는 察訪所管驛 十四로 늘려졌다가 『經國大典』에는 可興驛이 添加되어 十五驛으로 整備되었다。(世宗 一四九、地理志 忠淸道。世祖 二九、八・八・丁卯)

861 成歡道 忠淸道 察訪道의 하나로 世宗朝에는 成歡道(驛丞)所管驛 四이던 것이 世祖 六年에 察訪所管驛 二十二로 늘려졌다가 世祖 八年에 十二驛으로 整備되었다。(世宗 一四九、地理志 忠淸道。世祖 一九、六・二・

壬子。世祖 二九、八・八・丁卯）

節度使道　審藥은 各道 觀察使・兵馬節度使（兵使）所在에 파견하게 되어 있다。觀察使는 依例히 兵使를 兼하게 되어 있어 兵使 一員을 두게한 京畿・黄海道・江原道에는 觀察使가 兼하게 되어 審藥 一員이 파견되고 兵使 一員을 두게한 忠淸道・全羅道・平安道에는 各기 專任節度使 一員이 파견되며、慶尙道・永安道는 軍政上으로 各기 左・右道、南・北道로 兩分하여 各기 節度使 二員이 分管하게 되어있었으므로、여기서 節度使道라 함은 軍政上의 節度使分管道를 의미하는 것이다。

利仁道　忠淸道 驛承道의 하나로 世宗朝에 屬驛 九이던 것이 世祖 六年（一四六〇）에는 利仁道察訪所管驛이 二十七驛으로 늘려졌으나 世祖 八年에 다시 驛承所管의 成歡道 十驛으로 整備되었다。（世宗 一四九、地理志、忠淸道。世祖 一九、六・二・壬子。世祖 二九、八・八・丁卯）

金井道　忠淸道 驛承道의 하나로 世宗朝에는 屬驛 十一이던 것이 世祖 八年에는 屬驛 九로 整備되었다。（世宗 一四九、地理志 忠淸道。世祖 二九、八・八・丁卯）

時興道　忠淸道 驛承道의 하나로 世宗朝에는 屬驛 四이던 것이 世祖 八年에 驛承所管驛 八로 늘려서 整備되었다。

慶尙道　朝鮮 八道의 하나로 一名 嶺南이라고도 한다。麗朝 忠肅王以來 쓰여진 道名으로 朝鮮王朝에 들어서도 그대로 襲用하였다。

府尹　東班 從二品 外官職名으로 四府（全州・慶州・永興・平壤）에 파견되었다。大州를 府라하고 尹은「治」즉 다스린다는 뜻이다（『經註』一四一）。全州・慶州・平壤은 舊都로서 一國의 巨邑이오 永興은 興王舊地로서 開城府와 더불어 太祖의 眞殿（影殿）이 있어 모두 그 道의 使臣과 守令이 四孟朔大享과 有名日의 別祭를 設行하게 되어 있었다（太宗 二八、一四・八・乙卯）。

吏典

慶州 新羅의 舊都로서 高麗 太祖 때에 慶州라는 이름으로 불리게 되었으나 忠烈王 때에 新羅時의 雞林을 따서 雞林府라 하였던 것을 慶尙道라는 道名(특히 二個處의 州邑名號를 따서 道名으로 삼았다)에 副合되지 안는다 하여 다시 慶州로 改稱하게 된 것이다(太宗 二六、一三・一〇・辛酉)。太宗 十四年(一四一四) 八月에 역시 舊都인 全州・平壤과 같이 慶州에 太祖眞殿을 세워 道臣・守令으로 하여금 大享・別祭를 設行하도록 하였다。世祖 三年(一四五七) 六月에는 慶州에도 土官을 두었다가 世祖 八年 七月에 이르러 革罷되고 말았다(世祖 八、三・六・辛酉。世祖 二八、八・七・甲辰)。慶州를 監司本營으로 삼아 온 것은 麗朝 以來의 일이다(世宗 一二〇、三〇・四・庚申)。

大都護府使 東班 正三品 外官職名으로 大都護府(安東・江陵・安邊・寧邊)에 파견되었다。

安東 高麗 太祖 때에 종래의 古昌郡을 安東府로 陞格・改稱하게 되었고、恭愍王 十年(一三六一)에 다시 大都護府로 陞格되었던 것을 朝鮮王朝에서도 그대로 襲用된 것이다(世宗 一五〇、地理志、慶尙道 安東大都護府)。

尙州 新羅 景德王 때에 종래의 上洛郡(州)이 尙州로 改稱되었으나、뒤에 다시 沙伐州로 復舊되었던 것을 高麗 太祖 때에 다시 尙州로 改稱되었다。그리하여 麗朝 十二牧의 하나가 되고、뒤에는 八牧의 하나가 되어 온 것을 朝鮮王朝에서도 그대로 襲用하게 되었다(世宗 一五〇、地理志 慶尙道 尙州牧)。慶州가 監司「本營」이 되어 尙州는 「留營」으로 進上과 雜凡公事를 모두 도맡게 되는 것이 不當하다는 理由로 尙州・慶州 二州를 아울러 本營으로 일컫게 하였다(世宗 一二〇、三〇・四・庚申)。

晋州 高麗 成宗때에 十二州節度使를 두면서 康州를 晋州로 고쳤고、顯宗 때에 晋州牧으로 八牧의 하나가 되었었다。朝鮮 太祖 一年에 顯妃 康氏의 內鄕으로 晋陽大都護府로 陞格되었다가 太宗 二年(一四〇二)에 다시 晋州牧으로 되었다。(世宗 一五〇、地理志、慶尙道 晋州牧)

873 星州 高麗 忠烈王 때에 종래의 京山府를 星州牧으로 陞格시켰으나、忠宣王 때에 다시 京山府로 復舊된 것을 朝鮮王朝初에 그대로 襲用되다가 太宗 一年(一四○一)에 府南 三十里(祖谷山)에 御胎를 安置함으로 말미암아 다시 星州牧으로 陞格되었다。(世宗 一五○、地理志 慶尙道 星州)

874 昌原 太宗 八年(一四○八)에 忠烈王朝以來의 二縣(義昌・會原)을 併合하여 昌原府로 고치고、一千戶以上의 郡은 都護府로 陞格시키는 例에 따라 昌原府도 昌原都護府로 陞格되었다。(世宗 一五○、地理志 慶尙道 昌原都護府。太宗 二九、一五・四・癸亥)

875 金海 本 駕洛國이다。高麗 忠烈王 때에 金州牧이 되었다가 忠宣王 때에 諸牧을 汰去하면서 高麗 太祖 때의 名號인 金海府로 다시 고친 것이 朝鮮王朝에 이어졌다。그러나 太宗 十三年(一四一三) 十月에 各道의 單府官을 都護府로 改稱하게 됨에 따라 金海府도 都護府로 고쳐진 것이다。(世宗 一五○、地理志 慶尙道 金海都護府。太宗 二六、十三・十・辛酉)

876 寧海 高麗 忠宣王 二年(一三一○)에 禮州牧이 寧海府라 改稱되었던 것을 太宗 十三年 十月에 各道의 單府官을 都護府로 改稱하게 됨에 따라 寧海府도 都護府로 고쳐진 것이다。(世宗 一五○、地理志 慶尙道 寧海都護府。太宗 二六、十三・十・辛酉)

877 密陽 高麗 忠烈王 十二年(一二八六)에는 密陽郡으로 되었던 것이 恭讓王 二年(一三九○)에 密陽府로 陞格되고、太宗 一年에 郡으로 還元되었다가 太宗 十五年에는 千戶以上이 되어 都護府로 陞格되었다。(世宗 一五○、地理志、慶尙道 密陽都護府。太宗 二九、一五・四・癸亥)

878 善山 新羅 때의 一善郡으로 麗末以來 善州이던 것이 太宗 十三年에 州字가 들어 있는 郡縣號를 山字나 川字로 고칠때에 善山郡으로 되었다가 太宗 十五年에는 千戶以上이 되어 다시 都護府로 陞格되었다。(世宗 一五○、地理志、慶尙道 密陽都護府。太宗 二六、十三・十・辛酉。太宗 二九、一五・四・癸亥)

879 靑松 高麗 成宗朝以來의 靑兒縣은 太祖 三年에 眞寶縣과 倂合하여 靑寶郡으로 삼었었다。世宗 五年에 松生縣이 來屬되면서 靑松郡으로 改稱되고 다시 世祖 五年 六月에 昭憲王后의 內鄕으로서 都護府로 陞格되었다。(世宗 一五〇、地理志、慶尙道 靑松郡。世宗 三一、五・一〇・甲戌。世祖 一六、五・六・甲子)

880 大丘 新羅 때부터 大丘縣으로 郡의 領縣으로 되어 있었으나 高麗 仁宗 때에 비로소 縣令이 두어져서 朝鮮 王朝에까지 이어왔다。世宗 一年(一四一九) 五月에 千戶以上이 되어 知郡事로 陞格되었다가 世祖 十二年 一月 官制更定 때에 都護府로 陞格되었다。(世宗 一五〇、地理志 慶尙道 大丘郡。世祖 三八、一二・一・戊午)

881 幽谷道 慶尙道의 驛路體制도 대체로는 世祖 三年(一四五七)과 世祖 六年의 改編을 거쳐 世祖 八年 八月의 改編으로 거의 整備된 셈이나、그 뒤에 屬驛의 移屬・更送이 약간 있었을 뿐이다。幽谷道는 慶尙道 察訪道의 하나로 世宗朝의 幽谷道丞 所管驛이 二十이던 것이 世祖 八年에는 察訪所管驛 十八로 되었다가 (世宗 一五〇、地理志 慶尙道。世祖 二九、八・八・丁卯) 그 뒤에 十九로 定하여졌다。

882 金泉道 慶尙道 察訪道중의 하나로、太宗 十三年 十一月에 金泉道 驛丞이 加置된(太宗 二六、一三・一一・戊辰) 후 世宗朝에는 金泉道丞 所管驛으로 十六이던 것이 世祖 八年 改編이후로는 金泉察訪道 屬驛 二十一로 늘려졌다。(世宗 一五〇、地理志 慶尙道。世祖 二九、八・八・丁卯)

883 安奇道 慶尙道 察訪道중의 하나로 世宗朝에는 驛丞所管驛으로 十六이던 것이 世祖 三年 九月에 昌樂・安奇 兩道諸驛을 合하여 安奇道라 하여 그 所管驛이 十九로 늘게 되었고、世祖 八年에는 다시 昌樂道(所管驛 十六)가 따로 復舊되었다。成宗 二年(一四七一) 九月에 松羅道屬 五驛이 安奇道로 安奇道屬 二驛이 昌樂道로 編入되어 결국 安奇道屬驛 十으로 整備되었다。(世宗 一五〇、地理志 慶尙道。世祖 九、三・九・癸酉。世祖 一九、六・二・壬子。世祖 二九、八・八・丁卯。成宗 一二、二・閏九・庚子)

884　長水道　慶尙道　察訪道의　하나로、世宗朝에는　長水道丞所管驛　十六이던　것이　世祖　六年(一四六○)에　幽谷道所管　十九驛과　長守道所管　十二驛을　合하여　長守道라　일컫고、世祖　八年에　다시　幽谷道가　分離되어　長水道所管驛　十六으로　整備되었으나、그　후　다시　改編되어　所管驛　十五로　정하여졌다。(世宗　一五○、地理志　慶尙道。世祖　一九、六・二・壬子。

885　省峴道　慶尙道　察訪道의　하나로、世宗　五年(一四二三)에는　省峴道丞所管驛　十四이던　것이　世祖　八年에는　察訪所管驛　十九로　늘어났으나(世宗　二一、五・七・丙戌)　省峴道丞所管驛이　世祖　八年에는　省峴道에　倂合되었던　黃山道가　다시　分離되어　『經國大典』에는　十七로　다시　整備되었다。(世宗　一五○、世理志　慶尙道。世祖　二九、八・八・丁卯)

886　左道(慶尙左道・右道)　太宗　七年(一四○七)에　慶尙道를　洛東・洛西　즉　洛東江을　分界로　左・右道로　나누었다(太宗　一四、七・九・乙丑)。

887　松羅道　慶尙道　驛丞道의　하나로、世宗朝에는　松羅驛이　長水道屬驛중의　하나였으나、世祖　六年에　安奇・長守・黃山道의　一部屬驛을　倂合하여　松羅(察訪)道로　改編되었고、世祖　八年에는　다시　驛丞道로　格下되어　所管驛　十三이던　것이　다시　八驛으로　整備되었다。(世宗　一五○、地理志　慶尙道。世祖　二九、八・八・丁卯)

888　昌樂道　慶尙道　驛丞道의　하나로　世宗朝에는　驛丞道로　所管驛이　七이었으나、世祖　三年에　安奇(察訪)道에　倂合되었다가　世祖　八年에　改編되면서　昌樂道로　改稱되어　察訪所管驛이　十六이었으나、다시　十驛으로　調整되면서　驛丞所管으로　되었다。(世宗　一五○、地理志　慶尙道。世祖　九、三・九・癸酉。

889　沙斤道　慶尙道　驛丞道의　하나로　世宗朝에는　驛丞所管驛이　三十一이었으나、世祖　八年　改編　때에　다시　驛丞所管으로　格下되고　所管驛도　十五로　減縮・整備되었다。(世宗　一五○、地理志　慶尙道。世祖　九、三・九・癸酉。世祖　一九、六・二・壬子。世祖　二九、八・八・丁卯)

890 自如道　忠淸道 驛丞道의 하나로 世宗朝에는 所管驛이 十二이던 것이 世祖 六年(一四六〇)에 召村(察訪)道에 併合되었으나、世宗八年에 다시 召村・自如 二道로 나누어져서 自如道驛丞所管驛은 十三으로 되었다가 十五로 再整備되었다。(世宗 一五〇、地理志、慶尙道。世祖 一九、六・二・壬子。世祖 一九、八・八・丁卯)

891 召村道　慶尙道 驛丞道의 하나로 世宗朝에 驛丞所管驛이 二十二이던 것이 世祖 六年에는 自如道所管驛을 併合하여 召村道察訪所管驛이 三十八로 늘었으나、世祖 八年에 다시 召村道・自如道로 分離되어 各기 驛丞所管으로 되고 召村道丞所管驛 十六으로 整備되었다。(世宗 一五〇、地理志 慶尙道。世祖 一九、六・二・壬子。世祖 一九、八・八・丁卯)

892 黃山道　慶尙道 驛丞道의 하나로 省峴道에 併合되었던 것이 世宗 五年에 다시 分離되어 黃山道丞所管驛이 十三이었다。世祖 六年에는 省峴道를 黃山道에 併合하여 察訪所管驛으로 二十五로 늘렸으나、世祖 八年에 다시 省峴(察訪)・黃山(驛丞) 二道로 分離되어 黃山道所管驛은 十一로 되고、그후 다시 十二驛으로 整備되었다。(世宗 二一、五・七・丙戌、地理志 慶尙道。世祖 一九、六・二・壬子。世祖 一九、八・八・丁卯)

893 全羅道　朝鮮 八道중의 하나로 一名 湖南이라고도 한다。高麗 成宗朝부터 全州・瀛淳州・馬州 等 州縣을 江南道・羅州・光州・靜州 等 州縣을 海陽道로 나누었던 것이 顯宗 九年에 全羅道라고 合稱된 以來 朝鮮王朝에 들어서도 그대로 襲用된 것이다。(世宗 一五一、地理志 全羅道)

894 全州　全州는 원래 百濟 때의 完山으로 新羅 景德王 때에 全州로 고쳐졌다。그 뒤로도 完山・全州가 번복 쓰여지고 高麗 顯宗朝에 安南大都護府이던 것을 다시 全州牧으로 고쳐졌던 것을 太祖 一年 八月에 璿源所系地라는 理由로 全州를 完山府로 陞格시켰다(太祖 一、一・八・甲寅)。그러나 太宗 十三年에 다시 全州府로 改稱하게 된 것은 京畿外의 諸道名은 監司 本營과 留營인 州의 名號에 따른다는 原則에 副合되지 않는다는 때문이었다(太祖 二六、一三・一〇・辛酉)。太宗 十五年에는 全州府에도 太祖眞殿(影殿)이 建

置되어 道臣・守令이 設祭하게 되었다(太宗 三〇、一五・九・丁酉)。世祖 三年(一四五七)에는 慶州의 경우와 같이 舊都大邑이라는 이유로 東・西五品以下의 土官을 設置하였으나 世祖 八年에 이르러 慶州・全州의 土官은 모두 革罷되었다(世祖 八、三・六・辛酉。世祖 二八、八・七・丁未)。

羅州 弓裔가 高麗 太祖로 하여금 攻取케 한 錦山郡을 羅州로 改稱하고、顯宗때에 羅州牧으로 된 것이 朝鮮王朝에 들어서도 그대로 襲用되었다。(世宗 一五一、地理志 全羅道 羅州牧)

濟州 원래 耽羅(國)으로 新羅 文武王 때에 來降하였다 하며、高麗 肅宗朝에 耽羅郡으로 고쳐서 高麗의 郡縣의 하나로 되었다。 忠烈王 때에 일시 蒙古(元)의 直轄牧馬場이 되었으나 그 返還을 要請・還收하여 忠烈王 二十二年에 耽羅를 濟州라고 改稱하여 牧使를 두었다。新羅以來 星主・王子의 爵號를 지닌 耽羅王族인 土着勢力과 元의 耽羅摠管府가 設置되었던 特殊地域에 대한 效率的인 統治를 위하여(成宗 九七、九・一〇・辛丑) 耽羅摠管府 還屬以後로부터 朝鮮王朝開創直後에 이르는 사이에 濟州에도 土官制가 실시되었다。太宗 四年에 濟州土官號를 改定하여 星主・王子를 각기 都州官(道官)의 左都知管・右都知管으로 삼고、그 밑에 東・西道千戶所를 두어 都司守・上司守・副司守를 두게 하고、世宗 때에는 다시 그 밑에 濟州子弟從仕者로 千戶・百戶를 差授케 하였다(太宗 七、四・四・辛卯。太宗 一九、一〇・六・甲寅)。濟州土官은 牧官支配下에 陸地의 軍丁의 例에 의하여 父는 正軍으로 子壻는 奉足으로 軍戶를 編成하게 되어 있어 東北・西北地方의 土官과는 달리 東班이 없이 西班으로만 構成되어 있었으며(世宗 四五、一一・七・壬申) 睿宗 一年에 이르러 특히 外寇등에 對備하기 위하여 濟州의 土官・正軍・奉足을 아울러 이른바 雜色軍으로「成籍」・編成되어 朝鮮王朝 正規土官編制에서 벗어나게 된 것이다(睿宗 三、一・二・甲寅)。 즉 濟州土官은「雜色軍」化되어서 一種의 鄕兵的 機能만 하게 되어『經國大典』에는 東・西班을 갖춘 正規土官으로 認定되지 않고 排除되었다。

897 光州

百濟 때의 武珍州로서 高麗 太祖 때에 光州로 改稱되었다。그 뒤로 몇 차례 邑號의 陞降·改稱을 거쳐 恭愍王 十一年(一三六二)에 化平府라던 것을 茂珍府로 고쳤고、恭愍王 二十三年에 다시 光州牧으로 陞格시킨 것이 朝鮮王朝에 들어서도 그대로 襲用되었다(世宗 一五一、地理志 茂珍郡)。그러나 世宗 十二年에 郡으로 格下되었던 것이 文宗 一年 六月에는 다시 牧으로 陞格되었다(文宗 八、一·六·甲戌)。

898 南原

新羅 때에 南原小京이던 것을 高麗 太祖가 南原府로 고쳤고、忠宣王 때에 帶方郡→南原郡으로 格下되었다가 恭愍王 九年에 다시 南原府로 陞格된 것을 太宗 十三年(一四一三)의 規例에 따라 單府에서 都護府로 고쳐졌다。(世宗 一五一、全羅道 南原都護府)

899 長興

高麗 仁宗 때에 知長興府事로 되었던 것이 元宗 때 懷州牧으로 陞格되었다가 忠宣王 二年(一三一○)에 다시 長興府로 格下되었다。太祖 一年에 倭寇에 對備하여 遂寧縣의 中寧山에 築城하여 長興府로 써 府治로 삼았고、太宗 十三年의 規例에 따라 都護府로 고쳐졌다。(世宗 一五一、全羅道 長興都護府)

900 順天

高麗 忠宣王 一年(一三○九)에 종래의 昇平郡을 昇州牧으로 陞格시켰던 것을 다음에 다시 順天府로 格下시킨 것을 朝鮮王朝에로 繼承되어 太宗 十三年(一四○三)의 規例에 따라 都護府로 고쳐졌다。(世宗 一五一、地理志 全羅道 順天都護府)

901 潭陽

高麗 成宗 때에 新羅 以來의 秋成郡을 潭州로 고치고 다시 潭陽으로 改稱하였다。明宗 二年(一一七二)에는 監務를 두었었다(『新增東國輿地勝覽』三九、潭陽)。太祖 四年(一三九五)에 國師 祖丘의 鄕이라 하여 郡으로、太祖 七年十一月에 德妃의 外鄕이라 하여 府로 陞格된데 이어 太宗 十三年의 規例에 따라 都護府로 改稱되었다。(太祖 七、四·一·壬戌。世宗 一五一、地理志 全羅道 潭陽都護府)

902 參禮道

全羅道 察訪道의 하나로 世宗朝에는 參禮道(驛丞)所管驛이 六이던 것이 世祖 三年(一四五七)의 改編을 거쳐 世祖 八年에 察訪所管驛 十三으로 整備되어 『經國大典』에는 寸谷驛이 林谷驛으로 되어 있는

것만이 다르다。(世宗 一五一、地理志 全羅道 參禮道。世祖 九、二・九・癸酉。世祖 二九、八・八・丁卯)

903 契樹道 全羅道 察訪道의 하나로 世宗朝에는 昌活道丞所管驛중의 하나이던 것이 그 뒤에 契樹道察丞道로 되고 世祖 三年의 改編을 거쳐 世祖 八年에 契樹道察訪所管驛 十二로 整備되어 『經國大典』 所載의 所管驛과 一致된다。(世宗 一五一、地理志 全羅道。世祖 九、三・九・癸酉。世祖 一九、六・二・壬子。世祖 二九、八・八・丁卯)

904 青嚴道 全羅道 察訪道의 하나로 世宗朝의 青嚴道驛丞所管驛이 九이던 것이 世祖 三年의 改編을 거쳐 世祖 八年에 察訪所管 十二驛으로 整備되어 『經國大典』에는 新安・廣利驛이 각각 申安・光利驛으로 달라진 것뿐이다。(世宗 一五一、地理志 全羅道。世祖 二九、八・八・丁卯)

905 景陽道 全羅道 驛丞道의 하나로 世宗朝에 景陽道驛丞所管驛이 九이던 것이 世祖 三年의 改編을 거쳐 世祖 八年에 驛丞所管驛 七로 整備되어 本 『經國大典』 所載 驛名과 一致된다。(世宗 一五一、地理志 全羅道。世祖 二九、八・八・丁卯)

906 碧沙道 全羅道 驛丞道의 하나로、世宗朝에는 所管驛이 九이던 것이 世祖 八年(一四六二) 改編때에 所管驛이 十으로 되어 『經國大典』 所載의 그것과 一致되나 다만 樂昇驛이 洛昇驛으로 달라졌을 뿐이다。(世宗 一五一、地理志 全羅道。世祖 二九、八・八・丁卯)

907 濟原道 全羅道 驛丞道의 하나로 世宗朝에 所管驛이 二이던 것이 世祖 八年 改編 때 所管驛이 五로 늘어나 『經國大典』 所載 驛名과 一致된다。(世宗 一五一、地理志 全羅道。世祖 二九、八・八・丁卯)

908 黃海道 朝鮮 八道의 하나로 一名 海西라고도 한다。太祖 三年 六月에 西海道가 豊海道로 改稱되고、다시 太宗 十七年 十二月에 豊海道가 黃海道로 改稱되었다。(太祖 六、三・六・辛卯。太宗 三四、一七・一二・甲申)

909 黃州 高麗初부터 黃州로서 成宗때 十二牧의 하나가 되고 顯宗 때 八牧의 하나로서 西海道에 屬했던 것이

朝鮮王朝로 이어왔다。道名이 바뀜에 따라 黃海道에 屬하게 되었다。(世宗 一五二、地理志 黃海道 黃州牧。

註 9 0 8 黃海道 參照)

910 海州 新羅 때의 瀑池郡을 高麗 太祖가 郡南으로 大海에 臨하여 있다 하여 海州로 改稱하였다는 것이다。뒤에 海州牧으로 되었으나 恭愍王 때 一時 郡으로 格下되었다가 다시 牧으로 復舊되어 朝鮮王朝로 이어 졌다。(世宗 一五二、地理志 黃海道 海州牧)

911 延安 高麗 忠宣王 때 諸牧을 汰去할 때에 溫州牧을 延安府로 格下시켰던 것이 朝鮮王朝로 이어졌다(世宗 一五二、地理志 黃海道 延安都護府)。遷都後 郡縣改編에 따라 延安府는 京畿右道에 屬하던 것이 太宗 三年(一四○三)八月에 豐海道로 移屬됨으로서 그 후 諸名變改에 따라 黃海道에 屬하게 되고、太宗 十三年 十月의 規例에 따라 都護府로 改稱되게 되었다(太宗 二六、一三・八・丁卯、太宗 二六、一三・一○・辛酉)。

912 平山 高麗朝以來의 平州를 太宗 十三年의 規例에 따라 平山郡으로 고치고、太宗 十五年에 戶二千에 차서 都護府로 格上시켰다。(世宗 一五二、地理志 黃海道 平山都護府)

913 瑞興 高麗初의 洞州로서 顯宗 때에 平州任內에 屬하게 되었던 것이 元宗 때 瑞興縣으로 陞格되었던 것이 다。太祖 四年에 瑞興縣은 郡縣改編에 따라 西海道에 還屬되고、太宗 十五年에 千戶以上이 되어 郡으로 陞格되고、다시 世宗 二年以前에 府로 되어 있었다(世宗 一五二、地理志、黃海道 瑞興都護府、世宗 七、二・閏一・戊辰)。世宗 七年 二月에는 入明宦官(尹鳳)의 請으로 그의 本鄕인 瑞興府를 都護府로 고쳤다(世宗 二七、七・二・甲寅)。

914 豐川 高麗初에 원래의 高句麗 仇乙縣이 豐州로 고쳐지고 高麗 成宗 때에 都護府로 陞格되었다。朝鮮 太祖 六年에 鎭을 設置하고 兵使로써 知州事를 兼하게 하였으나、太宗 十三年의 規例에 따라 州字를 川字로 고쳐서 豐川郡으로 되었다。世宗 五年(一四二三)에 兵使가 僉節制使로 代替되면서 豐川都護府로

915

青丹道・金郊道 青丹道는 世宗朝에 驛丞所管이 八驛이던 것이나、世祖 三年(一四五七)의 改編 때에는 麒麟道諸驛을 青丹道에 合치고 驛丞이 革罷되고 程驛察訪을 두게 되었다。그러나 世祖 八年에 이르러 다시 青丹・麒麟兩道로 分離시켜 青丹察訪所管을 九驛으로 정하였으나『經國大典』에는 金洞驛이 加屬되어 十驛으로 되어 있다(世宗 一五二、地理志 黃海道。世祖 二九、八・八・丁卯)。金郊道所管의 驛은 원래 太宗朝에는 金郊에서 敬天에 이르는 당시 平安道例에 따라 館丞을 두었으나 世宗朝에는「站路察訪」一人의 所管下에 들게 된 諸站으로、그것이 金郊道察訪所管으로 改編된 것은 成宗 一年(一四七〇) 以前의 일이다。(太宗 二七、一四・二・癸丑。世宗 一五二、地理志 黃海道。成宗 三、一・二・壬子)

고쳐졌다。(世宗 一五二、地理志 黃海道 豊川郡)

916

麒麟道 世宗朝에 麒麟道丞 所管驛이 十六이던 것이 世祖 三年에는 青丹道에 合屬되어 察訪所管으로 改編되었으나、世祖 八年 再改編때에 다시 青丹・麒麟 兩道로 分離되어 察訪所管驛 十一로 되었던 것이 『經國大典』에서는 所坪驛이 加屬되었을 뿐이나、所串驛이 金郊道에도 所屬된 것으로 되어 있는 것은 錯誤인 것 같다。(世宗 一五二、地理志 黃海道。世祖 九、三・九・癸酉。世祖 二九、八・八・丁卯)

917

江原道 朝鮮 八道의 하나로 一名 關東이라고도 한다。高麗 때에 嶺東은 朔方道、江陵道 또는 江陵朔方道라하고 嶺西는 春州道、東州道 또는 交州道라 하던 것을 恭讓王 一年(一三八九)에 嶺東・西를 合쳐서 江陵交州道라고 合稱하였으나、太祖 三年 六月에 江陵交州道를 江原道로 改稱하여 監司本營을 原州에 두었다。(世宗 一五三、地理志 江原道)

918

江陵 新羅 때부터 河西 또는 溟州라고 불리워서 高麗 成宗 때에도 河西府、溟州牧이라 하고、元宗 때에 慶興都護府로 되었다가 忠烈王 때 江陵府로 고쳐졌다。恭讓王 一年(一三八九)에 江陵府는 大都護府로 陞格된 것이 朝鮮王朝로 이어졌다。(世宗 一五三、地理志 江陵大都護府)

919

原州 新羅때의 北原京으로 高麗 太祖 때에 原州로 고쳤었다。 그 뒤로 州・縣・都護府 등으로 邑號의 改稱・陞降이 있었으나、 忠烈王 때에 原州牧으로 陞格되었다。 忠宣王 때에 다시 成安府로 格下되었다가 恭愍王 때에 原州牧으로 復舊되어 原州로 이어졌다。(世宗 一五三、 地理志 江原道 原州牧)

920

淮陽 高麗 忠烈王 때에 종래의 交州를 淮州牧으로 고쳤던 것을 忠宣王 때에 淮陽府로 格下된 것이 朝鮮王朝로 이어졌으나、 太宗 十三年(一四一三)의 規例에 따라 單府官에서 都護府로 고쳐졌다。(世宗 一五三、 地理志 江原道 淮陽都護府)

921

襄陽 朝鮮 太祖 六年(一三九七)에 高麗 元宗朝以來의 襄州를 太祖의 外鄕이라 하여 襄州府로 陞格시키고、 그 후 太宗 十三年의 規例에 따라 襄州都護府로 改稱된 것이 太宗 十六年에 襄陽으로 고쳐졌다。(世宗 一五三、 地理志 江原道 襄陽都護府)

922

春川 高麗 成宗 때에 春州로서 安邊에 屬해있던 것이 神宗 때에 安陽都護府로 陞格되었다가 다시 春州로 格下되어 朝鮮王朝에 이어졌다。 太宗 十三年에 春川郡으로 고쳐지고 一千戶가 넘어서 다시 都護府로 改稱되었다。(世宗 一五三、 地理志 江原道 春川都護府)

923

鐵原 본시 高句麗의 鐵圓郡、 新羅 때의 鐵城郡으로 羅末 弓裔가 일시 都邑으로 定하였으나 高麗 太祖가 松嶽으로 都邑을 定하고 다시 鐵圓을 東州로 고쳤었다。 顯宗때에 東州牧으로 陞格되었다가 忠宣王때에 다시 鐵原府로 되어서 朝鮮王朝에 이어졌다。 恭讓王 二年에 京畿를 左・右道로 나누고 領域을 넓히면서 당시 交州道(江原)의 鐵原府를 左道에 來屬시켰으나、 漢陽遷都후인 太祖 四年에는 京畿左道에 移屬시켰다。 그후 太宗 十三年의 規例에 따라 單府官에서 都護府로 고쳐지고、 世宗 十六年에 이르러 鐵原都護府를 江原道에 還屬시키자는 論議가 일어나 世宗 十七年 十二月에는 드디어 江原道에 還屬시켰던 것이다。(世宗 一四八、 地理志 京畿都觀察黜陟使 및 鐵原都護府。 世宗 六六、 一六・一〇・戊辰。 世宗 七〇、 一七

・一二・甲寅)

924 三陟　新羅 景德王 때에 三陟郡으로 改稱된 것으로 高麗 顯宗 때에 一時 縣으로 格下되었다가 다시 郡으로 陞格되어 朝鮮 王朝에 이어지고、太祖 二年(一三九三)에 穆祖外鄕이라하여 三陟府로 올려지고 그 뒤에 太宗 十三年(一四一三)의 規例에 따라 都護府로 改稱된 것이다。(世宗 一五三、地理志 江原道 三陟都護府)

925 銀溪道　江原道 察訪道의 하나이다。世宗朝에는 江原道의 驛丞道로 保安道、大昌道、平陵道의 三路로 되어 있어서、銀溪・祥雲 兩道는 그때까지 編制되어 있지 않았던 것으로 생각된다。世祖 一年에 大昌・保安道를 合하여 大昌道라 하고 察訪을 파견하던 것이 世祖 八年(一四六二) 程驛改編에서 大昌道는 다시 銀溪道와 保安道로 나누어지게 된 것이다。그리하여 銀溪道 察訪所管驛은 十七、祥雲道 驛丞所管驛은 十六으로 整備되었던 것이 『經國大典』에는 銀溪道는 二十驛으로 改編되고、祥雲道는 그대로 十六驛으로 編制되고 다만 大江驛이 大康驛으로 고쳐졌을 뿐이다。(世宗 一五三、地理志 江原道。世祖 二、一・二二・甲辰。世祖 二九、八・八・丁卯)

926 保安道　江原道 察訪道의 하나로 世宗朝에는 保安道丞所管驛이 二十이었으나、世祖 一年(一四五五)에 大昌・保安道를 合하여 大昌道라하고 察訪을 파견하던 것이 世祖 八年 程驛改編에서 大昌道가 다시 銀溪・保安 兩察訪道로 나누어져서 保安道所管驛이 三十으로 정비되어 『經國大典』所載의 그것과 一致되나、다만 驛名 丹丘・餘糧・雲交가 丹立・餘粮・云交로 同音異字가 씌워진 것이 다를 뿐이다。(世宗 一五三、地理志 江原道。世祖 二九、八・八・丁卯)

927 平陵道　江原道 驛丞道의 하나로 世宗朝에는 所管驛이 九이던 것이 世祖 八年(一四六二) 程驛改編 때에 所管驛을 十五로 늘렸으나 『經國大典』에는 新興驛 하나가 늘어 所管驛이 十六으로 되게 되었다。(世宗 一五三、地理志 江原道。世祖 二九、八・八・丁卯)

928 祥雲道 註 九二五 銀溪道 참조

929 永安道 朝鮮 八道의 하나로 一云 關北이라고도 한다。高麗 恭愍王때 元의 세력을 驅逐하고 和州以北의 諸城을 收復하여 「東北面」이라 號稱되던 것을 太宗 十三年(一四二三)에 界首官(永興・吉州)의 이름을 따서 永吉道라고 하였었다。太宗 十六年에는 咸興牧이 咸興府로 陞格되고 永興府가 和州牧으로 格下되면서 道名도 永吉道에서 咸吉道로 고쳐졌으나、世祖 十三年(一四六七)에 吉州人 李施愛가 吉州에서 亂을 일으켰기 때문에 吉州를 格下시켜 二縣으로 삼고 道號도 一時 咸鏡道로 改稱되게 된 것이다(世宗 一五五、地理志 咸吉道。太宗 二六、一三・一〇・辛酉。太宗 三一、一六・九・丁酉。成宗 三、一・二・丙寅。成宗 一七四、一六・一・戊申。永安道는 뒤에 다시 咸鏡道로 改稱되었다。『燕山君』日記 二九、四・四・己巳)

930 永興 高麗初에는 和州라고 하던 것을 恭愍王 때 元세력을 구축하고 和州牧으로 삼았다가 和寧府로 陞格시켰다。太祖 二年에 和寧府가 永興府로 改稱되고 본래의 永興縣은 永平縣으로 改稱하게 되었다。太宗朝의 趙思義亂으로 말미암아 일시 郡으로 格下되었던 일이 있었으나 곳 府로 復舊되어 界首官(永興・吉州)의 이름을 따서 道名도 永吉道와 고치게 되었다。世宗 八年(一四二六)二月에는 太祖誕生의 地로 先王先后의 陵寢所在地로서 永興大都護府로 陞格되었다(世宗 一五五、地理志 咸吉道 永興大都護府。太祖 四、二・九・丙辰。世宗 三一、八・二・甲戌)。永安道觀察使가 永興府尹을 兼하게 된 것은 世祖 十二年 二月부터의 일이다(世祖 三八、一二・二・甲申)。永興에는 國初부터 土官制가 실시되었다(註 九七四 永興府 참조)

931 安邊 高麗 顯宗 때에 종래의 登州를 安邊都護府로 고쳤던 것이 朝鮮王朝에로 이어져서、太宗 二年末에 趙思義亂으로 말미암아 監務로 格下되었다가 다음해에 다시 都護府로 復舊되었다(世宗 一五五、地理志 咸吉道 安邊都護府。太宗 四、二・一二・乙丑)

932 鏡城 高麗 睿宗 때에 尹瓘이 女眞을 몰아내고 九城을 쌓았던 중의 하나로 太祖 七年記錄에 처음으로 鏡城郡으로 나타난다(太祖 一三、七·二·庚辰)。世宗 十八年(一四三六)에 鏡城郡은 都護府로 陞格되어 兵馬都節制使가 判府事를 겸하게 되었다(世宗 七一、一八·二·丙辰)。鏡城府에는 世宗 十八年 閏六月에 東·西 班土官이 設置되었다。(世宗 七三、一八·閏六·丙寅。鏡城都護府 土官制에 대하여서는 註 993 平壤府 참조)

933 北道·南道(永安道) 원래 咸吉道의 南北이 너무 길기 때문에 이를 南道와 北道로 二分하여 각각 都節制使를 두어 聲援하도록 하자는 論議는 世祖 六年(一四六○)에 있었으나 衆議가 歸一되지 않아서 바로 施行되지가 못하였다(世祖 二一、六·九·乙酉)。그러던 것이 李施愛亂을 契機로 亂을 平定한 直後인 世祖 十三年 九月에 鏡城以北을 北道로 吉州以南을 南道로 咸吉道를 南·北으로 兩分하여 각기 節度使를 두어 分兵相援하도록 하였던 것이다(世祖 四三、一三·九·丙寅。成宗 七、一·八·己酉)。

934 慶源 高麗때 尹瓘이 女眞族을 구축하고 公險鎭內防禦所를 설치했던 肇基의 땅으로서 慶源府라 하여 都護府 永安道 最北端에 位置한 北方의 巨鎭이다。太祖 七年에 그 古址에 石城을 쌓고、德陵·安陵이 있는 肇基의 땅으로서 居民을 南遷、鏡城郡으로 옮긴 일이 있었으나、太宗 十七年에는 鏡城郡의 豆龍耳峴以北의 땅을 分割·所屬시켜 富家站에 邑을 두어 다시 慶源都護府로 復舊되었다。世宗 十年에는 다시 府治를 會叱家로 옮기고 南界의 民戶를 移住시켜 北方의 要鎭으로 삼고、世宗 十六年에 土官을 두게 하고 世宗 二十三年에는 그때까지 鏡城에 屬해있었던 것을 鏡城은 吉州道에 屬하게 하고 慶源을 界首官으로 삼아 會寧·慶興·鍾城·穩城·富居等官을 이에 所屬시켜 慶源을 北方의 巨鎭으로 삼았다。(世宗 一五五、地理志 咸吉道 吉州牧·慶源都護府。世宗 六三、一六·一·甲申·丙戌·癸巳。

935 會寧 원래 高句麗의 舊地로서 高麗때에는 女眞族의 占據地가 되어 胡言으로 斡木河라고 하였다。世宗 十

六年(一四三四)에 金宗瑞가 女眞세력을 구축하고 東北의 六鎭을 설치할 때 여기에 城堡를 特設하고 寧北鎭節制使로 하여금 관할케 하였다。그리하여 다시 地界를 새로 設定하여 會寧鎭이라 하고 都護府로 陞格시키면서 判官과 土官을 두게하였다。(世宗 一五五、地理志 咸吉道 會寧都護府。『新增東國輿地勝覽』五〇、會寧。世宗 七四、一八・九・戊午)

936 鍾城 원래 高句麗・渤海의 舊地로 高麗때에 女眞族의 占據地가 되었었다。世宗 十七年에 會寧의 四百戶를 分割하여 寧北本鎭에 郡을 設置、鍾城郡이라 하고 僉卽制使를 知郡事가 兼하게 하였다(世宗 六九、一七・七・戊子)。世宗 二十二年에 郡治所를 남쪽으로 옮기고 寧北本鎭을 都節制使의 行營으로 삼고、그 다음 해인 世宗 二十三年에 鍾城郡을 都護府로 陞格시키고 判官과 土官을 設置하였다。(世宗 一五五、地理志 咸吉道 鍾城都護府。『新增東國輿地勝覽』五〇、鍾城)

937 穩城 원래 高句麗의 舊地로서 高麗때에 女眞族의 占據地로 되어 多溫平이라고 하였었다。世宗 二十二年에 비로소 郡을 設置하여 穩城郡이라 하였다。그리하여 慶源 및 吉州 南쪽과 安邊 北쪽의 諸邑民戶를 옮겨서 世宗 二十三年에는 都護府로 陞格시키고 判官과 土官을 設置하였다。(世宗 一五五、地理志 咸吉道 隱城都護府)

938 慶興 원래의 孔州로서 太祖 七年에 石城을 쌓았고 德陵・安陵이 있는 肇基의 地라하여 이를 慶源이라고 하였던 것이나、太宗때에 野人의 侵寇로 居民이 南遷하였다가 世宗 十六年에 郡治를 會叱家에 옮겨서 慶源府를 復設하게 되고、世宗 十七年에 孔州傍近의 三百戶를 割屬케 하여 孔城縣이라고 하였다。世宗 十九年에 孔城縣을 慶興郡으로 陞格・改稱하고、世宗 二十五年에는 城域을 넓히고 都護府로 陞格시키며 土官을 두었다。(世宗 七六、一九・三・辛酉。世宗 一〇〇、二五・六・戊戌。世宗 一五五、地理志 咸吉道 慶興都護府。『新增東國輿地勝覽』五〇、慶興)

939

富寧 원래 鏡城郡 石幕땅으로 世宗 十四年(一四三二)에 東良北女眞의 往來要衝地이어서 처음으로 寧北鎭을 두어 節制使가 判鏡城郡事를 兼하게 하였었다。世宗 十六年에 寧北鎭을 伯顏愁所(女眞의 里名을 이같은 女眞里名들은 世宗 十七年에 朝鮮里名으로 고쳐서 伯顏愁衍站은 撫安으로、加乙伐站은 櫟山으로、好叱家站을 馬乳 로 고친 것과 같다。世宗 六·九、一七·九·甲午)의 石幕舊地로 옮기고 土官 千戶로써 직히게 하였다。世宗 三十一年에 富居縣을 會寧府 石堡站으로 옮겨서 傍近地域을 割屬시켜 이를 富寧都護府로 삼고 文宗朝 에 土官을 두게 하였다。(世宗 一五五、地理志 咸吉道 會寧都護府。世宗 二二五、三一·七·乙酉)

940

北青 高麗 恭愍王 五年(一三五六)에 雙城舊境을 收復하여 安北千戶防禦所를 두었다가 恭愍王 二十一年에 北 青州萬戶府라고 고쳤었다。太祖 七年(一三九八)에 다시 青州라고 고친 것을 太宗 十六年(一四一六)에 一 部 郡縣名號를 고치면서 青州를 淸州牧과 同音이기 때문에 北青이라고 고쳤다。世宗 九年에 都護府로 고쳐졌다。(世宗 一五五、地理志 咸吉道北青都護府。『新增東國輿地勝覽』四九、北青)

941

德源 高麗때의 宜州로서 太宗 十三年의 規例에 따라 州를 川字로 고쳐서 宜川으로 改稱되었던 것이 世宗 十九年에 宜川郡으로 되었다。(世宗 一五五、地理志 永安道 宜川郡。宜川은 穆·翼·度·桓·四代의 御鄕으로서 世宗 二十七年에 都護府로 되었다。(世宗 一五五、地理志 永安道 宜川郡。德源都護府)

942

定平 高麗 成宗때에 千丁萬戶府를 두었고 靖宗 七年(一〇四一)에 비로소 城堡를 쌓아 關門을 設置하고 定 州防禦使를 두었다。恭愍王 五年(一三五六)에 元세력을 몰아내고 이를 收復하여 都護府로 陞格시킨 것 이 朝鮮王朝에 그대로 이어졌다。太宗 十三年에 그것이 平安道의 定州와 同名인 것을 피하여 定平이라 改稱하게 된 것이다。(世宗 一五五、地理志 咸吉道 定平都護府)

943

甲山 원래 虛川府로 오래동안 女眞의 占據地가 되고 자주 兵火를 겪어서 住民이 없었던 것을 恭讓王 三年 에 甲州萬戶府로 삼았었다。太宗 十三年에 甲山郡으로 되었던 것이 世宗 十九年에 鎭을 設置하여 (兼節

制使를 두고、世祖 七年에 都護府로 되었다。(世宗 一五五、地理志 咸吉道 甲山郡。『新增東國輿地勝覽』四九 甲山)

944 高山道 永安道 察訪道의 하나이다。咸吉道(永安道)의 驛丞道는 애초에는 高山驛丞所管(自高山 至德山) 驛路와 施利驛丞所管(自新恩 至懷綏) 驛路 二道로 나누어져 있던 것을 世宗 三年(一四二一)에 각기 所管驛路의 距離가 六百里內外로 먼길이었기 때문에 驛丞의 巡察에 어려움이 있어서 다음과 같이 三道로 나누어 驛丞 一員을 增員시키기로 하였다。즉 高山道 二十一驛(自高山 至靑山)、懷綏道 十二驛(自施利 至懷綏)、酒泉道 二十一驛(自酒泉 至居山)이 그것이다(世宗 一三、三・六・癸巳)。世宗 八年에는 酒泉驛을 東歧驛에 合屬시켜서 酒泉道는 東歧道로 改稱되었다(世宗 三二、八・七・己亥)。그러나 世宗實錄 地理志에는 高山・東歧・施利의 三道로 되어 있어 驛路改編에 따라 懷綏道가 施利道로 改編되었던 것 같다。東北邊境經營의 難局때문에 그 후로도 改編이 거듭되어 世宗 十七年 現在로는 일단 高山道와 居山道의 二道(察訪道)로 나누어졌다가 世宗 二十二年에 이르러 다시 高山道(十七站)・居山道(二十站)・輸城道(十八站)의 三道로 再整備되어 『經國大典』에는 각기 所管驛의 多小의 出入이 있을 뿐이다。(世宗 六九、一七・九・甲午。世宗 八八、二二・二・丙子)

945 居山道 永安道 察訪道의 하나로 世宗 二十二年(一四四〇)의 居山道는 二十一站이던 것이 『經國大典』에서는 十九驛으로 改編된 것으로 나타난다。(註 944 高山道 참조)

946 輸城道 永安道 察訪道의 하나로 世宗 二十二年의 輸城道는 十八站(自洪原縣 新恩站 至吉州古站)이던 것이 本『經國大典』에는 十九驛으로 改編된 것으로 나타난다。(註 944 高山道 참조)

947 平安道 朝鮮 八道의 하나로 一名 關西라고도 한다。高麗때에 浿西道 또는 北界라고 하던 것을 肅宗 七年(一〇二二)以來「西北面」이라 일컬어서 朝鮮王朝에 이어졌으나、太宗 十三年 十月에 西北面이 平安道로

改稱되고 平壤・安州를 界首官으로 삼게 되었다(世宗 一五四、地理志 平安道。太宗 二六、一三・一〇・辛酉)。

平安道는 文宗卽位年에 이미 左・右道로 나누어져 있었다(文宗 二、卽位・七・辛未)。

948

平壤　高麗 때의 西京으로 恭愍王 十八年(一三六九)에 萬戶府가 設置되고 뒤이어 平壤府로 改稱되었다。또한 太宗 十一年에 檀君祠堂이 마련되고 高句麗始祖 東明王이 合祀되어 春秋로 致祭하게 되었다。또한 太宗 十四年 八月에 舊都인 全州・慶州와 같이 平壤에 太祖眞殿을 세워 道臣・守令으로 하여금 大享・別祭를 設行하도록 하였다。平壤府尹은 觀察使가 兼하도록 된 것은 世祖 十二年 二月의 일이다。平壤에는 이미 高麗 恭愍王 三年 以前에 土官이 設置되어 있었던 것으로 나타나서 朝鮮王朝에 그대로 이어졌다。(世宗 一五四、地理志 平安道 平壤。『高麗史』五八、地理志)

949

寧邊　世宗 十年(一四二八) 十二月에 平安道의 延山府와 撫山縣을 倂合하여 寧邊大都護府로 삼아 寧邊을 本營으로 都護府使가 府使를 兼하도록 되었다(世宗 四二、一〇・一二・己卯)。원래 延山은 高麗 光宗때의 延州로서 恭愍王때에 延山府로 陞格된 것을 太宗때에 都護府로 改稱되었던 것이며、撫山은 본시 高麗때의 撫州縣으로 高宗때에 蒙古兵을 피하여 海島로 撤去하였다가 元宗때에 還出하여 恭讓王 末年에 縣으로 된 것이 太宗 十三年規例에 따라 撫山縣으로 改稱된 것이었다。世宗 十年에 平壤府例에 따라 土官을 두게 되었다。(世宗 四三、一一・三・壬申。註 992 四郡 참조)

950

安州　高麗 顯宗때의 安北大都護府이던 것을 恭愍王 十八年(一三六九)에 安州萬戶府를 두었다가 安州牧으로 고쳐진 것이 朝鮮王朝에로 이어진 것이다。太宗 十三年(一四一三)에 「西北面」이 平安道로 改稱되면서 平壤과 더불어 界首官으로 삼게 되었다。

951

定州　高麗 顯宗때에 龜州防禦使를 두었던 곳으로 蒙古兵이 來侵했을 때 朴犀의 奪戰의 功으로 定遠大都護府가 되었다가 뒤에 定州牧으로 되었다(世宗 一五四、地理志 平安道 定州牧)。

952

義州

본래 高麗의 龍灣縣으로 契丹이 鴨綠江東岸에 築城하여 保州라하고 그 뒤에 弓口門을 設置하여 恭愍王 라 하였던 것을 高麗 睿宗 때에 來遠城과 抱州를 歸屬시켜 抱州를 義州(防禦使)로 改稱하였다。恭愍王 十五年(一三六六)에 義州牧으로 삼고、恭愍王 十八年에는 여기에 萬戶府를 두었던 것이 朝鮮王朝에 이어졌다(世宗 一五四、地理志 平安道 義州牧)。義州는 「一國의 西門」으로 明使를 初面・接待하는 고장이어서 여기서도 譯學生徒를 養成할 필요가 있었다(世祖 三四、一〇・八・壬午)。世宗 十四年(一四三二)에 義州에도 土官을 두게 하였다。(註 996 義州牧 참조)

953

江界

高麗 恭愍王 十年(一三六一)에 禿魯江萬戶를 두었다가 恭愍王十八年에 江界萬戶府로 改稱하고 鎭邊・鎭成・鎭安・鎭寧等 四軍을 두고 上・副千戶를 두었었다。太宗 一年(一四〇一)에 立石・古哈怹・等伊彦을 合하여 一州로 삼아 石州라 이름하였으나 太宗 三年에 江界府로 고쳤고、太宗 十三年의 規例에 따라 都護府로 改稱하였다。(世宗 一五四、地理志 平安道 江界都護府)

954

昌城

高麗 靖宗 때에 長靜縣 梓田에 築城하여 昌州防禦使를 두었으나 蒙古兵侵寇때에 城邑이 廢墟化되었다。恭愍王때에 泥城萬戶府를 두었던 것을 太宗 二年(一四〇二)五月에 泥城을 昌州에 合하여 昌城郡으로 삼았던 것을(世宗 一五四、地理志 平安道 昌城郡。太宗 三、二・五・丁丑) 世宗 二十年 六月에 都護府로 陞格시키고 判官도 加設하였다(世宗 八一、二〇・六・戊寅)。

955

成川

高麗 太祖 十四年(九三一)에 剛德鎭을 設置하였던 것을 顯宗 九年(一〇一八)에 成州防禦使라 하였다가 그 뒤에 成州郡으로 고친 것이 朝鮮王朝로 이어졌다。太宗 十三年의 規例에 따라 成州를 成川으로 고치고 太宗 十五年의 規例에 따라 都護府로 陞格되었다。(世宗 一五四、地理志 平安道 成川郡)

956

朔州

高麗 顯宗 九年에 종래의 寧基縣을 朔州로 고치고 朔州府로 陞格시킨 것이 朝鮮王朝에 이어졌다(世宗 一五四、地理志 平安道 朔州都護府)。太祖 五年에 大小朔州와 龜州를 合하여 朔州郡

으로 고치고 世宗 二十年(一四三八)에 朔州를 朔川으로 改稱케 하였으나、世宗 二十一年 四二月에는 都
護府로 陞格되고、世宗 三十一年 七月에 朔川都護府를 朔州都護府로 改稱하게 되었다。(太祖 一〇、五·
七·壬午。世宗 八·一、二〇·六·戊寅。世宗 八四、二二·閏二·癸巳。世宗 二二五、三一·七·乙酉)

957

肅川 高麗 成宗때에 肅州防禦使를 두었다가 肅州郡으로 고쳤던 것이 朝鮮王朝에 이어져서 太宗 十三年
(一四一三)의 規例에 따라 肅川郡으로 改稱하게 되고、太宗 十六年에는 一千戶以上이 되어 都護府로 陞
格되었다(世宗 一五四、地理志 平安道 肅川都護府)。

958

龜城 高麗 成宗때 徐熙가 女眞을 攻逐하고 城을 쌓아 龜州라 하였던 고장이다。世祖 一年(一四五五)에 龜
城郡을 新設하고 隣近 住民과 地域을 移住·割屬시켰으며、世祖 十年 二月에 龜城郡을 都護府로 陞格
시켰다(世祖 一、一·七·乙酉。世祖 三二、一〇·二·甲辰)。

959

土官職 平安·咸鏡 兩道의 邊境은 원래 高麗때 元세력의 退去에 따라 收復된 地域으로、平壤·永興을 비
롯한 行政的·軍事的 要衝에 대한 地方統制와 防禦를 위하여 그 地方의 鄕豪的 存在인 高位將兵이나 鄕
吏役을 마친 者등을 選拔하여 編制된 특수한 地方官(東·西班)制이다。土官은 衙前과 同一視되기도 하
였으나(世宗 一〇〇、二五·六·癸巳。文宗 一〇、一·一〇·甲申) 遞兒職으로 差授되는 점에서도 衙前과는
다트며、兩界의 土官制 자체가 兩界라는 특수 地域의 土着세력에 대한 懷柔策에서 마련된 것이었다。土
官의 告身은 일반 文·武官例에 따라 五十日內에 署經을 하게되어 있고 滿三十朔에 加資·遷轉하도록
되어 있다。본시 土官에 대해서는 俸祿이 없었고 地祿이라하여 마치 軍田과도 같이 田地(十結~三結)가
支給되었다。원래 高麗때에 마련되었던 土官制가 朝鮮王朝에 들어와서도 그대로 이어져서 平壤·和州
·濟州等地에 설치되었던 것이 世宗朝에는 六鎭을 비롯하여 鏡城·寧邊·義州·江界등 要衝地 十二個
處에 擴大·實施되었다。 世祖朝에는 廣州·全州·開城등 舊都와 吉州에 一時 土官制가 시행되었던 것

도 世祖 八年 二月의 土官制 再整備에 따라 革罷되고 말았다。(李載龒、〈朝鮮初期의 土官에 對하여〉『震檀學報』二九·三〇合併號、一九六六。吉田光男、〈一五世紀朝鮮의 土官制〉『朝鮮史研究會論文集』一九八一)

960 京官職을… 一品을 내려서 준다 世宗 十一年(一四二九) 一月에 咸興·平壤土官의 職品이 朝官의 그것과 對等한 것은 不合理하다 하여 土官 五品은 朝官 六品에 准하게 하고 以下 遞降하도록 하여 그 位次는 각기 從品의 끝에 두도록 啓請함에 따라 그대로 施行되고、따라서 土官을 京職에 除授할 때에는 한 品階를 降等하여 주도록 된 것이다。(世宗 四三、一一·一·丁卯。世宗 四六、一一·一二·甲戌)

961 知印 土官에 대한 知印의 身分은 京官職에 있어서의 錄事의 身分에 擬定되는 것으로 京中에서 六曹에 錄事·知印을 처음으로 두게 된 것은 太宗 十四年(一四一四) 五月의 일이다(太宗 二七、一四·五·癸酉)。咸興府의 知印의 例로 보아서 大都護府(都節制使本營)에는 土官밑에 知印을 두어「軍情의 馳報」와「進上의 齎捧」과 같은 重要한 實務를 담당하게 하였던 者임을 알 수 있다(世祖 五、二·九·甲戌)。平安道의 경우 端宗朝에 左道知印 七十(人) 右道知印 三十(人)이 있었다(端宗 五、一·一·壬戌)。知印은 每式年 一 都目에 一人去官으로 되어 있고 五十歲以上者에 대해서는 散官을 주어 去官케 하였다(世宗 一一三、二八·九·己卯。世祖 五、二·九·甲戌)。

962 六房 土官에 대한 六房의 身分은 京官職에 있어서의 錄事의 身分에 擬定되는 것으로、京中에서 六曹에 錄事를 두게 된 것은 太宗 十四年 五月의 일이다。土官制에 있어서의 六房은 六曹錄事와 같이 實務를 分掌하게 된 者로서 大都護府에 都節制使의 本營과 같이 두게 되면 여기에 각기 營六房·府六房이 있어 原來 定額이 없었던 것이나、世祖朝에 이르러서는 六人이 分掌하게 되고 六品去官으로 되어 있다(世宗 一一九、三〇·一·乙巳。世祖 一一、四·二·丙辰)。

963 主事 大都護府·都節制使 本營에 각기 六房 밑에 數十名 내지 百餘名의 主事를 두었다。이들의 身分은 京

官制에 있어서의 書吏에 해당되는 者들로서 역시 營主事・府主事로 나누어져 있고 七品去官으로 되어 있다(世宗 二一九、三〇・一・乙巳。世祖 一一、四・二・丙辰・丁巳)。

964 通議郎 土官의 最高資階인 正五品 散官號(官階名)이다。土官의 東・西班 資階가 새로 制定된 것은 世宗 十六年 四月의 일로서、正五品 通議郎에서 從九品 試仕郎에 이르는 正・從十品階이며 正五品까지로 制限되어 있다。이 같은 土官의 資階는 그 뒤에 아무런 變動이 없었다(世宗 六四、一六・四・戊辰)。그들은 또 京官에 대하여서는 一品階씩 낮은 것으로 看做되어 土官이 京官에 除授되는 경우에는 一品階씩 내려서 주게 되어 있었다。土官 東班의 郎의 稱號도 京官五品以下의 郎의 稱號와 區別되게 마련되고、西班의 경우도 京官의 校尉・副尉에 대하여 隊尉・徒尉로 그 稱號를 달리하였다。

965 奉議郎 土官 東班 從五品의 官階名이다。(註964 通議部 참조)

966 宣職郎 土官 東班 正六品의 官階名이다。(註964 通議部 참조)

967 奉職郎 土官 東班 從六品의 官階名이다。(註964 通議部 참조)

968 熙功郎 土官 東班 正七品의 官階名이다。(註964 通議部 참조)

969 注功郎 土官 東班 從七品의 官階名이다。(註964 通議部 참조)

970 供務郎 土官 東班 正八品의 官階名이다。(註964 通議部 참조)

971 直務郎 土官 東班 從八品의 官階名이다。(註964 通議部 참조)

972 啓仕郎 土官 東班 正九品의 官階名이다。(註964 通議部 참조)

973 試仕郎 土官 東班 從九品의 官階名이다。(註964 通議部 참조)

974 永興府(土官) 太祖 二年에 종래의 和寧府가 永興府로 改稱되고、平壤府例에 따라 太宗 七年 九月에는 永興府의 東・西班 土官(官署・職階・職名)과 地祿(支給田結數)이 詳定되고 그 뒤에 官署의 若干의 改定을 보았

다。그러나 太宗 十六年에 永興府는 趙思義亂으로 말미암아 郡으로 格下되고 咸平이 咸興府로 陞格되어 觀察使本營이 咸興府에 두게 되면서 永興府의 土官은 革罷되고 咸興府에 土官이 設置되게 되었다(世宗 一五五、地理志 咸吉道 永興大都護府。世宗 六四、一六・四・戊辰)。그러나 李施愛亂으로 말미암아 成宗 一年에는 咸興府가 郡으로 降號되고 土官도 革罷되어 世宗 八年에 大都護府로 고쳐졌던 永興에로 觀察使本營을 옮기고 永興府로 陞格시키게 됨에 따라 永興府의 土官制도 復舊되었다。따라서 永興府의 土官制는 그때까지의 咸興府의 土官制가 繼承된 것으로 보아 좋을 것이다。(『新增東國輿地勝覽』 四八、咸興・永興)

975　都務司　土官(東班)의 最高(正五品) 衙門으로 府中의 諸事를 摠掌하는 部署를 맡는다。太宗 七年이후의 都府司가 『經國大典』에는 都務司로 고쳐진 것이다。

976　都務　土官(東班)의 正五品(通議郎)職으로 都務司의 長이다。종래 都府라던 것이 都務로 고쳐졌다。

977　勘簿　土官(東班)의 從六品(奉職郎)職으로 都務司에 次長格이다。

978　管事　土官(東班)의 正八品職으로 都務司의 最下位職이다。

979　典禮署　土官(東班)의 從五品 衙門으로 禮樂諸事를 管掌하고 使客供饋・宴亨諸事도 兼掌한다。원래의 典禮司가 世祖 八年에 典禮局으로 되었던 것이 本 『經國大典』에는 典禮署로 고쳐졌다。

980　掌簿　土官(東班)의 從五品(奉議郎)職으로 典禮署의 長이다。원래 典禮局使、典禮局令이라던 것이 典禮署 掌簿로 고쳐졌다。

981　典事　土官(東班)의 正七品(熙功郎)職으로 典禮署의 次長格이 된다。

982　給事　土官(東班)의 從八品職(直務郎)으로 典禮署에 屬한다。

983　攝事　土官(東班)의 從九品(試仕郎)職으로 典禮署의 最下位職이다。

984　諸學署　土官(東班)의 從六品衙門으로 儒・醫・譯學諸生에 대한 供給과 院舍修葺・劑藥救病等事를 맡는다。

永興府・平壤府에만 設置되었다。世祖朝에는 諸學院이었으나 『經國大典』에는 諸學署로 고쳐졌다。

985 戎器署 土官(東班)의 從六品衙門으로 종래의 軍器署를 改編한 것이다。軍器・戎兵・機械諸事를 管掌한다。

986 司倉署 土官(東班)의 從六品衙門으로 倉庫를 看守하고 錢穀을 出納하는 일을 管掌한다。원래의 大倉署등이 世宗 十六年에 司倉署로 改編되었다。

987 營作署 土官(東班)의 從六品衙門으로 營造・帷柴・炭炬・革帷・鋪陳 等事를 관장한다。종래의 營作院・營繕 司등이 改編된 것이다。

988 收支局 咸興府 土官의 都簿司가 永興府의 收支局으로 改稱되었다。都簿司의 長이던 注簿(從七品 注功郎)도 掌事로 고쳐졌다。(世宗 六四、一六・四・戊辰)

989 掌事 土官(東班)의 從七品(注功郎)職으로 收支司의 長이다。

990 典酒局 土官(東班)의 從八品衙門으로 酒醞・酒亭等事를 맡는다。

991 司獄局 土官(東班)의 從九品衙門으로 犯獄・修葺・囚徒救恤 等事를 맡는다。

992 四部 원래 永興府의 경우는 咸興府土官의 例로 보아 仁興・義興・禮安・知安・信平의 五部로(世宗 六四、一六・四・丁卯)、平壤府土官의 경우는 大興・龍德・龍興・川德・興土의 五部로(太宗 二二、六・五・癸亥) 編制되었던 것을 『經國大典』에는 四部로 改編되었다。世祖 八年 二月 土官職制를 磨勘할 때에 仁興(東)・禮安(南)・義興(西)・智安(北)・信平(中)의 五部로 改稱되어 각기 兵農・救荒・禁令 諸事를 맡는 것으로 되어 있어 그 뒤에 信平部(中)가 없어졌다。永興府와 平壤府 만이 四部로 區劃되어 平壤府의 四部에 따라 仁興・禮安・義興・智安으로 그 部名을 同一하게 한 것이다。

993 平壤府 平壤府의 土官은 麗末의 制를 이어서 新王朝初부터 施行되어 온 것으로、太宗 六年에는 그 중에 無職事이거나 職事가 같은 諸司를 革罷・併合하여 크게 整備하였고(太宗 一一、六・五・癸亥) 世宗 十六年

(一四三四)에 再整備되었던 것을 世祖 八年(一四六二) 二月에는 土官(平壤·咸興)의 府司 名號를 統一하였다

(世宗 六四、一六·四·戊辰。世祖 二八、八·七·丁未)。世祖 八年에 統一·整備된 土官部署가『經國大典』에

서 달리 改編된 것은 都府司가 都務司로 五部가 四部로 局·院이 署로、署가 局으로 고쳐지고 正設局·

掌膳署·掌漏署(平壤)등이 革罷된 점이다(李載殼、〈朝鮮初期의 土官에 對하여〉『震檀學報』二九·三〇合併號、

一九六六)。世宗 九年에는 咸吉道例에 따라 義州·朔州·江界의 千戶·百戶·知印·令史등과 留營의 鎭

撫도 四年一次 去官하여 平壤土官에 叙用케 하였고(世宗 三七、九·八·癸未。世宗 三七、九·九·甲申)平

壤府의 譯學生徒중의 成才者를 擇하여 平壤土官으로 除授하게도 하였다(世宗 四二、一〇·二二·丙戌)。

咸興府와 다른 점은 典酒局에 条事(正九品) 一員을 더 두었다는 점이다。

994 寧邊大都護府(土官) 世宗 十一年(一四二九) 二月에 吏曹의 啓請으로 平安道의 延山과 撫山을 合하여 寧邊大

都護府로 삼게 되었다(世宗 四三、一一·二·辛巳)。寧邊大都護府에 土官이 設置된 것은 世宗 十一年 三

月의 일이다(世宗 四三、一一·三·壬申)。土官職制는 永興府의 경우와 같다。寧邊大都護府에 東班으로

府·營에 각기 六房(六人) 主事(二十人)를 처음으로 두고 각기 六品去官·七品去官으로 規定한 것은 世

祖 四年(一四五八)의 일이다(世祖 一一、四·二·丙辰)。

995 鏡城都護府(土官) 원래 鏡城郡을 石幕으로 옮겨서 都護府로 삼고 寧北鎭節制使로서 都護府使로 兼差하게

하고 判官을 두어 古鏡城에 있어서의 民事를 專治케 한 것은 世宗 十四年(一四三二) 五月의 일이다(世宗

五六、一四·五·辛酉。世宗 五六、一四·六·辛丑)。그리하여 世宗 十八年 閏六月에 鏡城府에 土官을 처음

으로 두게 되었다。土官의 職制는 寧邊大都護府의 경우와 같다(世宗 四、一八·閏六·丙寅)。

996 義州牧 世宗 十四年 四月에 寧邊土官 一百十七人에서 十七을 減하고 따로 十三人을 더하여 義州土官(三十人)

을 分設하게 하였다(世宗 五六、一四·四·辛丑)。그것은 西班職에 限하였던 것으로 보인다(世宗 一〇三、

二六・二・癸未。世宗 一五、二九・一・丙子）。그러나 世祖 六年（一四六〇）五月에 이르러 平壤・寧邊府土官例에 따라 東班 正六品（宣職郞）에서 從九品（試仕郞）까지를 倂設하게 된 것이다（世祖 二〇・六・五・甲戌）。

義州牧以下 諸都護府의 土官制는 從六品衙門을 最高衙門으로 삼고 그 衙門名을 都轄司로、從六品職을 都轄로 한 것이 類別나다.

997 會寧都護府（土官）　註 935 會寧 참조.

998 慶源都護府（土官）　慶源府에 東・西班의 土官이 設立된 것은 世宗 十六年 一月의 일이다。（世宗 六三、一六・一・甲申）

999 鍾城都護府（土官）　註 936 鍾城 참조。

1000 穩城都護府（土官）　穩城에 沿邊 各鎭의 例에 따라서 土官을 設置하게 된 것은 世宗 二十三年（一四四一）閏十一月의 일이다（世宗 九四、二三・閏一一・壬午）。

1001 富寧都護府（土官）　文宗 一年（一四五一）五月에 富寧府도 역시 沿邊都護府라하여 穩城府의 例에 따라 東・西班土官을 設置하게 하고、東班遞兒 六、西班遞兒 二十三 子弟遞兒 二로 그 道의 觀察使 및 都節制使가 그들의 才品을 等第하여 差授하도록 하였다（文宗 七、一・五・庚戌）。

1002 慶興都護府（土官）　世宗 二十五年（一四四三）六月에 慶興郡의 領域을 넓히고 都護府로 陞格시키고 土官을 두었다（世宗 一〇〇、二五・六・戊戌）。

1003 江界都護府（土官）　江界都護府는 太宗 十三年（一四一三）의 規例에 따라 江界府（單府）에서 都護府로 되었으며、西班土官職만 두었다가 世宗 二十四年（一四四二）九月에 他例에 따라 東班土官을 설치하기로 되어 世宗 二十八年 四月에 具體的인 職位가 制定・實施되었으나（世宗 一二二、二八・四・乙未。世宗 一二四、三一・五・甲午）그 뒤에 다시 改編된 것으로 생각된다。

1004 都轄司 義州牧以下 諸都護府의 從六品衙門으로, 世宗朝에는 咸興・平壤府의 경우와 같이 五品衙門인 都府司로 일컬어 오던 것이 世祖 八年(一四六二) 二月의 土官制改編 때에 義州・會寧・慶源・鏡城・穩城・富寧・江界等地에는 正六品衙門 都監司로 改編되고(世宗 一二一、二八・四・己未。世宗 一二四、三一・五・甲午 江界府土官의 實例), 그 뒤에 다시 從六品衙門으로 格下되면서 都轄司로 改稱되어 正五品衙門인 다른 土官 都務司로 改稱된 것과 구별되었다.

1005 都轄 義州牧以下 諸都護府의 土官 都轄司의 長으로 從六品職이다. 원래 都監司의 都尉(正六品職)이던 것이 都轄司로 衙門名이 고쳐지면서 그 土官品階도 낮추어 都轄로 改稱하게 되었다.

1006 京衙前 流品外의 즉 品階가 주어지지 않는 吏胥로서 錄事와 書吏를 通稱하는 것으로, 京中의 錄事・書吏를 京中 各司와 堂上官 以上 官員에 分送되어 각기 實務를 專掌하게 되어 있는 者를 가리킨다. 京中의 錄事・書吏를 京衙前이라 일컫는데 대하여 地方의 鄕吏를 外衙前이라 일컬었고 監營의 그것을 營衙前이라고도 하여 土官・鄕吏 따위도 같이 衙前視되었다(文宗 一〇、一・一〇・甲申).

1007 錄事 京衙前중에서 上位에 속하는 上級吏胥로서 所屬官司나 官員에 따르는 實務를 專掌하는 任務를 맡는다。高麗朝에서 朝鮮初期에 걸쳐서는 원래 八・九品의 品官名이었으나(太祖 一、一・七・丁卯) 몇 차례의 職制改編을 거쳐(太宗 二七、一四・一・癸巳。世宗 八五、二一・四・庚寅) 世祖 十二年 一月의 官制更定 때에는 錄事・副錄事라는 職名을 司錄(議政府)・奉事・副奉事(奉常寺・繕工監 등의 경우)등으로 改稱하고、錄事라는 職名은 品官系列에서는 아주 排除하여 그것이 流品外인 衙前의 職名으로 轉落되고 別監・知印 등의 高級吏胥등도 革罷되어 錄事로 一元化된 것이다。世祖 八年 당시의 土官系列에도 錄事(正・從九品)、副錄事(從九品・權務)라는 職名이 있었으나 이들도 그 뒤에 改稱되었다。錄事는 書吏에 比하여 그 任期도 짧으며、원래 品階를 지닌 者는 入屬할 수 없이 制限한 것은 成宗 五年 六月의 일이고(成宗 四三、五・

六・癸酉)、從六品去官으로 守令取才에 應試할 기회를 주어 入格者는 叙用하고 不入格者에게는 影職을 주게한 것은 成宗 十三年(一四八二) 六月의 일이다(成宗 一四二、一三・六・丁卯. 韓永愚、〈朝鮮初期의 上級胥吏「成衆官」〉『東亞文化』 一〇、一九七一)。

1008 影職 職銜은 있으나 職事가 없는 것을 뜻하며 虛職과 같은 뜻이다(『經註』一四二。世宗 一〇八、二七・四・丙辰)。즉 실제의 職務가 없는 名分上의 職을 의미하여 檢職이라는 것과도 區別해서 쓰여졌다。例컨대 七十以上의 前銜老人에게 職을 除授할 때에 堂上官以上 崇祿大夫以下인 者에게는 影職을 加資하여 주되 前職을 그대로 내려주고、通政實行正三品職事者에게는 嘉善大夫에 해당하는 檢職을 通政未經正三品職事者에게는 前資堂上官檢職을 除授하게 한 경우와 같아서(世祖 三三三、一〇・六・乙巳) 실제로는 影職典牲署主簿、檢職禮賓主簿로 除授하는 따위다(世祖 三八、一二・四・戊午)。흔히는 仕滿年老者나 職窠가 不足할 때에 影職을 주었다(世宗 一〇一、二七・五・癸亥。世宗 一〇四、二六・六・甲午)。

1009 職事 실제 담당하는 職務를 뜻하여「無職事」라 함은 그러한 實務가 없다는 뜻이다。職事라 함은 또 散官과 對備시켜서「官制에는 職事가 있고 散官이 있어서」職事는 才能을 써서 庶務를 다스리는 實職을 뜻하였다(世宗 五〇、一二・閏一二・壬戌)。

1010 書吏 吏는 掌書者를 가리키는 말로(『經註』一四三) 京衙前의 下級吏胥로서 朝鮮王朝初期 各官司의 下級吏胥인 書員・掾吏・書吏・令史・司吏등이 典吏로 通稱되게 되고、이들 각종 典吏는 世祖 十二年에 上級吏胥를 錄事로 單一化함과 아울러 下級吏胥인 典吏도 書吏로 單一化된 것으로 보인다。書吏는 錄事에 比하여 그 任期가 길고、從七品 또는 從八品 去官으로 驛・渡丞取才에 應할 기회를 주었으며、驛丞取才에 入格되면 叙用하고、叙用되지 않은 者는 그대로 계속 근무하여 근무일수가 많은 者를 먼저 除授하여 品階를 더하여 주고 他官司로 移屬될 때에는 그 근무일수를 通算하여 주게 하였다(成宗 九、二・一・丙

戊。申解淳〈朝鮮初期의 下級胥吏「吏典」〉『史學研究』三五、一九八三）

1011 堂上衙門 堂上官이 配屬되어 있는 衙門을 뜻하여 「有堂上衙門」이라고도 일컬어진다。東班에서는 여러 府와 六曹、承政・掌隷・司諫・世子侍講院、弘文・藝文・成均・春秋館과 觀象監등을 가리킨다。

1012 三品以下衙門 여기서 三品이라 함은 正三品 堂下官을 의미하여 이른바「無堂上衙門」을 일컫는 말로서 堂上衙門을 除外한 諸衙門을 뜻한다。

1013 驛・渡丞取才 驛丞・渡丞의 職任을 勘當할만한 者를 뽑기 위하여 간단히 실시되는 시험을 뜻한다。書吏에 주어진 特典으로 堂上衙門의 書吏는 從七品 去官後에、無堂上衙門의 書吏는 從八品 去官後에 應試할 수 있게 되어 있다。(取才에 관하여서는 註 1025 取才 참조)

1014 册色書吏 書册을 典守하는 書吏를 가리킨다。弘文館・四學등에서와 같이 書册이 많아 遺失될 염려가 있어서 書册을 지키게하는 書册色吏라고도 할 수 있다。色吏라 함은「當該之吏」를 뜻하여 해당되는 일을 맡은 吏屬이라는 뜻이다。(文宗 九、一・八・乙亥。明宗 二三、一一・八・乙巳)

1015 中樞府 西班 正一品衙門으로 所掌職務가 없어서 文・武 堂上官으로 所任이 없는 者를 대우하는 禮遇機關이다。

1016 都摠府 西班 正二品衙門으로 五衛都摠府의 略稱이다。五衛의 軍務를 掌治하는 기관이다。

1017 五衛 軍制의 基幹이 되는 中・左・右・前・後衛의 五衛로서 각기 義興・龍驤・虎賁・忠佐・忠武衛라 일컬어 각기 西班 從二品衙門이 된다。兵典 五衛 참조。

1018 內禁衛 太宗 七年(一四〇七) 十月에 內上直(內廂直)을 內侍衛로 고쳤다가 다시 內禁衛로 改稱한 것이다(太宗 一四、七・一〇・辛丑)。武藝가 特異한 者로 近侍하는 禁兵을 말한다(世宗 一〇〇、二五・六・戊戌)。

1019 巡將二所 都城內外의 巡察은 兵曹에서 出直軍士를 二個所로 나누어 맡겨서 巡察시키되 巡將이 指揮한다。

1020 **兼司僕** 西班 從二品衙門으로 禁軍의 한 部隊로서 內禁衛와 같이 親軍에 屬한다(世祖 三四、一〇·八·壬午)。

1021 **宣傳官廳** 宣傳官은 世祖 三年에 駕前訓導를 改稱한 것으로(世祖 七、三·三·癸未)、宣傳官廳은 宣傳官의 廳舍를 뜻한다。

1022 **訓鍊院** 西班 正三品衙門으로 兵士의 試才·武藝의 鍊磨·兵書講習등에 관한 일을 맡는다。

1023 **世子翊衛司** 麗制를 이어서 太祖 一年(一三九二) 七月 官制新定 때에 「世子官屬」을 두어 世子를 위한 講學(강筵)과 侍衛등의 일을 맡게 하였다。 그 職制중의 正八品인 左·右侍直이 世子의 侍衛를 담당케 하였던 것이 太宗 十八年 六月에 世子翊衛司를 따로 設置하게 되어、世子官屬이 世子侍講院과 世子翊衛司로 分設된 셈이다(太宗 三五、一八·六·丙戌)。

1024 **耆老所** 耆라 함은 「年高德厚」의 뜻을 지녀서 나이가 七十이 되면 耆、八十이 되면 老라고 하였다(「經國大典輯註」吏典 耆老)。 太祖는 七十歲以上의 耆老에게는 正朝·誕日등 慶事와에는 朝謁하는 일을 免除하여 주어 敬老의 뜻을 표하고(太祖 一五、七·一〇·甲申)、麗朝이래의 耆英會에 臨幸하여 寶軸에 御諱를 題하고 春秋 兩回의 宴享에 宣醞·賜樂한 것이 流來의 例規로 되어、그것이 耆老所의 由來가 되었다고 傳한다。 耆老所에는 時散一·二品중 年七十以上者만이 入參하게 되어 있다。 太宗은 即位初에 前銜宰樞所라는 衙門을 新設하고、田地와 奴婢를 賜與하였던 것이 世宗 十年 二月에 致仕耆老所라고 改稱되어(世宗 三九、一〇·二·壬戌) 그것이 耆老所로 고쳐진 것으로 생각된다。 耆社 또는 耆所라고도 한다。

1025 **取才** 取는 收의 뜻이고、才는 能力을 의미하여(「經註」七七)、取才라 함은 端的으로 「取其才」라 하였듯이(世宗 九〇、二三·八·己巳) 그 才能을 시험하여 選取(試取)한다는 것을 뜻한다。 즉 正式(式年試)으로 또는 그 밖의 경우에 실시되는 科擧가 아니고、所定의 特殊한 職任에 대한 才坦(適任)者나 蔭子弟를 選用

하기 위하여 若干의 該當 試驗科目을 選別하여 실시하는 시험제도를 取才라고 한다. 取才試에서 不入

格된 者를「才不」라고 일컫는다(世宗 一一五、二九・三・己巳)。 所定의 特殊한 職任이라 함은 守令・外教

官・驛丞・渡丞(以上 外任)과 道流 및 錄事・書吏・書題等을 뜻한다. 取才에는 이 밖에도 刑曹・典醫

監・觀象監・司譯院등에서는 律學・醫學・天文曆算・譯學등에 대한 取才試가 실시되었다(註 394 居

次者 참조)。 道流에 대한 取才에 있어서는 종래 勤務日數만 따져서 授職하던 것을 世宗 二十年(一四

三八) 八月부터는 四孟朔마다 실시되는 시험성적으로 그 晝數를 置簿하여 두고 그것을 通算하여 晝數最

多者를 去官授職하도록 하였다(世宗 八二一、二〇・八・戊午)。 錄事取才는 成宗 三年(一四七二)부터 春・秋

孟朔(正月・七月)에 실시하게 되었다(戊宗 一八、三・五・甲子)。

1026 **臨文** 科擧 講經시험(考講)의 한가지 方法으로, 經傳을 앞에 펴 놓고 보면서 文意를 講論하는 方式을 背講이라 하여, 考講法에는 臨文・背講의 두가지 方式이 있었다.

1027 **五經중의 一經** 詩傳・書傳・周易・春秋・禮記의 다섯가지 經書를 일반적으로 五經이라 하여 그 중의 어느 하나의 經書를 의미한다.

1028 **製述** 製는 作의 뜻이고 述은 記述하는 것을 뜻하여(『經國大典輯註』禮典 製述), 科擧 시험과목의 하나로 詩・賦・表・箋에서 對策文에 이르는 각종 形式의 文章作成을 의미한다.

1029 **大明律** 中國 明代의 刑法典으로 唐律을 계승하여 수정을 거듭 一三九七년에 公布한 法典이다. 名例律・吏律・戶律・禮律・兵律・刑律・工律의 七篇으로 되어있다. 『經國大典』刑典에서「用律」에는 大明律을 援用한다고 되어있다. → 刑典註 3 大明律

1030 **治民方略** 백성을 다스리는 方策이라는 뜻으로, 守令取才를 위한 製述考查 論述시험의 課題이다. 원래 元・

續六典、謄錄에 治民方略을 兼試하여 合格者는 바로 地方官에 補任하도록 되어있었다(世宗 八九、二二・五・庚戌)。

外敎官 外敎官이라 함은 外方(地方)敎官을 뜻하여 敎授・訓導 또는 敎導를 通稱하는 말이다(世祖 一四、四・二二・戊午)。원래 文科出身 六品以上을 敎授(某官儒學敎授官)로, 祭外를 訓導官으로, 生員・進士의 경우는 敎導로 삼도록 하였다(太宗 三二、一六・八・己巳)。이미 『續六典』에 知官以上 및 縣官 滿六百戶가 되면 모두 敎官을 두게 되어 있어 都護府以上에는 모두 文臣(文科出身者)으로서 敎官(敎授)한 記錄을 찾아 볼 수 있다。成宗朝에 들어서 都護府以上에는 모두 文臣(文科出身者)으로서 敎官(敎授)를 除授하되 不足한 경우에는 生員・進士로서 充差하도록 하였다(成宗 八、一・二一・壬午。成宗 一○、二五・丁酉)。成宗 三年(一四七二)에는 文臣犯罪作散者 및 左遷者도 外敎官을 例授하도록 되었다(成宗 一九、三・六・乙亥)。그리고 外敎官 取才는 每年 正月에 실시한다는 것은 成宗 三年以前에 法制化되었다

나이가 四十以上인 者만을 시험한다 世宗 五年(一四二三) 十一月이후로는 나이가 四十未滿인 者는 敎導에 差任될 수 없게 되었다(世宗 二二、五・二・丙戌)。따라서 外敎官取才 應試資格도 四十歲以上者에 限하게 된 것이다(成宗 一○、二・五・丁酉)。

覆試 科擧 大科(文科)에는 初試・覆試・殿試의 三次試驗에 合格되어야 하는데, 覆試는 各道初試(一次試驗)에 合格된 자를 서울에서 二次로 再試驗하여 그 중에서 三十三人을 선발하는 시험을 말한다。三十三人을 선발하는 緣由는 高麗時代에 佛法을 崇尙하여 佛法에서의 三十三天을 依倣한 것으로 생각되기도 하였다(世宗 一○一、二五・九・壬戌)。文科覆試에는 製述・講經 두 分野로 나누어 시험하였다。(禮典 諸科 참조)

1034 四書・三經 四書는 中國의 네가지 古典인 論語・孟子・大學・中庸을 이름이오, 三經은 역시 中國의 經書중에서 詩傳・書傳・周易을 合稱하는 말이다。六經이라 하면 위의 三經에 春秋・樂記・禮記까지를 合稱하는 말이고, 일반적으로 五經이라 하면 위의 六經에서 樂記를 除外한 나머지를 合稱한 것이다。

1035 啓本 國王에게 奏達하는(아뢰는) 文書를 啓本이라고 하되(『經註』一四三)、大事를 아뢰는 文書를 啓本이라고 하고 小事를 아뢰는 文書는 啓目이라고 한다(『廣才物譜』一、臣道部)。원래 太宗 一年(一四○一)부터 大事는 狀申하고 小事는 直啓하도록 하였던 것을(太宗 二四、二二・二・壬午) 太宗 十二年에 종래의 「上書」를 「上言」으로、「狀申」을 「啓本」으로、「消息」(小事)을 「啓目」으로 改稱하게 한 것이다(太宗 二四、二二・一

1036 牒呈 太宗 六年에 出外二品以上의 移文의 形式(公文移牒)을 정할 때 各道의 都觀察使・都巡問使 또는 兼兵馬都節制使가 兵曹에 移文할 때에 民事에 관계되는 일은 平關(註 1037 關 참조)으로 하고、軍事에 관계되는 일은 牒呈(呈狀을 뜻하여 이를 國王에게 啓聞하는 것)으로 하게 하였으며、職을 兼帶하지 않은 경우에는 軍・民事를 막론하고 平關으로 하게 하였다(太宗 一一、六・三・丁酉)。그리하여 牒呈은 일반적으로 品級이 낮은 衙門에서 높은 衙門(上司)에 보내는 公文書를 뜻한다(『經註』一四三)。

1037 關 品級이 같은 衙門사이에서 서로 보내고 받는 文書(『經註』一四四)、또는 높은 衙門에서 낮은 衙門에 보내는 公文書를 關 또는 關文이라고 한다。品級이 같은 衙門사이의 關文을 平關이라고 한다。平關의 書式은 禮典 참조。

1038 楷書 中國의 王次仲이 시작하였다는 漢字의 正書하는 書法・書體를 말한다(『經註』一四四)。원칙적으로 邊境의 事變이나 生死에 관계되는 文書나 錢穀出納數目과 같은 것은 正書를 하여야 하는 것이다(世宗 七

五、一八・一二・壬午)。

行算　算놓는 것을 말하는데, 대나무나 뼈로 젓가락 모양의 算가지를 만들어 수효를 셈하였던 것이다.

蔭子弟　蔭은 庇蔭의 뜻으로(『經註』一四四) 門蔭子弟와 功蔭子弟 즉 高官(원래는 二品以上)과 功臣의 子弟를 의미한다(太宗 九、五・二・乙亥。太宗 一一、六・二・戊辰)。門蔭・功蔭子弟 叙用法은 麗末부터 시행되었다(太祖 一、恭讓王 一年、一二)。그리하여 功臣 및 二品以上 子・孫・壻・弟・姪에 대한 取才規定은 이미 『元六典』・『續六典』에 收載되어 있었다(成宗 四、一・三・癸未)。世宗 二十七年(一四四五) 七月에는 二品以上・子・孫・壻・弟・姪에 대한 자세한 取才格式이 規定되었다(世宗 一〇九、二七・七・庚寅)。그리고 外敎官과 같이 蔭子弟 取才를 每正月에 시행하게 된 것은 成宗 三年(一四七二) 以前부터의 일이다(成宗 一八、三・五・甲子)。

部將　西班 京官職(五衞)의 從六品職이다。

校生　諸邑의 鄕校生徒(校生徒)를 校生이라 하여, 成均館・四部學堂「學生」과 對稱된다(世宗 一二五、三一・八・己酉。世祖 一三、四・四・己卯)。校生으로써 年壯才疎者는 歲貢으로 諸司의 書吏로 分差한다는 條規는 成宗 二年(一四七一)의 辛卯大典에 收載되어 있었다(成宗 三〇、四・五・癸巳)。

薦舉　文・武班 所定地位(品階)以上의 官員 또는 議政府・六曹・臺諫의 官員들로 하여금 人才를 추천케하는 條規이다。守令適任者를 薦舉에 의해서 叙用한 것은 太祖即位以來의 일로서 각기 被薦舉者의 班簿와 薦舉者(舉主)의 姓名을 記錄하게 하여 適任이 못되는 경우에는 舉主도 罪를 論하게 되어있었다(太祖 三、二・五・甲戌)。

春孟月　一年을 春夏秋冬 四季로 나누어 每季의 첫달을 孟月、끝달을 季月이라하여 春孟月은 正月을 의미한다。季春(三月)、孟夏(四月)와 같이 表現되기도 한다(世宗 五一、一三・三・戊寅)。

1045 萬戶

麗朝 萬戶府의 萬戶에서 由來된 西班 從四品 外官職이다。國初에는 三品以上을 萬戶、四品에서 六品까지를 千戶라고 일컫으던 것을 太宗 十三年(一四一三)부터는 三品職을 萬戶로、四品職을 副萬戶로、五品職을 千戶로、六品職을 副千戶로 改稱되었던 것이(太宗 二六、一三·七·丙戌) 그 뒤에 改編된 것이다。主로 沿邊要害地에 두어 常留軍 또는 兵船을 管掌、外敵에 對備하는 任務를 띠었으며、東班 三品以上 이 萬戶適任者를 推薦케 할 것이 建議되기는 成宗 一年(一四七○) 二月의 일이다(成宗 三、一·二·辛未)。守令適任者를 추천토록 한 것은 太祖即位初부터 시행되었다(太祖 三、二·五·甲戌)。

1046 擧主

官吏로 登用할 人材를 薦擧한 者를 擧主라 한다。人材薦擧의 制는 太祖朝初부터 실시되어、被薦擧人이 登用되었다가 그 職責을 감당하지 못하는 경우에(不稱職者) 擧主에게 罪가 미친다는 條件은 太祖 때부터 시행되어(太祖 三、二·五·甲戌) 이미 『經濟六典』과 『元六典』에 그 條規가 收載되어 있었다(太宗 三、二·六·己未。太宗 三三、一·一·閏一二·戊辰)

1047 吏任

官吏의 職任이라는 뜻으로、吏任取才에 合格된 者는 『元六典』의 條規에 의하면 一等은 都染署令(從五品)同正、二等은 都染署丞(從六品、主簿)同正、三等은 惠濟庫直長(從七品)同正 등의 職에 入仕하게 되어 있었다(中宗 二五、一一·五·庚子)。吏任取才와 吏典取才는 구별되었다(世宗 一四、二八·一二·己未)。

1048 試才

才能을 試驗한다는 뜻으로、科擧와 取才를 合稱한 用語는 아니다。

1049 諸科

官吏登用을 위한 國家試驗인 科擧(銓選)에는 六科가 있어서 文科·武科·陰陽科·醫科·律科·譯科가 그것으로 이들을 通稱하여 諸科라고 한다(太宗 四、二·一○·己丑)。文科에는 다시 大科와 小科(生員·進士試)로 나누어지나、흔히 文科·生員·進士試로 일컬어져서 여기서 文科라 함은 大科를 의미한다。

1050 甲科·乙科·丙科

文科(大科)에는 初試(第一次시험)、覆試(第二次시험)、殿試(第三次시험)의 세 차례의 시험을 거쳐야 한다。서울과 地方에서 初試에 合格된 者가 서울에서 覆試를 통하여 三十三人이 선발되고、이들을 殿試에서 甲科(三人)·乙科(七人)·丙科(二十三人)로 及第者의 等級이 幾科幾人(例、乙科 第三人)으로 매겨진다。

1051 甲科第一人 通틀어 文科合格者중의 首席合格者로서 甲科及第者중에서도 第一人者가 되어 이를 「壯元」及第라고 일컫는다。 이미 『元六典』에 文·武科 合格者에 대한 散階直拜의 規定이 들어있으며、 당시에는 一·二·三等合格者를 「乙科」三人으로、 나머지 合格者를 「丙科」라 일컬었다(世宗 一〇六、二六·一一·丁丑)。 이 같은 乙·丙科 兩分法은 그 뒤에 甲科·乙科·丙科의 三分法으로 改定된 것이다。

1052 階窮者 階窮이라는 말은 東班 通訓大夫·西班 禦侮將軍 以上을 連稱하는 말이나、 여기서 階窮이라 함은 通訓大夫·禦侮將軍을 指稱하는 말이다。 官員의 資級이 通訓·禦侮 즉 正三品 堂下官에 이르지 않고서는 堂上官으로 陞遷될 수 없는、 堂下官으로서는 品階가 다 된 마지막 段階를 뜻하는 말이다(『經註』二二)。 堂下官에서 堂上官으로 陞遷되는데는 특정한 職窠(官職 자리)나 특수한 功績이 없이는 不可能하고、 또 堂上官은 실제 事務를 分掌하지 않는 高位官僚가 됨으로서 堂上·堂下官의 區劃線이 嚴格하게 지어져 있음을 의미하는 말이다。

1053 權知(分差成均館…權知) 權知는 臨時職 내지는 試補와 같은 뜻이다。 國初에는 여러 官司에 分屬되어 있었으나 뒤에는 科擧合格者에게 優先되어 文科及第者 三十三人에게 品階를 授與하면 甲科三人外는 먼저 三館(成均館·承文院·校書館)에 分差하여 權知로서 六·七年을 거쳐서야 비로서 九品職을 拜授하게 된다(太宗 二〇、一〇·一〇·壬戌。 世宗 四四、一一·四·癸未)。 三館에 權知로 分差하는 것을 分館이라하여 權知承文院正字·權知承文院校理등으로 號稱되었다。 前銜七品以下는 成均·校書館·承文院 權知로서 各 從品의 末端에 分差(從下分差)하기로 되어있다(世宗 二〇、五·四·庚午。 李成茂、〈朝鮮初期의 技術官과 그 地位〉『柳洪烈博士華甲紀念論叢』 一九七一)。

1054 譯科 科舉(諸科)중의 雜科의 하나로 外交上으로 필요한 外國語를 專攻한 者를 選拔하여 譯官(通事)으로 採用하기 위하여 실시되었다. 太祖 一年(一三九二) 八月에 入官補吏法으로 制定된 七科중에 譯科·陰陽科·醫科가 들어있었고(太祖 一、一·八·辛亥) 銓選(科舉) 六科중의 하나로(太宗 四、二·一○·甲子) 太宗 六年(一四○六)에 十學을 設置할 때 譯學·陰陽風水·醫學이 들어있었다(太宗 二二、六·一一·辛未). 譯科에는 漢學(中國語)·蒙學(蒙古語)·女眞學(女眞語)·倭學(倭語=日本語)등 四種으로 나누어진다. 太祖 二年에 司譯院을 두고 華語(中國言語音訓·文字體式)를 가르쳤고, 太祖 三年에는 蒙語와 같이 每三年 一次씩 考試를 실시할 것이 建議되어 漢學으로 실시된 것으로 생각되며, 蒙學은 世宗 一年(一四一九) 四月에 譯科로서 실시되었다(世宗 三、一·四·庚寅). 倭學은 太宗 十五年에 設置되고 世宗 二十三年 以前에 그 試取制가 실시되고(世宗 九三、二三·七·丁未), 女眞學은 文宗 一年(一四五一) 四月에 처음으로 실시되었다.(李成茂, 〈朝鮮初期의 技術官과 그 地位〉 二一○面 『柳洪烈博士華甲紀念論叢』一九七一)

1055 陰陽科 太祖 一年 八月 入官補吏法으로 制定된 七科중의 하나이다(文宗 四、二·一○·甲子). 太宗 六年에 十學을 設置할 때에는 陰陽風水學으로 合稱되었다(太祖 一、一·八·辛亥) 銓選(科舉) 六科중의 하나이다(太宗 二二、六·一一·辛未). 醫·譯·律學과 같이 雜科로 看做하여 雜科出身者(合格者)에게 紅牌를 주었으나 文科와는 구별되었다. 世祖 十二年(一四六六) 一月 官制更定때에는 陰陽學은 命課學으로, 風水學은 地理學으로 改稱되었다(世祖 三八、二二·一·戊午).

1056 醫科 太祖 一年 八月 入官補吏法으로 制定된 七科중에 醫科도 들어있고, 銓選(科舉) 六科중의 하나가 되었다. 太宗 六年에 十學을 設置할 때 醫學도 실치되었다. 雜科의 하나로 醫官採用을 위하여 실시되었다.

1057 律科 太宗 六年(一四○六)에 설치된 十學중에 律學이 들어있어(太宗 二二、六·一一·辛未) 銓選(科舉) 六科중의 하나로 雜科에 포함된다. 律官採用을 위하여 실시되고, 出身(合格)者에게는 紅牌를 주었다.

除授 除는 舊官에서 除去하여 新官에 就任하는 뜻이오 授는 職을 준다는 의미로, 除라고만 하여도「拜官」또는「授官」의 뜻으로 쓰여진다(『經註』六六。『經國大典輯註』, 吏典 除授). 무릇 科擧를 통하지 않는 除授 方法에는 特旨・門蔭・取才・保擧등의 네가지가 있었다(世宗 二三三・六・二・癸亥). 여기서는 단순한 授官의 뜻으로 쓰였다. 世宗 二十四年 七月에 咸吉・平安道 沿邊各官守令은 吏・兵曹가 議政府와 同議・除授하는 것을 恒式으로 삼았고(世祖 九七・二四・七・庚午) 世宗 二十九年 九月에는 兩界와 六道의 沿邊守令은 반드시 武才를 갖춘 者로 差任하던 것을 沿邊八十餘郡縣을 上・中・下緊 郡縣으로 分類하여 그중 上緊 郡縣에만 武科 및 武才試에 合格된 者로서만 守令으로 差任하게 하였다(世宗 一一七・二九・九・癸巳).

限品敍用 官員의 良・賤妾의 子孫 즉 庶孽에 대하여 그들을 任用할 때에 父祖의 品階에 따라 所定의 品階에까지 制限하여 그 以上의 品階에는 敍用하지 못하도록 規制된 것을 뜻한다. 朝鮮王朝初期에 妻妾分揀의 制가 定立되면서 兩班官僚들이 그들의 妾所生子孫에 대한 配慮〈恩顧〉와 兩班官僚層을 爲主한 身分制社會의 構築이라는 서로 相衝되는 兩面을 妥結하여 案出해낸 身分上의 特惠와 制約을 나타낸 條規이다. 이로서 兩班官僚의 庶孽에 대하여서는 東班職 敍用은 駁禁되고 西班職의 敍用이 許容되었으나, 실제로는 兩班들이 差別・低級視한 雜職에 敍用되는 경우가 많았다.(李泰鎭,〈庶孽差待考〉『歷史學報』二七、一九六五)

文武官二品以上良妾子孫……限正八品 文・武官의 良・賤妾子孫에 대한 限品敍用條規는 時代狀況에 따라서 여러번 變遷되어 왔다(世宗 四二・一〇・一〇・丙申。世宗 一一四・二八・一〇・癸巳). 또한 이들 庶孽에 대하여서는 일반적으로 技術職에 制限授職하여 文・武官二品以上의 良妾子孫은 司譯院・觀象監・典醫監등 正三品衙門에, 賤妾子孫은 惠民署・圖畵署・律學・算學등 五品以下衙門에 入仕할 수 있게 規制한 것이 그 實例이다(成宗 一三九、一三・三・乙卯). 各品의 妾所生은 武擧(武科)에 應試할 수 없고 다만 春秋都

試에만 應試가 許容되었을 뿐이며(世宗 二八、七·五·戊寅) 成宗 一年(一四七○)에는 庶孽은 科擧에 應試 못하고 顯官을 주지 못하게 하였다(成宗 四、一·三·癸未)。

1061 二品以上의 妾子·孫은…叙用하는 것을 許한다 本 條規는 원래 良妾·賤妾子孫을 가리지 않았던 것을 成宗 十三年 九月에 司譯院·觀象監·典醫監(正三品衙門)에는 다만 良妾子만이 許屬되도록 하고、賤妾子孫은 惠民署·圖畵署·律學·算學등 五品以下衙門에 入仕할 수 있게 하였던 것이다(成宗 一三九、一三·三·己卯)。 여기서 子孫이라 함은 「子及孫」을 의미한다(『經註』一三)。

1062 告身 官職을 줄 때에 각기 受職者에게 내어주는 授官證書(辭令書)를 말한다。즉 「授官給符」를 의미한다(『經註』一四五)。太祖 元年 十月에 麗朝以來의 告身署經法을 改革하여 一品에서 四品까지는 王旨를 내려서 官敎라하고、五品에서 九品까지는 門下府에서 「奉敎給牒」하는 形式으로 이를 敎牒이라 일컬어(太祖 二、一·一○·癸酉) 告身의 形式이 官敎·敎牒의 두 가지가 되었다。

1063 署經 署는 簽名 즉 署名(押署)한다는 뜻이고、經은 거친다는 의미로(『經註』一四五) 告身은 臺諫에 보내어져서 國王으로부터 官職任用의 裁可를 얻은 者의 四祖와 本人身上에 痕咎가 없음을 臺諫에서 審査·確認하고 署名하여 授職에의 贊意를 表하는 節次를 署經이라고 한다。告身의 格式을 官敎와 敎牒의 두 가지 形式으로 고치고 五品以下(敎牒)에 대하여만 署經을 必須로 한 것은 太祖 때였으며(太祖 二、一·一○·甲寅) 太宗 十三年 五月에는 다시 一品에서 九品에 이르기까지 告身署經의 法이 復活되었으나 世宗 八年에 다시 五品以下에만 署經을 制限하게 되었다(太宗 二五、一三·四·癸丑。世宗 三一、八·二·乙亥)。또한 종전에는 受職者는 반드시 署經을 기다려서야 告身을 내어 주게 되어있던 것을 成宗朝부터는 署經을 기다리지 않고 먼저 告身을 내어주게 하였다(成宗 一、卽位·二一·壬戌)。

1064 五十日이 지나도록…王에게 아뢴다 本 條規는 世宗 十二年 十月부터시행된 것이다(世宗 五○、一二·一○)。

丙申)。

1065 告身을 미처 받지 못하고…내주어야 한다 本 條規는 世宗 八年(一四二六) 八月에 吏・兵曹에 대한 國王의 傳旨로 施行하게 된 것이다(世宗 三三、八・八・甲申)。

1066 告身을 잃어버린 者는…立案을 내주어야 한다 『續六典』 兵典에는 「무릇 告身遺失者는 兵批 및 臺牒을 살펴서 立案을 給與한다」는 條文이 있었던 것으로 (世祖 一一、四・二・甲辰) 미루어 本 條規 역시 『續六典』 吏典에 收載되어 있었던 것으로 생각된다。

1067 政案 時散 各品의 出身・來歷 즉 姓名・年紀・出身・歷仕・四祖 및 妻父職名・內外鄕・時居鄕등을 記錄하여 尙瑞司에、뒤에는 吏曹에 提出케하여 選用에 참고하는 官吏의 身元臺帳을 政案이라고 한다(太宗 五、三・四・庚午)。高麗朝의 制度를 이어받은 것으로 太祖 一年 十月에 文・武兩班의 政案施行이 建議된 바 있어 이에 따랐다고 되어있다(太祖 二、一・一〇・戊午)。太宗朝에는 尙瑞司에서 管掌하는 政案을 文官은 吏曹에서、武官은 兵曹에서 分掌하도록 하고 尙瑞司를 革罷하자는 建議가 있어서 이에 따랐다고 되어 있으나(太宗 一、一・六・癸酉。太宗 四、二・九・戊子)、尙瑞司는 그 뒤로도 存續되어 太宗 三年 四月에는 政案을 開寫・成册하여 尙瑞司로 보내서 選用에 憑考하도록 國王이 吏曹에 命하였던 것이다(太宗 五、三・四・庚午)。太宗 五年에 東・西班의 銓選權이 吏・兵曹에 돌아가게 되면서 尙瑞司는 寶璽・符信만을 管掌하고、政案은 吏・兵曹의 專掌하는 바가 되었다。

1068 三年마다…政案에 記錄케한다 官吏가 三年마다 出身・來歷을 吏曹에 提出케 하는 政案의 規定이 제대로 실시되지가 않아서 이를 再確認하여 本 條規와 같이 每式年에 실시하도록 한 것은 成宗 三年(一四七二) 一月서부터이다(成宗 一四、三・一・壬戌)。

1069 解由 解는 官員의 任期가 滿了(考滿)되어 그 職責에서 解除된다는 뜻이고、由는 그 任期중의 治績에 대한

評價(殿最)를 거뒀다는 뜻으로、在任中 諸般 官財物管理에 頉이 없이 責務를 完遂하였음을 증명하여 주는 文書를 解由라고 한다. 新舊守令이 交代될 때 解由를 授受하고 離任하도록 된 것은 太祖 一年 九月서부터이며(太祖 二・一・九・壬寅), 各浦의 萬戶・千戶 등에 대한 解由式은 太宗 十四年 十二月에 定하여졌다(太宗 二八、一四・一二・己卯). 그리하여 京中의 錢穀을 管理하는 各司、外方의 守令・水站判官・鹽場官・監牧官과 萬戶・千戶 등에 解由法이 適用되었다(世宗 四七、一一・三・戊申。 世宗 一一四、三一・六・己未). 대체적인 節次를 보면 守令의 경우는 觀察使가、甲兵(軍器)・城子등에 관해서는 節度使가 闕欠有無를 考察하여 頉이 없으면 그 內容(現存物名・闕欠物數)을 각기 戶曹와 兵曹에 報告하고 戶曹에서 그것을 다시 確認하여 吏曹에 移文하여 吏曹에서 解由를 成給하여 遞任 또는 作散이 許容되게 마련이었다(世祖 二○、六・六・丙辰。 成宗 一○、二・五・丁酉).

1070　褒貶　褒는 推美 즉 褒賞을 뜻하고、貶은 遠謫을 뜻하여 흔히 罷職・平叙등의 人事措處를 의미한다(『經註』一四七). 여기서 京官褒貶에 대한 條規는 각기 官司의 屬曹堂上官이 그 官司의 提調와 同議・啓聞하고、提調가 없는 官司는 그 屬曹堂上官이 磨勘・啓聞하도록 되어 이 規定은 世宗 六年(一四二四) 四月이후로 실시하게 된 것이다(世宗 二四、六・四・乙丑). 司憲府・司諫院・世子侍講院 官員에 대하여서는 等第褒貶이 없었고 尙瑞院・司膳署 官員에 대하여서는 知申事(뒤의 都承旨)가 吏曹堂上官과 同議・施行하게 하였다(世宗 五一、一三・六・甲辰).

1071　外官은…十二月 十五日에 等級을 매겨　여기서 外官이라 함은 守令을 뜻하여、監司가 黜陟하는 法은 『元六典』에 規制되어 있고(世宗 二八、七・六・庚子) 守令七事를 기준하여 等第・褒貶하는 條規는 『續六典』에 收載되어 있어서(世宗 七三、一八・閏六・戊辰)、上・中・下 三等으로 나누어 一年 兩都目制에 따라 六月 十五日前、十一月 十五日前에 褒貶하게 되어있던 것을(太宗 三一、一六・一・乙巳) 그 뒤에 六月 十五日과

1072 十二月 十五日로 고쳤다。

十考十上者는……一 階를 올려주고 守令에 대한 等第・褒貶에 관한 規定으로「十考十上」의 경우 階未窮者
는 一資를 加하여 주고 階窮者는 陞職시켜 주도록 한 것이다。이는 成宗 十二年(一四八一)十月에 실시
하도록 되었다(成宗 一三四、二二・一〇・庚戌)。

1073 右職 地道(天道・人道에 대한 말)에서는 右를 上位로 쳐서 右職이라 함은 高職(높은 職)과 같은 뜻이다(『經註』
一四八)。

1074 前銜官 銜이라 함은 官吏의 階位를 뜻하여(『經註』六二) 前銜官이란 品階가 있는 前職의 經歷을 갖인 官人을
의미한다。여기의 割註로 收載된「藝文館・成均館・承文院・校書館 七品以下官…後等褒貶前 勿叙」의
條規는 成宗 二年 五月 당시 大典에 收載되어 있지 않았던 것을 校正廳에서 遵行條件으로 規定한 條項
중의 하나였다(成宗 一〇、二・五・丁酉)。

1075 考課 考는 校의 뜻이고、課는 計・程・試의 뜻으로(『經註』七〇)、官員의 勤務成績(勤慢)이나 功過(治績)등을
考察・等第(査定)하여 褒貶하는 人事行政을 뜻하여 每年 兩都目(두 차례의 都目政事)으로 실시된다。(吏典
褒貶。註 1068 참조)

1076 卯仕酉罷・辰仕申罷 하루의 時間은 十二支(子・丑・寅・卯・辰・巳・午・未・申・酉・戌・亥)로 表示되어 卯仕
酉罷는 卯時(午前五時부터 七時까지)에 出勤하고 酉時(午後五時부터 七時까지)에 退勤함을 뜻하고、해가 짧
을 때에는 辰時出勤・申時退勤하게 하여 근무시간을 단축시켰다。晩仕(遲刻出勤)및 早罷(早退) 官吏는
卯仕酉罷法에 따라 笞五十에 處하게 되어있다。(世宗 五一、一三・三・乙卯)

1077 直宿員 直宿任務를 맡은 官員으로、直은 晝間의 守直을 말하고、宿은 夜間의 宿直을 가리키는 말이다
(『經註』一九四)。

決訟道數…一階를 降等시킨다 決訟道數는 決訟度數라고도 하여 件數를 뜻한다. 決訟度數가 所定基準에 미치지 못하는 者는 降等시키는 本 條規는 成宗 二年 五月에 당시 大典에는 規制되어 있지 않았던 것을 校正廳에서 마련한 것이며, 그것이 뒤의 『經國大典』에서 달라진 것은 刑曹의 「大事」三十度가 「大中事」로 되어 大事・中事로 並記된 것뿐이다.(成宗 一〇・二・五・丁巳)

守令七事 守令의 牧民實績을 評價하기 위한 七個條項의 基準을 말하여 農桑・學校・詞訟・奸猾・軍政・戶口・賦役등에 관한 善政을 의미한다(成宗 一五八、一四・九・乙未). 守令을 七事로써 分等하여 褒貶의 기준으로 삼는다는 條規는 이미 『續六典』에 收載되어 있었던 것으로 그 內容이 本 『經國大典』의 그것과 一致하는지의 與否는 未審하다(世宗 七三、一八・閏六・戊辰). 守令의 治績을 具錄하고 上・中・下 三等級으로 查定하여 王에게 報告하면, 一年 兩都目制에 따라 원래는 春夏等 褒貶은 六月十五日前에 秋冬等 褒貶은 十一月 十五日前에 있게 마련이었다(太宗 三一、一六・一・乙巳).

議親 임금의 同姓祖免(문)以上親・外姓(王大妃・大王大妃)緦麻以上親・王妃小功以上親・太子嬪大功以上親을 가리킨다. 祖免은 同姓十寸親을 일컫는다(『經國大典輯註』四七面). 議親은 『大明律』의 八議(評議에 의하여 刑罰을 減免해주는 八個條件)중의 하나로 所定 親等범위內의 族親을 뜻한다.

十惡 『大明律』의 規定에 따라서 謀反・謀大逆・謀叛・惡逆・不道・大不敬・不孝・不睦・不義・內亂등을 十大罪惡으로 看做되었다. 각기 罪犯의 구체적인 內容에 대해서는 吏典 考課 참조.

五犯罪 罪를 다섯번 犯한다는 뜻으로, 여기서 말하는 罪는 公罪가 아닌 私罪를 가리키는 것이다(『經註』). 「五犯罪者…罷職」의 條項은 일반 文・武官이 아닌 議親・功臣에만 該當되는 것으로 中宗 一一年 六月에 이 條項解釋에 대한 論難이 官僚사이에 있어서 참고된다(『經註』一七. 中宗 二五、一一・六・己未・丙寅).

1078　1079　1080　1081　1082

勿揀赦前 赦令이 나리게 되어있는 바로 前에 해당되는 때라도 이에 拘碍되지 않는다는 뜻이다. 赦令은 「犯 輕罪는 赦令이 내리면 宥罪되는 경우가 일반이어서, 議親·功臣이라면 犯罪가 恩赦以前에 있을 때면 國 王의 援免이 있을을 법하자마는 五犯인 경우에 赦前援免의 特惠도 있을 수 없다는 뜻이다. 「赦前」은 「犯 罪在恩赦以前 准豫援免」을 뜻한다(『六部成語註解』九九面)

1083

罷職(周年 病滿三十日 啓聞罷職) 滿一年 동안에 病故로 缺勤 三十日이 차면 누구나 罷職시킨다는 規定은 世 宗 二十五年(一四四三) 七月以前부터 시행되어 온 것으로, 司譯院의 祿官에도 이 法이 실시된 것이 世 宗 二十五年 七月서부터이다(世宗 一○一, 二五·七·甲寅). 罷職에는 罪罰의 뜻은 內包되어 있지 않은 것이다(文宗 七, 一·五·庚子).

1084

閑散人 散階만 지니고 실제의 職事가 없이 京外에서 閑居하는 朝士를 뜻하여, 「京外住居 閑散三品以下 朝 士」니 「朝士의 閑散者」등으로 云謂되는 경우와 같다(世祖 二八, 八·七·壬寅. 成宗 三二, 四·七·己未).

1085

大小人員 京外·時散·前銜을 가리지 않고 各品階의 大小官員을 通稱하는 말로 時散大小人員·京外前銜大 小人員등으로 일컬어졌다(世宗 八, 二·七·丙子·甲申). 이에 대하여 大小員人이라고 하면 文武官, 生員, 進士·錄事·有蔭子孫 및 無嫡子孫의 妾子孫承重者를 通稱하는 말로(刑典 賤妻妾子女 참조), 前銜大小人 員에는 生員·生徒등은 이에 包含되지 않는다(世宗 八, 二·七·丙子).

1086

私罪 公事(公務)에 관련된 犯罪를 公罪라 하는데 대하여 그렇지 않은 犯罪를 私罪라 일컫는다. 罪의 公私 는 단지 私情(故意性)의 有無에 따르는 것으로, 「無情之罪」(故意性이 없는 罪)는 「公錯」이라고 일컬어서 私罪로 看做되지 않았다(成宗 六一, 六·一一·乙卯. 中宗 二五, 一一·六·丙寅). 여기서 殿貶에서 下等으 로 평가되거나 私罪를 犯하여 罷職된 者는 二年을 거쳐서야 敍用될 수 있다는 規定은 堂下官을 위해서 마련된 것이라 하여 成宗 十年 十月以後로는 堂上官 罷職者는 年限을 계산하지 않고 稟旨敍用하기로 되

1087

였다(成宗 一○九、一○・一○・庚戌)。

1088 收贖 贖은 돈을 바치고 罪를 免하는 것(納金免罪)을 뜻하여、 犯罪者에 贖錢을 받고 免罪하여 주는 것을 收贖이라 한다。 國初부터 徒流罪에 대한 收贖法은 실시되었으나、 太宗 二年(一四○二) 九月에는 流罪以上者에 대하여서는 종래 『大明律』에 依據하던 法을 고쳐서 本國의 里數를 기준하여 贖錢의 額을 定하게 하고(太宗 四、二・九・癸未) 太宗 六年 三月에는 老幼廢疾者에 대한 罪人贖錢法이 定해지고(太宗 一一、六・三・丁酉) 太宗 十三年에는 私賤의 笞杖罪人에 대한 收贖은 없이하였다(太宗 二五、一三・三・辛卯)。 世宗 五年 二月에는 文・武官의 犯杖罪에 대한 收贖에는 公・私罪를 가려서 差等을 두게하였다(世宗 一九、五・二・己酉)。 그렇듯 거두는 贖錢은 國用에 쓰도록 되어 있되(太宗 七、四・五・壬子) 成宗 九年(一四七八) 三月에 慶尙道贖錢은 布로 바꾸어 倭人物價로 支給하게 하고 東北・西北 兩界의 贓贖은 穀物로 바꾸어 軍資에 補用하도록 하였다(成宗 九○、九・三・甲戌)。

1089 祿牌 祿俸을 받는 者에게 祿俸을 받을 때에 受祿者임을 證明해주는 일종의 受祿傳票와 같은 證書를 말한다。 朝士가 身病으로 出勤을 못하였으면 祿을 받지 않는 것이 常例이나 宰相의 경우에는 病이라도 受祿한다(成宗 一五、一四・九・戊戌)。 世祖때에 東・西班의 祿牌는 吏・兵曹에서 分掌하도록 하였다(世祖 四○、一三・一一・丙戌)。

1090 差定 差는 遣、 定은 送의 뜻으로、 擇定하여 任命한다는 뜻이다。

1091 遞兒 → 註 87 遞兒(職)

1092 兒 遞兒의 兒로 遞는 「傳遞」를 뜻하고 兒는 語辭로 풀이된다(『經註』 一五四)。 여기서 兒라 함은 遞兒「職」을 가리키는 것으로 생각된다。

1093 散階 實職이 없이 品階만 지니게 되는 경우를 散階라하여 散官을 뜻한다。 東班散階를 文散階、 西班散階를

1094　老人職　武散階라고도 한다。(『經註』 一五四。李成茂〈朝鮮初期の 文武散階〉『朝鮮學報』 一〇二, 一九八二)

老人職에 관한 이 條規는 成宗 七年(丙申年)의 受敎內에 制令된 것으로, 그 前의 六典에는 없었던 것이 뒤에 本 法典에 收載된 것이다。丙申年受敎條規에는 「除一資」「元有職者」「又加一資」라고 되어 있던 것이 本法典에서 「除一階」「元有階者」「又加一階」로 資・職字가 모두 「階」字로 改書된 것 만이 다르다(成宗 一二六, 一二・一・癸卯)。老人職을 줄 때에는 署經을 免除하고 바로 成牒하여 보내서 觀察使로 하여금 「前加」를 憑考하여 分給하게 하였다(成宗 一三, 二・二一・辛亥)。「前加」라 함은 「前加資告身」을 略稱한 것이다(文宗 二二, 二・三・戊申)。

1095　追贈　宗親 二品以上의 宗親이나 文・武官의 榮與를 그들의 父祖에게도 나누기 위하여 이미 死亡한 父・祖・曾祖에게 遡及하여 官職을 授與하는 것을 追贈이라고 한다。

1096　三代를 追贈한다(追贈三代)　追贈의 對象은 父・祖・曾祖 三代에까지 미친다는 것으로, 이 같은 追贈三代의 條規는 『續六典』(吏典)에 이미 制定・收載되어 있다(端宗 七, 一・八・丁未)。

1097　贈諡　諡號를 贈與하는 것을 말하여, 宗親・文武官 正二品以上에게 贈諡・致賻하도록 한 法規는 太宗 五年 一月에 制定된 것이다(太宗 一〇, 五・一・寅卯)。

1098　行狀　死亡한 者의 生前의 平生履歷과 業績(行績)을 記錄한 글을 말한다。한 家門의 行績을 記錄한 글을 家狀이라고 하여, 흔히 文集에는 行狀과 家狀이 附錄으로 添附된다。

1099　給假　假는 暇로 통하여 여러가지 事由에 따라 文・武官에게 休暇를 주는 條規를 뜻한다。이미 太宗 七年(一四〇七) 九月에 軍士의 覲親・掃墳의 法이 制定되었고、太宗 十四年 三月에 東班의 大小朝士에 대한 給假는 暇로 통하여... 給暇는 또 「給由」라고도 한다。

1100　覲親　外地에 多年間 나와 있던 者가 歸鄕하여 父母에게 뵙는 것을 말한다。太宗 十四年에 東班의 大小朝士

에 대한 觀親給暇法이 制定되었다(太宗 二七、一四·三·丁亥)。世宗 五年에 이르러 文·武官의 觀親·掃墳의 制가 같이 定하여져서、多年間 從仕해온 者로서 親父母가 外方에 있는 경우 三年에 한차례씩 그 路程의 遠近에 따라 日數를 制限하여 休暇를 주도록 한 것이다。文官은 吏曹에서、武官은 兵曹에서 分掌하도록 하였다(世宗 二〇、五·五·壬辰)。

1101 掃墳

「歸掃墳塋」의 뜻으로、省墓하는 者가 塋域을 掃洒하는 일을 뜻한다(『廣才物譜』二、禮節部)。世宗 五年 五月에 多年間 從仕해온 文·武官으로서 親父母가 外方에서 이미 死亡하였을 경우 五年에 한차례씩 歸鄕 省墓하기 위한 休暇를 주기로 한 것이다。觀親의 경우와 같이 文官은 吏曹에서、武官은 兵曹에서 分掌하게 하였다(世宗 二〇、五·五·壬辰)。

1102 榮親

文·武科에 及第한 者가 還鄕하여 父母를 榮譽롭게 하는 일을 말한다。世宗朝初에 登第者로 하여금 모두 「還鄕榮親」하게끔 한 것은 人材를 作興시키기 위한 것이었으나、아직 成法되지가 않아서 철저히 시행되지 못했기 때문에 禮曹로 하여금 그 制를 詳定以聞하게 하였었다(世宗 四三、一一·三·丁巳)。그리하여 文科榮親의 法만 制定되고 武科榮親의 法은 실시되지가 않았었다(世宗 五七、一四·九·己未)。그러나 世宗 二十三年에는 武科에도 文科의 例에 따라 榮親을 실시하게 되었다(世宗 四三。二三·六·辛未)。

1103 榮墳

文·武科에 及第된 者로서 親沒(父母死亡)로 墳墓에서 終祀할 때에 國王에게 啓聞하면 守令에게 지시하여 守令으로 하여금 設祭하여 그의 及第를 빛나게 하여주는 일을 榮墳이라고 한다(『經註』一五五)。世祖 六年 十月에 別試 文武科及第者의 數가 너무 많아서 一等及第者에게 限하여 榮親·榮墳을 許容·給暇하도록 하기도 하였다(世祖 二二一、六·一〇·丙午)。

1104 焚黃

官職追贈者에 대한 그 子孫의 祭禮에는 贈職誥命을 黃紙에 傳寫하여 그것을 墓前(靈座前)에 놓고 祭하여 그 黃紙를 불태우는 焚黃祭禮를 行하는 儀式을 말한다(『經註』一五五。世宗 二〇、五

1105 婚嫁 婚은 男子가 장가가는 것을、嫁는 女子가 시집가는 것을 말한다(『廣才物譜』二、禮節部)。男子 나이 十六 以上 女子 나이 十四 以上이면 婚嫁를 許하게 되어 있었으며、世宗 二十五年(一四四三) 이후로는 男女 父母 중의 一人이 年滿五十이 되는 경우에는 男女의 나이 十二以上이면 婚嫁를 許하도록 하였다(世宗 九九、二五·一·癸亥)。

· 四·壬戌)。

1106 時享 陰曆 十一月에 行하는 先祖墓祭를 뜻한다。

1107 式假 官員에 대하여 規定되어 있는 給暇를 뜻한다。

1108 服制 親屬의 等級에 따라 着用하게 定하여져 있는 다섯가지 喪服(五服)의 制度를 뜻하여、여기서는 즉 有服親의 喪期中에 있음을 의미한다。五服이라 함은 斬衰·齊衰·大功·小功·緦麻의 制를 말한다(『禮典』五服 참조)。世宗 二十二年 五月이후로는 일의 緊慢에 따라서 大小朝官은 服制·式暇에는 出仕(出勤)하지 못하도록 하였다(世宗 八九、二二·五·庚戌)。

1109 改名 成宗 二年(一四七二) 五月에 校正廳에서 그 해 正月에 頒布된 『經國大典』에 記載되지 않은 여러가지 遵行條件을 마련한 중에 「改名人은 啓聞후에 藝文館에 命하여 改名版狀(證)을 成給하기로」한 것이다(成宗 一○、二·五·丁酉)。特殊한 改名의 경우로는 世宗 十九年(一四三七)에 臣子의 姓名으로 連二字가 穆祖以下 列祖의 御諱와 同音인 者는 모두 改名케하고 天·聖·君 三字는 모두 名字에 넣지 못하게 하였고(世宗 七八、一九·七·壬子)、世祖 二年(一四五六)에 公賤(官奴)으로서 原從功臣이 된 者는 良人이 되는 것을 許하면서 改名하도록 한 例도 볼 수 있다(世祖 五、二·八·庚戌)。

1110 相避 京外官으로서 所定親等內의 親戚이 같은 官司에 벼슬하지 못하게 하고、聽訟時의 元隻(元·被告)과 科擧時의 擧子(應試者)에 그러한 親戚이 있을 때、裁判官이나 試官을 避嫌토록 하는 規例를 뜻한다。相

避의 法은 이미 『元六典』에 規定되어 있다(世宗 九四、二三・一〇・丁卯)。

1111 大功以上親　服制에 따라 大功의 服을 着用하는 親等以內의 親族을 의미한다。大功이라 함은 喪服의 一種으로 그 喪期는 九個月이다(禮典 五服)。

1112 緦麻以上親　服制에 따라 緦麻의 服을 입도록 되어 있는 親等以內의 親族을 의미한다。緦麻라 함은 十五升布로 만든 喪服의 一種으로 喪期는 三個月이다(禮典 五服)。

1113 學官　成均館・四部學堂의 學官을 뜻하기도 하고(世宗 二九、七・九・丁巳)、吏文敎訓人을 訓導官이라 하는데 대하여 學習人을 學官이라 하여(世宗 二九、四・三・庚申)、여기서 學官이라 함은 이들을 並稱한 말이다。

1114 鄕吏　地方의 吏胥를 말하여, 京衙前에 대하여 外衙前이라고도 한다。鄕吏는 원래 仕路에 通하는 者(身分)이나 그 地方官에 申告하고서야 赴試할 수 있게 되어 있었고(世宗 二九、三〇・二一・辛丑。太宗 一・三・己丑) 太祖 一年 九月에 頒降한 條盡內에 이미 州郡鄕吏의 免役의 法이 들어 있어 그것이 『元六典』에 收載되게 된 것이다(世宗 四七、二二・一・丙午)。그 反面에 村落에 農莊을 두고 良家女나 官婢를 妾으로 삼거나 無賴輩를 奴婢로 役使하는 鄕吏는 重罰에 處한다는 『元六典』의 規定에 따라 驛吏나 站吏에 永屬시킨 例가 있고(端宗 九、一・十二・丁未) 續刑典에는 다시 徒・流罪를 犯한 元惡鄕吏는 각기 道內・道外의 殘驛吏로 永屬시킨다는 條規가 들어있다(端宗 一二、二・一二・戊寅)。그리하여 州郡鄕吏免役法에 製述業及第者・進士生員出身者는 免役시켜 주도록 되어 있다(世宗 四七、一二・二・丙午)。

1115 軍功을 세워서 賜牌를 받은 者　太祖 一年 九月에 頒降한 條盡에 따라 『元六典』에 特別한 軍功을 세워서 그 事績이 현저하여 功牌를 받은 者는 鄕吏役을 免除하여 주게 되어 있었고(世宗 四七、一二・一・丙午) 兵典謄錄(世宗十五年 六月 兵曹受敎)에 鄕吏로서 軍功一等(接戰斬首 및 生捕者)으로 功牌를 받은 者에게는 子孫免役으로 褒賞하도록 規定되었다(世宗 六〇、一五・五・庚辰。世祖 二二、六・一一・丁亥)。軍功賜牌鄕吏에

1116 三丁一子

대한 子孫의 免役은「永世免役」(子子孫孫)을 의미하는 것으로 보아야 할 것이다(成宗 三一、四・六・乙酉)。

三丁一子 三丁一子가 雜科에 合格되거나 各司의 吏典(書吏)에 入屬되어 仕滿去官者는 子孫役을 免除해준다는 規定은『元六典』의 規定(三丁一子選上 申省免鄕)이 補充・規制된 것으로 世宗 二年(一四二〇) 閏 一月에 정하여졌다(世宗 七、二・閏一・乙卯)。 여기서「三丁一子」라 함은 鄕吏의 아들이 役義務年齡해당자(丁男、十六歲以上 六十歲未滿者)로서 六名以上이 되도록 많다 하더라도 다만 그 중의 一子(한 아들)에게만 書吏에 入屬하거나 혹은 雜科에 應試하는 것을 許하고 그 나머지 아들에 대하여서는 아무런 配慮도 하여주지 않는다는 뜻이다(『經註』一七)。

1117 陳省

陳省 陳은 狀況陳述을、省은 살펴보는 일을 뜻하여(『經註』一七九) 申省과 同義로、일반적으로는 守令이 所掌事에 관한 자세한 事情을 陳述한 文書를 뜻하여 그것을 所管 京衙門에 보내어 請願・陳情의 구실을 하게 하는 文書를 뜻한다。軍士의 父母有病者는 반드시 守令의 陳省을 받아 그것을 兵曹에 進呈하여 그 上番軍士가 休暇를 얻게 하거나(世宗 二七、七・二・辛酉) 番上을 위한 守令의 親點文書와 같은(世宗 一〇六、二六・九・癸卯) 따위가 그것이다。특수한 用例로는 稅貢陳省 또는 外貢陳省을 의미하여、諸邑의 稅貢에 대하여 守令이 稅貢數・所納官司名・發程日時・貢吏姓名等을 具錄하여 戶曹에 上呈하는 文書를 뜻한다(成宗 一〇、二・五・丁酉)。

1118 攝戶長

攝戶長 鄕吏給牒의 制는 成宗 二年(一四七二) 五月에 當時 大典에 收載되어 있지 않은 校正廳의 遵行條件中의 하나로 規定되었다(成宗 一〇、二・五・丁酉)。攝戶長의 攝은 兼 또는 假의 뜻이고、戶長은 鄕吏의 首長을 가리켜 攝戶長은 일종의 鄕吏襃賞의 뜻으로 給牒된 것으로 생각된다。

1119 正朝戶長

正朝戶長 正月 元旦(正朝)에 闕門앞에까지 이르러 王에게 肅拜하는 任務와 榮譽를 주는 戶長을 말한다。

1120 安逸戶長

安逸戶長 高麗의 制(『高麗史』七五、選擧志 三 鄕職 穆宗元年 三月)에 따라 年滿七十의 戶長에게 준 것으로

驛吏도 같다 世宗 六年(一四二四) 七月에 所在官 守令으로 하여금 驛吏의 根脚과 子孫名字·年歲를 具錄케 하고 平民戶口例에 따라 本貫으로 삼아 각기 戶口案을 내주고 四件을 置簿하여 兵曹·監司營·各其官·各驛丞이 各 一件씩 藏置하도록 하면서、驛吏逃避者를 사람들에게 期限을 정하여 陳告하도록 措處를 취하게 된 것이다(世宗 二五、六·七·癸巳)。흔히 驛吏에는 鄕吏犯罪者로 定屬되어 逃避者가 많아서 成宗 三年(一四七二) 七月에는 驛吏의 逃亡防止를 위하여 察訪·驛丞 到任三朔內 驛吏逃亡 三戶以上者는 罷黜하고 刷還三戶以上者는 遞任時 優遷하게 하였다(成宗 二〇、三·七·丙午)。이와 같은 措處가『經國大典』에서 鄕吏와 같이 驛吏에 대하여서도 捕告者免役의 措處를 같이 시행하게 된 것으로 생각된다。

XI. 『經國大典』 吏典 註釋篇

― 譯註 經國大典: 註釋篇(共編), 1986

XII. 『經國大典』 吏典 飜譯篇

― 譯註 經國大典: 飜譯篇(共編), 1985 · 1988

편집자 주 ―

　『經國大典』 吏典 註釋篇과 『經國大典』 吏典 飜譯篇은 영인본(세로쓰기)을 그대로 인쇄하였으므로 내용은 맨 뒤부터 시작됩니다.

I. 『韓國經濟關係文獻集成』 解題

　　본 奎章閣圖書館 經濟關係文獻集成은 東亞文化研究所의 1964～65년도 사업의 일환으로 수행된 「奎章閣圖書內 經濟關係文獻基礎調査」 작업에서 얻어진 것이다. 이 조사작업은 서울대학교 부속도서관소장인 규장각도서 韓國本 중에서 순전히 경제사항에 관련되는 문헌을 추려서 분류하고, 書名·編著者(刊行處)·冊數·葉數·版種·體裁·刊行年紀 등 서지적인 조사 위에 문헌내용에 관한 간략한 解題를 붙여서, 각기 문헌의 서지상·내용상의 윤곽을 밝히는 데 그 목적이 있었다. 그리하여 이 조사 작업의 대상으로 추려진 문헌의 수는 총 300餘部에 달했으며 거의 전부가 朝鮮王朝 後期에서 舊韓末에 걸친 것으로, 그것은 이 시기의 韓國社會經濟史研究에 가장 기본이 되는 자료들이며, 또 그러한 자료의 대부분을 차지하는 것이기도 하다. 그럼에도 불구하고 이들 문헌이 現今까지 제대로 정리·소개되어 있지가 않아서, 이 같은 현황이 韓國社會經濟史研究에 있어서 일반적으로 元史料의 체계적이고 집약적인 이용을 곤란케 하는 所以이기도 한 것이었다.

　　순전한 經濟關係文獻으로서 본 기초조사의 대상으로 선정된 것은 총 3,236부이다. 보다 더 광범하게 일반적인 史料價值를 지닌 『朝鮮王朝實錄』·『日省錄』·『承政院日記』·『統理機務衙門日記』 등 編年體 官撰物을 위시하여 法典類, 外交文書, 古文書, 邑誌 地圖類 및 文集·隨錄類에 이르러서는 그것이 경제관계에도 중요·불가결의 자료이기는 하나 따로 연구되어야 할 성질의 것이므로 본 조사대상에서는 제외되었다. 本書에 수록된 三千餘部의 經濟關係資料는 그 대부분이 18세기 이후의 것에 속하며, 그러한 중에서도 1876년 개항 이후의 것이 그 반수 이상을 차지하고 있다. 이들 문헌 중에서 謄錄·節目·完文 등 合綴本(7종)을 제외한 나머지의 전부를 시기별로 집계를 내어보면 다음과 같다.

<時　　期>	<部數>	<時　　期>	<部數>
1570	1	1801~1850	354
1601~1650	13	1851~1876	363
1651~1700	120	1877~1910	1401
1701~1750	284	<年紀未詳>	359
1751~1800	334		계 3,229

　　문헌내용에 대한 분류는 戶口, 土地制度, 賦稅, 財政, 商業(貿易 포함), 林鑛業, 交通·通信, 官署文案, 謄錄·節目·章程·完文類, 기타로 대별하고, 다시 각 항 안에서 세분했다. 총 3,236부의 문헌을 위의 대항목별로 보면

戶口	219	土地制度	1,142
賦稅	906	財　政	490
商業	82	林　鑛　業	17
交通·通信	61	官署文案	100
謄錄·節目·章程·完文類	71	기　타	76

으로 나누어진다. 그 중에서도 戶口 219부 중에 戶口大帳·帳籍이 대부분을 차지하고 188책의 『大丘府帳籍』이 포함되어 있다. 土地制度 1,142부 중에는 量案 745(一般量案 161, 宮房田量案 511, 各衙門屯田量案 73)와 公(屯)土田畓都摠成冊 92가 포함되어 있으며, 그 밖에 收取成冊 101, 公土賭租成冊 136, 還穀關係文獻 304, 各宮房·官司 등의 會計成冊 218 등이 다수를 차지하는 것들이다. 여기 總文獻을 細項目別·時期別로 정리하여 보면 본 서문 부록 1과 같다. 이로 본 문헌 내용의 대체의 윤곽을 짐작할 수 있겠다.

　　이들 문헌이 지금까지에도 韓國의 經濟關聯硏究에 일부 이용되었던 것도 사실이기는 하나 그것도 실상인즉 九牛의 一毛에 지나지 않았던 것이라 할 수 있겠다. 이제 이들 문헌과 관련하여 지금까지 연구된 기

왕의 성과를 중점적으로 一瞥하는 것도 장차 이 부문 연구에 새로 종사하려는 이에게 다소나마 참고가 되리라고 생각된다.

인구 내지 인구변동에 관한 문제는 사회경제사연구의 기본 과제의 하나이기도 하다. 그리하여 그것은 일찍이 연구의 대상이 되어 본 규장각도서가 이용되어 오기도 한 것이다. 이미 1927년에 일본인 학자 善生永助씨는 『朝鮮의 人口現象』(朝鮮總督府調査資料, 22)이라는 著述로서 주로 日帝下의 人口現象을 취급하면서도, 그 第一章「戶口의 變遷」에서는 朝鮮 王朝時代의 戶口變遷에 관한 고찰을 시도한 바 있다. 씨는 여기서 戶口에 관한 문헌 소개와 「道別 戶口의 削長」을 살피고, 世宗朝・正祖朝・李朝末葉・倂合 이후의 戶口와 外國人의 戶口 등을 각각 검토했던 것이다. 그러나 人口問題 내지는 身分階層問題에 관한 본격적인 연구는 그 뒤에 大丘地方의 戶口帳籍을 전면적으로 분석・연구한 四方博씨의 일련의 논문에서 이루어졌으며, 그것은 또한 규장각도서를 아주 철저히 이용한 先例이기도 했다. 그리하여 다음과 같은 논문을 계속 발표했다. A:「李朝 人口에 관한 一研究」(『朝鮮社會法制史研究』, 1937), B:「朝鮮에 있어서의 大家族制度와 同族部落」(『朝鮮』, 1937년 11월호), C:「李朝人口에 관한 身分階級別的 觀察」(『朝鮮經濟의 研究』 제3, 1938), D:「李朝時代의 都市와 農村에 관한 一試論」(『京城大學法學會論集』, 12권 3・4호, 1941), E:「大丘戶口帳籍에 대하여」(『大丘府史』, 1943). 규장각도서 내의 戶籍臺帳은 250책이 넘으나 그 지역이 大丘・蔚山・尙州・山陰 등 경상도 일부 지방의 것에 불과하고, 그것도 극히 부분적으로 남아 있을 뿐이다. 그 年代는 宣祖 3년(庚午, 1570)의 山陰庚午帳籍을 上限으로 가까이는 高宗 末年의 蔚山郡戶籍臺帳에 미치고 있으나, 二三百餘年간에 걸쳐서 廢棄・散逸되고 남은 戶口臺帳의 일부가 잔존해 있는 것이다. 그러한 중에 大丘地方의 戶口帳籍은 肅宗~憲宗代에 걸친 188책이 보장되어 있어 全帳籍의 약 2/3를 차지하고 있으므로 비교적 조밀한 조사를 예상케 하는 것이었다. 그러나 그것도 同一面의 帳籍이 後期에 이르기까지 일관하여 찾아볼 수 있는 것은 극히 少數에 지나지 않는다. 상술한 바와 같이 四方博씨가 한국의 인구문제연구에 있어 이 大丘府帳籍을 재료로서 선정하게 된 것은 당연한 귀결일 수밖에 없었다. 씨는 논문A에서 戶籍臺帳의 형식과 그 신빙성에 대한 검토를 거쳐 人口의 構成(增加率·密度·男女別人口·年齡別人口), 婚姻關係(婚姻年齡, 夫婦年齡差), 大家族制度와 同族部落, 奴婢에 관한 問題(戶數, 人口, 社會上 地位) 등을 검토했으며, 논문B에서 다시 大家族制度와 同族部落의 문제를 확대·검토하였다. 논문C에서는 農村構成의 동적인 면에 초점이 두어져, 身分階層別 戶口의 確定·觀察·職役에 의한 身分階層에 대한 음미 등을 통하여 身分의 변동관계가 검토되었으며, 논문D에서는 다시 人口의 數量的 觀察, 住民의 職役分布, 奴婢의 種類別 觀察 등을 통하여 農村 人口의 都市에로의 移動關係가 검토되었다. 그리고 끝으로 논문E에서 上記 연구성과에 의한 종합적인 검토를 시도한 것이다. 해방 후 한국학자에 의하여 이 부면에 새로 착안·연구된 것으로 金容燮씨의 「朝鮮後期에 있어서의 身分制의 動搖와 農地占有」(『史學硏究』, 15호, 1962)라는 論考를 들 수 있다. 씨는 尙州 地方의 戶籍台帳과 土地台帳을 利用하여 朝鮮後期 農村社會에 있어서의 身分制度의 變動과 그 經濟的 基盤을 밝히려고 한 것이다. 여기서는 尙州 地方의 地域上의 特殊性, 農民의 身分構成과 身分의 動搖 그리고 그 經濟的 基盤 등이 검토되었다. 이들 논문에서는 모두 조선왕조 후기의 社會構造에 대한 대체적인 윤곽을 드러내려는데 그 목적이 있었으나, 特定·一部地域에 제한된 材料上의 제약을 벗어날 수는 없는 것이었다. 장차 또 다른 새로운 자료의 발견·이용과 아울러 보다 더 광범한 연구를 기하여 朝鮮時代의 人口問題가 韓國近世經濟史의 一章을 차지하게 되어야 할 것이다.

土地制度 및 稅制에 관한 연구에 있어서도 이미 규장각도서의 기본자료가 널리 이용되기는 했다. 이 부문에서는 일찍이 和田一郞氏의 「朝鮮의 土地制度及地稅制度調査報告書」(朝鮮總督府, 1920)를 들어야 할 것이다. 和田氏는 當時 朝鮮總督府臨時土地調査局의 總務課長의 職

任을 맡아, 그 人員과 經費의 支援을 얻는 한편, 본 규장각도서를 최대
한으로 이용할 수가 있어서, 上記한 바와 같이 韓國의 田制와 地稅土
地制度一般, 司宮庄土, 驛屯土, 陵園墓, 廟殿, 宮祠壇의 附屬地, 學田과
寺田, 墓地, 牧傷土, 地稅와 附加稅, 歷代의 田結數, 土地關係文記와 證
書, 土地에 관한 表示, 土地調査事業에 있어서의 國有地紛爭, 地價調査,
市街地의 地籍調査 등 광범위한 문제를 취급·조사했다. 이들 제 논고
는 원래 독립된 논문으로 발표되었던 것으로(『朝鮮彙報』), 나중에 집
대성하여 각기 上記 著述의 章節을 이룬 것이다. 다시 麻生武龜氏는
1940年에 『朝鮮田賦考』(朝鮮總督府中樞院刊)을 저술했다. 총설에서는
土地制度 일반에 논급되고, 이어서 土地의 종류, 量田과 結數, 土地賣
買, 土地에 관한 稅法 등이 논고되고, 부록에는 出稅實結數, 給災免稅
表, 諸般免稅結數表, 免稅道表, 納稅道表, 實上納表 등 6종의 표가 수록
되어 있다. 그 부록 중의 納稅道表는 『度支部田賦考』의 上納道表를 전
재한 것이며, 여타 4종의 표는 『度支田賦考』의 出稅實結, 給災, 免稅,
流來陳雜頉 등 諸條의 내용에 顯宗 6년(庚子, 1665) 이후 高宗 20년
(癸未, 1883)까지의 해당 통계를 각기 補添·作成한 것이다. 麻生氏는
이에 앞서 「朝鮮財政史」 「朝鮮地方財政史」(『朝鮮史講座』 分類史所收,
1923~1924)를 집필한 바 있어, 이 같은 기초작업 위에서 『朝鮮田賦
考』는 저술되었던 것이며, 氏에 의하여 그 기본 사료로서 규장각도서
가 널리 이용된 것이었다. 해방 후 한국학자 간에도 사회경제 부면에
대한 관심이 漸增되는 중에, 점차로 그 기본 사료를 이용하게 된 것은
다행한 일이었다. 즉 金容燮氏는 土地問題研究의 기본자료의 하나인
「量案」에 착안하여 이 부문 연구를 개척하기 시작했다. 그리하여 氏
에 의하여 A: 「量案의 研究」(『史學研究』, 7·8호, 1960), B: 「續量案
의 研究」(『史學研究』, 16·17호, 1963), C: 「司宮庄土의 管理-導掌을
中心하여」(『史學研究』, 18卷, 1964), D: 「司宮庄土의 佃戶經濟」(『亞細
亞研究』, 19號, 1965) 등 일련의 논문이 발표되었다. 氏는 논문A에서
忠淸·慶尙·全羅 三道에서 각기 懷仁·義城·全州地方의 量案을 선정

하여, 이를 중심으로 農地의 等級別 分布狀況, 農民의 身分別 農地所有狀況, 農民의 所得關係 등을 살피고, 논문B에서는 全羅道 古阜地方의 量案을 검토하여 民田內에 있어서의 小作地의 分布, 小作農의 農地保有狀況, 地主와 小作農과의 관계 등을 논구했다. 그리고 논문C에서는 內需司庄土文績을 통하여 導掌을 중심으로 한 宮庄土의 農地管理狀況이, 논문D에서는 黃海道 載寧地方의 宮房田量案과 그 謄錄·節目 등을 통하여 宮庄土에 있어서 小作佃戶의 農地保有狀況과 地主와의 관계가 검토되었다. 이같이 土地問題硏究에 量案이 직접 이용되는 한편 土地文記 등 古文書가 이용되기에 이르렀다. 田畓文記에 관한 연구도 일찍이 周藤吉之氏에 의하여 「朝鮮後期의 田畓文記에 대한 硏究」(『歷史學硏究』, 7의 7·8·9, 1937)가 있으나 최근 朴秉濠氏에 의하여 『韓國法制特殊硏究』(韓國硏究院, 1960)가 上梓된 것은 해방 後 처음으로 古文書를 이용한 연구성과였다. 氏의 上記著述은 그 書名과도 같이 법제사의 특수연구이기는 하나 그 내용에 있어서는 土地·家屋 등 부동산에 관한 문제를 취급한 것으로, 부동산의 매매법, 부동산 매매에 있어서의 公證制度, 舊文記에 대신한 公證制度, 地契制度 및 家契制度, 證明制度, 慣習上의 公證 및 不動産擔保法 등에 관한 논고인 것이다. 氏는 다시 上記 연구를 토대로 「韓國近世의 土地所有權에 關한 硏究」(『法學』, 8卷 1號, 1966)를 발표하고 있다. 규장각도서 내의 量案은 모두 800여에 달하며 그 중에서도 511부의 宮房田量案이 최다수를 점하고, 그 다음으로 一般量案, 各衙門屯田量案 등이 차례로 다수를 차지하고 있다. 이제 宮房田量案, 京各衙門屯田量案, 一般量案의 지방별·시기별 통계를 내어보면 본 序文 부록 2와 같다. 이들 量案에 대한 연구는 앞으로 더 광범하게 수행되어야 할 것이다.

　田稅外의 諸般 賦稅 중에서는 大同·均役法이 가장 주요한 부문이다. 大同法에 관해서는 韓榮國氏에 의하여 「湖西에 實施된 大同法」(『歷史學報』, 13·14輯, 1960~1961)과 「湖南에 實施된 大同法」(『歷史學報』, 15·20·21·24輯, 1961~1964)이 있으며, 均役法에 관련된

연구로는 車文燮氏의「壬亂以後의 良役과 均役法의 成立」(『史學硏究』, 10・11號, 1961)을 들 수 있다. 韓榮國氏는 大同法에 관한 기본자료인『湖西大同事目』과『全南大同事目』을 각기 중심으로 하고『湖南廳事例』 등을 참조하여 兩道에 있어서의 大同法 실시경위를 살피고 事目內容의 分析, 大同法實施의 結果에 대하여 면밀히 검토하고 있다. 앞으로 大同法實施 전반에 걸친 문제의 제기와 그 해명은 계속적인 연구성과에 기대되는 것이다. 또한 車文燮氏의 上記 논고에서는 임란 이후의 良役의 問題에 중점을 두어 均役法 성립에까지 미치고 있어 균역법 자체에 관한 문제는 논제의 범위를 넘는 것으로, 이 역시『均役事目』 등 기본자료에 의거한 철저한 연구가 앞으로 수행되어야 할 것이다.

한편 農民에 대한 救荒策이었던 還穀은 조선 후기에 있어서는 公私的으로 高利貸化되어 農民에 대한 收斂策이나 다름없이 되었으며 또한 田政, 兵政(良役) 문제와 더불어 三政의 하나로 農民收奪의 방편이 되어져서, 본 문헌분류에 있어서는 편의상 賦稅條內에 포함시키기로 했다. 還穀에 관한 저술로는 麻生武龜氏의『社還米制度』(總督府中樞院刊, 1933)가 있어 하나의 統史的인 것이기는 하나 널리 史料를 이용하여 穀物의 貯藏, 貯藏機關, 社還米의 監督, 貯藏穀物의 用度, 義倉, 社倉, 常平倉, 匡救機關의 統制, 國費膨脹과 社還米의 增加, 社還米의 分布와 그 計理, 社還米制度의 廢止와 그 復設 등 광범위한 내용에 논급된 것이다. 還穀에 관한 자료는 19세기를 중심으로 하여 300여 부에 달하는 중에 1851~1876년간의 것이 137, 開港(1876년) 이후의 것이 106부가 있어 開港前後 期間에 집중되어 있는 셈이다.

朝鮮時代 商人에 관한 부문은 종래 별로 개척되지 못했던 부문이기도 하다. 해방 후 劉敎聖氏는 이 부문에 착안하여 다음과 같은 일련의 연구논문을 발표했다. A:「서울六矣廛硏究」(『歷史學報』, 8輯, 1955), B:「忠淸右道 苧産八區 商務社右社」(『歷史學報』, 10輯, 1958), C:「忠淸右道 苧産八區 商務社左社」(『歷史學報』, 17・18輯, 1962), D:「李朝貢人資本의 硏究」(『亞細亞硏究』, Vol. Ⅶ No. 4, 1964). 上記 논문A

에서는 六矣廛에 관하여 朝鮮時代를 通觀한 개괄적인 고찰이어서 이 문제에 관해서는 더 많은 기본자료가 이용되어야 할 것이다. 또한 褓負商에 관해서는 이미 柳子厚氏의 『朝鮮褓負商攷』(正音社, 서울, 1948)가 있었으나, 劉教聖氏는 上記論文 B, C에서 褓負商의 節目 完文 등 忠淸道에서 발굴한 新史料에 의거하여 이들 行商길드의 조직과 기능에 대하여 논구한 것이었다. 원래 이 같은 류의 節目, 完文은 當該官衙에 一部 保有되고 여타의 것이 각기 배분되었던 것으로 氏가 발견 인용한 褓負商節目, 完文類도 거의 다 본 규장각도서에 포함되어 있었던 것이다. 貢人에 관해서는 『備邊司謄錄』, 『貢弊』(釐正節目) 등 많은 기본자료가 널리 이용되어야 할 것이다. 한편 手工業 즉 工場工業에 관한 연구로는 일찍이 金漢周氏의 「李朝時代 手工業研究」(『李朝社會經濟史』, 1946)가 있었고, 近者에는 姜萬吉氏의 「朝鮮前期 工匠考」(『史學研究』, 12號, 1961)가 있으나, 아직도 조선 후기에 있어서의 工場工業에 관한 제 문제는 구명되지가 않았다. 본 규장각도서 내의 문헌으로서도 手工業 내지 工匠으로서 하나의 分類項目을 마련할 수 있는 자료는 없는 것이다. 이 부문에 있어서의 특수연구로는 高承濟氏에 의하여 朝鮮時代를 通觀한 「綿業史」·「鹽業史」·「鑛業史」가 각기 독립된 논문으로 발표되었으며, 이들은 『近世韓國産業史研究』(1959)라는 題名의 책자로 간행되었다. 그리고 姜萬吉氏는 주로 『備邊司謄錄』·『承政院日記』를 이용하여 「分院研究」(『亞細亞研究』, Vol. Ⅷ, No. 4. 1965)를 발표하고 있다.

1876年의 개항을 전후한 경제관계 연구논문도 상당수에 달한다. 그 중에서도 일본인 학자에 의하여 연구된 대표적인 一例를 들면, 四方博氏의 「朝鮮에 있어서의 近代資本主義의 成立過程—그 基礎的 考察」(『朝鮮社會經濟史研究』, 京城帝國大學法文學會, 第一部論集, 第六冊, 1933)을 들 수 있다. 氏는 本論考에서 土地의 화폐화, 貨幣金融制度의 확립, 外國貿易의 발달과 商業資本 등의 문제로서 土地私有權의 확립, 開港前後의 貨幣金融關係, 日本貨幣·日本金融機關(銀行)의 침투, 貨幣

制度의 개편, 褓負商·市廛·客主·旅閣 등의 在來의 國內商業組織, 外國貿易의 발달과 그 産業上의 영향 등에 논급하고 있다. 그러나 본 논고는 일본의 경제적 침투·제도적 개편이 마치 한국에 있어서의 자본주의 성립에 공헌했다는 선입관에 입각하여 그렇듯 정리된 것이며, 한국 자체의 종래의 경제체제에 대해서도 그 변천양상을 파악하려 하지 않았을 뿐만 아니라 일본의 경제적 침투가 한국경제를 파탄지경에 몰아 넣게 된 이면을 들추어내지 않고 있는, 극히 피상적이고 형식적인 연구에 그친 것이었다. 開港後의 日本의 經濟的 勢力浸透는 韓國의 農漁民을 위시하여 客主·旅閣, 漕軍, 船商, 市廛商人 등 全面에 걸쳐 侵害를 당했고, 그러한 經濟的 威脅과 被害가 甲午東學農民革命이 일어나게 된 주요한 起因의 하나이기도 했다는 점은 拙稿「東學亂 起因에 關한 硏究 -特히 日本의 經濟的浸透와 關聯하여」(『亞細亞硏究』, 15·16호, 1964)에서 어느 정도 천명된 바와 같다. 전기 四方氏의 연구에 있어서는 규장각도서가 별로 많이 이용되지 않았고, 後者 拙稿에 있어서는 各港의 「關草」가 기본자료로서 이용되었다. 한국에 있어서의 자본주의의 성립 내지는 한국의 근대화와 같은 문제와 관련하여 상공업을 중심으로 한 한국사회의 경제적 발전 내지 그 변천양상에 대한 구명은 개항 이후 일본의 자본주의가 이에 미친 영향에 관한 문제와 아울러 現今 가장 학문적인 관심이 집중되어 있는 부문이기도 하여, 앞으로 규장각도서 안의 이에 관계되는 기본자료가 충분히 이용되어 보다 더 견실한 연구성과를 거두어야 할 것이다.

끝으로 交通·通信 등에 관한 부문도 과거에 있어서 별로 그 연구가 개척되지 않았다. 예컨대 道路·車制·烽燧·烽軍이나 또는 漕運·漕軍과 開港後의 船運業의 문제는 거의 연구의 대상이 되지 않았다. 다만 최근에 체신부에 의한 『電氣通信事業八十年史』 편찬에서 第一篇「電氣通信事業의 創始(1885~1905)」는 許善道氏에 의하여 규장각도서가 철저히 이용되어 얻어진 새로운 성과였다.

필자는 극히 粗略하나마 본 규장각도서와 관련하여 경제부문에 있

어서의 지금까지의 연구성과를 중점적으로 그 대강을 살펴보았다. 본
서에 수록된 문헌에 비추어 볼 때, 이들 연구성과를 고찰하더라도, 韓
國近世社會經濟史의 완성은 문자 그대로 前途遼遠하다 하지 않을 수
없다. 본 經濟關係文獻集成이 여러 가지 제약 때문에 비록 拙速히 꾸
며진 것이라 하더라도 이 부문 연구에 다소의 길잡이가 되리라고 생각
되는 바이다. 그리고 규장각도서 내의 「未整理圖書」의 대부분이 역시
경제관계 문헌이기는 하나, 이미 그 목록이 東亞文化硏究所刊『奎章閣
圖書韓國本總目錄』의 「附錄」으로 收載되었기에 本集成에서는 이를 제
외했다.

본 경제관계문헌의 기초조사에는 본 연구소 조교 鄭昌烈君과 趙順
姬孃이 이에 종사하였고, 草稿의 요약·교정에는 文理科大學 國史硏究
室 조교 李泰鎭君의 도움을 받았다. 또한 일부 해제에는 韓榮國君의
도움을 받고, 본 序文 中의 일부 연구성과에 대한 정리는 金容燮氏의
수고를 빌렸다. 그리고 본 기초조사를 위하여 규장각도서 열람의 편의
를 보아준 서울대학교부속도서관 館員諸位의 많은 협조가 있었다.

[附錄 1] 奎章閣圖書內 經濟關係 文獻項目別·時期別統計表

항목		시 기	1600년이전	1601~1650	1651~1700	1701~1750	1751~1800	1801~1850	1851~1876	1877~1910	年紀未詳	계
戶口	戶籍	事目		1			1				3	5
		大帳				4	14	13	5	18	7	61
		帳籍	1	1	2	21	52	116			5	198
	戶口	戶口總					3			3	1	7
		家戶案								14		14
		奴婢口數					1	1			1	3
		奴婢推刷			1		2					3
		계	1	2	3	25	73	130	5	35	17	291
土地制度		田制條劃				1						1
	量案	一般量案			1	47	11	6	11	77	8	161
		宮房田		2	89	152	127	51	11	62	17	511
		園陵墓位土					3	3	1	1	1	9
		衙門屯田				3	33	16	6	3	12	73
		一般官·營屯田					9	2		9	3	23
		驛屯土							1	9	6	16
		牧場土					1			10	1	12
		石場屯田						1			2	3
		祭位田				1						1
		寺院田				3		2		1		6
		一般私有田畓										
		(良人兩班田畓)				1	1	1	3	8	2	16
		(奴婢田畓)			9	16	3			3	1	32
		소계		(2)	(99)	(223)	(188)	(82)	(33)	(183)	(53)	(863)
	田畓都摠成冊	公(屯)土				2		2	2	80	6	92
		新還查起田						2	12	10		24
		災結						1	1	37		39
		續田						1	4	3		8
		免稅田陳起區4別								5		5
		蔘田								1	2	3
		堰田							1	1		2
		鐵道犯入田畓								16		16
		間島墾土								4		4
		四標成冊				5	7					12
		소계				(7)	(7)	(7)	(19)	(157)	(8)	(205)
	土地經營節目	宮庄土					1		1	2		4
		屯土							2	1	1	4
		牧場					2			6	3	11
		堤堰査							1		1	2
		賭稅節目					1			9		10
		소계					(4)		(4)	(18)	(5)	(31)
	其他	訴狀·報告								20		20
		訓指								2		2
		內需司庄土文積								1	8	9
		監官·導掌·舍音記					1	1	2	6	1	11
		소계					(1)	(1)	(2)	(29)	(9)	(42)
계				2	100	230	200	90	58	387	75	1,142

大分類	中分類	項目	1600년이전	1601~1650	1651~1700	1701~1750	1751~1800	1801~1850	1851~1876	1877~1910	年紀未詳	계
賦稅	田稅	收租										
		致敗田稅							1	98	2	101
									9		2	11
		屯土收稅					1		1	1		3
		軍資監收租							2	3		5
		守城庫軍田稅								4		4
		蔘田稅					1			2		3
		公土賭租(驛屯土廢止向)								132	4	136
		宮房賭租				1		1		14	4	20
		소　계				(1)	(2)	(1)	(13)	(254)	(12)	(283)
	大同法	大同事目			2							2
		定例·事例					1	1	2			4
		大同米						1	2	4	1	8
		詳定米						2	11	5		18
		位米太								1		1
		各廳會計							1	32	5	38
		貢物								8	19	27
		貢弊釐正節目					3	1			3	7
		奴婢身貢					3					3
		供上·進上				2	3	1	1	4	4	15
		進饌						1	1	4		6
		소　계			(2)	(2)	(10)	(8)	(17)	(58)	(32)	(129)
	均役法	均役事目					3					3
		役摠				2	2					4
		結戶錢							1	25		26
		三手糧米						1	1	3	1	6
		砲粮米							12	5		17
		소　계				(2)	(5)	(1)	(14)	(33)	(1)	(56)
	還穀	分給·磨勘					2	55	137	106	4	304
		還穀一般					2				2	4
		소　계					(4)	(55)	(137)	(106)	(6)	(308)
	諸般賦役	稅納					1			15	1	17
		捐補錢								6		6
		雜稅						1	1	5	2	9
		海稅(魚塩船江稅)						4		28	1	33
		港稅·輸出稅入								10		10
		水稅(洑稅)								10	1	11
		人情費						1	1		2	4
		未捧·未收穀成冊							7	6		13
		蠲減								2	3	5
		寺院蠲役					1			1	3	5
		其他				1		1		12	3	17
		소　계				(1)	(2)	(7)	(9)	(95)	(16)	(130)
		계			2	6	23	72	190	546	67	906
財政	度支	定例				5	1				3	9
		志					1					1
		田賦考					1	1		1	2	5
	豫算	算								4		4

항목		시기	1600년 이전	1601~ 1650	1651~ 1700	1701~ 1750	1751~ 1800	1801~ 1850	1851~ 1876	1877~ 1910	年紀 未詳	계
財政	軍需	軍餉						13	9	15		37
	軍需	軍需用下							1	21		22
	軍需	軍保錢木布						7	11	7	1	26
	軍需	各庫銀錢木布							1	12		13
	軍需	軍器汁物								7	1	8
	軍需	其他							1	3	1	5
		公錢成冊								2	2	4
		官穀					1	3	4	10		18
		官祿						1				1
		解由							3	1		4
		盤纏								5		5
		收租官經費								2		2
		給代					3	1	1	2		7
		復戶								4		4
		社倉								2		2
	賑恤策	賑恤		1			2	5	10	3	2	23
	賑恤策	綸音					4					4
	賑恤策	內下錢							1	5		6
		願納錢米							2	2		4
		民庫					1	2			1	4
		行下禮木							1	3		4
		老人歲饌							3	2		5
		燕行使						2	8	6		16
		營邑事例								7	3	10
	會計成冊	宮房會計							2	28	84	114
	會計成冊	各衙門會計				2	1	3		48	26	80
	會計成冊	各庫會計						1	2	5	5	13
	會計成冊	地方財政會計						2	1	5	2	10
	會計成冊	其他						2	2	6	10	20
		계		1		7	15	43	63	218	143	490
商業		貨幣								1		1
		客主·旅閣								7	2	9
		褓負商								5		5
		場市·市廛					1			4		5
		開市						4	1	1	1	7
		貿易								3		3
		通商章程							2	5		7
		租界								5		5
	對日本關係 (開港前)	歲船			3							3
	對日本關係 (開港前)	漂人領來入送			2	3						5
	對日本關係 (開港前)	倭館				2	1					3
	對日本關係 (開港前)	接待倭人			3							3
	對日本關係 (開港前)	其他			3	1	1					5
		對日本關係(開港後)								7		7
		會社章程								3		3
		契							1		1	2
		放債殖利					1			2	3	6
		其他									3	3
		계			11	6	4	4	4	43	10	82

항목			시기 1600년 이전	1601~1650	1651~1700	1701~1750	1751~1800	1801~1850	1851~1876	1877~1910	年紀未詳	계
林鑛業	林業	禁養節目					2				1	3
	林業	木株數節目					1		3	3		7
	鑛業	鑛山章程·規則								5		5
	鑛業	其他								2		2
		계					3		3	10	1	17
交通·通信		漕轉						2	3	7		12
		船價					1	1	4	1		7
		船運								1	5	6
	驛	馬匹數						1				1
	驛	驛邸吏役價						1	1			2
	驛	驛志								3		3
		駄價								1	1	2
		郵遞								4		4
		地圖								1	6	7
	漂流	朝鮮人							5			5
	漂流	倭人(幷琉球人)							5	1		6
	漂流	洋人						2	4			6
		계					1	7	22	19	12	61
官署文案		內閣(議政府)								13		13
		內務衙門								1		1
		度支部								25		25
		農商工部								4		4
	外部	去來案一般								8		8
	外部	日信								2		2
	外部	關草 (各道)								11		11
	外部	關草 (各港)								11		11
	外部	港案								11		11
		港案								3		3
		內藏院·經理院								5		5
		諸營邑關草							1	4	1	6
		계							1	98	1	100
謄錄·節目·章程·完文類	宮房	壽進宮								2	4	6
	宮房	明禮宮										*2
	宮房	龍洞宮										*3
		宗親府					1		1	1	1	4
		備邊司										*2
	衙門	戶曹				1	2	1		2		6
	衙門	內藏院·經理院								3		3
	衙門	禮曹	1			2	1			1		5
	門	工曹					1	1				2
	門	忠翊府			1							1
	門	軍資監									1	1

항 목			시 기	1600년 이전	1601~1650	1651~1700	1701~1750	1751~1800	1801~1850	1851~1876	1877~1910	年紀未詳	계
膽錄·節目·章程·完文類	衙門	司 僕 寺										1	1
		掌 苑 署										1	1
		司 畜 署										1	1
		惠 民 署										1	1
		厘 整 廳								1			1
	殿 · 陵 · 園						1			2	1		4
	諸府	營						2	3		1	2	8
		牧						1	1	1	1	2	6
	其	他			1	1	2	1	1	2	2	3	13
	계				2	2	6	9	7	7	14	17	71
기타	綸	音						2				1	3
	勅 使 迎 接				3		1	5					9
	功 臣 錄 券				2	1	1						4
	公 廨 · 吏 員									6	5	1	12
	農 蠶										2	3	5
	兵 政				1			1	1	2		6	11
	城 役							2		1			3
	兵亂	東 學 亂									13		13
		民 擾									3		3
		邊 擾									2		2
	其	他				1		1		1	5	3	11
	계				6	2	4	9	1	10	31	13	76
총	계		1	13	120	284	337	354	363	1,401	356	3,229

* 표는 여러 年代에 걸친 文記의 合綴이므로 총계에 포함되지 않았음.

[附錄 2: A] 宮房田畓量案의 道別統計表

宮房名＼道名	京畿道	忠淸道	慶尙道	全羅道	黃海道	江原道	咸鏡道	平安道	地名未詳	계
內需司	21	13	23	58	5	2		11		133
壽進宮	7	9	2	7	14		1	3		43
毓祥宮	4	4	2	7	7	2		1	1	28
宣禧宮	4	1	1	2	5			2		15
於義宮	2		1	2	9					14
明禮宮	11	10	5	19	15	10		12	1	83
龍洞宮	8	5	20	13	9					55
景祐宮					2			2	1	5
彰義宮	1		1		1			2		5
儲慶宮	1			1						2
英親王宮		1	1	2		2		1		7
其他宮	1	1	2	1	2				1	8
二王子宮					2					2
新生王子宮								1		1
麟平大君房	1									1
永昌大君房	1									1
齊安大君房	1									1
洛昌大君房		1								1
延礽君房	1						1	1		3
義昌君房					2					2
錦城尉房				1						1
明安公主房			1							1
德溫公主房								2		2
明善公主房	3			2	3			1		9
明惠公主房	5			2	4					11
淑安公主房				1						1
新生公主房					2					2
淑善翁主房				1	1					2
和吉翁主房				1						1
和順翁主房								6		6
和平翁主房				1	1					2
新生翁主房	1				1					2
二翁主房	1									1
寧嬪房	1	3		4	2					10
淑嬪房	2	3	2					1		8
淳嬪房				2						2
暎嬪房					3	1		1		5
仁嬪房	1	1			1					3
靖嬪房	4		1	1	1					7
禧嬪房	1	1								2
示冥嬪房	2									2
金貴人房	2			3	1					6
朴貴人房			2							2
崔貴人房	1		1							2
昭儀房								3		3
劉淑儀房				2						2
淑儀房		2			1			1		4
劉淑媛房	1							1		2
계	89	55	65	133	94	17	2	52	4	511

[附錄 2: B] 宮房田畓量案의 時期別統計表

時期 宮房名	1601~ 1650	1651~ 1700	1701~ 1750	1751~ 1800	1801~ 1850	1851~ 1876	1877~ 1910	年紀 未詳	계
內 需 司		11	46	51	4	4	13	4	133
壽 進 宮		13	6	12	12				43
毓 祥 宮			8	7	4	3	5	1	28
宣 禧 宮				10	3	1		1	15
於 義 宮		7	3	3	1				14
明 禮 宮	2	11	16	12	7		29	6	83
龍 洞 宮		18	12	9	12	1	2	1	55
景 祐 宮						1	2	2	5
彰 義 宮			4	1					5
儲 慶 宮				2					2
英 親 王 宮							7		7
其 他 宮			1	3	1	1	1	1	8
二 王 子 宮		2							2
新 生 王 子 宮		1							1
麟 平 大 君 房					1				1
永 昌 大 君 房						1			1
齊 安 大 君 房			1						1
洛 昌 大 君 房			1						1
延 礽 君 房			3						3
義 昌 君 房		1		1					2
錦 城 尉 房				1					1
明 安 公 主 房		1							1
德 溫 公 主 房					2				2
明 善 公 主 房		2	3	3	1				9
明 惠 公 主 房		8	2	1					11
淑 安 公 主 房		1							1
新 生 公 主 房		2							2
淑 善 翁 主 房					2				2
和 吉 翁 主 房				1					1
和 順 翁 主 房			5	1					6
和 平 翁 主 房			1	1					2
新 生 翁 主 房			2						2
二 翁 主 房			1						1
寧 嬪 房			6	2	1			1	10
淑 嬪 房		1	7						8
淳 嬪 房							2		2
暎 嬪 房			5						5
仁 嬪 房		2	1						3
靖 嬪 房			7						7
禧 嬪 房		2							2
示 冥 嬪 房				2					2
金 貴 人 房		2	4						6
朴 貴 人 房			2						2
崔 貴 人 房		2							2
昭 儀 房				3					3
劉 淑 儀 房			2						2
淑 儀 房		1	3						4
劉 淑 媛 房		1		1					2
계	2	89	152	127	51	11	62	17	511

[附錄 2: C]　衙門屯田量案의 道別統計表

衙門名 ＼ 道名	京畿道	忠淸道	慶尙道	全羅道	黃海道	江原道	咸鏡道	平安道	地域未詳	계
宗　親　府	2	4		3					1	10
忠　勳　府	2	5	5	5		1				18
耆　老　所		1		2		1				4
奉　常　寺	2									2
奎　章　閣				2				1		3
經　理　廳									1	1
訓　鍊　都　監					1					1
摠　戎　廳					3					3
摠　衛　營				2						2
壯　勇　營	5	2		1	5		1	12		26
親　軍　營	1									1
別　砲　衛				1					1	2
계	12	12	5	16	9	2	1	13	3	73

[附錄 2: D]　一般量案의 道別·時期別統計表

道名 ＼ 時期	1651~1700	1701~1750	1751~1800	1801~1850	1851~1876	1877~1910	年紀未詳	계
京　畿　道						20	1	21
忠　淸　道						28		28
慶　尙　道		15			5	19		39
全　羅　道		26	6		1	2		35
黃　海　道	1	6	5	4	1			17
江　原　道				1	1	3	1	6
平　安　道				1		5	1	7
地　名　未　詳					3		5	8
계	1	47	11	6	11	77	8	161

― 韓國經濟關係文獻集成, 1967

Ⅱ. 『泛虛亭集』 解題

　본 문집은 中·仁·明宗 三朝에 걸쳐서 46년 동안을 仕宦하는 중에
도 明宗朝에 15년이나 宰相 자리를 지켜온 泛虛亭 尙震(成宗 24년～明
宗 19년: 1493～1564)의 詩文集이다. 尙震의 字는 起夫, 號는 泛虛亭·
松峴·嚮日堂 등이며, 本貫은 木川, 諡號는 成安이다.

　尙震의 遠祖는 木川縣吏의 후예로, 그의 11대조 得儒는 崔文獻公 冲
의 齋生이 됨으로써 비로소 鄕役에서 면제되었다 하며, 曾祖(英孚) 때
에 林川에 鄕居하게 되었다. 父親 尙甫도 先業을 이어서 居鄕 60년 동
안은 官庭에 足跡이 끊겨 있었다. 尙震은 年老無嗣이던 父親 甫와 延
安金氏(文靖公 金自知의 曾孫) 사이에 成宗 24년 6월 5일 林川 閣下洞
第(扶餘郡 場巖面 閣谷里)에서 태어났다.

　그는 5세 때에 모친을 여의고 8세 때에 부친마저 별세하여 졸지에
고아가 되어, 서울 長興洞에 있는 伯娣 夢井夫人(成夏山君)宅에서 자
라 뒤늦게 16세 때부터 비로소 학업에 정진하게 되었다. 그는 17세 되
던 해에 孝寧大君의 曾孫女인 介山副守 李孝智의 女와 결혼하고, 20세
때부터는 成守琛·守琮兄弟와 더불어 學問을 講磨하면서 交分을 두터
이 하였다.

　尙震은 中宗 11년 司馬試에 합격하고, 中宗 14년(己卯) 10월에 宗室
慶科 別試(文科)에서 丙科第三人으로 합격하여 承文院 副正字로 選入
되었다. 그 해 12月에 己卯士禍가 일어나 新進士類가 수난을 겪는 동
안에, 그는 藝文館 檢閱·待敎·奉敎를 거쳤으나 한동안은 郎署에 머
물러 있어야 하였다. 그는 中宗 18년에 禮曹佐郎으로서 北道評事로 出
仕한 일이 있었고, 中宗 21년에는 禮曹正郎으로 聖節使(洪彦弼)의 書
狀官이 되어 明京에 隨行하기도 하였다. 그는 그 뒤로 계속해서 持
平·弼善·文學·獻納·校理 등을 거처 中宗 27년 3月부터 執義·副
應敎·典翰으로 陞遷되고, 다음해 5月에는 通政大夫·大司諫에 오르게

되었다. 그는 뒤이어서 副提學·江原道觀察使·同副承旨·刑曹參判·京畿道觀察使·刑曹判書·漢城府左尹·大司憲·漢城府判尹·工曹判書·右贊成·知敦寧府事 등을 역임하였다.

中宗이 서거하여 仁宗이 즉위하면서 그는 일시 慶尙監司로 좌천되었다가 그 해 10월에 知中樞府事가 되고, 明宗 1년 9월에 兵曹判書가 되었다. 그 해 가을에 春秋館內에 實錄廳이 설치되어 中宗·仁宗實錄을 편찬하게 되면서, 尙震은 知春秋館事로서 實錄編纂事業에 참여하였다. 그 뒤로 그는 吏曹判書·判義禁府事·右贊成을 거쳐 右議政(明宗 4년 9월), 左議政(明宗 6년 8월), 領議政(明宗 13년 5월)이 되어 明宗 17년 10월에 几杖을 下賜받고, 明宗 18년 1월에 領中樞府事로 轉任되어 15년 동안 相位를 지켜온 끝에 明宗 19년 윤2월 23일에 향년 72세로 세상을 떠났다.

尙震은 燕山君 시대부터 兩班官僚 사이의 대립이 격화되어 明宗朝에 이르기까지 네 차례나 거듭된 士禍의 와중에서 그의 관료생활을 계속 이끌어가야 하였다. 이 시기에는 또 대외 관계에 있어서도 어수선하여 滿洲에서는 女眞族(野人)이 점차로 세력통합의 기세를 보이면서 조선의 西北지방에로 侵擾하여 왔고, 南部沿岸에는 倭寇가 跳梁하며 변란을 일으키기까지 하여, 中宗朝에는 새로 備邊司가 설치되면서 邊方에 대한 대비에 부심해야 하던 때이다. 그것은 앞으로 닥쳐올지도 모르는 내우외환의 징후가 짙어가던 시기였다.

尙震이 別試 합격 후 副正字로 選人된 바로 두 달 뒤에 己卯士禍가 일어나 新進士類가 수난을 당하는 중에, 그는 陞遷될 때마다 臺諫의 반대와 탄핵을 받아야 했으며, 특히 中宗朝 末期에 右贊成으로 승진되었을 때에는 臺諫이 집요하게 반대하였으나, 明宗이 윤허하지를 않아 그 자리를 유지할 수가 있었다. 그렇듯 그는 政爭의 틈바구니에서 여러 번 遞任·左遷되는 경력을 거쳐서, 40여 년에 걸친 그의 官路歷程은 그리 순탄하지는 않았으나, 그러한 과정에서도 그가 官界에서 아주 배제되지 않았던 것은 中宗·明宗의 특별한 恩顧가 있었던 탓이 아니었던가 생각된다. 明宗朝

에 尙震 등이 原從功臣에 封하여졌을 때에도 司憲府에서 그들의 封爵을 還收할 것을 강력히 啓請하였으나 明宗은 이를 윤허하지 않았던 것이다. 明宗 9년 이후에도 거듭된 天災로 말미암아 그가 거듭 辭職疏를 올린 것은 한갓 名分上의 擧措였다고 할 것이나, 掌令에서 領議政에 이르기까지 무려 20여 회에 걸친 辭職疏를 내야 했던 사실은 단적으로 그의 경력이 순탄하지만은 않았던 것을 시사하여 준다고 할 것이다.

특히 『明宗實錄』에는 史臣의 論評(史評)이 유난히 많이 收載되어 있음은 당시에 치열했던 政爭의 氣象 때문이라 생각되나, 人間 尙震에 대한 史評만도 20여 개 처에서 찾아볼 수 있다. 그에 대한 史評은 이를테면 毁譽襃貶이 相半되는 셈이어서, 그의 사람됨이 深沉하고 몸가짐에 節度가 있어 淸濁사이에 처하여 조금이라도 사람을 해치려는 병폐가 없이 長者의 氣象이 있었다고 하는 反面에는 일에 대처할 때에 '含默苟容'으로 剛毅의 氣品이 부족하다는 것이기도 하였다. 尙震 자신도

> 大抵 사람들이 議論함에 있어서 어찌 모두가 다 같을 수가 있겠는가. 혹은 是라 하고 혹은 非라 하여 오직 생각하는 바를 모두 實吐하여 임금님의 採擇하는 바에 따르면 될 것이다(『中宗實錄』, 中宗 32年 2月 己卯條).

라고 하여 是非兩端間에 머물러 있는 자신의 태도를 말하여 주고 있다. 王世子 嘉禮宴 때에 明宗이 群臣의 '和悅'을 위하여 堂上·侍從의 飯酒·起舞를 권유하였을 때, 尙震 등이 그것은 禮法에 어긋난다 하여, 明宗도 이에 따랐다고 하였다. 史臣은 이 같은 사실에 대하여 다음과 같이 논평하고 있다.

> 당시 朝廷에 있는 臣으로서 權姦이 각기 分黨이 되어 彼此 사이에 猜鬪를 벌이고 있으므로, 中間者는 憂疑로 날을 보내고 足跡을 삼가며 가슴아프게 여기고 있으니, 비록 그들로 하여금 和悅交舞케 하더라도 하루의 醉舞로서 그들 사이의 和悅을 기할 수가 있겠는가(『明宗實錄』, 明

宗 17年 3月 甲子條).

이 같은 史臣의 논평은 당시의 分黨爭鬪의 政情과 中立者의 難處한 立場을 말하여 은연중 尙震의 處地를 시사하였던 것으로 보인다.

본 문집은 尙震이 別世한 지 三百數十年 후인 1942년, 光復數年前에서야 비로소 간행된 것이다. 그동안의 거듭된 兵燹과 家替로 말미암아 尙震의 文蹟은 후세까지 전해온 것이 거의 없었던 것 같다. 그리하여 그의 十二世孫 渭는 수년간에 걸쳐서 尙震의 手澤遺墨으로 드물게 世傳해 온 것과 賢集野史에서 그의 實蹟遺事 등을 수집하여 詩文과 紀蹟 若干篇을 얻고 당대의 實錄을 참조하여 그 搜拾이 未盡하고 校勘도 不精한 데가 많은 것이나 더 지연할 수가 없다고 생각하고 문집간행을 결행하게 된 것이다. 그 간행에 있어서는 그의 族侄이며 尙震의 十三世嗣孫인 昌植이 遺墨을 轉寫하여 卷帙로 편찬하였고, 族叔 利鉉 등 族親의 물심양면의 지원을 얻어서, 尙震의 沒後 378년 뒤에야 비로소 그 刊行을 보게 된 것이다.

本文集은 9卷 4冊으로 다음과 같은 編次로 구성되어 있다.

卷1: 詩
卷2: 疏箚·啓辭
卷3: 啓辭·別集(啓辭)
卷4: 議·別集(議)·箋
卷5: 書·祭文·銘·歌章·琴操
卷6: 年譜(附錄)
卷7: (附錄) 行狀·神道碑銘·祭文·贊
卷8: (附錄) 本傳·遺事
卷9: (附錄) 榜目·座目

卷末에는 朴奎和·黃義敦의 跋文과 尙震의 後孫인 利鉉·奉鉉(十一世孫), 灝·渭(十二世孫), 昌植(十三世孫) 등의 跋文이 차례로 실려 있다.

卷一에는 먼저 尙震이 20세 때의 作인 寄題聽松堂(成守琛) 五律八韻

詩 一首와 書示李上舍(孫婿 李濟臣) 一首가 실려 있다. 특히 後者에는 申欽의 小叙가 附記되어 있어, 尙震의 曾孫 子華氏가 尙震의 故鄕인 木川의 人家에서 그 詩軸을 얻어 工人에게 粧帖케 하여 전하여 온 것임을 말하여 준다. 그리고 題竹西樓(二首), 題降仙樓(二首), 題江陵連谷倉(中宗 30년 江原監司時), 題江界客舍(中宗 35년 平安監司時, 二首), 次老杜秋興(八首)이 실려 있다. 그 중에 題江陵連谷倉 一首는 仁祖 八年에 尙震의 外裔 李廷謙이 江原道觀察使로서 江陵에 巡到하였을 때에 발견하여 損傷된 舊板을 模刻케 하였다는 것이어서 李廷謙의 次韻이 附錄되어 있다. 그 밖에는 申大諫光漢挽詩와 題成聽松坡山酬唱帖 및 이에 대한 原詩及諸賢共和帖 등이 收載되어 있다.

본 문집의 原集에는 卷1에서 卷5까지가 포함되나, 卷1(詩)은 8葉, 卷5(書·祭文 등)는 7葉에 지나지 않아, 原集의 대부분은 卷2·3·4의 疏箚·啓辭·議·箋으로 채워져 있다. 그런데 이들은 그 모두가 中宗·明宗實錄에서 採輯·轉寫된 것으로, 각기 適宜한 題名이 붙여지고 그 題名下에 각 王朝의 年月日(干支)과 당시 尙震의 官職名이 附記되어 있어, 각기 그 典據가 암시되어 있는 셈이어서, 이 文集의 讀者는 實錄에서 일일이 檢證·對照해 볼 수 있게 되어 있다. 그러한 중에 卷3의 別集(啓辭)과 卷4의 別集(議)은 각기 南·北(倭·女眞)의 邊情과 唐(明)·倭人과 관련되는 啓·議만을 實錄記事에서 따로 뽑아 輯錄한 것이다.

이들 疏箚·啓辭·議는 대체로 年代順으로 輯錄되어 있어 中宗 24년 이후의 記錄이 망라되어 있는 셈이다. 그러한 중에 實錄과 대조하여 몇 가지 착오와 약간의 첨삭된 부분을 찾아 볼 수 있다. 첫째, 개중에는 年·月·日(干支)의 誤記가 있어서 實錄에서 새로 검출해내야 되게 되어 있다. 둘째로, 어떤 경우에는 실록기사에서 문장이 거두절미된 부분이 있고 때로는 약간 첨삭된 부분도 있는데 그 添記된 부분의 근거는 제시되어 있지 않다. 셋째로, 실록기사 중의 細註 부분이 문집에서는 그 위치를 달리하거나 혹은 또 부분적으로 轉寫되지 않은 경우도 있다. 넷째로, 특히 유의해야 할 점은 여러 官員의 合議에 의한 啓辭가 마치 尙震 개인의 啓言처럼 誤認되게 되어 있는 경우이다. 예컨대 大司諫以下 臺諫의 上下官員의 議啓인 경우, 大司諫 이하 諸官員 連名으로 기록되어 있음에도 단지 '獻納 尙震'으로만 附記되어 있는 경우와 같다. 따라서 본 문집 原集의 근간이 되는 卷 2·3·4의 문헌적 가치는 中宗·明宗實錄에로 移讓되는 수밖에 없겠다.

여기서 본 문집의 疏箚·啓·辭·議 등의 內容別 件數를 대략 분류·제시하면 다음과 같다.

```
官制·科試·薦望·擇任·褒貶……34건
明·倭·女眞 등 對外關係…………35건
災異·社會·經濟關係……………34건
宗室·王族의 擧動·儀禮문제…… 17건
佛敎관계…………………………… 9건
辭·遞職願(疏·啓)………………… 31건
```

卷5에는 여기저기 흩어져 있던 書·祭文·銘 등이 약간 수록되어 있고, 國文(한글)으로 되어 있는 歌章(古調)과 琴操(感君恩曲, 4章)가 실려 있다. 琴操에는 澤堂 李植의 琴銘이 附錄되어 있어, 尙震이 晩年에 琴을 좋아하여 집에 琴을 간직하고 배워서 按譜에도 能하였다는 것을 말하여 주고 있다. 卷6 이하는 附錄이다. 卷6에는 後孫 渭에 의해 편찬된 年譜, 卷7에는 孫婿 李濟臣이 撰한 行狀, 洪暹(燕山君 10년~宣祖 18년)이 撰한 神道碑銘, 祭文 등이 실려 있다. 卷8 遺事에는 『淸江瑣語』·『朝野僉載』·『芝峯類說』 및 그 밖의 여러 文獻에서 蒐集된 尙震에 관한 逸話가 採集·收錄되어 있다. 끝으로 卷9에는 宗系慶科別試榜目·瑞葱臺(昌德宮)賜宴座目·癸丑甲契座目 등이 收載되어 있어 각기 당시의 別試榜目, 賜宴時의 座次, 同甲契의 一事例로서 참고자료가 될 것이다.

— 민족문화 12, 1989

Ⅲ. 『一齋集』 解題

　본 문집은 湖南五賢 중의 한 사람으로 또는 湖南理學의 祖로 일컬어지는 一齋 李恒(燕山君 5年～宣祖 9年, 1499～1576)의 詩文集이다. 李恒의 字는 恒之, 一齋는 그의 號이고, 諡號는 文敬公, 本貫은 星州이다.

　그의 遠祖인 李克臣은 新羅(敬順王朝)의 朝官으로 宰臣에 이르렀으나, 高麗朝에 들면서 그의 後孫은 京山(星州)의 吏가 되어 麗朝를 통하여 戶長의 家系를 이어왔다. 李克臣의 十六世孫이고 恒의 高祖인 平簡公 潑은 世宗朝에 兵曹判書를 지냈다. 平簡公의 伯兄 興安君이 王子의 亂 때에 遇害無嗣하여 太祖가 平簡公의 次子(潤)를 後嗣로 삼도록 命하면서 平簡公으로 하여금 龍仁 大阿地의 駙馬宮 世祿田을 管攝하도록 하여, 그는 星州로부터 上國村 舊宅에 來居케 되고, 恒의 曾祖 洧(監察)때에 한양에로 移寓케 된 것이다. 李恒은 祖父 湊(建功將軍)의 四男 중의 三男인 父親 李自英(義盈庫 主簿)과 完山崔氏(參奉 仁遇의 女)와 사이에 燕山君 5年(1499)에 漢城 晨昏洞里第에서 태어났다.

　李恒은 資稟이 剛毅・豪邁하고 勇力이 絶倫하여 일찍이 弓馬術을 익혀서 遊俠으로 이름을 떨쳤다. 그러나 그는 28세 때(中宗 21年)에 伯父 判書公(李自堅)의 깨우침을 받고 悔悟・自責하여 聖賢의 書를 읽게 되고, 다음해에 書冊을 휴대하고 道峯山 望月菴에 들어가 數年 동안 刻苦工夫하여 體認心得하기에 이르렀다.

　그는 中宗 33년 40세 되던 해에 黨禍가 더욱 심해질 형세를 보고, 모친을 모시고 한양에서 남하하여 湖南 泰仁 七寶山下(粉洞)에 들어간 것이 그가 湖南에 寄寓하게 된 동기이며, 남하한 지 얼마 안 되어 乙巳士禍가 일어났다. 그는 凋落된 生理 때문에 몸소 耕稼에도 힘써서 수년 뒤에는 생계에 여유도 생기게 되었다.

　그리하여 그는 武科出身으로 善山에 辭歸하여 뒤늦게 道學을 講究, 當代의 名流가 된 松堂 朴英을 그의 居鄕 善山으로 찾아가 그에게 從

遊하기도 하였다. 그는 七寶山中에 小精舍를 지어 藏修遊息의 고장으로 삼아 이름지어 一齋라 한 것이 一齋先生이라 일컫게 된 연유이다. 그는 여기서 程朱諸書를 耽讀하고 孔孟을 표준으로 삼아 '學不息 萬理自通'을 自警銘으로 삼았다고 한다. 그는 그 후로 金麟厚(河西), 奇大升(高峯), 許曄(草堂), 盧守愼(蘇齋) 등과 書簡을 통하여 性理說에 대한 견해를 서로 교환하기도 하였다. 己卯·乙巳士禍의 여파로 말미암아 徐敬德은 花潭에 遯居하고, 金麟厚는 出世의 뜻을 버리고, 曺植·李恒은 海隅에 幽棲하는 등 이들 모두가 大器高才임에도 世路에서 탈락·은둔하게 된 것은 당시 士類들의 처지이고 趨向이기도 하였다.

그러나 그는 45세 되던 中宗 38年에는 당시 全羅監司이던 宋麟壽(圭庵)가 李恒의 高義를 듣고 그를 來訪하여 李彦迪(晦齋)과 더불어 雲峯에서 數日간 講討한 일도 있었다. 특히 己卯士禍로 長興에 杖流되었던 申潛(靈川)이 유배에서 풀려나 中宗 39年에 泰仁縣監으로 부임하여 와서, 그가 明宗 2년에 李恒을 찾아 학문과 정치의 요체를 더불어 논한 이후로는 朝野의 名士·後生이 다투어 그의 門을 두드리게 되어 그의 學舍를 확장증축하기에 이르렀다는 것이다. 그가 57세 되던 明宗 10年에 金千鎰이 來學 李恒의 門人이 되어, 그의 倡義殉節이 또한 스승 李恒의 정신을 이어받은 것으로 여겨졌다. 李恒은 退溪와도 書簡의 교환이 있어 서로 敬重하는 사이였으며, 退溪는 나중에 李恒을 가리켜 湖南理學의 祖라 하였고, 栗谷은 李恒·金麟厚·奇大升 三先生으로 말미암아 湖南이 비로소 '文明之鄕'이 되었다고도 하였다. 즉 上道에는 李一齋가 下道에는 奇高峯이 있어, 高峯은 早逝하여 講學에 미치지 못하고 一齋는 門人이 비록 많았으나 오직 金千鎰만이 節義로써 이름을 남기고 學者로서 一齋를 계승한 자는 없었다고 하였다. 後世(高宗朝)에 八道儒生이 李恒, 柳希春, 盧禛, 朴淳, 奇大升을 湖南五賢으로 文廟에 從享할 것을 上流한 일도 있었다고 한다.

李恒은 68세 되던 明宗 21년 6월에 生員·進士 중의 經明行修·純正勤謹者, 老成溫和者로서 成運·韓脩·南彦經·朴薰·金範 등과 더불

어 特薦되어, 그는 司畜署 司畜(六品職)에, 南彦經은 砥平縣監에 임명되었다. 그 해 9월에 明宗이 위의 六賢을 思政殿에 召見하여 '治國之道'와 '爲學之方'에 대한 각자의 견해를 聽聞한 자리에서, 李恒은 무엇보다도 그 기본은 '修身'에 있다 하여 '居敬窮理 格致誠正' 외에 또 다른 것이 없다고 하였다(『明宗實錄』卷33, 明宗 21年 9月 己亥條). 그는 다음달에 義盈庫令에 超陞特拜되었다가 다시 林川郡守로 王命에 따라 부임하였다. 李滉은 같은 계제로 尙瑞院 判官에 임명되었으나 辭歸한 曺植과 李恒을 대조하여, 曺植은 '高抗之士'로 본시 風塵 중에 머리를 굽히는 것을 마음으로 좋아하지 않았으며, 李恒은 학문에 종사하는 사람으로서 편벽되게 仕宦하지 않는 것만을 높이 평가하지 않아서, 曺植은 바로 隱退하여 山林에로 돌아갔고 李恒은 郡守가 되었으나 數年 뒤에 辭歸하였다고 하였다. 실제 李恒은 68세에 林川郡守로 부임하였으나 다음해에 '稱疾棄官'하고 돌아온 것이었다. 한편으로 그는 당초에는 '業武妄行'의 사람으로 처음부터 科擧를 위한 공부를 하지 않고, 晩年에 학문을 알았기 때문에 그 학문이 該通하지가 못하다는 평을 받기도 하였다(『宣祖實錄』卷1, 宣祖 卽位年 11月 夕講, 奇大升 啓).

宣祖 卽位年 10월에 宣祖는 李恒·曺植·成運 등을 特召하였으나 모두 나아가지 않았고, 李恒은 같은 해에 儀賓府 經歷, 繕工監 副正, 司饔院 正에 除授되었으나 나아가지 않았다. 그로부터 7년 뒤인 宣祖 7年 그가 76세 때에도 掌令, 掌樂院 正 등에 제수되었으나 그는 老病으로 나아가지 않았다. 그리하여 李恒은 宣祖 9년 6월 22일에 享年 78세로 泰仁 粉洞里第에서 老患으로 세상을 떠났다.

宣祖 12년 6월에 禮官이 成運에게 贈爵할 것을 의논하는 자리에서 盧守愼은 曺植·李恒·成運 등은 모두 賢士이면서도 그들의 人品이 서로 다른 점을 지적하고 있다. 즉 曺植은 志氣가 凌厲하고 識見이 超遠하여 비록 聖人의 書라 하더라도 그 뜻에 구애되지 않았기 때문에 약간의 病處가 있고, 成運은 溫雅簡然하고 세속에 물들지 않고 초연하여 언제나 謙讓·自守하여 一世의 完人이 되었으며, 李恒은 몸가짐을 聖賢의 道理에 따르고 독서에는 四書를 기본으로 삼아 사람을 훈도하는데는 먼저 기질을 바로잡는 일이 중요하다고 생각하였으며, 학문에 공헌한 바가 많아 隱德之人과는 같지 않으나 간혹 偏된 곳이 있다고 하여 曺植은 이미 贈職이 되었으니 먼저 李恒에, 그 다음에 成運에 贈職하는 것이 마땅하다고 하였다(『宣祖修正實錄』 卷13, 宣祖 12年 7月 乙巳條). 그러나 李恒은 正祖 20년에서야 吏曹參議에 追贈되고(『正宗實錄』 卷44, 正宗 20年 2月 甲申條), 哲宗 5년(1854)에 吏曹判書·知義禁府事·成均館祭酒·五衛都摠府都摠官에 追贈되고, 高宗 2년(1865)에 文敬公이라는 諡號가 追贈되었다.

본 문집은 李恒의 詩文集과 遺事(附錄)를 묶어서 편집·간행되었던 初刊本에 다시 새로 수집·편찬된 續錄이 合綴된 것이다. 원래 李恒의 五代孫인 龜菴 李星益이 李恒의 遺稿를 수습하여 李恒과 同門인 冶川 朴紹의 五代孫인 朴世采(南溪)에 위촉하여 정리·간행을 진행하던 중에 星益이 死沒하여 宗人 李俊喬(參判)가 그 일을 계속하여 顯宗 14년(癸丑)에 간행하게 된 것이 初刊本이다. 그 뒤에 星益의 孫인 遼가 널리 諸賢의 문집을 참고하고 長老의 流傳을 찾아 모아서 遺事 若干篇으로 續錄을 마련하여 英祖 35년(乙卯, 1759) 가을에 初刊本(原集)에다 續錄을 붙여서 追刊할 때, 南皐書院賜額祭文과 一齋先生遺墟碑後記(己巳, 仁祖 7年 3月 杞溪 兪肅基記)를 續錄 卷末에 붙이고 위와 같은 사유를 밝힌 杜湖 趙最의 一齋先生續錄跋을 붙여서 편집·간행된 것이 본 一齋集이다. 이 影印本은 이를 臺本으로 삼았다.

그 뒤에도 高宗朝에 이르러 李恒의 後孫인 東萊이 다시 자료를 널리 수집·정리하여 高宗 24년(1887)에 續編本(1冊)으로 간행된 바 있고, 다시 奇炳度·金洛環·金永采 등이 재정리하여 1936년에 4卷 2冊으로 『一齋遺集』이 간행된 바 있다. 이 『一齋遺集』의 卷2·3·4는 附錄으로, 世系圖, 年譜略抄, 師友錄(54名), 門人錄(41名)과 祭文, 輓詞, 墓碣銘, 諡狀, 請諡疏, 祝文, 南皐祠上梁文 등이 수록되어 있다.

본 영인본의 臺本인 己卯(英祖 35年)本은 前述한 바와 같이 原集과 續錄의 合本이다. 原集에는 卷末에 朴世采의 序에 이어서 詩(22首), 書(16), 雜著(理氣說·箴·銘·贈書)와 附錄으로 左議政 盧守愼撰의 墓碣銘 및 遺事·祭文·挽詞가 收載되어 있고, 卷末에 宋時烈의 跋이 붙여 있다. 그리고 前記 內容의 續錄이 合本되어 있다.

初刊本이 간행된 뒤에 李恒의 六代孫 大齡은 이 朴和叔(世采)의 所校刊本(初刊本)을 갖고 明齋 尹拯에게 가서 청탁하여 尹拯이 肅宗 6년(庚申)에 쓴 跋文이 있었으나(『明齋遺稿』32卷, 跋, 一齋集跋) 그것은 본 一齋集에 收載되어 있지 않다. 그것은 아마도 이른바 庚申大黜斥 이후로 宋時烈과 尹拯과의 관계가 대립되어 있던 政爭 때문에 宋時烈의 跋文만이 수록되었던 것이 아닌가 생각된다.

一齋의 一字가 '主敬窮理'의 뜻인 바와 같이 道學者로서의 李恒은 反身誠意·主敬窮理를 修己正心·學問의 기본요체로 여겼고, 학문의 목적을 高遠한 곳에 두지 않고 평이한 '致用'에 두었던 것이다. 그의 詩에 있어서도 16세기에 修己的인 경향이 짙은 士林의 趣向과도 같이 功夫·敎化·經明行修가 강조된 道學的 風趣가 깔려 있는 한편으로 세태를 풍자하거나(偶吟) 淸虛·靜安, 隱士의 심경을 읊은 경우도 볼 수 있다. 특히 書에 있어서는 당시의 儒學者 盧禛·金麟厚·奇大升·許曄·南彦經·盧守愼 등과 理氣人心道心說 등에 대한 견해를 교환·토론하고 있다.

李恒은 性理學의 기본논리를 이루는 이른바 理氣說에 있어서 理와 氣는 渾然一物이라는 것을 강조하고, 따라서 太極과 陰陽은 一體라는 것을 역설하여 理·氣의 어느 한쪽으로 치우치거나 理·氣二元論的인 입장을 취하지 않았다(「與奇明彦書(己未)」, 「答金厚之書」). 그는 또 明儒 羅整菴(欽順)이 道心을 體로 人心을 用으로 分說하는 데 대하여도 整菴은 性情體用의 幾微한 妙用을 알지 못하였을 뿐만 아니라 舜·禹의 道德에는 界分이 있는 점도 알지 못하였다고 비판하고, 당시의 사대부들이 整菴의 詭論에 迷惑되고 있는 점이 한심스럽다고도 하였다

(「與盧寡悔書」, 辛酉 十二月 二十日). 그의 이 같은 理氣渾然一物·太極陰陽一體論도 그의 '居敬窮理 默思自得'의 소치였다고 할 것이다.

본 문집은 『一齋遺集』과 아울러 李恒의 생활과 사상, 특히 理氣說을 이해할 수 있는 좋은 자료가 될 것이다.

— 민족문화 12, 1989

Ⅳ. 『葛川集』 解題

본 문집은 自怡堂 林薰(燕山君 6年~宣祖 17年: 1500~1584)의 詩文集이다. 林薰의 字는 仲成, 號는 自怡堂, 사람들은 그의 出生地이며 出身地이기도 한 安陰縣 葛川洞의 洞名을 따서 葛川先生이라고 불렀으며, 나중에는 林薰 자신이 枯查翁이라고 號를 고쳤다.

그의 本貫은 恩津으로, 高祖 때에 咸陽郡으로 徙居하였고, 曾祖(林千年) 때에 安陰縣 葛川洞으로 다시 移徙하였으며, 그의 曾祖는 宜寧縣監을, 祖父(門麻)는 勵節校尉(司勇)를 지냈으나, 父親(得蕃)은 出世의 뜻을 버리고 葛川洞에 隱居하였다. 林薰은 父親 得蕃과 母親 晋州姜氏(求仁齋 貞祺의 後孫인 永崇殿 參奉 壽卿의 女) 사이에서 燕山君 6年 7月 15日에 태어났다.

그는 어려서부터 효성과 우애가 지극했으며, 조금 자라서는 『書經』의 大義에 통하고, 十五六세 때에 이미 文章의 체제를 갖추게 되었다고 한다. 그가 26세 되던 中宗 21年 겨울에 母親이 別世하여 그의 弟 芸과 더불어 守墓하는 3년 동안에 그들의 法度·誠孝가 널리 알려져서 當地의 縣官도 크게 탄복하였다는 것이다.

林薰은 그가 41歲 되던 中宗 35年에 生員試에서 二等弟一人으로 합격된 이후로 누차 成均館 儒生으로 학업을 계속하였다. 그리하여 그는 明宗 8年(1553)에 館薦으로 비로소 社稷署 參奉에 제수되고, 다음해에 集慶殿(慶州) 參奉으로 移任되었다. 明宗 10年에는 濟用監 參奉에 제수되었으나 나아가지 않았고, 다시 典牲署 參奉에 제수되었다가 父親이 八旬老齡이었으므로 곧 辭還하여 부친을 모시는데 忠養孝奉을 극진히 하였다. 林薰이 61세 되던 明宗 16年에 父親이 別世하여 林薰兄弟는 德裕山 葛川洞 父親墓下에서 居廬3年 香火를 폐한 일이 없었다고 한다. 그리하여 林薰兄弟는 擧鄕人文牒(縣牒)에 의하여 明宗 19年 閏2月에는 나라에서 旌門을 세워 그들의 孝行을 표창한 바 있었다(『明宗

實錄』卷30, 明宗 19年 閏2月 乙亥條).

明宗 21年 6月에 吏曹에서 明宗의 傳敎에 따라 生員·進士 중에서 '經明行修·純正勤謹者, 老成溫和者'를 薦擧하게 되어 林薰(前參奉)은 李恒(學生)·成運(前參奉)·韓脩(前別坐)·南彦經(前參奉)·金範(進士) 등과 같이 被薦되었다(『明宗實錄』卷33, 明宗 21年 6月 庚辰條). 그리하여 같은 달에 李恒은 司畜署 司畜에, 南彦經은 砥平縣監에 임명되고, 8月에 韓脩는 掌苑署 掌苑에, 林薰은 彦陽縣監에 初授되었다(同上, 7月 甲申·8月 庚申條). 明宗은 다음달인 9月에 思政殿에서 韓脩·李恒·南彦經·林薰 등을 召見하고 '治國之道'와 '爲學之方'에 대한 각자의 견해를 聽聞하였다. 林薰은 이 자리에서 '修身正心'과 '格致誠正'을 기본으로 삼아 『大學』·『中庸』의 근본정신으로 修身之道에 힘쓰는 일만이 그 요체라고 하였다(同上, 9月 己亥條).

林薰은 66세의 老齡으로 彦陽縣監에 부임하였으나 얼마 안 되어 稱病辭還하였던 것이다. 宣祖 2年 겨울에 軍資監 主簿에 제수되었으나 나아가지 않았고, 다시 比安縣監에 旋補되었으나 때마침 兪夫人의 喪을 당함으로써 역시 辭還하였다. 宣祖 6年 그가 73세 되던 해 10月에 光州牧使로 부임하였으나 다음해 겨울에 老病으로 辭還하고 말았다. 그리하여 宣祖 17年 正月에 林薰은 85세의 高齡으로 세상을 떠났다.

林薰은 戊午士禍가 일어난 지 2년 뒤에 태어나고, 그가 다섯 살 때에 다시 甲子士禍가 일어나서 新進士類들이 연이어 수난을 당하던 시기에 자라났다. 그의 부친은 進士試에 應擧한 일은 있었으나 평생동안 德裕山下 葛川洞에 隱居, 田園에 安住하며 오로지 자손의 교육과 後生의 訓育에만 전념하여, 林薰도 이 같은 은둔생활에서 몸에 밴 부친의 端詳한 稟質과 高潔한 志操에 영향을 받았으리라고 생각된다. 그리하여 그는 역시 山林에서 靜養하며 聖賢을 仰慕하여 마지않은 鄭汝昌을 私淑하여, 출세에 급급하지 않고 山水를 雅好하는 情趣와 公廉潔白한 志操를 몸에 지녔던 것으로 보인다. 그가 20세 되던 해에 己卯士禍가 일어났고, 그가 41세로 生員試에 합격된 지 5년 뒤에는 다시 乙巳士禍

가 일어나, 그는 繼起된 士禍로 말미암은 치열한 政爭 속에 士類들이 榮進을 좋아하지 않고 辭避하는 풍조가 농후하던 시기에 반평생을 보낸 셈이다.

林薰은 기질이 순수하고 儀形이 秀偉하며 辦局이 宏深하고 趣味도 趨遠하여, 평생에 疾言遽色이 없이 喜怒를 辭氣에 나타내는 일이 없었다. 志操가 高潔하여 한 점의 世俗氣도 없고 마음이 너그러워 長者의 氣風이 있었다. 그의 성격은 溫厚·篤實하여 평시에는 물러서서 말을 못하는 것 같고 일에 임해서는 덮어 두어 자신의 주장이 없는 것같이 보였으나, 義理와 是非를 가릴 때에는 은연중에 빼앗을 수 없는 용기를 지녔다.

그는 前述한 바와 같이 나이 五十이 넘어서야 參奉職에 제수되어 官界에 나아갔으나 老親奉養을 위하여 오래지 않아 辭還하였고, 60이 넘은 老齡으로 王旨의 督令과 父兄의 勸勉에 못 이겨 두 차례에 걸쳐 守令職을 拜受하였었으나, 그때마다 喪配와 자신의 老患으로 辭還하여 실제 그의 재임기간은 매우 짧아서, 그의 생애는 거의 산림에 은거한 것이나 다를 바가 없었다. 그는 한때의 名流로서 서로 벗이 되었던 자가 많았으나, 남달리 깊이 交友한 사람은 어려서부터 교분이 더욱 더 깊어진 玉溪 盧禎, 그가 畏敬하여 마지않았던 南冥 曺植 그리고 退溪 李滉 등 三先生이었다. 그가 이들 三先生과 남달리 深交하였던 것도 당시 官界의 분위기나 士類들 사이의 趨向과도 관련이 있었던 것으로 생각된다. 가령 林薰이 '世道가 多艱'한 중에 蝸(달팽이)에 붙인 寓意的인 賦詩에서 '彼以暴而見禍 我無爲而自活' '彼以欲而見滅 我無欲而處窮'이라고 스스로 읊은 것도 그러한 당시 士類들의 心情과 趨向을 대변한 것이라고 할 것이다.

그의 書室에는 誠·敬 二字와 '思無邪 毋自欺' 등을 크게 써 붙이고, 그의 姿勢는 언제나 端嚴·愼謹하였으나 古人의 是非得失과 世道의 升降汚隆을 橫論竪說하여 모두 義理를 기준으로 판단하였다. 그는 어려서부터 記誦訓詁는 중히 여기지 않고 大義에 通透하는 일에 힘써서 언제나 經義理解에 주력하였다. 당시의 학자들이 흔히 중국의 古史를 구하여 보는 반면에 自國歷史에 대해서는 알지 못하는 通弊를 느낀 그는 널리 '東史'를 구하여 탐독함으로써 可謂 學問의 體와 用을 식별한 자로 평가되기도 한 것 같다.

林薰은 少時 때부터 저술이 많지 않았고 中年 이후의 것으로도 약간의 疏章 · 簡牘 외에는 남겨진 것이 거의 없다. 碑誌를 청탁받은 경우에도 응낙한 경우는 아주 드물었다는 것이다. 그가 남겼던 글들도 거듭된 兵火로 모두 遺失되어 家藏의 遺稿 若干卷이 남아 있을 따름이었다. 顯宗 6年에 宋時烈이 쓴 文集序에 의하면 본 문집은 林薰의 曾孫이 그의 遺文을 蒐集 · 掇拾하여 간행한 것으로 밝혀져 있다. 따라서 본 문집의 刊行年紀도 顯宗 6年이었을 것으로 간주된다.

『葛川集』은 4卷 2冊(乾 · 坤)으로 다음과 같은 編次로 구성되어 있다.

葛川先生文集序(宋時烈)
卷1: 五言絶句(六首), 五言律詩(九首), 七言絶句(十九首), 七言律詩(九首), 賦(三首)
卷2: 疏(三), 召對草(庚午), 謝恩封事(乙亥 · 丁丑), 墓碣銘(三), 行狀(三), 序(三), 書(三)
卷3: 擬宋賜岳飛精忠旗詔, 祭文(一), 通文(一), 書兪子玉遊頭流錄後, 記(八), 墓碣(一, 拾遺)
卷4(附錄): 行狀(鄭惟明), 碣銘並序(鄭蘊), 祭文(二), 挽詞(二)

卷1의 詩篇 중에는 林薰이 俗世를 떠나 山林에서 靜養하면서 山水를 즐겨 찾아 離俗의 情趣를 읊은 詩作이 많이 눈에 띈다. 그는 원래 詩作을 좋아하지 않았다고 전하며, 晩年에 혹 詩興이 일어나서 酬唱한 것도 沖淡渾厚하여 그의 사람됨과 같다는 것이다. 그러한 중에는 앞에서 인용한 蝸(賦)나 혹은 또 蛛絲(五言絶句)와 같은 당시의 세태를 풍자한 寓意的인 詠物詩도 들어 있다.

卷2에 실려 있는 彦陽陳弊疏는 林薰이 彦陽縣監으로 在任했을 때에

遇災求言에 따른 所懷로서(『明宗實錄』卷33, 明宗 21年 閏10月 壬寅條), 그가 水軍絶戶, 其人價木, 陳田貢物, 縣民陳債, 寺奴婢貢布, 進上山行役 등 六個條에 이르는 明宗朝 당시의 通弊를 잘 指摘·詳論하고 있어 당시의 民情에 대한 구체적인 이해에 도움을 준다. 庚午召對草는 正心修身을 강조한 내용이고, 謝恩封事에서는 軍籍虛簿, 防納, 量田上의 弊 등을 논한 것으로, 그가 '家貧身病' 중임에도 民生에 대한 심려가 깊었음을 잘 나타내 주고 있다. 그는 여기서 '法을 시행하려면 반드시 그 時의 可否를 살펴야 하고, 時의 可否는 民心의 所存이요, 民心의 所存은 바로 國家治亂의 기본이다'라고 토로하고 있다. 그리고 代人擬(上免軍·解停擧)疏 두 편이 실려 있어 당시의 軍役·科擧에 대한 實情의 일단을 보여주고 있다. 그 외에 각기 3편의 墓碣銘(蔚山郡守 李求仁墓·劉璀夫婦墓·劉友參夫婦墓)과 行狀(玉溪 兪好仁(兪婦人의 祖父)·林得蕃(先府君)·玉溪 盧禛)이 들어 있고, 몇 편의 序·書 등이 실려 있다.

卷3에는 擬詔文과 祭文(盧判書玉溪), 天嶺書院 건립을 위한 收穀通文이 실려 있다. 그리고 書兪子玉遊頭流錄後는 友人 兪子玉이 同志 八九人과 천하의 奇勝地인 頭流山을 탐방한 遊山錄에 붙인 글이다. 특히 德裕山은 林薰의 고향의 鎭山이며, 그가 어려서부터 그 山中의 여러 山房에서 工夫를 하였을 뿐만 아니라 平生 그 山中에서 떠난 일이 없는 인연 깊은 고장이었다. 德裕山 三峰 중의 黃峰과 佛影峰에는 어려서 그 밑의 靈覺寺와 三水菴에 寄寓하였을 때에 오를 기회가 있었으나, 最高峰인 香積峰에는 한번도 오를 기회가 없어서 평생의 한으로 여겨왔었다. 그런 중 그가 52세 되던 해에 그의 表姪 李俏, 惠雄·性通 二僧과 더불어 그의 숙원을 풀 수가 있었다. 德裕山 香積峰記는 이렇듯 이루어진 六日間에 걸친 登山記로서, 여러 溪谷·菴子·香林을 거쳐 정상에 올라 四圍의 奇勝景觀을 조망하고, 九千人이 佛功을 이루었다는 九千屯谷을 두루 살피며 下山한 長文의 登山記이다. '文章은 韓(退之)·歐(陽修)에서 얻은 바 많아 大河의 강물이 흘러가는 것과도 같아서 한번 내키면 막히는 일이 없다'(卷4, 碣銘幷序, 鄭蘊撰)는 그의 悠長한 필치와 鄕土山河에 대한 깊은 애착이 이 登山記에도 깃들어 있는 것 같다.

附錄에 해당되는 卷4에는 林薰의 門人 鄭惟明(進士)이 宣祖 18年 7月에 쓴 林薰의 行狀과 그의 아들 鄭蘊이 仁祖 14年에 撰한 碣銘幷序가 실려 있어 林薰을 이해하는 데 도움을 준다. 끝으로 鄭惟明과 成彭年의 祭文과 두 편의 挽詞가 附錄되어 있다.

— 민족문화 12, 1989

V. 『明宗實錄』 解題

　『明宗實錄』은 명종이 조선왕조 제13대 왕으로 卽位한 해인 즉위년 7월부터 명종 22년 6월에 逝去한 때까지 在位 23년간의 史實이 기록된 것으로서 모두 34권으로 되어 있다. 그것은 명종이 서거한 1년 뒤인 宣祖 元年(1568) 9월부터 편찬하기 시작하여 선조 4년 4월에 완성된 것이다.

　여기서는 먼저 실록의 편찬방식과 그 記事 내용에 관한 일반적인 例規를 대충 살펴볼 필요가 있다. 그러한 점에서는 역시 이른바 時政記와 실록과의 관계를 살펴보아야 한다. 그것은 실록 편찬의 기본 자료가 다름 아닌 시정기이기 때문이다. 원래 시정기는 宋朝의 故事에 依倣한 것으로, 후일에 修史 즉 실록 편찬에 쓰기 위하여 마련되는 것이다.1)

　이미 太祖朝부터 麗制에 따라 좌우에 入侍하는 史臣으로 하여금 史草를 만들어 藝文春秋館에 바치게 하고, 京外의 대소 아문에서도 政令에 관계되어 후일의 勸戒로 삼을 만한 것을 역시 보고하게 하였으며, 또한 都評議使司의 檢詳條例司로 하여금 매월 말에 조례를 모두 기록하여 예문춘추관에 보내서 실록 편찬에 참고하도록 할 것을 제도화하였다.2) 그러나 시정기 修撰의 제도가 정비된 것은 世宗朝의 일이다. 세종 14년에 同知春秋館事 鄭麟趾가 "국가의 禮義政刑과 이에 대한 可否論議는 歐陽修가 논한 바에 따라 춘추관으로 하여금 逐時 수찬하도록 하여 時政記라 이름하고 그 나머지 機密事와 人物의 賢·不肖 등에 관해서는 이에 대한 법이 마련되는 후일로 미룰 것"을 제의하였을 때, 議政府는 법을 새로 마련하면 폐단이 따를 것이라 하여 종래대로 할 것을 주장하였다.3)

---

1) 『世宗實錄』 卷66, 世宗 16年 11月 戊寅條.
2) 『世宗實錄』 卷2, 太祖 1年 9月 壬辰條.
3) 『世宗實錄』 卷58, 世宗 14年 12月 壬午條, 卷64, 世宗 16年 5月 甲午條.

그러나 세종 16년 11월에 세종의 教旨에 따라 춘추관은 춘추관 관원의 兼官體制로서의 增員과 그 職掌을 명백히 정하였다. 즉 종래에는 承旨·左右司諫·議政府 舍人·書筵官 2員·8翰林 등이 時事의 기록을 관장하던 것을 새로 이조·병조·예조·경연관·사헌부·승문원에서 執義 이하 및 郎廳 중 1인이 史官을 兼帶하여, 각기 進退人物·軍機·禮樂·左右入侍·百官糾察·事大關係 등 所掌 記事를 분담시켜서 사관 겸관의 범위를 확대시켜 체계적으로 자료를 수집할 수 있게 하였다. 그리하여 태종조에는 分立되었던 藝文·春秋館은 본시 一體이므로 職事가 따로 없는 예문직제학·直館 2員으로 淸直하고 文學이 있는 자를 택하여 史官을 겸하게 하여 매일 춘추관에 출근하게 하되, 다음과 같이 그의 任務와 이에 관련되는 條例를 정하였다.4)

1. 大小衙門의 公報文書를 항상 점검하여 年月 차례로 編次·撰錄하되, 국가의 禮樂刑政制度로서 大體에 관계되는 現行事務를 빠짐없이 기록하게 하여 이를 時政記라고 이름한다.

2. 臺諫의 上疏 및 臣僚들의 上書言辭는 記事官으로 하여금 기록하여 춘추관에 제출하게 하여 시정기에 기재할 수 있도록 한다.

3. 堂上官 1인은 매달 한 차례씩 춘추관에 출근하여 시정기 修撰의 勤慢을 엄격히 檢察하도록 한다.

4. 무릇 本國에서 出使하는 人員은 國家·軍民의 事體에 관계되는 일은 書狀官의 聞見事件例에 따라 그 首末을 모두 기록하여 춘추관에 바칠 것을 恒式으로 삼아 춘추관으로 하여금 검찰하게 한다.

5. 시정기에는 現行事件만을 기록할 뿐, 이미 사관이 된 자는 時事를 갖추어 기록하는 일이 그 직분이라 하더라도, 그 見聞이 인물의 賢否得失과 秘密等事에 관한 것은 모두 상세하게 直書하여 자신이 간직해 두고 후일에 收納 지시를 기다린다.

우리는 위의 조례를 통하여 실록 편찬을 위한 준비 자료에는 두 가

---

4) 『世宗實錄』 卷66, 世宗 16年 11月 戊寅條.

지가 있었다는 것을 알 수 있다. 그 하나는 시정기이고, 다른 하나는 이른바 家史이다. 그리하여 여기서 제시된 시정기의 자료로서는 대소 아문의 공보문서로서 예악형정제도에 관련되는 중요한 현행 사무기록, 대간의 상소와 신료의 상서언사, 그리고 국가·군민의 사체에 관계되는 출사자의 문견사건 기록 등을 들 수 있다. 그리고 다른 하나인 家史는 인물의 현부득실과 비밀등사를 사관이 直書, 私藏하여 두었다가 실록편찬시에 제출해야 하는 일종의 비밀문서이다.

우리는 여기서 시정기에 대하여 보다 더 구체적인 내용을 살펴보아야 하겠다. 중종 14년 6월의 趙光祖의 啓言에 의하면 시정기는 翰林이 日常 기록하는 바로서 당상관으로 하여금 따로 檢攝하게 하는 것이 祖宗의 制로서, 중종조 당시에도 역시 홍문관 교리 이상의 관원이 常勤 검섭하였으며, 또한 사관의 임무가 아주 중하여 人君의 動靜 및 經筵의 講論 등 기록하지 않는 것이 없다고 하였다.5) 또한 光海君 12년 11월의 춘추관 啓에서는 시정기에 대하여 다음과 같이 설명하고 있다. 즉 이른바 日記라는 것은 당번 史官이 『承政院日記』 중에서 요긴한 말을 撰記하고 또 各司公事 중에서 關重한 것, 예컨대 疏章 중에서 후세에 전할 만한 것, 除拜의 表表한 것 등을 箚記한 것이고, 上番 史官이 그것을 轉寫하여 '시정기'라고 이름하였다는 것이다.6) 그 위에 觀象監과 內外望候官으로부터의 氣象 내지 天災地變에 관한 書啓는 승정원에 下達, 秘密公報로 취급하여 시정기 수찬 때에만 이용되게 하였던 것 같다.7)

위에서 다소 장황하게 인용·제시한 것은 이른바 시정기의 수찬 자료가 되었던 것을 구체적으로 檢出해 내기 위한 것이었다. 즉 시정기는 인군의 동정, 경연의 강론, 중외 대소 아문의 현행사무 내지는 계하

---

5) 『中宗實錄』 卷36, 中宗 14年 6月 甲子條.
6) 『光海君日記(鼎足山本)』 卷158, 光海君 11年 7月 乙丑條. 여기서 소위 일기라고 하는 것은 『房上日記』를 뜻한다.
7) 『明宗實錄』 卷15, 明宗 8年 11月 辛酉條.

공사 중에서 緊關한 것, 臺諫의 상소와 신료의 疏章, 出使者의 국가·
군민 事體에 관계되는 聞見事 등으로 撰集되게 마련이었음을 우리는
알 수 있었다.

그리고 시정기 撰修는 逐年으로 하게 되어 있었으나,8) 그때 그때의
사정에 따라 지연되게 마련이었다. 世祖 1년에는 世宗·文宗實錄의 수
찬 때문에 史臣들이 시정기 찬집의 여가가 없어서 지연되었으며,9) 燕
山君 11년 이후로는 시정기 수찬은 5년에 한 번씩 하도록 되었고,10)
중종 17년 당시에도 시정기 수찬이 4, 5년 동안이나 지연되었음을 알
수 있다.11)

우리가 위에서 摘記한 시정기 수찬의 記述要項은 『六典條例』 春秋
館 時政記條에 다음과 같이 정해져 있다.

1. 제1行에는 上의 몇 년 干支[清年號某年], 某月 某日 干支, 晴, 혹
   은 雨, 혹은 蔭을 쓴다. 관상감에서 보고되는 災變은 陰晴 기사
   밑에 두 줄의 작은 글자로 쓰되, 外方의 재변도 역시 모두 갖추
   어 기록한다.

2. 제2행에는 上의 所在宮과 常參·經筵의 정지 여부를 승정원일기의
   예와 같이 기록한다. 그 밑에 이어서 차례대로 사실을 서술한다.

3. 入侍 때의 이야기 내용은 긴요한 것만을 모아서 기록하되, 그 沿
   革이나 是非 등은 비록 奏事人이 上奏하지 않은 것이라 할지라도
   역시 그 처음부터 끝까지 상세히 기록하고, 褒貶의 자료가 될 만
   한 것은 따로 綱目을 세워서 밑에 기록한다.

4. 대간의 啓辭는 전혀 내용이 없는 것 외에는 모두 기록하고, 한가
   지 일을 여러 번 啓한 것은 날마다 連啓로 기록하며, 만약 添入
   된 말이 있으면 간략히 기록하되, 다만 '憲府', '諫院'이라고만

---

8) 『成宗實錄』 卷66, 成宗 7年 4月 甲申條. "凡時政 春秋館逐年修之 謂之時政記"
9) 『世祖實錄』 卷2, 世祖 1年 9月 庚午條.
10) 『燕山君日記』 卷58, 燕山君 11年 7月 辛卯條.
11) 『中宗實錄』 卷44, 中宗 17年 5月 辛亥條.

쓰고 來啓人의 성명은 쓰지 않으며, 논한 바가 만약 중대한 성격을 띤 것이라면 發論한 사람과 이에 異議를 제기한 사람도 역시 기록하여야 한다.

5. 疏章은 긴절한 관계가 있는 것만을 載錄하되 閑漫한 文字는 刪削을 가하고, 만약에 去就・是非하는 일이 時政에 관계되면 기재해야 한다.

6. 吉凶에 대한 諸禮로서 뒤에 참고가 될 만한 것은 비록 번거롭다 할지라도 구체적으로 기재해야 한다.

7. 그 해마다 과거급제한 사람은 무슨 等 몇 사람이라는 것을 기록한다.

8. 官爵除授는 高官顯職과 外任 중의 緊重한 것만을 기록하되, 特命으로 제수된 자와 論難이 있는 자는 微官이라 하더라도 역시 기록한다. 기록이 끝나면 더욱 신중을 기하여 반드시 公議를 채택하고 자기 의견을 참작하여 포폄을 정하되, 한마디의 말도 輕忽하게 하여서는 아니 된다.

9. 各司의 啓下文書는 그 月末의 成冊을 고려하여 기록할만한 것을 뽑아서 기재한다.

『육전조례』는 高宗朝에 편찬된 것으로 그러한 條規가 어느 때에 제정된 것인지는 불명하며, 본 조례 안에 淸年號某年이라는 문구가 있음으로 보아 조선왕조 후기의 어느 때임은 틀림없겠으나, 초기 실록 기사에 비추어 볼 때 그러한 조규가 일찍부터 慣行되어 온 것으로 보아도 무리가 아닐 것 같다. 위의 시정기조례를 다시 간추려서 제시하면 다음과 같다.

1. 年月日・干支
2. 陰晴과 중외의 天災地變
3. 왕의 動靜 및 常參・經筵
4. 入侍・召對시의 긴요한 上奏事와 그 沿革・是非
5. 臺諫의 啓辭 및 累啓 상황

6. 臣僚의 疏章

7. 길흉에 관한 諸禮

8. 登科者의 各等 人員數

9. 고관 현직 제수자의 명단과 특명으로 제수된 자, 물의를 일으킨 자에 대하여서는 공정한 평가

10. 各司의 啓下文書

위와 같은 시정기의 기술 요항은 앞서 보아온 實錄의 기술 내용과 일치되는 것이다. 그리고 일반적으로 실록 수찬에는 의례 승정원일기, 시정기, 경연일기, 諸司謄錄 등 可考文書를 모두 모아서 참고한다고 하나,12) 이미 시정기 자체가 앞에서 摘記한 바와 같이 인군의 동정, 경연의 강론은 물론 승정원일기, 각사의 계사 중 關重한 것, 疏章이나 除授 등에 관한 자료를 참고하여 찬집된 것이므로, 시정기 자체가 실록 편찬의 臺本이 되는 것이다. 중종 29년 6월에 領議政 張順孫 등이 "시정기를 근본으로 삼아 실록을 편찬하여 萬世에 전한다"13)고 啓한 바 있다. 또한 正宗이 "실록 찬수는 전적으로 시정기에 따르는가?"고 묻는 말에, 좌의정 金常喆이 "시정기를 주로 하고 정원일기를 참고한다"14)고 한 것도 승정원일기에서 抄錄한 부분의 시정기 기사보다 그 원 자료인 정원일기의 기사가 더 자세한 것이므로 실록을 찬수할 때에 참고한다는 것이며, 이 점에서는 다른 자료의 경우에도 다름이 없다. 또한 실록 찬수의 기본적인 기술 방침은 시정기에 疏章을 기술하는 바와도 같이 刪繁就簡,15) 즉 번쇄한 것은 깎아서 되도록 간략하게 기술하는 것을 원칙으로 삼았다. 그리하여 실록 기술의 내용과 그 순서도 대체로 시정기의 그것과 일치된다고 할 수 있다.

---

12) 『燕山君日記』 卷30, 燕山君 4年 7月 乙卯條.

13) 『中宗實錄』 卷3, 中宗 29年 6月 乙酉條

14) 『正宗實錄』 卷3, 正宗 1年 5月 己丑條, 朝鮮 太祖 당시에는 『承政院日記』는 없었고 太宗朝에 編修된 『承政院日記』도 많이 逸失되었다. 『明宗實錄』 卷15, 明宗 8年 11月 甲辰條

15) 『明宗實錄』 卷8, 明宗 3年 5月 壬寅條.

　　다른 한편 실록의 편찬 방식도 시정기의 그것과 다름이 없었다. 그
것은 시정기의 수찬이 일반적으로 分廳分年의 방식으로 되어 있었기
때문이다. 세조조의 경우 세조 12년에 이르러 端宗 即位年에서 세조
12년까지 15년간의 시정기를 단기간에 찬수하기 위하여 의정부·육
조·대간·승정원의 문서를 춘추관에 모아놓고, 藝文館 錄官 5인, 兼官
5인 모두 10인으로 분청분년의 방식을 취하였다. 즉 10인을 5組로 나
누어 2인을 1廳으로 삼아 5청으로 하여금 단종 즉위년에서부터 각기
차례로 1년분씩을 분담시켜 작업하게 함으로써 단종 치세 처음 5년분
의 시정기를 먼저 찬수하게 하고, 같은 방식으로 5청에서 다음의 5년
분을 수찬케 한 것이다.16)

　　역대 실록을 편찬할 때에는 實錄廳을 설치하고 總裁官 밑에 都廳을
두고 그 밑에 몇 房을 두는 分年分房의 방식으로 각기 방에서 분담케
하였다. 文宗 2년에는 許詡·朴仲林·李季甸·鄭昌孫·辛碩祖 등 6인
이 『세종실록』을 分年 찬수한 사실을 알 수 있다.17) 燕山君 4년에는
前朝의 실록을 5방으로 나누어 分年 찬수케 하였음을 알 수 있고, 光
海君 3년에는 『선조실록』을 3방으로 나누어 찬수케 한 사실을 알 수
있어,18) 分房의 수는 실록 수찬 대상이 되는 전왕의 치세 기간에 따라
정해진 것으로 보인다.

　　여기서 먼저 『명종실록』의 구체적인 편찬방식에 대하여서는 일찍이
申奭鎬 선생이 실록 편찬 당시의 실록청의 조직과 편찬 방법이 기록되
어 있는 柳希春의 『眉巖日記草』의 기사를 인용하여 상세히 설명한 바

---

16) 『世祖實錄』 卷40, 世祖 12年 11月 乙酉條.
17) 『文宗實錄』 卷12, 文宗 2年 2月 丙戌條.
18) 『燕山君日記』 卷30, 燕山君 4年 7月 乙卯條. 分房 뒤의 作業分擔方式은 一律的으로
　　같은 것은 아니었다. 光海君 3年 『宣祖實錄』 編纂時의 實錄廳 3房의 作業分擔은
　　다음과 같았다. 즉, 각 房에 堂上 1員 郎廳 2員이 배정되고, 每 1房에서 每月 각기
　　10日씩 出仕하여 1員이 40日分의 실록을 纂修하여 3員이 한 달에 모두 120日分을
　　纂修하게 하였다. 이렇듯 3房을 통틀어 每月에 纂修하는 것이 무릇 360日分, 즉 1
　　個年分의 실록을 찬수하게 되는 方式으로 한다는 것이었다. 이는 뒤에 논급될 『명
　　종실록』 分房作業方式과는 다르다(『光海君日記』 卷39, 光海君 3年 3月 甲子條).

있다.19) 여기서는 『미암일기초』의 기사20)를 좀더 알아보기 쉽게 간추
려서 기술하기로 한다.

먼저 『명종실록』의 편찬 작업은 선조 1년 8월 20일에 領議政 李浚
慶·右議政 洪暹이 춘추관에 나와 다음과 같이 『명종실록』 편찬의 人
選을 함으로써 시작되었다.

總裁官: 洪暹

都廳堂上: 吳謙·李滉·李鐸·朴忠元·朴淳·金貴榮·尹鉉·朴應
男·尹毅中

都廳郎廳: 金鸞祥·閔起文·尹根壽·柳希春

各房郎廳: 李湛·李忠綽·辛應時·黃廷彧·李山海·具鳳齡·鄭澈·
李海壽·申湛·鄭彦信·鄭士偉·柳成龍

그리하여 8월 14일에는 실록청 事目을 마련하고, 昌德宮 내에 設局
하되 堂上은 弘文館에, 郎廳은 의정부 直房 및 內侍府에 출근토록 하
였다. 도청 낭청 4인은 종합심사만을 하고, 각방의 낭청 12인이 실제
수찬하는 임무를 담당케 하였다. 또한 개인이 간직하고 있는 史草 즉
家史의 督納期限을 京中은 9월 15일까지로 하고 始務日을 같은 달 11
일로 정하였다(다른 경우를 보면 가사의 독납기한을 지방에 대해서는
15일간을 더 많이 주고 있다).

8월 19일에는 총재관 밑에 3인의 도청 당상과 4인의 낭청을 두고,
그 밑을 3방으로 나누어 다음과 같이 각방의 담당 당상과 낭청을 배정
하였다.

一房堂上: 박충원·윤현

郎廳: 이담·이산해·신담·정언신

---

19) 國史編纂委員會本, 『朝鮮王朝實錄』 第十九冊, 凡例. 이 글은 申奭鎬著 『韓國史料解
說集』(韓國史學會發行, 1964)에 轉載되어 있다. 上記 凡例에서 申奭鎬 先生은 『明
宗實錄』 안에서의 誤記와 錯誤를 다음과 같이 밝혔다. 즉 明宗 3年 2月의 「戊申
朔」은 「丁未朔」의 잘못, 明宗 5年 「十二月」 하나는 「十一月」의 잘못이고, 『明宗實
錄』 卷十, 第四十四張이 缺張으로 되어 있으나 本文이 缺한 것은 아닌 것.

20) 『眉巖日記草』 一(朝鮮史編修會刊行), 宣祖 元年戊辰 八月 十二日·十九日條.

二房堂上: 박순·윤의중

　　　郎廳: 이충작·황정옥·정철·정사위

三房堂上: 김귀영·박응남

　　　郎廳: 신응시·**李墍**·구봉령·유성룡

실제의 수찬 작업은 명종 치세 23년간을 다음과 같이 차례로 3년씩 띄워서 매 1년분씩을 차례로 분담시켰다.

방 \ 연차	제1년	제2년	제3년	제4년	제5년	제6년	제7년	제8년
1 방	즉위년	3년 (戊申)	6년 (辛亥)	9년 (甲寅)	12년 (丁巳)	15년 (庚申)	18년 (癸亥)	21년 (丙寅)
2 방	원년 (丙午)	4년 (己酉)	7년 (壬子)	10년 (乙卯)	13년 (戊午)	16년 (辛酉)	19년 (甲子)	22년 (丁卯)
3 방	2년 (丁未)	5년 (庚戌)	8년 (癸丑)	11년 (丙辰)	14년 (己未)	17년 (壬戌)	20년 (乙丑)	

위의 분담表에서 보이듯이 치세 처음 3년분을 각기 1년분씩 차례로 분담·수찬하여 印刷에 부치고, 이어서 次期 3년분을 같은 방식으로 작업하며, 각방의 당상은 각기 방의 작업을 지휘하고, 都廳의 당상과 낭청은 각 방에서 수찬된 것을 종합심사하고 총재관은 纂定의 총책임을 맡는다.

그리고 실록청의 수찬 담당 役任과 춘추관 官員의 職任과의 관계는『명종실록』 권말에 附記된 전후 편찬관의 名單이 명시되어 있어 다음과 같이 구별된다.

총재관(홍섬): 監春秋館事, 정1품

도청당상(오겸·이황·이탁): 知春秋館事, 정2품

각방당상(박충원 등 6인): 同知春秋館事, 종2품

도청낭청(민기문 등 3인)·각방낭청(이담 등 12인): 編修官·정3품 당

　　　하관~종4품, 記注官·정5품~종5품, 記事官·정6품~정8품

그리고『명종실록』을 편찬하기 시작한 선조 원년 8월부터 편찬이 완료된 선조 4년 4월까지 사이에 각기 당상·낭청 분담 부처에 상당한

人事移動이 있어서 실록 권말 부록 명단에 이들이 모두 포함되어 다음과 같이 그 인원수가 늘어나 있다.

    監 館 事: 홍섬

    知 館 事: 오겸 · 이황 · 이탁 · 宋麒壽 · 金鎧 · 박충원 · 鄭宗榮 · 任說 · 宋純

    同知館事: 박순 · 김귀영 · 이탁 · 李文馨 · 李英賢 · 姜士尙 · 宋贊 · 윤의중 · 박응남 · 백인걸

    편 수 관: 李齊閔 · 이산해 · 安自裕 · 민기문 · 權擘 · 유감 · 신담 · 황정욱 · 梁喜 · 愼喜男 · 이담 · 이기 · 유희춘 · 이충작 · 閔德鳳 · 權克禮 · 윤근수 · 鄭惟一 · 閔忠元 · 鄭淹

    | 주 관: 金戣 · 柳濤 · 鄭彦智 · 鄭琢 · 李珥 · 신응시 · 구봉령 · 宋應漑 · 申點 · 李濟臣 · 李廷馣 · 黃廷式 · 黃允吉 · 尹希吉 · 李增 · 정철

    기 사 관: 洪聖民 · 尹卓然 · 趙廷璣 · 유성룡 · 吳健 · 具忭 · 정언신 · 鄭以周 · 權微 · 尹承吉 · 盧埈 · 李友直 · 金宇宏 · 權克智 · 李山甫 · 金時晦

다음으로 『명종실록』의 기술 내용에 관하여서는 먼저 그 기술 要項에 따라 몇 가지 문제를 추려서 논급하기로 하고, 그 뒤에 전반적인 내외 경세에 따른 문제점을 대강 살펴보기로 한다.

먼저 실록의 編次는 年 · 月 · 日 순으로 되어 있어 맨 먼저 날짜를 기록하게 되어 있다. 그리하여 歲首마다 上의 몇 년 · 干支와 중국 年號 몇 년을 註記하고, 몇 월 초하루의 간지를 명시하고(예: 2월 戊子朔), 그 다음날부터는 간지만을 기록하게 되어 있다. 『명종실록』에서는 다른 실록과는 달리 月, 日이 바뀔 때마다 別行으로 기술 · 편찬되어 있으므로 찾아보기가 쉽게 되어 있다. 달마다 초하루를 간지와 朔자로 명기하여 아무런 기사 내용이 없는 날은 간지마저 생략하였으나 그 달의 다른 날짜를 계산하기 쉽게 되어 있다. 월 · 일이 바뀌어도 그대로 본문에 계속 기재하여 있거나,21) 아무 기사 내용이 없어도 날짜(간지)

만은 명시되어 있는 다른 실록의 경우와는 다르다.

시정기에서는 날짜[日字] 다음에 陰晴이 기록되게 되어 있되 天變地異에 관한 사실은 陰晴 기사 밑에 細字로 두 줄로 쓰게 되어 있어서, 실록의 경우에도 대체로 이에 따르게 되어 있으나, 『명종실록』에서는 천변지이에 관한 사실은 細字로 註記하지 않고 그 날의 기사 맨 끝으로 돌려져서 기재되어 있는 점이 다르다. 그리고 모든 실록에서 천변지이에 관한 기록도 세자로 주기하지 않고 본문과 같은 크기의 활자로 인쇄되어 있다. 그 날의 기사가 아무것도 없는 경우에 천변지이에 관한 기록이 날짜 干支 다음에 오게 되는 것은 다른 요항의 기사 내용의 경우와 다름이 없는 것은 물론이다. 천변지이에 관한 기사 내용에 대해서는 뒤로 미루겠다.

다음에 기록되는 것이 왕의 動靜과 常參·經筵에 관한 것이다. 왕의 동정은 말할 것도 없이 국가·왕실의 祭·禮의 親行, 香祝의 親傳, 避殿·復宮·閱武 등을 비롯하여 明에의 사신 파견, 勅使의 영접에 이르기까지 왕의 擧動 일체를 기록하게 되어 있다. 그리고 상참·경연도 왕의 거둥과 직접 관련되는 행사임은 물론이다.

상참은 요직에 있는 臣僚가 매일 왕을 朝謁하는 약식 朝會를 가리키며 정기적으로 행해지는 定規의 조회인 이른바 朝參과는 구별된다.22) 상참에 이어 朝臣들이 왕에게 政事를 아뢰는 것을 朝啓라고 하였다. 그러므로 상참과 조계는 항례적인 행사였다. 『명종실록』에 나타나는 상참·조참 기록은 모두 59회에 지나지 않고 그것도 흔히 상참·朝講, 또는 상참·조계 등으로 그것이 있었다는 표시에 그치고 있다. 조계의 경우도 모두 33회에 지나지 않아, 다만 몇 차례의 경우에만 承旨나 朝臣의 啓辭 내용이 수록되어 있어서 상참과 아울러 하나의 儀禮的인 행

---

21) 『明宗實錄』에서도 明宗 8年 卷14, 「三月丁丑朔」이나 明宗 13年 「八月乙巳朔」의 경우와 같이 別行으로 되지 않고 실록 本文에 연속 기록되어 있는 드문 例는 錯誤로 보아야 할 것이다.

22) 『經國大典』, 禮典 朝儀條.

사 이상의 意義가 있었던 것으로 볼 수는 없다.

경연은 왕에게 經史 등을 進講官이 進講하고 이어서 入侍官員들의 講學·時政에 대한 논의가 뒤따르게 마련인 것이다. 조선 왕조의 제도도 麗朝의 그것을 이어왔으나, 세종조를 거쳐 성종조에 이르러 그 講書·진강방법·日講回數·참여인원 등에 관한 事目이 일단 정하여졌다.23) 그러나 명종 즉위년 8월에 보다 더 상세하게 경연사목이 새로 마련되었다. 그 사목의 내용은 다음과 같다.24)

1. 경연은 매달 6衙日(1·5·11·15·21·25일)에 열며, 入侍 인원 및 수는 領事 1인, 경연 당상 1인, 승지 1인, 臺諫 1인, 經筵官 2인, 注書·史官 각 1인으로 한다. 단 晝夕講에는 승지 1인, 경연관 2인, 주서·사관 각 1인으로 한다.

2. 朝講에서는 進講官이 音 3편·釋 2편을 講하고, 上이 음·석 각 2편을 외우고, 음 30편·석 10편을 入內한다.

3. 晝講에서는 상이 먼저 받은 음 1편·석 1편을 읽은 뒤에 진강관이 음·석 각 2편을 강하고 상이 또 음 4편·석 1편을 읽는다.

4. 夕講에는 진강관이 음 3편, 석 2편을 강하고, 상이 음·석 각 2편을 읽고, 음 30편·석 10편을 입내한다.

5. 다음날 조강에서 상이 먼저 받은 음·석 각 1편을 읽고, 진강관은 앞에서와 같이 진강한다.

6. 다음날 석강에 상이 먼저 받은 음·석 각 1편을 읽고, 진강관은 앞에서와 같이 진강한다.

즉 왕은 먼저 진강한 것을 반드시 되풀이 복습하여 그 다음날 외우게 되어 있다. 그리하여 명종조에서의 경연은 성종조의 예에 따라 卒哭 전인 즉위년 8월부터 시작되었다.25) 실제로 경연으로 朝·晝·夕·

---

23) 『成宗實錄』 卷1, 成宗 卽位年 12月 丁巳·戊午條, 卷2, 成宗 1年 1月 丁亥條. 南智大, 「朝鮮初期의 經筵制度-世宗·文宗年間을 中心으로-」 『韓國史論』 6, 서울大學校 人文大學 國史學科, 1980.

24) 『明宗實錄』 卷1, 明宗 卽位年 8月 庚寅條.

25) 『明宗實錄』 卷1, 明宗 卽位年 8月 乙丑·戊戌·己亥條.

夜講이 시행되었으나, 6아일 입시의 제도는 준수되지 않았고, 명종 1년 9월부터는 야강(=夜對)이 통상화되었다.

進講書로는 『小學』·『孟子』·『心性情理氣說』·『大學』·『大學衍義』·『近思錄』·『太極圖說』 등이 쓰여졌다. 그러나 명종 16년 2월 승정원을 통한 領經筵事의 생각으로는 경연의 規式이 점차 降殺되어서 당초에는 음·석 각 2편이던 것이 뒤에는 석 1편마저 제외되어 다만 음 1편으로 되었다는 것이며, 전에 받은 것을 읽는 일은 제외되었다.[26] 실제로 명종조를 통해서 강론 내용은 訓詁章句에 지나지 않아 帝王의 學으로 간주되는 性命의 書·性理學은 돌보지 않는 형편이었다.[27] 평소 경연의 開設에 있어서도 그때 그때의 情況에 따라 그 빈도가 달랐음은 물론이어서, 가령 1년을 두고 보아도 猛炎·嚴寒의 계절인 5·6월이나 11·12월에는 경연이 中廢되는 것이 恒例이어서, 이 기간에는 흔히 召對가 이루어진 것을 볼 수 있다. 명종 말년 특히 명종 16년의 林巨正의 반란을 거치면서 경연은 줄어들어 명종 18년 이후로는 이윽고 閉銷되었으며, 뒤를 이어 명종의 身病, 대왕대비의 별세 등의 사태로 오랫동안 개설을 못하다가 명종 21년 3월부터 일시 再開·斷續을 되풀이하다 명종의 서거에 이른 것이다.

여기서 이른바 召對와 輪對에 대하여 약간 언급해야겠다. 소대라 함은 경연관이나 기타 관원이 왕명으로 入對하여 흔히는 강론이 없이 時政에 관하여 上奏하는 형식을 말한다. 『명종실록』을 통하여 소대의 기록은 모두 161회에 걸쳐 있으나, 그 대부분의 경우에는 단지 있었다는 사실만이 기록되어 있을 뿐, 구체적인 啓言과 이에 대한 왕의 傳旨가 수록되어 있는 경우는 25건에 지나지 않는다. 여기에 이들 계언자의 관직별 인원수를 나누어 보면 參贊官 9건, 侍讀官 7건, 檢討官 5건, 義禁府 1건, 說經 1건, 典經 1건 등이며 단 한번의 進講이 있을 따름이다. 조계·소대 외의 형식으로 輪對라는 것이 있는데, 상참·조계에 참

---

26) 『明宗實錄』 卷27, 明宗 16年 2月 丙申條.
27) 『明宗實錄』 卷16, 明宗 9年 3月 丙辰條, 卷28, 明宗 17年 3月 己卯條.

여하지 못하는 各司에서 문관 6품 이상·무관 4품 이상 5명 이하의 관원이 衙門의 차례에 따라 입대하여 所掌政事에 관하여 아뢰는 것을 말한다.[28] 이는 朝啓나 朝講이 있은 뒤에 이루어졌던 것으로 보인다.[29] 명종조를 통하여 모두 17회의 輪對 기사를 찾아볼 수 있으나, 역시 그 대부분의 경우에는 아무런 내용이 기재되어 있지 않고, 단지 몇 건만의 진언 내용이 실려 있어서, 실제 그 진언자는 掌樂院 正, 工曹佐郎, 繕工監 副正, 司醞署 令 등으로 되어 있다.

　명종조를 통하여 경연을 비롯하여 그 밖의 학문적 추세는 역시 士禍를 거듭 거친 士類 수난의 여파가 컸던 것으로 보인다. 명종조 초에 시강관 周世鵬도 당시에는 훈고학·詞章學만이 주가 되고 心學은 희미하여 행사하여지지 않은 지가 이미 오래되었다고 하였다.[30] 홍문관에서 『心經圖說』·『大學圖說』 등을 만들어 왕에게 올리고,[31] 또 浩然之氣·心性情·理氣 三圖를 만들어 올린 일[32]도 있기는 하였다. 그러나 실제로 기묘사화 이후로 『소학』·『濂溪周子太極圖』 등은 모두 禁忌書와 같이 되어 읽지 않아 理學이 쇠퇴되고[33] 詩句나 즐겨 읊어 학문의 기풍이 浮薄·俗化되었다고 하였다.[34] 詩歌나 文藝는 비록 雜技와 다르다 하더라도 역시 학문에는 방해가 되는 것이며,[35] 明使 접대에서

---

28) 國家에서 經筵·召對 외에 輪對法을 따로 세워 1月에 3차례씩 정하여 兩科·蔭仕者를 가리지 않고 그들의 所懷를 陳言할 수 있게 하였다. 그것은 經筵·召對 때의 入參者는 모두 侍從·臺諫으로 그 밖에는 參與하지 못하였기 때문이다. 明宗朝에는 사정에 의하여 거듭 廢止되었으나, 비록 入對를 許한 경우에도 陳言하는 것이 尋常한 말이 아니고 반드시 백성을 괴롭히는 일이어서 立法의 本意는 원래 그렇지가 않았다는 것이다(『明宗實錄』 卷29, 明宗 18年 5月 丙戌條, 『經國大典』, 禮典 朝儀條).

29) 『明宗實錄』 卷11, 明宗 6年 3月 己酉條. "上御朝講 仍御輪對", 『明宗實錄』 卷20, 明宗 11年 1月 辛巳條 "上御朝講輪臺(對字의 誤)夕講"

30) 『明宗實錄』 卷4, 明宗 1年 7月 壬午條.

31) 同上, 明宗 1年 11月 癸亥條.

32) 『明宗實錄』 卷7, 明宗 3年 4月 乙卯條.

33) 『明宗實錄』 卷14, 明宗 8年 4月 癸未條.

34) 『明宗實錄』 卷11, 明宗 6年 7月 辛亥條.

35) 『明宗實錄』 卷23, 明宗 12年 10月 戊寅條.

酬唱해야 하므로 사장의 末技라도 힘쓰지 않을 수가 없다는 것이었다.[36] 事大 관계 때문에 사장에 주력하게 된다는 사실은 조선 왕조 초기의 경우와 다름이 없었다.

명종조에 撰成된 것으로 주된 것을 든다면 『續武定寶鑑』과 『經國大典註解』를 들 수 있겠다. 前朝의 『무정보감』의 예에 따라 명종 2년 11월에 『續武定寶鑑』을 찬집하기 시작하여 명종 3년 10월에 그 印出까지 보게 되었다.[37] 사신은 평하기를, 을사사화 이후에 인심이 憤鬱하고 논의가 격발하여 비록 大獄을 일으켜 위압하려고 하여도 그치게 할 수가 없어서 윤원형 등이 이 책을 찬집함으로써 그 진상을 현란시켜 사람의 입을 막으려는 것이라 하였다.[38] 한편 『경국대전』은 보는 사람에 따라 그 해석이 같지 않은 것이 있기 때문에 서로 다른 견해를 통합하여 歸一시키기 위하여 마련된 것이 그 註解이다.[39]

臺諫의 啓辭나 또 다른 疏章은 당시 논의되는 문제가 모두 관련되는 것으로 그 전면적인 분석은 여기서 다룰 계제가 아니다. 兩司의 계사나 上疏가 가장 많이 나타나는 것은 그 言官이라는 직책상 당연한 일인 것이다. 여기서는 다만 한 가지 주목되는 점을 지적하는 데 그치고자 한다. 즉 成宗朝 이후로 弘文館은 단순히 君德을 輔導하는 임무에만 그치지 않고 時政의 闕失을 논하는 데 언관과 같이 一役을 담당하여 흔히 양사의 언론을 지지하고 나섰던 반면에, 그 位格이 양사보다도 優位를 차지하여 양사에 過失이 있을 경우 이를 論駁할 수 있는 기능까지도 감당하였다는 점이다.[40] 여기서는 뒤에 명종조를 통한 전반적인 정치 정세를 논하는 것으로 계사·소장의 분석에 대신하는 수밖에 없겠다.

登科人과 除授에 대한 기록도 각기 하나의 要項으로 취급되고 있다.

---

36) 『明宗實錄』 卷23, 明宗 1年 11月 丙寅條.
37) 『明宗實錄』 卷6, 明宗 2年 11月 丁亥條, 卷8, 明宗 3年 10月 丁亥條.
38) 『明宗實錄』 卷8, 明宗 3年 10月 丁巳條, 卷9, 明宗 4年 2月 丁卯條.
39) 『明宗實錄』 卷21, 明宗 11年 8月 丙申條.
40) 『明宗實錄』 卷21, 明宗 11年 11月 甲子條, 卷24, 明宗 13年 11月 辛巳條.

명종조에도 명종 1년부터 3년마다 시행되는 이른바 式年試가 실시되어 그 해의 生員, 進士, 文·武科의 登科 인원수가 밝혀져 있다. 식년시 외에도 따로 別試가 시행되고, 때로는 專經文臣에 대한 講試가 시행되기도 하였다. 그러나 시험장에서의 감독이 엄하지 않아서 挾書의 폐마저 있었고,[41] 次上 이하는 낙제라는 等第 기준이 엄격하게 지켜지지도 않아서,[42] 문무과의 등제 인원수에는 定員수가 정확히 지켜지지 않는 경우도 볼 수 있다. 명종 7년에는 禪·敎 兩宗 승려에 대한 시험도 실시되어 각기 21인과 12인의 합격자가 선발되었다.[43] 이렇듯 해서 쓸모없는 사람이 과거에 급제되고, 門蔭으로 得志揚揚하게 되는 추세라고도 하였다.[44]

除授에 관한 기록은 수많은 하급관리는 제외될 수밖에 없어서 시정기에서와 같이 고관현직과 緊重한 지방장관에만 제한될 수밖에 없다. 엄밀하게 살펴볼 수는 없었으나 대체로 보아 參上 이상자에 한한 것으로 보이고, 역시 미관말직이라도 物議를 일으킨 경우에는 취급되고 있다. 제수에 있어서도 賄賂와 奔競의 폐풍이 일반화되어 인사행정이 猥濫되고 불공정하다는 것이었다. 제수 기사는 흔히 아무개로써 무슨 직으로 삼았다[以某爲某識]는 형식으로 기재되어 있어 모두 868項으로, 제수 기록은 거의 거치는 달이 없었다. 그러한 중에는 왕의 特旨임이 明記된 경우가 3件, 口傳의 경우가 1건 그리고 吏曹에의 傳敎의 경우가 3건으로 나타나 있다 우리는 앞서 史官은 그의 견문이 인물의 賢否得失이나 비밀 등사에 관한 것은 상세히 直書하여 사사로이 간직해 두었다가 실록 편찬시에 제출하게 되어 있었던 점과 시정기 記述 요항에

---

41) 『明宗實錄』 卷12, 明宗 6年 8月 戊午條.
42) 『明宗實錄』 卷14, 明宗 8年 閏3月 丙午條, 科次試卷等第에는 上之上, 上之中, 上之下, 二上, 二中, 二下, 三上, 三中, 三下, 次上, 次中, 次下로 되어 있어 次上以下는 出身(及第)을 許하지 않게 되어 있었다(『明宗實錄』 卷14, 明宗 8年 3月 甲辰條 細註).
43) 『明宗實錄』 卷13, 明宗 7年 4月 甲子條.
44) 『明宗實錄』 卷14, 明宗 8年 閏3月 丙寅條.

서 사건의 沿革이나 是非 같은 것은 그 首末을 詳記하고 褒貶의 자료
가 될 만한 것은 따로 綱目을 세워서 밑에 기록하도록 되어 있는 것을
보았다. 이는 즉 사건의 연혁·시비나 인물의 현부득실과 비밀등사는
시정기와 家史에 기록되어 실록 편찬시에 실록 本文이나 註記에 傳寫
될 수 있음을 말하여 주고 있는 것이다.

그러나 그러한 것도 역시 시정기나 실록 편찬시에는 편찬 책임자들
의 檢察 내지 監修를 받아야 하게 되어 있다. 그러기 때문에 『세종실
록』을 찬수할 때의 경우에서와도 같이 사관은 監修官을 꺼려서 直書를
避忌하여 史草에 먹칠을 하여 지우거나 혹은 단지 승정원 일기를 謄書
만 하여 책임을 면하려는 폐단마저 있었다는 것이다.45) 그렇다 하더라
도 가끔 실록 본문이나 그 細註에서 실제로 그러한 史評을 찾아볼 수
도 있는 것은 감수관의 눈을 거친 것이라고 할 수 있겠다. 『명종실
록』의 경우에도 우리는 그 세주나 본문에서 使臣의 聞見事件이나 인물
에 대한 사평을 찾아볼 수가 있게 마련인 것이다.

끝으로 『명종실록』에 있어서의 중외의 天變地異에 관한 기사를 대
충 살펴보아야 하겠다. 명종조에 들어서도 前朝에 이어서 水·旱災가
해마다 계속되어 兇荒과 癘疫의 유행이 거의 그치는 해가 없었다. 天
人合一·天人相應이라는 유교적인 德治觀으로서는 천변지이가 바로 仁
德不實의 所致로 간주되었다. 따라서 觀象監의 기상에 대한 보고 사실
은 중대한 정치적인 의미를 띠어서 그 보고에 착오나 누락이 있다면
候望官은 詰責의 대상이 되어야 하였다.46) 그리하여 수·한재의 연속
은 연속적으로 나타난 천변지이의 결과일 수밖에 없어서 京外에서의
이에 관한 奏聞은 그치는 날이 없었던 것이다. 이로써 『명종실록』에
나타나 천변지이에 관한 기록은 그 이전의 어느 왕조 때보다도 훨씬
많아서 햇무리[日暈]·달무리[月暈]를 위시하여 중외의 地震에 이르기
까지 그 기록은 명종조를 통해서 모두 3,744항목에 이르고 있다.

---

45) 『文宗實錄』 卷12, 文宗 2年 2月 丙戌條.
46) 『明宗實錄』 卷15, 明宗 8年 11月 辛酉條.

　여기서 천재지이에 관한 기사의 전부를 분석할 여유나 필요는 없으므로 다만 당시의 관료들이 각기 變異에 대하여 그것이 어떠한 徵候로 받아들여졌는지를 제시하는 데 그치고자 한다. 그들은 으레 변이가 나타난 것을 비록 무슨 일 때문에 일어났다고 정확히 말할 수는 없다[47]고 하면서도, 그때 그때의 내외정세에 비추어 각기 나름대로 다음과 같은 만만치 않은 징후로 간주하기가 일쑤였다.

太白晝見: 君弱臣强·陰盛陽微의 징후로 보아, 權臣擅名·人主孤立, 凶邪干政, 下陵上替의 징조[48]

白氣貫日: 兵象[49]

流　　星: 小民流離의 象[50]

微　　暈: 陰邪壅蔽의 징조[51]

日·月蝕: 侵君의 징조[52]

白虹貫日: 환관·宮妾의 정치 간여의 징조[53]

깊은 안개[沈霧]: 外戚盛勢·정치기강 해이의 징조[54]

雨雰交下: 賢者가 邪者를 이겨내지 못하는 징조[55]

熒惑이 東井에 들어감: 衰世亡國의 징조

太白이 昴星을 侵犯함: 쇠세망국의 징조[56]

　위와 같은 갖가지 천변지이가 발생할 때마다 弭災의 방법이 논의되기가 일쑤였고, 이른바 弭災求言이 시도되기도 하였으나, 누구하나 陳言하는 자도 없는 지경이었다.[57] 그리하여 고위 관료는 형식상 辭職을

<hr>

47) 『明宗實錄』 卷27, 明宗 16年 8月 壬戌條.
48) 『明宗實錄』 卷27, 明宗 16年 8月 癸亥條.
49) 『明宗實錄』 卷10, 明宗 5年 1月 壬午條.
50) 『明宗實錄』 卷26, 明宗 15年 8月 丁酉條.
51) 『明宗實錄』 卷29, 明宗 18年 1月 戊戌條.
52) 『明宗實錄』 卷27, 明宗 16年 7月 己丑條.
53) 『明宗實錄』 卷25, 明宗 14年 1月 乙未條.
54) 『明宗實錄』 卷29, 明宗 18年 1月 戊戌條, 卷33, 明宗 21年 閏10月 甲辰條.
55) 『明宗實錄』 卷27, 明宗 16年 4月 壬子條.
56) 『明宗實錄』 卷32, 明宗 21年 3月 戊戌條.
57) 『明宗實錄』 卷8, 明宗 3年 5月 乙酉條, 卷12, 明宗 6年 9月 甲辰條.

청원하여 으레 왕에게 아첨하는 말을 할 뿐이고, 왕은 또한 자신의 부덕의 소치라고 헛되이 겸양하는 언사를 되풀이할 따름이라고 史臣은 酷評을 하고 있다.58)

『명종실록은 모두 34권으로 國史編纂委員會本으로 2책, 합계 1,341면에 이르고 있어서 項目總數는 대략 1만 4천 7백 내외가 된다. 이 중에서 천변지이에 관한 3,744항목, 제수에 관한 868항목, 그리고 약 20항목 정도의 등과자 기록을 합한 4,632항목을 제외한 나머지 1만여 항목이 왕의 動靜을 포함한 내외 정치 정세와 관련되는 기사가 되는 셈이다.

우리는 이제 『명종실록』의 기사내용에 관하여 대외정치 정세에 따른 대체적인 윤곽을 살펴보아야 하겠다. 명종의 이름은 峘, 字는 對揚으로 中宗과 繼妃 文定王后 사이에 태어나서 중종과 그의 前妃 章敬王后 사이에 태어난 仁宗이 異母弟가 된다. 명종이, 인종이 서거한 뒤를 이어 12세의 나이로 卽位하자, 어머니인 문정왕후가 垂簾聽政을 하게 되면서, 문정왕후의 아우인 尹元衡 일파[小尹]와 장경왕후의 아우인 尹任 일파[大尹] 사이의 대립 중에 윤원형 일파가 乙巳士禍를 일으켜 정권을 장악하게 되었다.

조선 왕조는 태조의 왕조 개창 이래 태종·세종·세조·성종 등 여러 왕조를 거치는 동안에 유교적인 양반 관료 조직을 비롯하여 정치·경제·사회·문화 여러 분야에 걸쳐 제도적으로 기틀이 잡혀서, 그 뒤로는 일단 제도적인 시비·논란이 일어날 여지가 없는 시기로서, 그 점에 있어서는 명종조에 있어서도 다름이 없었다. 그리하여 내외 정치 정세의 變轉만이 주된 문제가 되었던 것이다.

이미 燕山君朝에 들어서 士禍가 繼起되고 中宗朝의 己卯士禍를 거쳐서 중종 在位 당시부터 두 外戚사이에는 왕위계승을 둘러싼 대립·알력이 명종의 즉위를 계기로 표면화되어 이윽고 을사사화가 일어나고

---

58) 『明宗實錄』 卷25, 明宗 14年 9月 庚寅條.

야 말았다. 그 이후로는 繼起된 士禍가 자아낸 사태의 뒷수습이 당면한 주요 문제가 되지 않을 수 없었다. 따라서『명종실록』은 명종이 즉위하면서부터 우선 大行王인 인종의 葬禮·山陵 造成에 관련되는 여러 가지 절차 문제와 大尹·小尹 사이의 爭權과 관련되는 기사로 채워져 있다. 그리하여 명종이 즉위한 바로 다음달인 1545년 8월에 문정왕후의 수렴청정하에 윤원형 일파에 의하여 윤임·柳灌·柳仁淑 등이 三凶으로 지목되어 賜死로 제거된 후로는 功臣錄名·錄功追錄과 이에 따른 功臣濫錄·爵賞猥濫의 物議가 분운한 속에, 鳳城君 元·윤임의 아버지 尹汝弼을 비롯한 三凶餘黨이 정권에서 배제되는 과정이 오랫동안 계속 기술되어 있다. 윤원형 반대파에 대한 肅淸은 그 뒤에도 계속되어, 명종 2년 9월에는 죄인을 가리켜 誣服이라 하고 勳臣을 가리켜 無功이라 하는 이른바 邪論이 飛騰한 속에 ‘女主가 집권하고 奸臣 李芑가 弄權한다’는 匿名의 良才驛 壁書사건으로 일어난 獄事, 명종 3년 2월에 史官 安名世의 ‘暗號逆賊’이라는 시정기 記事 때문에 일어난 筆禍사건, 그 다음해 윤임의 사위 李洪胤 형제의 謀逆사건으로 일어난 忠州獄事59) 등이 연이어 일어나 을사사화 이후에 1백여 명의 士類가 참화를 당하였다.

그 위에 9년 동안에 걸친 王后의 攝政하에 외척정치로 이끌려 가는 그 단초에서부터 宦官用事의 징조가 싹트기 시작하였다.60) 명종 즉위 직후부터 이미 戚里·勢家에 뇌물·청탁으로 관직을 구하는 풍조가 생기고,61) 중종 말기부터 水旱의 災難이 連年 계속되는 속에 守令·邊將의 貪汚가 상습화되어 심지어는 관직의 값이 정해져 있다는 말까지 돌지경이었다.62) 宦官의 무리는 驛卒을 侵虐하여 驛路에서의 작폐가 심하였을 뿐만 아니라,63) 환관이 公文도 없이 지방에 나타나 各官에 출

---

59)　忠州獄事 때에 披顯戮者가 37人에 이르렀고, 忠州는 惟新縣으로 그 邑號가 降等되어 淸洪道로 道名도 바뀌었다.
60)　『明宗實錄』卷5, 明宗 2年 3月 辛亥條.
61)　『明宗實錄』卷4, 明宗 1年 8月 乙丑條, 卷6, 明宗 2年 7月 庚午條.
62)　『明宗實錄』卷14, 明宗 8年 3月 庚辰條, 卷16, 明宗 9年 6月 戊寅條.

입하며 公事에 빙탁하여 騷擾作弊가 심하였고, 內旨를 받아 內需司와 더불어 民田을 함부로 뺏는 橫恣를 감행하게까지 되었다.64) 환관에 대한 寵愛가 지나쳐서 그들이 闕庭에서 王子를 凌辱하여도 불문에 붙이고, 그들이 내수사의 威權을 專擅하여 外方의 수령을 조종함으로써 수령들이 환관의 집에 다투어 찾아다니고 玉堂에 몸을 담은 자까지도 그들을 사사로이 찾아다닌다는 것이었다.65) 그리하여 환관에게 嘉善·通政까지 濫授하는 지경이 되었다.66) 명종 자신도 환관의 무리로서 恭謹者는 적은데 높은 品秩에까지 함부로 올라간다고 할 지경이었다.

환관과 연계되어 마찬가지 폐단을 자아낸 것은 內需司였다. 내수사는 일명 內藏이라고도 하여 人主의 私庫와 같이 되어 있을67) 뿐만 아니라, 원래 사람을 拘囚하는 곳이 아님에도 刑獄을 설치하여 환관이 呈訴를 聽理하고 刑殺을 감행하기까지 하고, 내수사의 提調가 印信까지 만들어 써서 외간에 명령을 내려서 형조나 승정원과는 별도로 행세할 수가 있었다.68) 그리하여 사노비와 驛奴婢들이 내수사에 投託하고 내수사 노비에게는 復戶의 혜택을 주어서 내수사가 투탁의 문을 개방한 꼴이 되어 있었다.69) 그 위에 내수사에서는 佛寺를 숭상하여 전왕조 때에 삭감되었던 寺社田民이 여러 山寺 住持處에 조금씩 환급되면서 陵寢과 같은 데에는 승도가 날로 늘어나서 儒佛사이의 알력을 부채질하게 되고,70) 승 普雨가 내수사를 통섭한다는 것이기도 하였다.71) 명종조에 들어서 후궁을 위한 淨業院의 수리와 圓覺寺 수리 등에 따라 臣僚 사이의 반대

---

63) 『明宗實錄』 卷12, 明宗 6年 12月 丁丑·己卯條
64) 『明宗實錄』 卷14, 明宗 8年 3月 辛巳條.
65) 『明宗實錄』 卷17, 明宗 9年 10月 丁卯條.
66) 『明宗實錄』 卷23, 明宗 12年 8月 庚子條.
67) 『明宗實錄』 卷16, 明宗 9年 1月 己未條.
68) 『明宗實錄』 卷25, 明宗 14年 6月 戊辰條, 卷30, 明宗 19年 8月 庚午條, 卷32, 明宗 21年 2月 壬子·辛巳條.
69) 『明宗實錄』 卷7, 明宗 9年 庚辰·壬辰條
70) 『明宗實錄』 卷9, 明宗 4年 8月 甲辰條.
71) 『明宗實錄』 卷12, 明宗 6年 8月 戊寅條.

론과 正學尊崇·異端永絶의 주장이 비등하게 되고, 유생의 上寺·做業
의 금지 등의 문제가 성균관 유생들의 排佛 운동을 촉발시키기도 하였
다. 명종 5년에는 79개소의 內願堂을 일체 혁파할 것과 승 보우의 제거
론까지 나오게 된 중에도 명종 5년 12월에는 禪·敎兩宗 復立의 명령
이 문정왕후로부터 내려져서, 持音·住持를 두게 한 寺社가 당초 99개
寺이던 것이 명종 6년에는 296개 사가 늘어나 모두 395개 사가 되고,
명종 8년 1월 당시에 兩宗 詩經僧 元數 2,600인 중에 度牒을 成給한 승
의 수가 2,580명에 이르고,72) 내원당의 수도 거의 4백에 이를 지경이
된 것이다.73) 내원당 혁파의 끈질긴 주장도 받아들여지지 않는 것은 모
두 문정왕후가 妖僧 보우에 현혹되었기 때문이라 하였고,74) 또한 윤원
형 자신도 神佛을 酷信한 탓으로 보우나 兩宗·內需宦寺 등을 찬조·인
도한 것도 모두가 윤원형이었다는 것이다.75) 그리하여 명종 6년 6월에
승 보우는 判禪宗事, 都大禪師로서 奉恩寺 住持가 되고, 승 守眞은 判敎
宗事, 都大師로서 봉선사 주지가 되었었다.76) 이로써 兩司를 위시하여
홍문관과 성균관·지방의 유생에 이르기까지 불교 배척과 보우의 제거
를 끈질기게 외쳐대어, 드디어 명종 20년에 문정왕후가 세상을 떠나고
보우는 濟州道에 流配되었다가 杖殺당하고, 윤원형도 田里로 退居하였
다가 江陵에서 죽었다. 이렇듯 오랜 파란 끝에 명종 21년 4월에 兩宗·
禪科는 公論에 못 이겨 드디어 혁파되고 말았다.

위와 같은 외척과 환관의 횡자뿐만 아니라 명종조를 통하여 內憂外
患이 그칠 날이 없었다. 해마다 民生은 十室九飢의 艱難 속에 避役流亡
者가 속출되는 상황에서 遇災求言을 하여도 누구 하나 陳言하는 자가
없었다는 것이다. 그리하여 중외에서의 盜賊橫行의 기록을 해마다 찾
아볼 수가 있다. 都城 내외를 위시하여 京畿, 忠淸, 全羅, 慶尙 등 여러

---

72) 『明宗實錄』卷14, 明宗 8年 1月 丙申條.
73) 『明宗實錄』卷14, 明宗 8年 3月 戊戌條.
74) 『明宗實錄』卷18, 明宗 10年 2月 乙亥條.
75) 『明宗實錄』卷12, 明宗 6年 8月 乙卯條.
76) 『明宗實錄』卷11, 明宗 6年 7月 壬午條.

도에서 명종 즉위년에서부터 계속 도적이 일어나, 명종 7년에 이르러서
는 群盜化 현상이 보이고, 명종 9년에는 八道의 凶荒에 대책도 없이 納
粟補官하는 지경에 이른 것이다. 이윽고 명종 12년에는 黃海道의 瑞
興·牛峯·兎山·新溪·伊川 등지의 賊徒가 熾盛하게 되고 경상도에
서도 적당이 성하게 되었을 뿐만 아니라, 畿甸 사이에서도 도로가 불통
할 지경이 되었다. 이 같은 사회불만 속에서 명종 14년에는 황해도의
延安·우봉을 근거로 한 林巨正의 난이 일어난 것이다. 그리하여 『명
종실록』에는 명종 17년에 임꺽정이 捕殺될 때까지의 대략적인 경위가
기록되어 있어, 우리는 이를 통하여 그 난의 사회적 배경과 실태를 대
략 살펴볼 수가 있다.

한편으로 명종조를 통해서 대외적으로도 평온하지가 않았다. 그 시
기는 오히려 그 뒤 오래지 않아 일어나게 된 임진왜란이라는 危難의
징후마저 나타났던 심상치 않은 시기이기도 하였다.

對外 관계에 있어서는 國初 이래의 明·日本·胡族과의 交渉이 그
주축을 이루고 있다. 명과의 사이에는 이른바 事大關係에서 일어나는
문제들이 있었으나, 직접적인 국가방위라는 면에서는 南倭北虜 즉 일
본과 호족과 사이에서만 문제가 되었다. 琉球國과의 관계는 명종조에
이르러서는 아주 두절되어 조선인의 유구 漂到에 따른 교섭 기록이 눈
에 띌 뿐이다.

명과의 관계에 있어서는 명종 즉위 직후의 告訃·請諡使 파견을 위시
하여 年例的인 千秋·冬至·聖節使, 그때 그때의 奏聞·進賀·進獻使
등의 파견 기록과 明使의 迎送·求請에 따른 문제들이 수록되어 있어서
명종조의 대명관계의 윤곽을 알 수 있다. 그 밖에도 漂到唐人 解送 문제,
書籍·藥材 등 필수품 외의 對明 무역 내지 潛貿 금지와 이에 따른 銀
貨의 유출방지 문제 등이 논란되고 있다. 그리고 중종조 말기에 明帝에
게 奏請한 宗系改正의 문제는 명종조에 들어서도 계속 논의·교섭 끝에
명종 18년 9월에 이르러 비로소 성취를 보게 된 경위도 밝혀져 있다.

한편 일본과의 관계에 있어서는 중종조 말의 蛇梁倭變으로 인해 일

본국왕 사신 외의 왜인 내왕은 일체 거절하여 왔으나, 명종조에 들어서 일본국왕 사신의 무역 확대 요청과 倭船의 沿岸·島嶼 출몰·侵擾로 말미암아 朝臣 사이의 許和可否 논의 끝에 명종 2년 2월의 丁未約條로 對馬島主에게 通交를 허락하여 주었다. 그 후로는 일본국왕 사신과 대마도주 외에도 小二殿·大內殿·畠山殿·武衛殿 등 일본 巨酋의 使客이 연이어 내도하여, 이들의 潛貿와 침요에 대한 방비책이 강구되던 중에, 명종 7년 5월의 濟州倭變, 명종 8년 7월의 黑山島 등지의 왜변이 일어났다. 다른 한편 胡族은 명종 3년부터 서북·동북 兩界에서 준동하기 시작하여 朝臣 사이에서는 長城의 修築, 設鎭, 築城의 논의가 일어나기도 하였다.

명종 8년부터는 邊方이 더욱 시끄러워져서 명종 8년 12월에는 北界의 草串胡仁을 엄습함으로써 호인의 造山 侵攻을 초래하여 교전한 일이 있었고, 명종 9년 2월에는 黑山島에서의 倭賊 搜討·제주에서의 왜적 捕殺 등의 사건을 일으켜서 남왜북로의 憂患이 중첩되게 되었다. 명종 10년 5월에는 倭船 70척이 전라도 達梁浦에 來泊·하륙하여 분탕질을 하고, 長興·康津 등지에 침구하여 全州府尹 李潤慶이 靈巖을 死守, 斬首 1백여 級의 戰果를 거두며 이를 격퇴하기도 하였다. 그 후로도 왜적의 침요는 그치지 않았다. 명종 13, 14년에 걸쳐서는 서북계에서 獞族이 준동하여 이 지역의 방어에도 마음을 써야 하였다. 이때는 국내에서도 도적이 치성하여 바로 임꺽정의 난이 일어난 시기여서 내우외환이 겹쳤던 어려운 상황이었다.

이같이 倭·胡에 대한 備禦策이 강구되는 중에는 銃筒과 戰船에 대한 관심도 높아졌다. 그리하여 漂到唐人으로부터의 火砲 傳習의 논의도 있었고, 일본의 총통에 대한 聞見도 있어서 총통주조론이 비등하게 되었다. 그 주조를 위한 銅鐵의 需要가 문제가 되어, 혹은 동대문, 남대문 城上의 大鍾으로, 혹은 지방 寺社의 종을 破鍾하여 마련하자는 제의도 나왔으나 모두 允許되지가 않았고, 결국 명종 10년 8월에 冬至使를 수행하는 通事로 하여금 明에서 銅鑞鐵을 貿來하도록 하였다. 그리고 명종 12년에는 軍器寺에 경험이 있는 자를 銃筒監造官으로 삼아 총통 주조에 전념하도록 하였다. 한편으로 戰船도 새로 건조하여 여러 차례의 시험을 거쳐서, 명종 14년의 기록에는 새로 裝備된 전선 7, 8척을 이끌고 京畿 여러 섬의 海路를 巡行하면서 각기 지방의 鎭將·군졸과 더불어 水戰을 훈련하기도 하였다. 그리고 琉球人과의 사이에는 조선인 표도자에 관한 기록이 단 한 번 수록되어 있을 뿐이다. 즉 명종조 초에 朴孫 등이 제주인 12인이 유구국에 표도된 사실을 동지사의 聞見으로 알게 되었으며, 박순이 명의 福建道를 통하여 들어오는 길에 그곳에서 水車의 制를 배워 와서 그것을 만들게 하여 農作에 이용케 하였다는 것이다. 注書 尹潔은 박손 등을 통하여 유구인의 풍속에 관한 이야기를 얻어들어 그들의 服飾·女官·冠婚喪祭·宗敎 등에 관해 간략한 유구인 풍속기를 썼는데 이것은 『명종실록』에 수록되기도 하였다.

위와 같이 내우외환이 그치지 않는 사이에는 국내의 정치 정세가 호전되지는 않았다. 문정왕후의 섭정 9년 만인 명종 8년 7월에 명분상으로는 명종의 親政으로 돌아갔으나, 실제로는 역시 윤원형과 문정왕후가 정권을 장악하였다. 그러나 趙光祖의 餘黨을 배척하여 마지않았던 李樑과 윤원형과의 사이가 벌어져서, 명종 18년에는 이양을 중심으로 한 黨與, 이른바 '六奸'의 권세가 높았으나, 홍문관·대간의 끈질긴 彈劾으로 이양 일파도 정계에서 밀려나고 말았다. 그리하여 명종 20년 4월에는 문정왕후가 죽고 普雨도 제주로 유배되면서 윤원형 일당도 숙청되고 말았다.

이때부터 대간을 위시한 時弊匡救策이 제기되면서 人材擇用의 기풍이 소생되어 생원·진사 중에서 經明行修의 인사를 천거·택용하기에 이르렀다. 曺植·李恒·成運·南彦經·韓脩·金範 6인이 거론된 것도 이때의 일이다. 그리하여 그 후로 이들 遺逸之士를 起用하여 선정을 꾀하려 하였으나, 명종의 병세가 악화되어 오래지 않아 서거함으로써 명종조의 치세는 끝나고 말았다. 諡號는 恭憲이고, 陵號는 康陵이다.

끝으로 우리는 실록에서 그 本文 외에 그 안에 添記된 細註와 '史臣曰'이라는 항목으로 수록된 史評, 흔히 史論이라 일컬어지는 기사에 대해서 언급해야겠다. 우리는 앞에서 실록을 편찬할 때에 시정기나 家史를 통해서 인물에 대한 평가나 비밀둥사, 그리고 襃貶에 관계되는 긴요한 내용 등이 실록 본문 안이나 세주로 수록될 가능성과 그것이 또한 監修者의 눈을 거쳐야 한다는 제약이 있어서 史臣이 直書를 기피하는 경향조차 있었다는 점을 살펴보았다. 그리하여 실제로 실록의 세주나 본문에는 간혹 가다가 聞見記錄이나 사평이 收載되어 있는 것을 찾아볼 수도 있다. 그러한 점을 감안하더라도 우리는 세주와 사평의 성격을 대체로 다음과 같이 규정하는 것이 타당하리라고 생각된다.

실록 편찬의 원칙이 刪繁就簡, 즉 되도록 간략하게 기술하게 되어 있어 세주는 본문의 記事만으로는 뜻이 미진한 경우 그 내용을 보완하여 후세에 구체적으로 알 수 있도록 한 것임에 대하여, 사평은 사건이나 인물에 관한 실록편찬관 내지 史官의 입장을 거리낌없이 드러낸 이를테면 주관적인 평론임을 말하여 주고 있다. 그리하여 『명종실록』에 있어서는 세주와 사평의 件數 내지는 항목수가 다른 어느 왕조의 실록에서보다도 엄청나게 많아서, 세주는 모두 2,996항목이 되고 사평은 모두 1,449항목에 이르고 있다. 여기서는 그 내용의 一斑만을 언급하는 수밖에 없다.

세주에는 아주 간단한 것에서부터 細字로 수십 행에 걸치는 長文의 것도 적지 않다. 몇 가지 간단한 예를 들면 본문 안에서 단지 인명이나 職名만이 언급되어 있는 경우에 각기 그 구체적인 직명이나 인명이 註記되거나, 혹은 監官이니 一文官이라고만 언급된 경우 각기 그 구체적인 직명이나 인명이 주기된 경우이다. 그 밖에도 지명이나 관아의 所在處, 어떤 行事의 時日 또는 친척 내지 姻戚 관계 등이 주기된 경우도 흔하다.

다음으로 특수한 用語에 대한 註解를 들 수 있다. 예컨대 南行, 伴人, 負木, 斜付, 司謁, 承傳色, 作紙, 照羅赤, 八字, 還上, 黃角 등이 그 실례이다.

그리고 비교적 長文의 것으로 명종조 초기의 몇 가지 실례를 들어보면 다음과 같다. 그러한 것은 우리에게 직접적인 자료를 제공해 주는 것이 많다. 즉 명 나라에 파견되었던 使臣의 聞見사건 또는 單子, 馬島條約의 條文내용, 奏請使의 呈文 또는 書狀, 胡人 恣行의 實狀 등은 대외관계와 관련되는 것들이다. 또는 刑訊 때의 供辭, 郡守·進士 등의 上疏文. 外方의 學校 申明節目 내용, 僧侶度牒 支給數나 度僧의 道別 인원수, 각 읍의 飢餓로 인한 사망자 수, 救荒御史單子의 내용 등 일일이 거론할 수 없을 정도이다.

'史臣曰'로 표시된 사평은 각기 실록 본문과는 別行으로 그리고 한 단 낮추어 조판되어 있어(몇 항목의 사평이 본문 안에 계속 기술된 경우가 있는 착오인 것으로 보인다) 가려보기가 쉽게 되어 있어서 본문에서 날짜[간지]마다 별행으로 되어 있는 것과 아울러 『명종실록』이 역대 실록 가운데 가장 보기 쉽게 편찬·출판된 것으로 일컬어지는 것도 바로 이 때문일 것이다. 사평에서는 명종조를 통하여 정치 정세의 변천에 따른 사건들과 이들과 관련되는 여러 인물에 대한 논평이 主軸을 이루고 있어서 大·小尹 외척 爭權의 내막, 문정왕후의 섭정·錄勳 猥濫, 윤원형 일당과 환관의 專擅의 非理, 선교 양종의 복립 문제 등이 논평되고, 전면적으로 정권을 차지하였던 權臣들에 대한 史臣의 반대 입장이 거리낌없이 露呈되어 있다. 그들에 대해서 三兇, 三奸, 六奸 등으로 指稱되어 있는 것도 그 단적인 표현이 되겠다. 그 반면에 權撥·洪彦弼·閔齊仁·安玹·李蓂·沈連源·周世鵬·金澍·申光漢·李潤慶 등의 인물에 대하여서는 好評을 가하고 있는 셈이다. 그리하여 '中廟 40년 동안에 배양된 善士의 一網打盡'이니 '名士竄殺殆盡 龍亡虎逝' 등의 史臣 표현도 그 입장이 士類 편이었음을 나타내 준다.

그 중에는 '前朝' 또는 '明廟朝'라는 문구가 들어 있어, 그것이 실록 편찬시의 기록임이 분명하나, 명종조 당시의 기록으로 보이는 것도 있음은 실록 편찬시에 이른바 家史에서 引用되었을 것으로 생각된다.

— 민족문화 17, 1994

Ⅵ. 『貢弊』 解題

　光海君 때에 京畿를 비롯하여 肅宗朝에 걸쳐서 동북·서북 지방을 제외한 諸道에 차례로 大同法이 실시됨에 따라 종래 현물(土産品)로 상납케 하던 貢納物 대신 米布로서 징수하여 官府에서 擇定한 이른바 貢人(貢物主人)들에게 ‘貢價’로 분급하여 그들로 하여금 각기 宮府·官府의 수요물종을 買取·進排하도록 하였다. 각기 宮府·官府에 수요되는 물종과 수량을 미리 劃定한 문서[貢案]에 수록되어 있는 貢物을 ‘元貢’이라 하였다. 그 위에 各司·各殿의 수요증가로 원래 공안에 획정된 물종과 수량만으로는 부족한 경우에 따로 貢人에게 급가하여 買取·進排케 하여, 이 같은 ‘加用貢物’을 元貢에 대하여 ‘別貿’라 하였다. 그리하여 원공의 경우에는 宣惠廳에서 貢人에게 각기 進排 물종의 時價보다도 많은 값을 ‘공가’로 미리 내주어(優給·豫給) 이로써 배정된 공물을 買取·進排하도록 하여 그 남은 값을 貢人이 챙기게 하고, 별무의 경우에는 먼저 배정공물을 買取·進排케 하고 나서 그 貢價는 戶曹에서 지급하도록 하였다. 이 같이 宣惠廳·호조에서 貢人에게 지급되는 공가는 각기 元貢價·別貿價로 구별·지칭되었다.

　이 같은 공가의 마련·지급, 貢人의 買取·進排 등의 과정에서 여러 가지 폐단이 따랐던 것으로, 肅宗·英祖朝에 걸쳐서 이를 시정하려는 조처가 거듭 취해졌으나 그 餘弊는 좀처럼 근절되지가 않았다. 가령 숙종 9년(癸亥·1683)에는 釐正節目까지 마련하여 여러 가지 공물의 ‘無價之役’·‘科外侵責’의 폐를 금단하려고 하였으나, 各司에서 끝내 하나도 제대로 시행되지가 않았다.[1] 그리하여 영조 5년(己酉·1729)의 이른바 ‘己酉釐正’ 후에도 관원이 태만하여 잘 봉행하지 않아서, 영조 21년에는 다시 대폭 그 시정을 期했던 것이다.[2] 그 뒤에도 貢人弊瘼은 市

---

1) 『備邊司謄錄』 제85책, 영조 5년 6월 23일조.
2) 『備邊司謄錄』 제113책, 영조 21년 3월 12일조, 여기서 各司貢人의 弊瘼別單으로 각

弊(市人의 弊瘼)와 더불어 줄곧 논란의 대상이 되었던 것이다. 이로써 영조 28년 12월에는 이윽고 貢市人弊瘼에 대하여 영조 자신의 '臨門詢問'[3]까지도 보게 한 것이었다.

貢人弊瘼에 대한 왕의 詢問은 前期에도 있었다. 예컨대 숙종 10년 3월의 賑廳啓辭에서,

> 癸亥(숙종 9년) 裁減은 특별히 흉년에 따른 계획을 위해서만이 아니다. (중략) 貢物을 裁減한 후에 주인(貢物主人) 등 만약에 종전대로 科外侵徵을 한다면 보존되기가 어렵기 때문에 弊瘼을 詢問하여 一切 釐革하려는 것으로 그 別單을 上啓하여 윤허를 얻으려는 것이다. 云云.

이라 하여, 숙종 9년의 貢物裁減 조처를 위한 釐正節目도 '詢問'에 의거한 것이었음을 말하여 주고 있다.[4]

여기서 우리는 영조 28~29년에 걸쳐서 貢弊釐正節目이 成冊되기까지의 그 경유를 검토해 볼 필요가 있다. 영조 28년 12월 19일에 영조는 친히 宣化門에 出御하여 그 闕門 앞에 모인 貢市人에게 어떠한 弊瘼이 있는가를 詢問하여, 그들은 각기 所業에 관련되는 문제들을 들어서 대답하였다.[5] 그 다음날 우의정 金尙魯는 入侍時에

> 都民은 국가의 근본인데도 侵虐이 날로 심해져서 견디기 어려울 정도로 많으므로 嚴法으로 痛禁하지 않으면 그들이 어떻게 보존할 수가 있겠는가. 貢人·市人의 弊瘼은 聖上(영조)이 어제(19일) 이미 臨門親詢하고 지금 또 특별히 윤음을 내려서 처분한 바가 있어 조심스럽게 염려하여 구제하려는 君德을 欽仰하여 다시 아뢸 것이 없다.

관사별 弊瘼내용이 일일이 枚擧되어 있다.

3) 『備邊司謄錄』 제124책, 영조 28년 12월 24·25·26일조 참조. 臨門詢問이라 함은 대상자들(여기서는 貢市人들)을 궐문 앞에 모이게 하여 군왕 자신이 궐문에 나와서 친히 詢問하는 것을 말한다.

4) 『備邊司謄錄』 제38책, 숙종 10년 3월 4일조.

5) 『英祖實錄』 卷78, 영조 28년 12월 乙巳條. 이번 詢問 때에는 政曹(六曹)·漢城府의 堂郎(堂上官·郎官)·五部의 官員들이 모두 來待하였다.

고 하여,6) 貢市人에 대한 관리들의 侵虐을 금하기 위하여 臨門親詢하
였음을 말하여 주고 있다. 그 수일 후에 영조도

> (전략) 都下의 民은 하나는 市民(市廛商民)이고 하나는 貢人(貢物主
> 人)인데, 百弊가 같이 생겨도 釐正할 수가 없다. 이제 와서도 태만한다
> 면 다시 어느 때를 기다리겠는가. 하물며 요즈음 臨門(詢問)한 뒤에도
> 만약에 그 효과가 없다면 이는 우리 백성을 기만하는 것이다

라고 하여, 그 節目에 대해서 가볍게 여겨서는 안 되므로 朴文秀(靈城
君) · 金尙星(兵曹判書) · 洪鳳漢(御將)으로 하여금 그 일(節目釐正)을
句管하여 上奏해서 정할만한 것은 대답을 구하여 아뢰라고 하였던 것
이다.7) 뒤이어서 영조가 編輯堂上 · 貢市釐正堂上에게 입시를 명하여
貢人의 폐를 下詢하였을 때에 判敎寧 朴文秀는 應辦官 및 月令의 작태
가 가장 貢人들이 지탱하기 어려운 폐가 된다 하고, 禮曹判書 洪鳳漢은

> 應辦하는 법은 大貢은 大科에 응하고 小貢은 小科에 응하는 것으로
> 처음에는 試官에게 床三器를 進排하는데 지나지 않던 것이 辛酉年(영조
> 17년)의 변통 이후로는 大小科를 논할 것 없이 그 수가 四五百兩에 이
> 르는 수도 있어 실로 감당하기 어렵게 되었다.

고 하였다.8) 영조는 수일 후에 貢市(人) 弊瘼釐正堂上들이 입시한 자
리에서

> 貢市人을 특별히 불러서 民瘼을 물으니 그 역시 소홀히 다루어서 重
> 臣의 상주가 나의 마음을 움직였다. 그러므로 여러 堂上에게 명하여 특
> 별히 釐正하도록 하였는데, 어찌 마음을 다하지 않고 그렇게 하였는가.
> (중략) 때문에 오늘은 正門에서 朝參하는 날이기에 貢市弊瘼釐正堂上을

---

6) 『備邊司謄錄』 제124책, 영조 28년 12월 24일조.
7) 『備邊司謄錄』 제124책, 영조 28년 12월 30일조.
8) 『英祖實錄』 卷79, 영조 29년 1월 庚午(1일)조.

불러서 이미 나의 뜻을 曉諭하였다.

하고, 節目을 啓下한 뒤에 그 중의 二人을 貢市句管堂上檢察로 차임하고, 闕員이 생기면 各道句管堂上例에 따라 備局堂上으로 대차하도록 하여 貢市人에 대한 句管·檢察의 勵行을 기하도록 하였다.9) 그리하여 各司의 貢人이 그 弊瘼을 列書·成冊하여 먼저 당해 관사의 官員에게 제시하나 당해 관원은 각기 관사의 貽弊에 관계되는 부분은 모두 抹去하고 당해 貢人에게 새로 成冊케 하여, 이것을 釐正堂上에게 바쳤던 것으로, 堂上 朴文秀(判敦寧)는 그 실례로 奉常寺 貢人의 경우를 들어 이 같은 자는 嚴懲할 것을 啓請하여, 영조도 "이는 가장 한심한 것으로 이와 같아서는 나라 일이 무엇이 되겠는가"고 하여 승정원에 下敎하여 勘處하도록 하였던 것이다.10)

이렇듯 하여 영조 29년 1월 14일(庚午)에 영조가 다시 編輯廳堂郎·貢市人釐正堂上을 入侍케 하여 貢人의 폐를 下詢하였을 때, 朴文秀·洪鳳漢(禮曹判書) 등이 應辦官·月令(每月當審者)의 作弊가 가장 심한 것으로 되풀이 거론하자, 영조는 御將으로 均堂(均役廳堂上)에 差下한 것에는 또한 뜻한 바가 있었으나 宣惠廳에 合屬하여 節目을 마련·상품하도록 명하였다.11) 이때에 釐正堂上 朴文秀는 啓하기를 諸上司·諸各司를 물론하고 貢人을 侵徵하는 폐를 貢人으로 하여금 빠짐없이 成冊하여 來納하게 하라는 뜻을 신칙하였으나 貢人의 所納成冊을 본즉 일이 上司나 本司의 堂郎에 관계되는 것은 감히 書入하지 못하고 또 員役의 작폐에 이르러서도 역시 書入하지 않아서, 이는 後患을 고려한 데서 나오게 된 것이어서 할 수 없이 各司掌務官에 嚴飭하여 그로 하여금 查問하여 成冊·牒報케 하고, 그 成冊을 徵捧하여 만약에

---

9) 『備邊司謄錄』 제125책, 영조 29년 1월 5일조.
10) 『備邊司謄錄』 제125책, 영조 29년 1월 12일조.
11) 『英祖實錄』 卷79, 영조 29년 1월 庚午(14일)條. 均役節目(均役法)을 반포하면서 均役廳을 別設할 필요가 없다 하여 均役廳을 宣惠廳에 合屬시키게 하였다(『備邊司謄錄』 제125책, 영조 29년 1월 22일조 및 영조 29년 2월 22일조 참조).

혹시라도 落漏된 것이 있으면 당해 관원 및 首吏를 중하게 勘罪·處斷하도록 제의함으로써, 영조도 이에 따랐던 것이다.12) 위와 같은 경유로 영조 29년 2월 4일에는 이미 貢人에 대한 應辦改分定節目과 應辦改分排別單이 준비되어 있었다.13)

이 應辦改分定節目은 영조의 催促에도 불구하고 쉬이 上奏되어 결정되지가 않았기 때문에 영조는 영조 25년 4월 초에 入侍한 釐正堂上(朴文秀)에게 釐正諸堂(여러 堂上官)을 重推하도록 명한 일도 있었다.14)

위와 같은 영조의 節目稟定促求로 영조 29년 7월 초순까지에는 貢弊釐正節目이 마련·上稟되었던 것으로 보인다. 영조 29년 7월 9일의 영조의 傳旨에

> 貢弊第一卷 중의 內司(內需司) 柴炭運入과 같은 미세한 사건이 列錄되어 있으므로 貢人書納의 差誤를 嚴査하여 請飭하지 않아 直宿矯正의 뜻이 없는 當該句管中官을 放置한 當該堂上도 推考해야 할 것이고, 當該中官은 該府에서 嚴査·처벌해야 할 것이다.

라고 하여,15) 영조는 上稟된 "貢弊"(제1권)를 親覽하고 그 시정을 명하고 있다. 그리하여 영조는 같은 달 19일 이전에 실제로 "貢市人弊瘼釐正冊子"를 "覽删"(閱覽·削撰)하여 내려주었던 것이어서 貢弊釐正冊子도 일단은 마련되었던 것이며, 이는 市弊釐正과 더불어 「甲子節目」(영조 20년인 甲子年의 貢弊釐正節目)이 제대로 준행되지 않음으로써 다시 마련된 것이었다.16)

---

12) 『備邊司謄錄』 제125책, 영조 29년 1월 16일조, "今正月十四日 貢市人釐正堂上·編輯廳堂郎入侍時 釐正堂上朴文秀 所啓" 참조.

13) 『備邊司謄錄』 제125책, 영조 29년 2월 4일조. 이 節目·別單은 이에 앞서 이미 釐正堂上(朴文秀)이 수정을 가한 것을 編輯廳堂郎 등이 첨삭을 가하여 書入한 것으로 되어 있다. 이 應辦改分定節目과 應辦改分排別單의 구체적인 항목은 『備邊司謄錄』 제125책, 영조 29년 2월 4일조에(국사편찬위원회본, pp. 358~367) 收載되어 있다.

14) 『英祖實錄』 卷79, 영조 29년 6월 戊子(4일)條.

15) 『備邊司謄錄』 제126책, 영조 29년 7월 9일조.

영조는 그 수일 후에 다시 市人에 대한 弊瘼釐正은 이미 하교하였으나, 貢人에 대해서는 아직 신칙함이 없었으니 釐正을 특명한 본의가 어디에 있는가 하고, 그 중에서도 더욱 폐가 심한 '七條'에 대해서는 이를 嚴飭할 것을 분부했던 것이다. 이와 아울러 貢物衙門郎屬이 依然히 求索하며, 士大夫가 貢人으로 하여금 差祭를 頉免하려 하는 등 불법행위를 엄금하여 이를 釐正冊子에 게재하도록 하명하였던 것이다.[17]

현재 규장각도서 내에 보장되어 있는 『貢弊』(도서 No. 15084, 寫本 全六冊)는 그것이 영조 29년 6~7월에 걸쳐서 마련·成冊된 '貢弊釐正 節目'임에 틀림없다고 생각된다. 그것은 같은 규장각도서 내의 "備邊司 貢弊釐正節目" 一冊(十葉)은 '序文'과 '禮曹貢人'에 대한 弊瘼釐正條目만으로 成冊된 필사본으로,[18] 상기 『貢弊』의 '序文'과 '禮曹貢人'의 내용과 완전 일치한다는 사실에 바추어서이다. 그리고, 『貢弊』에는 편차 연대·편집자·편찬처 등이 밝혀 기술되어 있지 않으나, 『貢弊』第一卷 '戶曹貢人' 기사 중에 "均役設廳之後云云"이라 하여 『貢弊』는 均役廳이 설립된 영조 25년 이후에 成冊된 釐正節目임을 알 수 있고, 또한 그 '序文'에서 "惟我聖上 親臨殿門 俯詢貢市之弊 命諸堂釐正 甚盛德也"라고 하여 그 成冊 계기도 영조 자신의 臨門詢問에 있었던 것이요, 그때에 '市弊'[19]도 같이 詢問하였던 것이다. 영조 21년(乙丑)의 釐正 조치 이후에 다시 貢市人弊瘼의 大釐正을 꾀한 臨門詢問을 보게 된 것은 均役廳

---

16) 『備邊司謄錄』제126책, 영조 29년 7월 19일조; 『英祖實錄』卷80, 영조 29년 7월 壬申(19일)條. 『備邊司謄錄』에서는 "貢市人弊釐正冊子旣已覽冊"이라고 되어 있으나 『英祖實錄』에서는 "旣已覽冊"으로 되어 있어서, 본고에서는 "覽冊"을 취하였다.

17) 『英祖實錄』卷80, 영조 29년 7월 丙子(23일)條 및 『備邊司謄錄』제126책, 영조 29년 7월 24일조.

18) 규장각도서, 도서 No. 9882, 이것은 禮曹로서만 필요했기 때문에 禮曹貢人에 관한 부분만을 따로 필사하여, 여기에 序文을 轉寫했던 것으로 생각된다.

19) "市弊"(규장각도서, 도서 No. 15085)도 『貢弊』와 같이 成冊되었을 것으로, 全三冊 중의 第一冊(六矣廛을 위시한 주요 市廛에 관한 내용)이 落帙되어 있어, 이로서는 市弊 전모를 살필 수가 있다. 第二冊, 第三冊에 收載된 各廛名은 졸저 『韓國經濟關 係文獻集成』(규장각도서연구총서2, 1966, 서울대 동아문화연구소) 商業 - 場市·市 廛. 市弊조 참조.

設置 후인 영조 29년의 일이었다.

그리고 영조 29년의 貢弊大釐正은 영조 21년(乙丑)의 革弊措處가 잘 이행되지 않았던 때문이기도 하였다. 그리하여 『貢弊』第一卷의 '工曹 其人'에 대한 釐正 내용이 全16항목으로 되어 있는 중에 4개 항목은 乙丑年革弊措處의 履行을 다시 신칙한 것이었다.[20]

위에서 살펴본 바와 같이 『貢弊』는 乙丑革弊(영조 21년) 후이고 均役廳設置(영조 25년) 후에 臨門詢問에 따라 成冊된 것이므로 영조 29년에 마련·成冊된 貢弊釐正節目일 수밖에 없으며, 따라서 『貢弊』는 '釐正節目'을 생략한 書題일 따름이다.

---

20) 졸저, 『其人制研究』(一志社, 1992), 五, 朝鮮後期의 其人(柴炭貢物主人의 實態), 4, 其人貢弊一般에 대한 釐正策(pp. 186~187) 참조. 『貢弊』全六冊에 들어 있는 貢人의 名色은 모두 97종으로, 그 목차는 일찍이 책별 순위로 졸고에서 摘記한 바 있어(「李朝後期貢人의 身分」2. 貢人의 名色 『學術院論文集』5, 1965 참조) 여기서는 다시 나열하는 번쇄함을 피했다.

Ⅶ. 『星湖僿說』 解題

　『성호사설』에 담겨진 내용, 즉 그 저자 성호 李瀷의 사상과 학문의 기조를 이해하기 위해서는 성호가 살았던 그 시대의 사회적·사상적 배경을 일단 살펴보는 것이 좋을 것이다. 성호의 생애는 1681년(숙종 7)에서부터 83세의 노령으로 별세한 1763년(영조 39)에 이르기까지, 18세기 전반기를 중심으로 하여 그 전후에 걸친 것이었다. 그 시기는 임진왜란을 겪은 지 1세기, 병자호란을 겪은 지 반세기가 경과한 기간으로서, 거의 3백 년에 걸친 조선 왕조 양반 관료 지배의 사회 질서가 그대로는 지탱하기 어려우리만큼 사회변동이 현저히 나타났던 시기이기도 했다. 따라서 우리는 먼저 그 시기에 있어서의 사회적·사상적 추세에 대한 포괄적인 이해가 있어야 할 것 같다.

一. 星湖의 시대
-그 사회적·사상적 배경-

　조선 왕조의 양반 관료 지배 체제는 2백여 년을 거치는 동안에 양반 지배층의 세력균형을 더 이상 유지할 수가 없게 되었다. 그리하여 宣祖 때의 東西 分黨으로 발단된 지배층의 대립 분열은 임진란 이후로 더욱 격화되어 가서 18세기에는 이른바 老少南北의 黨勢가 결정적인 단계에 이르게 되었다. 즉 北人은 仁祖 때 이후로 세력이 쇠퇴하여 정세에 따라 西人 혹은 南人에 倚附하여 살아가게 되고, 남인은 肅宗 때의 이른바 甲戌換局 이후로 그 세력이 衰傾하게 되어 아무런 여망이 없이 거의 다 鋼身廢族·怨國失志의 처지로 전락되어 갔다. 정권은 老論 일파가 오랫동안 독차지하게 되고, 少論만이 이에 대항할 만한 위치에 놓여 있었을 뿐이었다. 그러나 영조 때의 정치 정세로는 노론이 아닌 자는 남북으로 도주하지 않고서는 배겨낼 수 없는 형편에 이른 것이었다. 이들 당파 사이에는 서로 交遊·婚娶를 하지 않을 뿐만 아니라, 대립파의 인물은 무조건 배척하여 그 공정한 평가가 행해지지 않았다. 그리하여 그러한 파벌적 기풍은 지방의 양반 사이에까지 미쳐서 肅宗 때에는 집권당 계통의 書院의 濫設을 보게 한 것이었다. 노론에 의한 一黨專制的 정치 형세는 이른바 閥閱政治에로 이끌려 가서, 과거제마저 문란하게 되어 그것이 인재를 공정히 등용하는 기틀이 될 수가 없게 되었다.

사회 경제상으로는 18세기 전반기라는 시기가 완만하기는 했으나 상당한 변동을 자아냈던 시기이다. 壬辰亂에 의한 田地의 황폐는 그 뒤의 量田과 搜括에 의하여 점차 복구가 되었으나, 국초의 職田制는 일찍부터 붕괴되어 대토지 점유와 이에 따른 免稅田·隱結의 확대는 재정의 고갈을 불가피하게 했다. 여러 宮家와 官司에 대한 토지 折受가 성행되고, 그 대상은 魚箭·鹽盆을 위시하여 屯田·牧場地·島嶼·空閑地·廢堰地·柴地 등에 미쳤으며, 民田마저도 그들의 買占·勒占·募入의 대상이 되어 갔다. 그리하여 이른바 宮屯·官屯의 확대와 권문세가에 의한 田庄의 확대가 늘어갔다.

이와는 대조적으로 정권에서 이탈된 대부분의 양반은 점차로 몰락되지 않을 수가 없었고, 따라서 土豪的인 기반을 갖지 못했거나 별다른 생업에 종사하는 일이 없는 그들의 후예는 마침내 영락되는 수밖에 없었다.

한편 移秧法이나 二毛作 등 농업 기술이 남부 지역에 확대되어 일부 농민의 수확의 증대를 가져왔다 하더라도, 그 반면에는 그것이 도리어 小作農의 離農을 재촉하는 결과도 되었다. 그 보다는 봉건적인 濫徵·過徵 등 여러 가지 雜賦로 말미암아 농민의 부담은 가중되어 갔다.

봉건적인 토지 경제에만 의존하는 동안에는 정부가 나라의 번영은 고사하고 국가 재정마저도 충족시킬 수가 없는 것이었다. 이 같은 난국을 타개하려는 정부의 대책으로 강구된 것이 다름 아닌 收取 제도의 개편이었다. 그것은 이른바 大同法·均役法의 실시를 의미한다. 경기도

에서부터 실시되어 거의 1세기간에 걸쳐 이를 중남부 6도에 확대 실시
하게 된 대동법은 종래 現物貢納을 일률적으로 米 또는 布로 징수하도
록 한 것이다. 그것은 종래의 불법적이었던 防納 행위를 관 지정의 공
납 청부업자[貢人]를 내세움으로써 합법적으로 현실화한 것이며, 이를
단적으로 말하면, 현물 공납을 田稅化한 것이었다. 또한 丁男(16~60
세)에게 年 2필의 군포를 징수하던 이른바 良役의 폐는 오랫동안 개선
방책이 논의되어 왔으나, 그 자신 있는 해결책을 얻지 못한 채 징수액
을 반으로 감해 준다는 이른바 均役法이 영조 26년(1749)에 실시를 보
았던 것이다.

균역법 실시에 따른 세수(군사 재정)의 반감은 주로 宮家에 折受되
었던 魚鹽稅 등의 국가 회수와, 전지에 대한 일종의 부가세인 結錢, 또
는 結米를 새로이 부과함으로서 충족시키려고 한 것이다. 이로써 농민
의 양역 부담은 반감되기는 했으나, 당시의 田稅보다도 많은, 그리고
丁男數에 따라 倍增되게 마련인 人頭稅와도 같은 良役 부담의 본질에
서 오는 압박은 그 폐가 여전하여, 이른바 白骨·黃口 징세의 난맥상
에는 다름이 없었다. 그 위에 균역법 실시에 따라 군사 재정이 도리어
多岐化되었을 뿐 아니라, 結米 또는 結錢 징수로 말미암아 일부가 또
한 田稅化되는 현상으로 나타난 것이었다.

그 위에 중앙·지방 관아의 재정 보충 수단인 糶糴은 그 원래의 救
恤의 성격을 벗어나 官府에 의한 고리대적인 영리 수단으로 화하여 貧
士·窮民은 이로 인한 公私債의 압박을 벗어날 수가 없었다.

한편 상공업 체제에는 적지 않은 변동이 일어났다. 18세기에 있어서
의 인구 증가와 도시 집중의 현상이 일어났고, 대동법 실시에 따른 貢
人의 출현은 서울이나 지방 장시에서의 상행위를 자극하였다. 그것은
특히 서울에 있어서 亂廛 내지는 都賈亂廛이 일어나게 했고, 貢人이나
市廛商人은 역시 官府의 비호 하에 상품 독점의 특권을 누렸으나, 官
司나 勢家의 侵虐을 면할 수가 없었고, 난전 내지 도고난전 행위는 역
시 관부의 禁壓을 받아야 했다. 숙종조 이후로는 화폐의 주조 유통이

어느 정도 계속되었으나, 그것도 교역의 촉진을 위해서라기보다는 米價調節이나 賑恤의 목적으로 재정적 요구에 따라 주조된 경우가 많았으며, 그 위에 채광 기술의 부족, 채광의 국가 금제 등으로 鑄貨資料가 부족했고, 은화의 유입원인 동래의 왜관무역은 감시·제한이 엄준했던 반면에 淸 나라에로의 은화 유출이 과다했다. 그리하여 官鑄된 화폐는 도리어 관료와 부호들의 고리대적 영리 수단으로 전화되어 그러한 화폐의 악순환은 농촌과 농민 생활을 더욱 피폐되게 하여갔던 것이다.

官府 통제에 의한 수공업 체제도 군제·노비제와 더불어 17세기 말엽에는 이미 해이해져서 제반 勞役의 雇傭化 현상이 두드러지게 나타나기도 했고, 物主制的인 수공업 경영 형태도 점차 일어나고 亂廛 내지 都賈亂廛의 跳梁 등으로 어느 정도 상업 자본의 축적이 가능해졌다 하더라도 18세기에 이르기까지는 아직도 상공업 천시의 유교 전통적인 관념과 抑末務本的인 정책의 고집으로 각종 賦稅의 田稅化와 아울러 농업경제의 울타리를 감히 벗어날 수는 없는 단계였다.

그렇다 하더라도 오랫동안의 시대 변천에 따라 조선 왕조 전기의 굳어졌던 신분체제는 더 이상 부지할 수가 없게 되었다. 봉건적인 身役 대신에 여러 가지 勞役이 雇傭化됨에 따라 조선 왕조 초기의 신분 사회는 무너져갔고, 한편으로 양반·농민들의 신분도 분해되어 이른바 班常·常賤의 신분적 장벽마저 점차로 무너져갔다.

다른 한편으로 18세기는 동양 특히 중국에 있어서 정치 정세가 크게 변동되고, 한국의 일부 지식인 사이에는 서양에 대한 새로운 인식이 싹트기 시작하여, 이에 따른 의식의 확대는 자기 나라의 사회 문화에 대한 반성·비판·재인식의 새로운 계기가 되었다. 즉 만주 夷族의 중국 제패에 따른 淸朝의 건립과 그 청조 문화의 융흥을 본 조선의 일부 지식인은 그들의 전통적인 華夷觀에서 점차 벗어나게 되었다. 또한 明末 淸初에 걸쳐서 중국을 거쳐 들어온 西學(천주교서와 세계지도·서양문물·한역 서양서적)을 통하여 그들의 의식이 확대되고 심화되어 자기 나라의 사회·문화·학술에 대하여 비판적일 수가 있었고, 종래

의 양반 지배 체제도 그대로는 더 이상 견뎌낼 수 없다는 것을 느끼고
도 남았던 것이다. 그것은 전통적인 유학 자체에 대한 반성으로도 나
타났다. 그리하여 관료 사이에서도 학문은 실제로 정치에 실효를 거둘
수 있는 것이어야 할 것이며, 과거 목표의 詞章에만 주력하는 流弊를
근절하고 實心・實政・務實의 기풍을 강조하게 된 것이 일반적인 풍조
이기도 했다. 程朱 이후에 知行이 일치되도록 노력하게 된 것이라 하
여 知와 行 어느 하나에 편해서는 안 된다는 입장에서 일면에서 수용
되기 시작한 陸王의 학을 배격하기도 했었다.

실제로 이론에 치우치게 되는 性理學이나 당쟁의 도구화된 번쇄한
禮論만으로서는 임진란 이후로 피폐해진 사회를 匡救하는 현실적 방법
일 수가 없었다. 그러나 정치 당로자들은 오로지 收取制度만을 개편하
는 재정적 조처만으로써 난국을 타개하려고 했으나, 사회 구조의 전면
적인 개편이 없이는 계속적인 사회변천에 대처할 수가 없었던 것이다.
그리하여 재야의 학자 사이에는 그와 같은 務實의 학풍이 더욱 강조되
고, 사회제도에 대한 전면적인 비판과 포부를 전개하거나 문화 전면에
걸친 관심과 인식이 새로워지기도 했다. 이러한 사회적・학문적 풍토
속에서 성호 이익은 탄생되었다.

二. 인간 星湖와 그 學風

성호 이익은 숙종 6년(1680)의 이른바 庚申大黜陟이 있었던 다음해
인 숙종 7년 10월 18일에 부친 夏鎭의 유배지 평안도 雲山에서 탄생
하였다. 그리하여 그는 명문 南人의 家系를 이어서 그의 생애는 애초
부터 당쟁의 화난 속에 시작되었다.

驪州李氏인 그의 집안은 兵曹判書에까지 이르렀던 그의 8대조 繼孫
에서부터 家統이 서게 되어 성호의 증조 尙毅는 의정부의 左贊成, 조
부 志安은 사헌부의 持平을 지냈었다. 그의 부친 하진은 사헌부 大司

憲에 이르렀으나, 許穆과 함께 정계에서 몰려나면서 진주목사로 좌천되었다가 다시 평안도 雲山郡에 流謫되었던 것이다. 이른바 庚申大黜陟으로 남인이 대거 물러났던 黨禍 속에 그는 부친 하진의 후처 安東權氏의 몸에서 태어났다.

그가 태어난 바로 이듬해 6월에 그의 부친은 전부인 이씨에게서 3남 2녀를 남기고 후부인 권씨에게서 2남 2녀를 남긴 채 55세를 일기로 유배지 운산에서 별세하였다. 성호는 부친을 여읜 뒤로 安山의 瞻星里롤 돌아온 홀어머니 권씨 슬하에서 그의 早孤多疾의 생애가 시작된 것이었다. (첨성리는 행정적으로는 廣州府에 속하여 일종의 飛來地로서 공식적으로는 광주 첨성리라고 일컬어진다.)

성호의 字는 子新이요. 瞻星里 星湖莊에 살면서 그는 스스로 號를 성호라고 했다. 그가 자라서는 둘째형 剡溪公 潛에게 수학하였다. 그가 15세 되던 1695년에는 나라에서 베푸는 增廣試에 응시했으나, 錄名이 격식에 맞지 않았던 탓으로 會試에 나아가지 못했다. 바로 그 다음 해에 둘째형 潛은 進士로서 張禧嬪을 두둔하는 상서를 올렸던 탓으로 역적으로 몰려서 杖殺당했다.

성호는 부친의 당화에 뒤이은 둘째형의 처형에 큰 충격을 받고서는 과거에 응할 뜻을 아주 버리고 평생 동안 학문에만 몰두하게 된 것이다.

안산의 첨성리는 서울에서 약 20킬로미터 떨어진 곳이며, 서편으로 4~5킬로미터 가면 인천시 경계에 이르는 한적한 마을이다. 서울의 貞陵洞에는 京邸가 있었다. 형이 죽은 다음 해에 그가 서울로 올라와서 삼각산 백운대에 올랐던 것도 마음의 울화를 자연 속에 풀려던 것이었는지도 모른다.

성호는 처음에 학문에 뜻을 두고 孟子·大學·小學·論語·中庸·近思錄을 읽고, 다시 心經·易經·書經·詩經을 거쳐, 程朱의 書와 退溪의 文을 俯讀仰思하며, 한 자구도 소홀히 넘기지 않아서 조금도 회미한 곳을 남기지 않았다. 평소에 矯異한 행위나 名利에 따르는 일이 없이, 오로지 自修力踐하여 接人處鄕에 禮道가 있어서 士林 사이에 존경을 받게 되었다.

성호의 집에는 수천 권의 서적이 있었다. 부친이 1678년에 사신으로 중국 燕京에 들어갔을 때 많은 서적을 구해왔던 것이다. 성호는 다행히 조상이 남겨 준 은덕으로 관직도 없는 선비로서 토지와 노비를 갖고 耕牧樵汲의 일을 하지 않으면서 使令과 騎乘을 갖추어 庶民이 미치지 못하는 여유 있는 생활을 할 수 있었던 것도 그 모두가 선조가 남겨 준 은혜의 여택으로 생각했다. 그는 그의 모친이 별세하여 그 服喪을 마치고서는 노비와 什器를 모두 宗家에로 돌려 보냈다. 그는 형제 子姪에 대한 恩愛가 지극하여, 둘째형에게 아들이 없음을 가슴 아프게 여겨서 양자를 들이게 하고, 庶子들을 收養하여 교육을 시키고 결혼하여 成家케 하는가 하면, 여러 조카들을 데려다 가르치며 마치 친아들과 같이 돌보아 주기도 하였다.

성호의 타고난 성품은 氣神이 淸朗하고 性貌는 峻潔하며, 눈에는 정기가 넘쳐흘러서 그 英彩가 사람을 쏘는 듯했다. 조그마한 긍지도 가진 듯싶지 않으면서도 中正簡重하여 하나의 德性을 갖추었었다. 孝友의 禮信이 돈독하여 집안에 있어서도 예절을 준엄히 하고 사치한 생활을 엄금하였다. 그러기에 家法을 세워서 稱貸 행위를 하지 못하게 하기도 했다.

務實을 주장했던 星湖는 스스로 養蜂·養鷄에도 종사했고, 南瓜를 재배하여 스스로 菜田을 가꾸는, 이를테면 전원 생활을 영위하면서 출세에 뜻을 버리고 학문에만 전념했던 것이다.

그의 곧은 性情이라든가, 스스로 몸을 닦기에 엄하였던 것이라든가, 학문에 대한 정력이 대단하여 일찍이 피로한 빛을 나타내는 일이 없었다는 일들은 모두 인간 성호의 면모를 잘 나타내 준다.

성호는 공부한다는 일을 결코 쉽게 생각하지를 않았다. 그는 중국의 經籍만도 만만한 공부거리가 아니라는 것이다. 그는『孝經』·『論語』·『孟子』·『易經』·『詩經』·『書經』·『禮記』·『春秋』·『左傳』등 꼭 읽어야 할 이들 경적을 합치면 모두 47만 4천 9백 자가 되어 하루에 3백 자씩을 왼다 해도 4년이 넘어 걸려야 한다고 했다. 그 위에 이들에 대한 註說과 여러 史書를 읽는 데 또 수년이 걸리고, 程朱와 退溪 그리고 國史를 알자 면 얼마나 힘을 기울여야 할 것인가를 말하고 있다.

성호는 그가 程朱의 書와 退溪의 文을 탐독하였을 만큼 엄준한 道學 者이기도 했다. 그는 주자에 못지않게 퇴계를 尊尙하였다. 따라서 그는 心性理氣說에 있어서는 退溪에 좇아서 栗谷의 설을 배척한 것이었다.

성호는 때로는 국내의 명승지를 찾아서 漫遊하여 남북으로 천리 길 을 두루 돌아다니기도 했다. 그는 사람들이 들끓는 도회지보다는, 깊은 산골짝 외딴 촌락의 풍속이 훨씬 더 순박하고 아름다운 것이라 여겼 다. 士大夫가 사는 곳은 그만 못하고, 지방관이 있는 郡邑은 그보다 더 못하고, 서울에 이르면 더욱 미치지 못한다고 했다. 서울에 가까우면 가까울수록 民俗은 더욱 투박하여져서 도읍지는 인재를 길러낼 만한 곳이 못된다고 했다. 도시의 사치와 명리만을 따르는 폐풍이 성호의 눈살을 찌푸리게 하였다. 성호는 그러한 중에서도 嶺南을 가장 좋은 지방으로 동경하였다. 그는,

> "퇴계는 小白 밑에서 태어나고 南溟은 頭流 동편에서 태어나니, 이는
> 모두 嶺南의 땅이다. 이 같은 영남에서도 그 上道에서는 仁을 숭상하고
> 그 下道에서는 義를 숭상하여, 그 儒化氣節이 바다와 같이 넓고 산과
> 같이 높아서 이에 文明의 절정에 이르렀다."

고 하였다. 성호는 일찍이 嶺을 넘어 白雲洞書院을 찾고(1709) 다시 陶山書院을 찾아 퇴계의 祠堂에 들러 여기저기 배회함에 좀처럼 발걸 음을 옮겨 돌아갈 수가 없었다고 했다. 영남 지방이 흔히 鄒魯之鄉이 라고 일컬어지듯이, 성호는 영남이 마치 衰周에 魯나라가 있었음과 같 다 하고, 그러기에 영남은 마치 고향과도 같은 고장이라고 느꼈다. 영 남 지방에서는 서울과는 달리 부녀자는 養蠶績麻, 무명을 짜고 밤에도

잠을 적게 자며, 喪婚에는 모두 집안에서 마련하며, 친척과 붕우가 서로 도와서 그로 말미암아 파산하는 일이 없어서 영남은 寒士의 樂土라고도 했다.

그러면서도 성호는 다른 한편으로는 현실적인 사회 제도에 관한 관심이 컸다. 그는 당시의 학자들이 孔子와 孟子를 談論하지만은, 조금도 그들의 뜻을 받들어 지키려는 생각이 없이 명예와 이익에만 정신이 팔린다고 했다. 선비는 모름지기 현실적인 문제에 밝아야 하고, 이에 대한 材具를 갖추어 실제 정치의 실효를 거둘 수 있는 학문을 해야 한다고 강조했다. 그것은 다름 아닌 修己治人의 학으로서의 실효를 거둘 수 있는 공부를 해야 한다는 것이었다. 그러한 의미에서 性理說이나 禮論은 당장에 緊切한 것이 아니라고도 했다. 그가 그의 만년에 그의 조카인 秉休에게 보낸 편지에서도,

> "너는 이미 實學에 종사하였으므로 마땅히 事務에 留心하여 헛된 일
> 을 천착하게 되어서는 안 될 것이다."

하였던 것이다. 그는 材具를 준비하여 治世에 실효를 거둘 수 있는 학문이라야 이를 實學이라 할 수 있다고 했다. 그는 진부한 世儒의 무실한 학풍을 배격하고, 國朝 이래로 世務를 잘 아는 최고의 학자로서는 오직 李栗谷·柳磻溪 두 분뿐이라 하고, 이들의 학문이 당시에 매몰되어 실지로 실시되지 못한 것을 한스럽게 여겼던 것이다. 그러나 성호 자신의 世務에 대한 해박한 식견을 한 번도 펴 볼 수 없었던 현실을 그의 문인 朴東奎는 마찬가지로 한탄하여 마지않았던 것이다.

성호는 그러므로 한편으로는 朱子·退溪의 학통을 이었으나 한끝으로는 孔子의 學, 즉 洙泗學에로의 복귀의 문호를 터놓았다고도 할 수 있으며, 다른 한편으로는 修己治人의 학으로서의 實學을 존중하고, 실제 治世에 실효가 있는 학문이 긴요하다는 면에서는 栗谷·磻溪의 학풍을 이어받은 것이라고 할 수가 있겠다.

성호의 만년에는 그의 일신상으로나 家門族中으로 보아, 또는 廣州라는 지방으로 보아서 그 형세가 더욱 곤궁하게 되어 갔다. 그가 65세 되던 해에는 조정에서 그의 德名을 듣고 繕工監 假監役에 제수하였으나 이를 사퇴하고 부임하지를 않았다. 그가 71세 때인 1751년에는 아들 孟休가 病死하여 老後의 성호로 하여금 다시 한번 가슴 아프게 하였다. 그가 조상의 은덕으로 토지를 이어받아 여유 있는 생활 속에서 족인을 돌보아 주는 동안에 그의 가세가 점차로 기울어져 갔다.

성호는 늘 신병으로 고통을 받아야 했고, 아들 孟休를 잃고 난 그는 시력도 쇠약하여 글도 마음대로 읽지를 못하게 되었다. 거듭되는 飢荒으로 그의 일가가 연달아 몰락하는 형편이었으며, 그가 75세 되던 때에는 그의 寒門單戶에도 慘凶을 면할 수가 없었으며, 염병까지 돌아서 초가집에 내보내 살게 했던 단 한 명의 나머지 雇奴도 시시로 위급함을 고해온다고 했었다. 그 다음해에 그는,

> "나의 窮餓가 날로 심하여져 졸지에 송곳 꽂을 만한 땅도 없으니, 이렇게 되어서는 어찌할 수도 없다."

고 한탄하고 있다.

당시에는 기근과 질병이 자주 거듭되었다. 廣州 땅에서도 죽어나가는 사람이 연이었고 官穀의 독촉은 날로 심하여 사람마다 광주는 사람 살 고장이 아니라고 하나, 그렇다고 그들이 옮겨가서 살 만한 곳이 있을 리도 없었다. 성호는 당시의 상황에 대하여,

> "요즘 선비집에 貧乏하지 않은 사람이 없으니, 나의 궁핍은 차치하고라도, 만나는 사람은 누구나 살기가 어렵다고 한다."

고 했다.

그가 80세 되던 해에 權哲身에게 보낸 편지에서 그는 자신의 체념

을 다음과 같이 술회하고 있다.

"요즘 세상 풍습이 물과 같이 頹下하여 수십 년 전에 비하면 판연히 달라졌소. 나는 사람과 대면하여 일찍이 儒術을 갖고 말하지를 않았소. 무익하기 때문이오."

영조 39년(1763) 그가 83세의 고령에 이르렀을 때, 나라에서는 優老例典에 따라 그에게 僉中樞府事로서 陞資의 恩典을 베풀었으나, 성호는 그 해 12월 17일에 세상을 떠나고 말았다. 성호의 문인 安鼎福은 성호 선생을 다음과 같이 회고하며 선생의 별세를 애끓어했다.

"剛毅篤實 이것은 선생의 뜻이요, 正大光明 이것은 선생의 덕이요, 선생의 학은 精深宏博하고 그 氣象은 和風景雲이요, 그 襟懷는 秋月氷壺이다. 그런데 이제 다시는 선생을 뵈옵지 못하게 되었으니, 장차 어디에 들어가 의지할 것인가."

평생을 두문불출하고 학문에만 전념했던 성호의 학문적 업적은 17~18세기의 이른바 실학적인 學究를 집대성한 방대한 것이었다. 그것은 經學에서부터 禮學·樂府·諺解·詩文에 이르기까지 모든 분야에 걸쳐서 그의 一門 제자를 통해서 그 뒤의 학문분화발달의 연원이 되기도 한 것이었다. 그리하여 그의 저술만도 그의 학문·사상의 진면목을 나타낸 僿說 외에도 四書六經을 비롯하여 小學·家禮·心經·藿憂錄·四七新編·喪威前後錄·李子粹語(본제는 道東編)·自卜編·禮說·觀物篇·百諺解·東國樂府, 그리고 文集과 그 續錄들을 남겼다.

위와 같이 폭넓은 성호의 학문은 성호의 대를 이은 그의 一門 제자로서 많은 俊才에 의하여 계승 발전되었다. 孟休(아들)·九煥(손자)·秉休(종자)·用休(종자)·森煥(종손)·家煥(종손)·重煥(종손) 등이 모두 쟁쟁한 학자들이었으며, 문인으로서 두드러진 자를 들어도 尹東奎·安鼎福·愼後聃·權哲身 등이 모두 당대의 學海를 이루어, 그 후름은 茶山 丁若鏞·貞蕤 朴齊家에까지 미쳤던 것이다.

　끝으로 성호의 家系를 표시하면 다음과 같다.

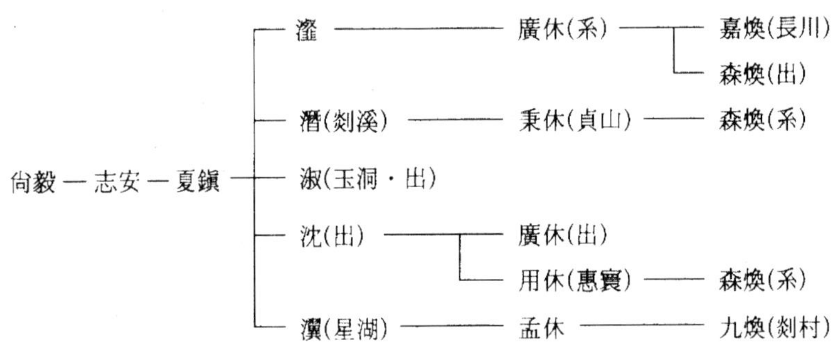

三. 『僿說』의 성립과 편차

　성호의 학문의 結晶이라고도 볼 수 있는 『사설』은 성호가 애초부터 저술이 되리라고 생각해서 집필했던 것이 아니다. 그가 40세 전후해서 부터 '보는 데 따라 생각나고 의심나는 것을 적어 두고는 다시 펼쳐 보지도 않았던 것'으로 그의 만년에 그의 族子가 이를 謄傳한 것이다. 성호 자신으로서도 '그 중에는 중첩되거나 빠지고 그릇된 것이 많을 것'이라고 했고, '草本 수권을 앞서 한 번 점검해 보니, 그 잘못 옮기고 또 빠진 것이 이루 말할 수 없다'고도 했다.

　이렇듯 성호는 40년 동안에 걸쳐서 그가 讀經하는 여가에, 그리고 집안 애들에 대한 교육과 門弟의 稟問으로 말미암아 생각이 미친 바를 그때그때 적어 두어 쌓이고 쌓인 것을 八旬에 가까웠을 때 그의 족자가 등전한 것이 바로 『사설』이다. 『사설』이란 일종의 雜著를 의미하는 것이며 '僿'라는 것은 즉 細鎖하다는 뜻으로 성호 자신이 謙辭로 붙인 題名이다.

성호 자신으로서도 그러한 중에 '時務 數條에는 혹 理가 있을 듯싶다'고 했을 만큼 성호의 관심은 시무에 두어졌던 것을 잘 나타내 주고 있다. 그러나 『사설』은 비단 시무에 관한 것만이 아니라, 經史와 禮數를 위시하여 曆算·地理·官制·經濟·軍制·西學·詩文에 이르기까지 광범한 분야에 걸친 그의 학문적 온축과 해박한 지식, 그리고 비판이 담겨져 있어, 그 견문의 넓음과 고증의 명확함을 잘 보여주고 있는 것이다. 星湖 자신도,

"隨手亂錄한 戲筆이지만 糞壤草介가 至賤한 것이다. 농작의 비료가 되기도 하고 부엌의 美饌이 될 수도 있는 것이다."

하여, 이 책을 잘 보는 자는 백에 하나의 수확이 없다고 하겠는가 하리만큼, 독자에 대한 기대가 담겨져 있는 것이다. 그리하여 그는 芝峯類說이나 磻溪隨錄을 이미 읽고 있으나, 그의 『사설』은 『芝峯類說』이나 『磻溪隨錄』 이후의 또 하나의 새로운 類書類이기도 하고 隨錄이기도 한 것이 되었다.

성호의 從子 秉休에 의하면 원래 성호 門下의 諸公이 한자리에 모여서 충분히 의논 검토한 뒤에 繕寫하여 定本으로 만들었어야 할 것이던 것이, 그들이 모두 散居하는 형편이므로 그리 되지가 못하고, 초본을 먼저 베껴 놓은 뒤에 검토할 계획이기도 했었다. 따라서, 『사설』의 원본은 定稿本으로 마련된 것이 없었던 것이다.

원래 『사설』은 일제 시대에 謄寫한 30권 30책으로 되어 있는 서울대학교 奎章閣本이 있어서 필자는 6·25동란 때 부산에서 수복 후에 일찍이 이를 열람한 일이 있었다. 이 밖에 현재 몇 가지 사본으로 전해오는 것이 있어, 위의 규장각본 외에도 純祖初에 등사된 것으로 보이는 이른바 在山樓藏本(30책)이 있었고, 이것을 일제 시대에 등사한 것으로 日帝 總督府本이 있었다. 또 일본의 東洋文庫에도 30권 30책으로 된 사본이 전해오며 일본의 早稻田大學에 30권 17책으로 전해지는

것도 있으며, 몇 가지 抄略本도 전해지고 있다. 현재 국립 중앙도서관에는 크기가 다른 2책(21.5×24.4cm, 22.3×31.4cm)의 『사설』이 보존되어 있다.

> 제1책: 天地 37張 154則, 人事 333張 118則,
> 제2책: 詩文 10張半 70則, 經史 11張 59則, 天地(一) 113張半, (二) 4張半 67則

으로 총계 107장 468칙에 지나지 않으며, 천지편만이 1·2책 합하여 221칙이 된다. 국립 중앙도서관 간행의 『선본해제』 Ⅱ(p. 408)에서는 이 책은 필체가 일정하지 않아서 한꺼번에 초사한 것이 아니고 정해·반초체로 씌어져 있으나 '필사한 것이 선필로 자필 고본이 아닐까?' 추측하고도 있다.

본 본역본은 貞山 李秉休의 후손인 李暾衡씨 소장의 필사본(30권 30책, 이후 이씨본이라 함)을 대본으로 삼았다. 6·25동란 이후에 이 필사본이 세상에 알려졌고, 1967년에는 경희출판사에 의해서 『星湖僿說』 상·하 2책으로 영인 간행된 바 있다.

『사설』의 초본에 관해서는 성호 자신으로서도 "잘못 옮기고 또 빠진 것이 이루 말할 수 없다"는 것이었다. 실제로 이 번역본 대본의 天地門과 국립중앙도서관 소장 『사설』(2책)의 천지문과를 비교해 보아도 짐작이 간다. 즉 대본의 천지문에는 2백 23則이 실려 있고, 중앙도서관본의 천지문에는 두 책에 걸쳐서 2백 21則이 실려 있으나, 전자에 있는 것 중에서 약 20항목이 후자에는 실려 있지 않은 반면에, 후자에 있는 항목 중의 약 15개 항목이 전자에 실려 있지 않은 것을 볼 수 있는 것이다. 이 같은 사실은 『사설』을 繕寫할 때에 "잘못 옮기고 또 빠진 것이 이루 말할 수 없다"는 성호의 말을 뒷받침하는 것이기도 하며, 사본마다 항목이 반드시 일치되지 않는다는 증거가 되는 것이다.

중앙도서관본 천지문에 있는 항목으로 이씨본 천지문에 빠진 항목은 다음과 같다.

月蝕	時刻
人身象地	日行上道
北河	算
均田	伯夷始末
河洛生克	德不孤
七月七日	山湧海中
中國分野	十二重天
勿吉无女	

이씨본 천지문에 들어 있는 항목으로 중앙도서관본 천지문에 들어 있지 않은 항목은 다음과 같다.

歲差	四餘星
人面電	合葬
風颶島	西關
濟州	限民名田
高麗州郡	天問天對
一日七潮	塋壙中變異
時憲曆	歲差
女國	泛海陸行
風氣流轉	河源北流
天變	
星聚生賢	

또한 이 번역본의 대본 僿說에도 중복된 항목이 없지 않아서, 예컨대 천지문에서 歲差·曆元·星土坼開圖 등의 항목은 두 번씩 실려 있되 세차의 경우는 전 6행 중의 4행까지는 同文이고, 그 중 한 항목에서만 2행의 註記가 添記되어 있을 뿐이며, 성토탁개도의 경우는 거의 동문으로 약간의 어구가 다른 정도로 중복되어 있다.

또한 人事門(卷14) 胥徒名號條에는 9자가 탈락되어 있는데, 국립도서관 소장본에는 이 부분이 "除最上君之一位其下"로 채워져 있고, 또 안정복의 僿說類選에서도 그것이 채워져 있어 이씨본 사설을 繕寫할 때에 그러한 것이 참조될 수가 없었던가 또는 참조하지 않았던 것을 짐작할 수 있다.

따라서 『사설』은 원래부터 충분히 검토되어 繕寫 定本된 것이 아님은 물론이다. 그리고 그 편차도 제대로 검토 분류된 것이 아니고, 크게 天地門·萬物門·人事門·經史門·詩文門의 5개 문으로 대강 분류하였던 것이다.

그 5개문 항목 총계 3천 7則을 문별·권별로 보면 다음의 표와 같다.

門　名	卷　數	則　數	합　계	門　名	卷　數	則　數	합　계
天地門	1	72	223		16	88	
	2	101			17	81	
	3	50		經史門	18	125	
萬物門	4	130	368		19	71	
	5	126			20	104	
	6	112			21	90	
人事門	7	96	990		22	119	1,048
	8	63			23	107	
	9	113			24	94	
	10	99			25	106	
	11	91			26	135	
	12	106			27	97	
	13	86		詩文門	28	116	378
	14	65			29	137	
	15	102			30	125	
총계 3,007							

四.『僿說』의 내용

우리는 여기서『성호사설』의 분류 門別로 그 내용을 대충 검토하여 성호의 학문·사상의 대체를 추려보는 것이 좋겠다. 안정복의 개편에 의한『성호사설유선』에서 볼 수 있듯이 항목이『사설』에서는 部門이 세분되어 있지 않을 뿐만 아니라, 여러 가지 내용이 한 부분에 混入되어 있는 것도 적지 않다. 그러나 여기서는『사설』자체에 대한 해제이므로 그대로 門別 검토할 수밖에 없다.

1. 天地門

천지문 2백 23항목 중에는 역시 天文과 地理에 관한 것으로 거의 채워져 있는 중에도 지리에 관한 것이 훨씬 더 많이 수록되어 있다.

성호는 원래 천문학을 읽지는 않았다고 하지만, 역시 天文志·律曆志·七政書 등과 중국의 古典 등에 비추어 日月·星辰과 風雨·露霜·雷震·潮汐 등에 관하여 논급되어 있다. 그리고 曆法과 태양의 궤도, 세차·冬至·夏至·春分·秋分·日蝕·日晷 등에 대하여 논술되고, 특히 성호는, 星變은 兵亂·地變·疾疫과 관련이 있는 것으로 여겼다. 그리하여 그는 天災地變에도 時運이 따르는 것으로 여겼다.

성호가 가장 많은 관심을 두었던 것은 역시 역사·지리의 고증이다. 특히 그는 단군조선·기자조선의 그 조선의 강역이 遼瀋 지방에 있었다 추정하고, 기자의 東來說을 믿었던 반면에,

　　"東方 風化는 기자 이전에 이미 인물이 있었다."

하여 단군시대를 역사 시대로 내세운 것이었다. 그는 또한 白頭山을 동방 산맥의 祖로 여기고 白頭—太白—頭流로 이어지는 한국의 地脈·水勢와 이에 따른 人文에까지 논급하고 있다.

그 위에 우리나라 몇 疆域의 문제와 관련되는 지리 고증에 깊은 관심을 보여서, 三韓·漢四郡·濊貊·沃沮·尹瓘碑·邑婁·浿薩水·沸流水·鬱陵島·安市城·渤海黃龍府·椵島·東三城·廢四郡·女眞·對馬島 등의 소재와 문제점 등이 거론되고 있다. 국가 강역에 대한 강한 의식을 나타내는 것이라 할 것이었다. 그 밖에 성호는 중국의 江河에 대해서도 약간의 기술이 있다.

성호는 한편 術家의 설을 소개하면서도 "術家의 설은 도시 믿을 수 없는 것"이라 했고, 秘記 또한 가소로운 것이라고 생각했다.

또한 이 天地門에서는 星湖가 당시 중국을 통해 들어온 漢譯 西洋書籍이나 문물을 통하여 서양의 天文·曆法·萬國全圖·視遠鏡 등 서양의 과학 지식에 대한 단편적이기는 하나 해박한 견문을 가졌던 것을 알 수 있다. 그는 이에 따라 그의 종래의 관점과 입장을 바꾸게 되었음을 우리는 충분히 엿볼 수가 있다.

성호는 지구가 둥글다는 것, 지구의 상하에 사람이 산다는 것을 서양인이 처음 알았다 하고, 그것은 廣野에서 멀리 바라보거나 바다에 임해서 수평선을 바라봄으로써 스스로도 체험할 수 있다고 했다. 그는 특히 Adam Schall(湯若望)에 의한 서양 역법에는 극히 감탄하여 日月蝕에 조금도 오차가 없는 것으로 보아, 이것이야말로 역법의 극치로서 중국의 것도 거의 이에는 미치지 못하며, 동양 고대의 聖人이 다시 태어난대도 반드시 여기에 따를 것이라고 했다. 또 서양의 六片方星圖나 渾天全圖도 그 규모가 절묘하여 역시 중국인이 미치지 못한다 했고, Emanuelo Diaz(陽瑪諾)의 天文略, Adam Schall의 主制群徵(해부학), Julio Aleni(艾儒略)의 職方外記, Verbiest(南懷仁)의 坤輿圖說 등에도 논급했다. 서양에는 視遠鏡이 있다 하니 日月星辰의 크기까지 능히 관찰할 수가 있는 것일까 하고 호기심을 표시하기도 했다. 그 위에 Matteo Ricci(利瑪竇)의 萬國全圖를 보게 되어서는, 동양에 대한 서양이라는 세계가 있다는 사실을 알게 되고, 따라서 지리적으로 종래 중국 중심의 세계관에서 벗어나 세계관이 확대되게 된 것이다. 이와 같

이 고대 聖人萬能 사상과 중국 중심의 세계관에서 벗어나게 되었다는
사실에는 자기 나라에 대한 새로운 의식을 갖게 되는 하나의 계기가
될 만했다. 서양에는 龍尾車라는 색다른 水車가 水利에 이용되고 있다
는 사실도 알고 있었다. 또한 지도 제작에 井間作法이 이용되면 축
소·확대가 가능하다는 사실도 알고 있었다.

이 천지문에는 그 밖에 귀신에 관하여, 그리고 사회·풍속에 관한
몇 가지 항목이 들어 있다. 더구나 田制 등에 관련된 약간의 항목이
여기에 포함된 것은 역시 제대로 분류되지 못한 탓일 것이다.

2. 萬物門

만물문의 총 3백 68항목에는 대체로 天地·人事·經史·詩文 부문
에 들지 않는 것으로서, 생활과 직접 간접 관련이 있는 여러 가지 사
물에 대하여 성호가 평소에 상고 변증한 것들이 분류되지 않은 채 수
록되어 있다. 이제 편의상 그 내역을 대체로 분류 제시해 보면 대개
다음과 같은 것이다. 가장 많은 항목을 차지한 것은 服飾과 각종 飮食,
農桑과 牛馬豚鷄 등의 가축이며, 虫類와 猫鼠類, 花鳥와 草木, 錢貨와
度量, 樂律과 書畵筆墨, 龍鳳과 鬼神, 兵器와 西洋器機, 그 밖의 여러
가지 항목이 수록되어 있다.

이들 중에서 일례를 들어 대충 살펴보면, 복식에 관한 것으로 錦·
布·絹·麻 등 織物, 각종 의복, 頭髮의 장식과 삿갓[笠], 신발과 단장
[杖], 枕扇, 瓔玉과 指環 등 몸치장과 관련이 있는 물건들이 들어 있다.
특히 이 만물문에서도 우리의 관심을 끄는 것은 서양 문물에 대한 성
호의 견문이겠다. 그는 일찍이 鄭斗源이 燕京에 들어가서 西洋人 陸若
漢을 만나 治曆緣起 1권, 天問略 1권, 遠鏡說 1권, 職方外記 1권, 西洋
貢獻神威大鏡疏 1권과 千里鏡·自鳴鐘·鳥銃·藥筒 등을 받아온 사실
을 들고, 성호 자신 『天文略』·『職方外記』 등 몇 가지 서적은 볼 수
가 있었다고 했다. 이로써 성호는 서양의 器機에 관한 여러 가지 견문

을 갖고 있었다. 熊三拔의 簡平儀說, 阿蘭陀國(Holland)의 紅夷砲, 서
양인의 水車·眼鏡 등에 언급하고 있다. 성호는 意大利國에서는 銅砲
로써 대군을 포격할 수 있고 巨鏡을 주조, 日光을 이용하여 敵船을 火
攻할 수 있다고도 했다. 그는 또 入燕使臣들이 燕京에서 西洋畵의 遠
近法에 따른 立體的인 묘사를 보고 그 畵技의 묘를 볼 수 있었다 하
고, Matteo Ricci의 幾何原本에서 그 원근법의 이치를 엿볼 수 있다고
도 했다.

이와 같이 성호의 사물에 대한 관심은 넓고 정밀한 것이었다. 그는
중국이나 조선의 여러 가지 物種에 대해서는 그의 해박한 문헌적 고증
을 시도하였고, 花卉에 따라서는 흔히 古詩를 인용하여 보였다. 그는
벌레[虫]와 같은 생물에 대해서는 세밀히 생태를 관찰하여 그 증험을
얻는, 이를테면 실험적 태도에 접근한 듯한 느낌마저 주는 것이다. 또
사물에 따른 이해 득실과 致用에 유의하여, 그는 곤충의 경우 해충과
익충을 살피고, 또 치용에 있어서는 崇儉禁奢의 정신을 강조하여 중국
으로부터의 사치품의 유입과 이에 따른 은화의 유출을 막아야 할 것을
여기서도 강조하고 있다. 그는 또 사물에 접하면서 인간관계를 관조하
기도 하였는데, 닭이 먹이를 놓고 싸우는 것을 보고 爵祿을 놓고 싸우
는 黨爭의 이치를 알 수 있었다고 한 것은 그 한가지 예이다.

성호의 관심은 윷놀이[柶圖]·장기·줄타기 등 잡기에서부터 동굴·
화석에까지 미쳤으며, 도깨비[獨脚]·새터니[兒鬼] 등 귀신에 관한 것
이 만물문 여러 항목에 수록되어 있기도 하다.

3. 人事門

성호가 가장 깊은 관심을 가졌던 것은 經史에 관한 것과 더불어 정
치·제도나 사회·경제와 관련된 부문이었다고 할 수 있다. 그것은 단
적으로 經世의 實學이었다고도 할 수 있는 것이다.

人事門의 총 9백 90항목에서는 대체로 정치와 제도, 사회와 경제,

학문과 사상, 그리고 혼인 관계와 祭禮에 관련된 것들이 포함되어 있고, 그 밖에 인물이나 사건 등에 따르는 故事가 거론되어 있다. 여기에서는 『사설』에 나타난 성호의 經世論의 대강만을 제시하는 데 그칠 수밖에 없다.

성호의 눈에 비친 18세기의 한국의 정치·경제·사회 구조는 전면적으로 재편성되어야 할 것이었다. 그리하여 성호는 정치·제도 면에서 근세조선 초기의 양반 관료 정치가 2백여 년을 거치는 동안에 양반들의 세력 균형을 유지하지 않으면 못하게 되어 閥閱정치로 변질되면서 유교정치 원래의 기능을 상실하게 되었다고 보았다. 따라서 그는 풍토와 관료 제도를 전면적으로 고쳐야 하다고 믿었다.

위로는 먼저 국왕에 대한 進講(經筵)을 형식적인 것이 되지 않게 하고, 왕세자에 대한 교육을 엄격히 하며, 3백여 명의 宦官, 6백여 명의 宮女에 대한 막대한 祿으로 재정을 낭비하지 말고, 왕정의 근본 기틀을 바로잡아야 할 것이라고 했다. 그리하여 벌열을 숭상하는 폐풍을 없이하여, 庶孼防限의 제도를 철폐하고, 科擧에는 조상과 내력을 따지는 署經제도를 없이 하고, 詞章 중심의 시험내용을 고치고, 시험과정에서의 각종 부정을 엄격히 단속하여 과거와 薦擧 제도를 병용하여 관리 후보생의 양산을 막고 불필요한 관리를 도태하여 관리의 수도 대폭 줄여야 한다고 믿었다. 그리하여 중앙과 지방의 모든 관리에 대해서는 지위의 고하를 불문하고 순전히 개인의 재능과 성적을 기준으로 그들의 승진이나 增俸은 물론 黜退와 감봉의 제도도 새로 엄격히 이행되어야 한다고 했다. 그러기 위해서는 總章局 같은 官署를 새로 설치하여 관리에 대한 감찰·징계의 실효를 거두어야 할 것이라고 했다.

제도적으로 議政의 권한을 복구하여 議政府의 원래의 기능을 되살리고, 專任 諫官의 제도[司諫院]를 철폐하여 言路를 확대하고, 모든 관리는 權攝(試補)직을 거쳐서 성적을 보고 正職에 옮겨 주어야 할 것이라고 생각했다.

그리고 文武官의 차별을 없이하여 무관에게도 재질에 따라 문관직에 취임될 수 있게 하며, 監司는 兵使 위에서 군통솔권을 장악해야 할 것이라고 했다. 그리하여 兵士雇傭의 制를 폐지하고 兵農合一과 郡마다 武學을 설치하고 鄕兵 조직을 다시 편성해야 할 것이라고 했다. 특히, 漁民 중에서 水軍을 召募하는 것이 좋다는 高麗史의 기록을 상기시키고 있다.

성호는 그러기 위해서는 중앙의 관청은 두셋을 합쳐서 하나로 만들고, 지방에도 3~4郡을 병합하여 하나로 만들어 대폭 간소화하고, 관리의 녹봉을 올려 주어서 그들의 협잡과 贈賂의 폐단을 근절시켜야 한다는 것이다.

성호는 또한 隣敵은 토지와 貨寶를 탐내고 있어 淸·倭에 대비하여야 하며, 일찍이 退溪 선생도 남북의 邊患을 우려한 일이 있다 했고, 文敎에만 편향되어 武備를 게을리해서는 안 되리라고 하였다.

관료 제도에 못지않게 성호는 경제면에서도 전면적인 개편이 있어야 하리라고 생각하였다. 그로서는 국가의 재정은 물론 財富의 원천은 토지일 수밖에 없다 하고, 나라의 토지를 소수의 權門勢家가 독차지하여, 국민의 빈부의 차가 더욱 격심해 가며, 화폐의 유통과 사치의 풍조는 기근과 질역에 더하여 농촌경제를 더욱 곤궁으로 몰아넣는 것이라고 생각했다.

그러므로 성호는 국가 권력으로 강력한 법을 세워서 토지 점유의 균형을 유지하고 小田主의 농락을 방지해야 할 것이라고 했다. 그것은 즉 限田制의 주장으로 일정한 면적(1結)을 기준으로 하여, 그 이상의 토지 소유에 대해서는 매매를 자유롭게 하고, 기준 이하의 토지 소유자에 대해서는 매매를 금지하자는 생각이다. 이로써 대지주는 자손에 의한 분점과 양반들의 소비적인 생활로 그들의 점유 토지가 점차 줄어들 것인 반면에 田地를 차지하지 못한 빈궁한 사람은 收取制度의 개편에 따라 절검과 지혜로써 점차로 전지를 사서 차지할 수 있게 되어, 이렇게 되면 국민이 토지를 균등히 차지하여 부익부·빈익빈의 현상은 없어질 것이라는 것이다. 그러기 위해서는 토지 측량, 호구 조사를 철저히 하고, 과다한 雜賦를 없애고, 10분의 1세의 원칙을 준수하여 농민 생활의 확보를 꾀하는 선정이 베풀어져야 한다고 했다.

그는 화폐의 유통은 관리의 貪虐이나 高利貸 같은 謀利에만 더욱 편리한 것이 되고, 상업의 발달은 농업을 경시하고 사치생활을 자극할 뿐만 아니라 실제로 농촌을 퇴폐케 하는 결과가 되므로 務本抑末 崇儉禁奢의 풍토를 조장해야 한다고 믿었다. 더욱이 淸과의 교역으로 청의 사치품이 흘러 들어오는 대신에 우리나라의 귀한 은화가 국외로 유출되는 결과가 되고 사치의 풍조만을 더욱 자극하게 되는 것이라 했다. 그가 서울에 가깝기는 하나 안산 첨성리에 칩거하고 있었기에, 大同法 실시에 따른 貢人 내지 都賈의 跳梁에 관해서, 또는 官工匠 체제가 무너지고, 物主制的인 手工業의 발전과 변화에 대해서는 별로 거론한 것을 찾아볼 수 없는 것이다. 상업의 발달과 이에 따른 화폐의 악순환, 농촌의 피폐를 눈앞에 보느니보다는 차라리 화폐 사용을 점차적으로 억제하여 自給自足的인 농촌경제의 부활을 꾀하는 것이 국민 대다수인 농민의 流亡을 막는 길이라고 생각했던 것이다.

특히 糶糴은 官府에서나 개인에 있어서나 고리대화되어 이로 말미암아 貧士나 농민은 公私債로 몰려서 流亡하게 된다는 것이며, 이에 대한 시정은 고래의 常平制를 勵行할 필요가 있다고 생각했다.

그리고 성호는 우리나라의 奴婢法은 천하의 악법이라고 하고, 더구나 奴婢從母法과 같은 것은 철폐되어야 한다고 했다. 성호는 한 사람이 차지할 수 있는 노비의 수를 1백 명으로 제한하고 그 수를 넘는 노비는 해방하여 주기로 하고, 다섯 살 이하의 어린 것은 奴婢籍에 올리지 못하게 하며, 그 위에 노비 매매의 금지, 노비의 限年使役 그리고 奴婢身分 세습제의 폐지를 내세워 점차적으로 노비가 없어지게 되는 것을 기대하였다.

성호는 비단 노비에 대해서뿐만 아니라 이른바 선비 내지는 양반들의 生理도 달라져야 한다고 생각했다. 그는 선비가 평생 생업에 종사하지 않고 오로지 讀書談道하지만 世務에 무익하고 家務에도 보탬이 못되어 이른바 腐儒라고 지탄받는 존재가 되어서는 안 된다고 했다. 그러므로 그는 선비도 마땅히 농업에 종사하여야 하고 의리를 잃지 않는 한 생업에 종사하는 것도 역시 무방하다고 했다. 그는 종국적으로 良賤은 물론 士農에도 신분적인 구별을 지을 필요가 없다는 것이다.

人事門에는 또 성호의 佛道 등 이단과 민간 신앙에 대한 그의 생각을 알 수 있게 하는 많은 항목이 들어 있다. 그는 程朱와 같은 이는 역시 聖人임에 다름이 없다 하고, 王陽明에 대해서는 퇴계의 비판을 들어 그와 같은 입장임을 시사하고 있다.

그리고 그는 또 불교가 이단이기는 하지만 儒釋異迹同歸라는 설을 아주 부정하려는 것 같지는 않다. 그는 불교의 天堂地獄說이나 輪廻還生을 믿지 않으면서도 승려들이 스승을 극히 존경하고 供佛에 정성을 다함이며, 서로 공경하고 일에 부지런함, 會食에 법도가 있고 그 예절법도가 聖王의 가르침과 다름이 없다고 여겼다. 뿐만 아니라 仙家의 丹鍊術이나 不老長生 등을 믿지 않으면서도 불교와 선가도 異迹同歸임을 말하고 있다. 성호는 공자의 말을 이끌어 이단을 專治하는 것은 금한다 하더라도 그것을 극도로 엄하게 排去하지는 않았다 하고, 이단을 배척함은 정도를 천명하기 위한 것이지만, 誠意의 공덕이 그들에 미치지 못하는 俗儒들이 도리어 불교를 배척한다고 했다.

성호는 부녀자들이 尼僧으로 되는 것은 금해야 하며, 미륵 강림을 믿고 미신화된 미륵신앙을 반대하여 處處에 있는 그 석상을 없애야 할 것이라고 하고, 무위도식하는 승려의 수는 제한해야 한다고 했다. 성호는 또 陰陽家·堪輿說·巫俗 등이 세상에 널리 유행되고 있는 말폐를 논하고, 무녀가 나라 안에 널리 퍼져 있으나, 법으로 이를 금하지 못한다기보다는 巫稅의 수입 때문에 도리어 官에서 이를 권장하는 것이나 다름없다고 했다.

그리고 人事門에도 鬼神에 관한 논급이 여러 항목으로 들어 있다. 陰陽方術은 人命四柱와 占相 등 醫藥卜筮와 관련이 있기 때문에 민간에 유포될 수밖에 없는 것이라 했다. 서양인 Diego de Pantoha(龐迪

我)의 저술인 七克에는 天主鬼神의 설이 섞여 있는 것은 해괴하지만 실제로는 유교의 克己說과 비등한 것이고, 유교에서보다도 새로운 견해도 있어서 도움이 되는 것이라고 했다. 또한 Adam Schall(湯若望)은 중국에 외서 중국 本草 8천여 종을 연구했다고 하여 크게 유익할 것이나 아직 번역이 안 되어 전할 수 없는 것이 유감이라고도 했다.

또한 人事門에는 國朝樂章·大晟樂·鄕樂·抛毬樂 등 樂律에 관한 것과 壽延長·五羊仙·蓬花臺·獻仙桃·動動曲 등 구체적인 악곡에 대한 논의도 들어 있다.

그리고 婚姻·喪祭에 관한 기술과 가족관계와 習俗에 관한 기술을 통하여 우리는 성호의 예설의 일단과 그의 가족윤리관이나 女子觀도 엿볼 수가 있다. 성호는 이른바 朱子家禮를 그대로 墨守할 필요가 없이, 우리나라 현실에 맞게 庶人家禮를 따로 마련하여 실시해야 한다고 하여 실제로 자신의 예설을 마련하기도 한 것이다.

성호는 앞서 본 바와 같이 財富의 원천을 토지에 두고, 절검과 근로를 절대적인 기본윤리로 강조하고 있으며, 인간의 평가는 신분적 또는 족벌적인 제약에서 벗어나 개인의 재능과 실적을 준거로 삼아야 한다는 생각을 가졌다. 그것은 단적으로 그의 良賤合一·士農合一의 주장으로 나타나기도 했다. 그는 그러므로 그의 六蠹論에서 농업에 힘쓰지 않으면 재정의 부족을 초래하고 그것은 모든 奸濫의 근본 원인이 되는 것이라 하여, 여기에 해독이 되는 여섯 가지를 다음과 같이 들고 있다. 즉, ① 奴婢 ② 科業 ③ 閥閱 ④ 技巧 ⑤ 僧尼 ⑥ 遊惰가 그것이다. 그가 務本抑末·廢錢論을 주장했다고 해서 그의 상업관을 편향되게 평가할 수는 없을 것으로 보인다. 그는 상업 행위는 위의 여섯 가지 해독에는 관여되지 않는다고 말하고, 상인은 四民(士農工商)의 하나로서 물화유통을 위해 유익한 존재라고 보고 있어, 과도한 모리 행위와 화폐 악순환의 폐해를 목도한 데서 온 그의 주장이라고 보아야 할 것 같다.

실제로 성호는 生財 항목에서 조선 팔도의 사회 경제 등에 관하여

논한 것으로, 그것은 팔도의 인심 풍속 등에 관한 인문지리의 先鞭이
라고 할 수 있는 것이다.

이 『사설』의 인사문은 성호의 문집과 藿憂錄 등과 아울러 그의 經
世論을 考究하는 데 기본 자료가 된다.

4. 經史門

성호의 학문은 말할 것도 없이 經史에 관한 해박한 지식에 심오한
기반을 갖고 있다. 그가 經義와 時務를 주요시했던 것은 즉 성현의 書
를 읽어 의리를 추구하되 이로써 장차 致用의 실효를 거두자는 데 그
목적이 있다는 것이었다. 그러한 의미에서는 성호의 學의 본질도 이를
테면 窮經實學에 있었다고 할 수 있는 것이다. 따라서 經世致用을 위
한 기본적 준비는 다름 아닌 窮經일 수밖에 없었다. 그의 학풍에 洙泗
學的인 일면을 지닌 것으로 여겨지는 것도 이 때문이겠다. 실제로 이
經史門에도 記誦·詞章이나 四六騈儷文을 주로 하는 과거의 폐단에 대
한 논급이 여러 항목에 걸쳐서 수록되어 있다.

그는 70여 세가 되어 노쇠하기까지에는 고금의 서적을 敬玩·閱讀
할 뿐만 아니라, 論語에도 역시 錯簡이 많다고 했듯이 經籍이나 詩文
에는 脫誤된 것이 많아서 이를 일일이 교감하기에 노력한 것은 앞서
말한 바와 같다. 성호는 공맹 등 성인의 언행은 그 배경이 되는 당시
의 事緣까지도 상상해야만 이해가 되는 것으로 보고, 窮經이라는 것
은 반드시 그 근본 취지를 추구하여 끝까지 旁證하여 修己安人의 기
본으로 삼아야 하며, 一句가 분명치 않으면 一事가 闕失하게 된다고
했다. 그로서도 독서하는 법은 늦어서야 解得했다 하고, 그가 經書에
대한 箋註는 그 路脈을 인도하여 지시해주는 데 의미가 있는 것이라
했다.

성호는 詩·書·樂·易·禮·春秋 등 六經의 主旨를 다음과 같이
설명하고 있다. 詩는 刑禁으로서가 아니라 諷曉自得케 하여 溫柔敦厚

를 위주로 하고, 書는 治亂의 明驗에 통달케 하여 미래의 득실을 미리 깨닫게 하여 疏通知遠을 위주로 하고, 樂은 모든 사람으로 하여금 같이 和順에로 돌아가게 하여 廣博易良을 위주로 하고, 易은 象數를 강구하여 陰陽盛衰의 理와 進退存亡의 義를 얻어서 絜靜精微를 위주로 하고, 禮는 謙遜節約케 하여 선행의 긍지를 갖게 하여 恭儉莊敬을 위주로 하고, 끝으로 春秋는 經籍을 존중하여 그 一言一行을 比勘하여 屬事比事를 위주로 하는 것이라 하였다.

성호가 이 같은 취지에서 六經·四書를 위주로 하여 그 밖의 古典과 중국과 우리나라의 역대 史書나 史實·인물·제도·풍속 등에 관하여 주석·논평한 것이 이 經史門에 수록되어 있는 것이다. 그리고 이 경사문의 내용은 四書·三經의 疾書를 비롯하여 小學·家禮·近思錄·心經 등 여러 성호의 疾書와 더불어 성호의 경학사상을 이해하는 데 기본자료를 제공해 주는 것이다.

성호는 朱子·退溪의 학을 따르고 존숭하지만은, 이를 그저 묵수하는 것은 아니어서 家禮의 경우와 같이 時世俗尙이 같지 않은 우리나라에서는 또 이에 적절한 예설이 시행되어야 한다고 생각한다든가, 강목의 書目에 대하여 비판한다든가, 또는 주자의 詩에 대해서 논평하는 것과 같이 자기 자신의 주견을 내세우고 있는 것이다.

성호는 또 孟子의 性善說에 따르고 荀子의 性惡說에 대해서는 賢者之失이라 하였다. 그는 또 陽明學에 대해서는 그것이 편벽된 바가 없지 않으나, 양명의 주장에는 어떤 점은 실시할 만한 것도 있다 하고, 역시 성호로서는 先知後行의 논리를 가진 것 같이 보인다.

經史門에도 佛敎와 老莊의 道家에 관한 논급과 널리 유포되는 민간신앙에 관한 논급이 여러 항목에 걸쳐 수록되어 있다. 성호는 卜占 등에 종사하는 陰陽方術은 이를 폐지해도 해로울 것이 없을 것이라 하고, 圖讖에 의한 讖符는 믿을 것이 못되는 것으로 배척하고 있으며, 또한 鬼神 信仰과 呪術도 이를 불신 배척하고 있다.

經史門 중의 역사에 관한 부분에서는 성호 자신의 史論을 엿볼 수

있게 하는 점에서 극히 중요하다. 그 밖에 중국이나 조선의 역사적 史實과 제도·인물·풍속 등에 관한 방대한 辨證은 그 나름대로 후학에게 많은 敎示를 주는 것이다.

성호는 먼저 역사 서술이란 어려운 일이 아닐 수 없다 하고, 그것은 역사적 사실에 대한 眞假의 판별과 인식이 용이하지 않으며, 더구나 우리나라에서와 같이 사료가 많이 인멸된 형편에서는 더욱 그렇다는 것이다. 그러므로 作史者는 억측이나 요량으로 역사 서술을 해서는 안 되며 진실을 기피하거나 화를 두려워해서는 안 된다는 것이다. 또한 역사가는 자료 취급에 있어서 문헌 비판을 철저히 해야 한다고도 했다. 따라서 역사가는 고증을 확실히 해야 한다고 했다.

성호는 역사 서술의 본래의 의의는 勸善懲惡的인 것으로 여기기는 했으나, 여기에 개인의 의사나 감정으로 사실을 왜곡해서는 안 되는 것이라 했다.

이 같은 성호의 史論은 史家에게 實證的·批判的, 그리고 考證的일 것을 요구하고 객관성을 지닌 것이어야 할 것을 말하고 있는 셈이다.

성호의 역사 인식의 태도는 기본적으로 단순한 권선징악적인 과거의 인식 태도와 달랐다. 그는 역사적 사실이 일어나는 근본적 계기는 흔히 幸會에 있으며, 따라서 그것은 개인의 善惡賢愚에서보다도 역사적 현실의 추세 속에서 발견해야 한다고 생각했다. 그것은 단적으로 말하면 勢가 가장 중요한 것이며, 幸·不幸이 그 다음가는 것이요, 是非는 그 다음의 문제가 되어야 한다고 했다. 그것은 또 역사 인식에 있어서 是非를 먼저 따지려는 태도를 부정하고 사회적·객관적 추세 즉 시세를 먼저 파악해야 한다고 했다. 그의 사론은 時勢論에 입각해 있다고 하겠다. 실제로 그는 당쟁에 대한 이해도 이러한 점에서 이해 설명하고 있음을 볼 수 있다.

經史門에서도 檀君·箕子의 고조선에 관한 논급이 있어, 상고할 문헌이 없으나 遼瀋 근방이라고 遼東西說을 내세우고 있으며, 특히 馬韓正統論을 주장하여 그의 華夷觀과 事大論을 엿볼 수 있게 한다. 그는 또 渤海에 관심이 있어 許眉叟가 간략한 渤海列傳을 지은 사실을 소개했다. 이 같은 사상적 전환은 淸의 중원 제패와 西學의 유입에 따른 세계관의 확대와도 관련이 있을 것으로 생각된다. 실제로 성호는 좋은 국사책이 없으므로 새로 저술되어야 하며, 또한 과거시험에도 國史가 부과되어야 한다는 의견을 가졌었다. 이 같은 그의 생각은 실현시키지 못하였으나, 새로운 국사책은 성호의 제자 安鼎福에 의해서, 후술될 것과 같이 東史綱目으로 저술되게 되었다.

성호는 또 역사 서술에 있어서 실증주의적인 태도를 견지해야 함을 주장하는 입장에서, 始祖卵生說과 같은 설화적인 것 내지 전설적인 것, 神의 異迹 같은 것은 作史者로서는 모두 믿기 어려운 것이라 했다. 그 것은 신화학이 발달되지 않았던 당시에 있어서는 오히려 역사 인식에 있어서 고대적 내지는 중세적인 것에서 벗어난 일단의 진전이라고 해석할 수 있는 것이다.

5. 詩文門

시문문은 대체로 시와 문장에 대한 논의로서, 총 3백 78則 중에서 중국 시문에 관한 것이 3분의 2 이상을 차지하고, 한국 시문에 관한 것이 3분의 1이 모자라게 수록되어 있다. 그것은 역시 한문학의 본고장이 중국이기 때문에 무리가 아닐 것이다.

중국의 시문에 관한 것 중에서도 그 2분의 1 이상이 시문의 校勘과 詩語나 詩句의 고증 내지 변증으로 채워져 있어서 성호가 經籍을 읽을 때와 마찬가지로 한 자구도 소홀히 넘기지 않고 의심나는 곳은 일일이 고증·교감하는 평소의 독실한 그의 학문태도를 잘 나타내준다. 그 가『詩經』이나『書經』속에만도 빠진 것이 매우 많은 것을 수치스럽고 한심스럽게 느껴서 경서를 읽으면서 일일이 교감해 보기도 할 정도였으므로 성호의 학문의 해박함은 더 설명할 필요가 없겠다.

중국의 시문에 관한 논의는 漢代의 董仲舒·司馬遷의 賦와 蘇武·

李陵의 詩로부터 陶淵明·李太白·杜甫·王維·韓退之·柳子厚·白樂天·蘇東坡·歐陽修, 그리고 明代의 王世貞 등에까지 미치고 있다. 그 중에서도 역시 李太白·杜甫의 시에 관한 것이 태반을 차지하고 있다.

성호는 시라는 것은 뜻이 發露된 것이며, 그 源流는 역시 대체로 四言으로 되어 있는 詩經에 있는 것으로 보았다. 그러나 4자의 어구가 너무 짧은 데 구애되므로 여기에 글자를 더 보태어 五言을 만들게 되었다. 오언의 근원인 詞賦는 위에다 한 글자를 더 보탠 것이요, 중간에다 한 글자를 보탠 것이 오언시다. 후인들이 그 위에 더 보태서 七言을 만들게 되어, 聲律이니 配儷니 하는 것이 나오게 되어서는 도리어 옛것과 배치되게 격이 낮아지고 시도가 깎여지고 말았다는 것이 성호의 생각이었다.

여기서는 성호가 가장 많이 논한 李太白·杜子美에 대한 詩論의 일단을 살펴보기로 한다. 李太白은 문장 다듬는 고심을 달갑게 여기지 않았기 때문에 雙對에 능하지 못하여 그의 시 중에는 好鳥·飛花와 같이 비열하여 족히 보잘것없는 것도 더러 있기는 하나, 杜子美는 雙對에 전심한 위에 尾聯에다 치력하기도 했으므로 絶句에 우수해야 했을 것 같은데, 그가 절구를 짓지 아니했음은 역시 재주가 한정되어 있었기 때문일 것이라고도 했다.

성호는 절구가 당나라 시대에 이미 있었으며, 古詩의 長篇이 반드시는 다 아름답지 못하기 때문에 그 욀 만한 것의 네 글귀를 끊어서 표하여 내 놓은 것을 절구라고 이르게 된 것일 것이라고 생각했다.

성호는 시의 능사는 흔히 오언에 있다 하고, 李太白의 五言絶句는 더욱 아름답다고 했다. 성호는 屈原의 離騷經을 찬탄하여 마지않았지만, 오직 李太白이 그 뜻을 터득했다고 했다. 즉 굴원이 蘭·蕙·菌·蓀·揭車·杜衡 같은 物을 마치 꽃의 무르익은 향기와도 같이 스며드는 것을 느끼게 하는 것처럼, 이태백은 淸明하고 華侈·馨香·奇高한 것을 시의 재료를 삼아서 心情과 世情을 잘 표현했고 또 모든 작품에는 반드시 金玉·花鳥·錦繡·雲霞 같은 물건으로 수식하여 色態를 돋보이게 했다. 이러한 점에서는 杜甫에 있어서도 물론 볼 수 있는 점이다.

한편 杜甫의 처우와 경지가 이태백과는 달라서, 성호는 그의 시작에 자신을 잘 나타내어 千古 志士의 억울함을 표현한 것도 있어 그의 시에 말[馬]을 쓰기 좋아한 것도 그러한 뜻을 엿보게 하는 것이기는 하지만, 두보는 그러한 자기 처지에 대하여 自慰할 줄도 잘 알았다고 했다.

성호는 杜甫의 시에는 字字句句 기력과 정신이 넘쳐 흐르지만, 역시 雙對나 詩語配置의 기술이 모자란다고 보았다.

성호는, 주자가 "이백의 시는 법도에서 이탈하지 않았으니 참으로 詩聖이다"라고 하였음을 말하고, 지금 세상에서는 두보만을 시성으로 삼는 것은 상고하지 못한 탓이라고 생각했던 것이다. 그리고 성호는 두보의 시에 대한 퇴계의 논평을 들기도 하고 또 주자 자신의 杜詩에 대해서는 "나라가 無道하다고 할 수 있지만, 역시 말을 공연히 하는 기상은 모자란다"고 비판하고도 있어서, 성호 자신의 詩情의 일면을 말해 주기도 한다.

성호는 韓退之에 대해서는,

> "일생을 두고 이태백과 두보를 사모하여 본받았다. 그러나 이태백에게 비하면 風神이 부족하고, 두보에 비하면 氣骨이 부족하다."

고 했다. 성호는 특히 그의 南山詩에 대해서는,

> "거문고·피리의 곡절과 박자와도 같아서 …… 詩家의 妙가 이에 이르러 극치에 이르렀다고 할 만하다."

고 했다. 또한 그의 시에는,

> "공교하고 다듬어져서 조금도 유감이 없고, 筆力이 雄渾해서 결함되고 수식된 흔적이 보이지 않는다."

고도 하여, 그의 천부의 재능을 높이 평가하고 있는 것이다.

성호는 "도시 시를 이해하려는 자는 그가 작자의 입장에서 그 시를 추구해야만 그 뜻을 알 수 있는 것"이라고 말했다. 그리고 시인은 그의 시에 담은 뜻을 실천하지 못하는 것, 즉 시인에 있어서의 언행의 불일치도 볼 수 있었다. 시에 대한 평론이 어려운 것은 詩語의 난해라는 점에서 생각해야 하지만, 억지로 다른 뜻으로 잘못 해석하는 수도 있고, 심지어는 詩源을 몰라서 마치 崔澱(栗谷의 문인) 鏡浦臺詩에서 보다시피 순전한 모방시가 絶唱으로 오인되는 수도 있다고 했다. 성호가 앞서 언급한 바와 같이 시어의 고증과 시구의 교감 등에 평소 관심을 가졌던 것은 이 때문이었다.

성호는, 근세 조선에 있어서는 科擧 위주였기 때문에 儒術·經學도 논하지 않고 詩律의 末藝도 또한 만만히 여겨 그 사람이 없는 것이 가석하다고 했다.

신라 때만 해도 鷄林의 상인이 중국에 가서 元稹·白居易의 시집을 사려고 했다는 사실을 중국 서책에서 보았다 하고, 우리나라에 전적이 구비되지 못해서 비록 본국의 고사라 할지라도 매양 중국 사람들의 이야기로 증거를 삼고 있는 것이 가소롭다고도 했다. 그는 또 李奎報에 와서 그 전례를 볼 수 없던 3백 韻의 律詩가 있게 되고, 詠雪이라는 제목으로 30韻의 七言 律詩가 나왔다고 했다. 성호는 麗代 林惟正의 시는 東文選에 실린 것도 많아서, 그 중에는 七言으로 七韻의 배율이 있어, 이 같은 詩形은 고금에 없는 것을 우리나라 사람이 처음으로 발명한 것이라고 했다.

『사설』에서는 이렇듯 하여 한국의 시문과 관련된 30여 명에 대한 논급이 수록되어 있다. 그러한 중에도 고려 시대의 시문에 대해서는 많지가 않다. 金克己의 皇龍寺詩와 輿地勝覽 소수의 여러 시들은 대개 세속을 분개하고 미워하는 것이 많으며, 林椿의 시문은 海東에서 布衣로서 세상을 주름잡은 자의 유일한 사람이라 하였다. 성호는 또 稼亭과 牧隱 부자에 대해서도 그들이 元에 가서 科擧에 甲科로 합격하리만큼 文才가 뛰어났다는 것을 말하고 있다.

그러나 당대에 시작되어 송대에 극성했던 駢儷文은 명에 와서는 금지되었는데, 우리나라는 고려 때부터 四六을 숭상해왔고, 조선조에 와서도 律·賦에 의한 科試 때문에 그 폐가 더욱 심해졌다고 했다. 성호는 중국에서도 고금의 문을 그림에 비유하여 후세의 것이 마치 단청과 회화와도 같이 근사한 것 같으나 생생한 맛이 없다면 우리나라의 글은, 鄕社의 畵師가 실지의 물건은 보지 못하고 단지 傳模만을 依倣하여 어렴풋이 복숭아나무에다 버드나무가지·살구나무잎·아가위나무꽃을 그려서 결국 무슨 물건인지 알 수 없는 것 같다고 문운의 쇠퇴를 토로하고 있다.

성호는 퇴계의 시에 언급하여 사람에 따라 시의 체재가 서투르다고 여기기도 하지만 그의 律詩 중에는 글귀마다 生動飛躍하고 俊朗爽快하여 날카로운 봉우리에 날아 앉아 한 들을 내려다보는 독수리의 기세에 못지 않은 것이라 하였다.

성호는 마음의 본체를 말한 朱子의 시에 따라, 그리고 퇴계의 시에 따라 각각 續篇의 시를 지은 것은 前賢과 뜻을 달리 하는 것이 아니라 바로 그 남은 뜻을 기술한 것이라 하여, 明鏡止水의 경지를 읊은 것이기도 했다.

성호는 또 南溟의 시에는 놀라운 역량과 기백이 들어 있으나 퇴계의 시에는 비교하여 논할 수 없다 하였고, 또 文에 대해서는 남명 자신이 '내 글은 비단을 짜서 필을 이루지 못한 것이요, 퇴계의 글은 포목을 짜서 필을 이룬 것'이라고 했듯이 글 역시 퇴계에 미치지 못하는 것으로 여겼다.

성호는 또 시를 논하면서 예컨대, 洪裕孫의 孤節, 朴光佑의 氣魄, 隱士 洪宇定의 卓犖不羈를 칭송하고, 柳赫然을 武人 시인의 제일인자라고 했다. 그 밖에도 鄭仁弘·李恒福·許穆 등의 시도 논하고 있다.

또 성호가 선현의 시를 논하면서 같이 수록한 성호의 자작시도 수편 찾아볼 수가 있다.『사설』에는 또 성호가 새로 발굴하여 後世에 전하려고 한 것이 수 편 수록되어 있기도 하다. 성호의 伯氏 李瀷의 峋嶁

碑歌는 그 하나로서, 성호는 8백 42자나 되는 이 시를 우리나라 장편시 중의 가장 우수한 것이라 했다.

이 밖에도 이 시문문에는 성소의 詩體·文體·韻律에 관한 논의도 찾아볼 수 있다. 성호는 또 書體·筆法에도 관심이 깊어서, 王羲之의 筆陣圖 등 法帖에 관한 것과 고려·조선조의 書藝에 관해서도 빠뜨리지 않고 논하고 있다. 부친 夏鎭이 연경에 들어가서 貿來해 온 많은 책 중에는 右軍眞蹟과 淳化帖이 있었다. 성호는 따라서 우리나라 石刻 비문에도 관심을 두었던 것은 東方石刻이라는 항목으로 논한 것으로도 알 수 있다. 그의 관심은 律呂나 회화에도 미치고 있는 것이다.

시문문에는 성호의 한시 형식과 운율에 대한 논고와 시평 그리고 시어·시구에 대한 고증 등이 주로 수록되어 있다. 여기에는 중국 전적에 대한 성호의 해박한 지식이 종횡으로 원용된 것을 볼 수 있고, 또는 그러한 중에는 老莊을 위시하여 佛敎·仙道·陰陽說에까지 미치고 있음을 엿볼 수 있는 것이다. 그리하여 이들 시론·시평은 『성호문집』에 수록된 성호 자신의 시문과 더불어 성호 시문학을 연구하는 데 중요한 자료가 될 것이다.

위에서 대체로 훑어본 바와 같이 『사설』은 성호가 평생 동안 초야에 묻혀서 학문에 골몰하여 俯讀仰思하면서 그때그때 느낀 것을 집성한 일종의 類書라고 할 것이다. 그의 학문의 본지를 단적으로 말한다면 窮經·致用에 있었다고도 할 수 있다. 그는 한편으로 주자·퇴계를 존숭하면서 다른 한편으로 율곡·반계를 높이 평가하여 궁경과 치용의 양면을 갖춘, 이를테면 窮經實學의 대성자라고 하겠다. 그러한 점에서 그는 또한 洙泗學的인 면모를 나타내고 있기도 하다. 『사설』은 그의 이러한 면모를 잘 나타내주는 저술로서 여타의 성호의 저술과 아울러 성호의 학문·사상 연구의 기본적인 자료가 됨을 말할 필요도 없겠다.

이제 『사설』에 담겨진 그의 사상의 한국사상사적인 의의를 대체로 추려보면 다음의 몇 가지로 지적할 수 있겠다. 즉,

첫째, 성호의 사상은 조선 왕조의 사회 변천에 따른 사회 내부적인

모순에서 자각된 의식의 심화와 외래 서학 사상에서 계발된 의식의 확대로 말미암아 주체적인 비판 의식과 자각으로 나타났다는 점.

둘째, 사상의 기조는 중국의 經籍에, 다시 말하면 과거에 두었음에도 비판의 대상은 조선 사회였으며, 사상의 방향은 미래를 지향하고 있었다는 점.

셋째, 유교적인 범위를 아주 벗어난 것은 아니로되, 근세조선 왕조초기의 기본적인 사회구조에 대해서는 反規範的인 의식에서 근대적인 사상에로 한 걸음 가까이 다가서게 되었다는 점.

넷째, 그의 사론은 시대와 사회변천을 보다 더 배려하고 時勢論的인 입장을 명백히 하고 설화적 내지는 종교적 역사 인식 태도에서 실증적 역사 인식태도를 진전시켰다는 점.

다섯째, 의식의 확대에 따라 문화 전면에 걸친 그의 관심은 그 뒤의 학문의 분화 발달에 크게 기여하였다는 점 등이다.

그것은 성호의 一門 제자에 의해서 계승된 것만도 다음과 같다. 경제실용의 學의 李孟休, 성리학 등의 李秉休, 曆象과 문장에 李用休, 성리·예학에 李森煥, 유학 전 부문에 박학이었던 李家煥, 인문지리에 李重煥 등이 성호의 학풍을 계승한 一門이요, 역사의 安鼎福을 위시한 尹東奎·愼後聃·權哲身 등은 그의 문인이며, 丁若鏞·朴趾源·朴齊家 등은 그의 여풍을 계승한 두드러진 학자들이었다.

그러나 그의 학문도 앞에서 언급했듯이 당시 사회의 저류의 학문·사상으로서, 당대에 어떠한 경세의 실효를 거둘 수 없었다는 사실과 그에게서 개척된 학문의 분화조차도 한 걸음 더 나아가 근대적인 학문·사상에로 발전되지 못했다는 점이 더욱 유감스러운 것이라고 하겠다.

『사설』은 미리 충분한 검토 끝에 編次된 것이 아니어서 항목이 더러는 중복되었을 뿐만 아니라 제대로 세밀히 분류되지도 않은 것이었다. 이러한 刊正 사업은 성호의 제자이며 성호의 뜻을 받들어 동사강목을 저술한 順庵 安鼎福에 의해서 성취되어 『星湖僿說類選』으로 전해지게 된 것이다.

五. 『星湖僿說類選』의 성립

安山 첨성리의 星湖莊은 성호의 先塋 밑에 있었다. 歲時에 拜省하는 원근 자손이 이 곳을 지나게 되어 성호는 사방에 널리 흩어져 사는 族姓들과 많이 접하게 되었다. 그 위에 사방에서 성호를 앙모하여 따라 배우는 자도 늘어갔다.

순암 안정복은 그러한 문하 중에서도 성호가 가장 아끼고 사랑하던 자였다. 순암은 25세 때부터 廣州 慶安面 德谷里에서 살았었다. 그 곳은 성호가 살고 있는 같은 광주 땅이면서도 안산과는 70~80리 떨어져 있는 곳이다.

순암은 성호 선생의 德義를 흠모하여 그가 35세 되던 해인 1746년 10월에 처음으로 안산의 첨성리로 성호 선생을 찾아 뵙고 그 문하생이 된 셈이다. 66세의 성호는 이때에 처음으로 순암을 맞았던 것이다.

순암은 그 뒤로도 기회가 있을 때마다 성호 선생을 찾아가 그가 40세 될 때까지 직접 찾아뵌 것은 전후 네 번에 지나지 않았다. 그러나 그는 학문상의 어떤 문제가 의심날 때마다 성호 선생에게 글월을 올려서 물었다. 성호는 그럴 때마다 친절히 자신의 의견을 제시하여 주어서 순암을 지성껏 撫愛하고 격려하여 주었다. 순암은 드디어 성호 선생에게 『사설』의 刪正을 强請하여 성호는 이에 이기지 못하여 허락하여 주었다. 이로써 순암은 『사설』의 초본을 謄出하여 사설 刪汰의 작업이 시작된 셈이다.

성호는 그 초본에는 잘못 옮기고 빠진 것이 이루 말할 수 없다 하고 이어서 순암에게 다음과 같이 당부했다.

"그 중에 말이 되지 않는 곳은 전 구절이라도 이를 먹으로 지워 없애고, 또 쓸데없이 번잡한 것은 적당히 정돈하여 간소를 위주로 하면 좋을 것이오. 지금 목록을 보고 마음에 놀란 것은 어찌 이렇듯 繁夥한 것을 좀 더 추려내지 않았는가 함이오. 그 중에 時務 數條는 혹 理가 있을 듯싶으나 만약 10분의 1로 추려낸다면 다행이겠소. 다만 두고 안 둘 것은 모두 예에 따라 처리할 것뿐이고, 어찌 지나치게 의심하고 걱정하는 것이오."

순암은 그럼에도 신중에 신중을 기하였다. 성호가 세상을 떠나기 1년 전에 『유선』의 성취를 기뻐하여 순암에게 보낸 편지에서는 다음과 같이 그의 심정을 술회하고 있다.

"이제 百順(순암의 字)의 刊正을 보게 된 것은 나의 幸이오. 편지의 매양 신중한 뜻에 미쳐서는 놀라고 의아하게 생각하여 마지않소. 그 곳의 붕우 중의 연소한 몇 사람과 함께 주저 없이 勘駁하면 좋을 것이오. 마음대로 깎아 버리고, 자구 중에 의심스러운 것은 모두 고치고 나에게 물을 것도 없소. 그 중에 혹 義에 어긋나지 않는 것도 없지 않으리니, 이를 의논하여 간추려 남겨둔다면 이것은 나의 저술이 아니라 그대들의 저술이 될 것이오. 이 점에 유의하여 주오."

이렇듯 해서 40여 년에 걸쳐서 쌓인 성호의 초고가 80세 가까이 되어 族子에 의해서 謄傳된 것이 『사설』이요, 이것이 다시 성호의 高弟 순암에 의해서 간추려져 편차가 새로 된 것이 『성호사설유선』이다.

이제 『성호사설』과 『성호사설유선』과의 편차와 則數의 차이를 살펴보고 『사설유선』의 篇·門·則의 분류 내용을 표시하여 보면 다음과 같다.

『사설』과 『사설유선』의 편차와 측수표 [( ) 내의 숫자는 측수]

『성호사설』	『성호사설유선』
천 지 문 (223)	천 지 편 (113)
만 물 문 (368)	인 사 편 (579)
인 사 문 (990)	경 사 편 (559)
경 사 문 (1048)	만 물 편 (31)
시 문 문 (378)	시 문 편 (114)
계　　3,007	계　　1,396

『성호사설유선』의 篇·門表 [( ) 내의 숫자는 측수]

천지편	天　文　門	(45)
	地　理　門	(54)
	附　鬼　門	(14)
인사편	人　事　門	(56)
	論　學　門	(53)
	論　禮　門	(58)
	親　屬　門	(34)
	君　臣　門	(50)
	治　道　門	(246)
	服　食　門	(36)
	器　用　門	(19)
	技　藝　門	(27)
경사편	經　書　門	(203)
	論史門(附 夷狄 포함)	(293)
	賢　聖　門	(39)
	異　端　門	(10)
만물편	禽　獸　門	(19)
	草　木　門	(12)
시문편	論　文　門	(55)
	論　詩　門	(59)

위에서 보는 바와 같이 『사설유선』에서는 『사설』의 門을 篇으로 고치고 만물편을 시문편 위로 옮겼다. 그리고 편 밑에 문으로 다시 세분하였다. 그리하여 각 편 안의 則數를 『사설』의 각기 해당문의 그것과 비교해 보면, 인사편을 위시하여 경사편·천지편에는 2분의 1을 넘게 수록된 셈이고, 시문편에는 3분의 1에도 미치지 못하고 만물편에서는 10분의 1에도 미달되리만큼 빼버린 것이 많다. 물론 『사설』의 천지문 중의 약간 항목이 『유선』의 인사편·경사편 해당 부분에, 『사설』 만물문의 상당수의 항목이 『유선』의 각 편 해당 부분에 移編시킨 것과 같

이 모든 항목을 다시 조정·안배시킨 것이다.

또한 성호 선생이 순암에게 지시했듯이, 순암은 『사설』을 刊正·刪汰하는 과정에서 깎아 버리고 자구를 첨삭한 것도 적지 않은 것이다. 그리하여 『사설유선』 목차에 있어서의 분류 세목은 순암 자신의 분류의 항목을 잘 나타내고 있어 비록 그것이 근대적인 분류라고는 할 수 없으나, 『사설』에 남겨진 내용의 범위와 성격을 이해하는 데 안내의 구실도 하는 것이 되겠다.

그러나 성호의 학문·사상이나 또는 18세기의 그것을 연구하는 데 있어서는 『성호사설』이 기본자료일 뿐만 아니라 필수적인 것이며, 따라서 『사설유선』의 사료적 가치는 희박하거나 반감되게 마련인 것이다. 왜냐하면 『유선』에 들어있지 않은 『사설』의 많은 항목이 경우에 따라서는 연구의 중요한 자료를 제공해 주는 것일 수도 있겠기 때문이다.

— 민족문화 3, 1977

Ⅷ. 『正祖丙午所懷謄錄』 解題

　　朝鮮王朝時代에 있어서 흔히 歲首(年初)나 天災를 당하였을 때에, 왕이 大小官員에 대하여 각기 時弊와 이에 대한 匡救·是正策을 書陳케 한 것은 유교적 덕치사상에서 말미암은 일종의 관례적인 행사였다. 이 같은 「百官陳言」의 사례는 조선왕조 초기에서부터 찾아 볼 수 있는 것이었다. 이러한 경우에 大小官員이 모두 제각기 所懷를 陳言하였으므로 그 陳言狀啓의 수는 수백 통에 이르게 마련이었다. 이렇듯 올려진 陳言은 흔히 議政府나 六曹 등에 내려져서 擬議케 하여 그 중의 실시할 만한 내용의 것만이 왕에게 올려져서, 왕이 그 실시여부를 裁決하는 것이 恒例였다. 實錄이나 備邊司謄錄같은 문헌에서 우리는 이 같은 「百官陳言」의 사례를 찾아볼 수 있으나, 수백 명에 이르는 陳言者나 수백 통에 이르는 陳言內容이 모두 수록될 수는 없는 것이어서, 그 내용이 전연 언급되어 있지 않거나 혹은 그 중에서 채택여부가 거론되었던 陳言의 내용만이 간추려져서 수록된 경우를 찾아 볼 수 있다.

　　「丙午所懷」에 대해서도 貞蕤 朴齊家의 그것만이 그의 저술에 수록되어 있어서 널리 알려졌던 것이며, 그것은 또 正祖實錄에 의하여서도 正祖 10년(丙午年) 正月 22일의 朝參時에 正祖가 下敎求言하므로 大臣 以下 中人·軍士에 이르기까지 무려 삼백여 인이 書進한 이른바 百官陳言의 하나였던 것을 알 수가 있었다. 상술한 바와 같이 歲首나 天災時에 관례적으로 시행된 「百官陳言」은 수백 통에 달하여, 그 내용의 전부가 전해질 수가 없는 것이었으나, 正祖 10년 정월에 실시되었던 그것은 다행히 正祖의 下敎에 의해서 傳寫·成冊되어 廟堂에 保藏되었던 것으로, 奎章閣所藏의 『正祖丙午所懷謄錄』으로서 오늘날까지 전해져서 우리가 그 百官陳言의 내용을 얻어 볼 수 있게 되었다.

　　正祖 10년 正月의 百官陳言은 이른바 「歲首求言」에 의한 것이었으나 또한 災殃과도 관련이 있는 것이었다. 즉 正祖 10년 正月朔(初一日)

에 日蝕이 있어서 이 같은 正月元旦의 日蝕은 災殃을 예고하는 것이라 하여, 그 弭災의 방법으로 百官에 陳言을 구하여 時弊를 匡救하는「轉災爲安의 大機會」를 마련하려는 것이었다.

正祖는 下敎求言하고 減膳하는 한편 八道·兩都에 綸音을 내려서 實心勸農할 것을 명하고 이어서 社稷에 祈穀祭를 올렸다. 그리하여 正祖는 正月丁卯(22日)에는 仁政門에 나와 朝參을 행하고 卿宰·侍從官에게는 직접 앞에 나와 上奏케 하고 庶官以下에게는 각기 所懷를 書陳케 한 것이다. 이로써 公卿以下 諸司의 郎官·掖屬·禁軍·扈衛軍官·壯勇·醫譯律曆之屬이 모두 陳言하여 무릇 삼백여 인에 이르렀다는 것이었다. 領敦寧 鄭存謙은 이 같은 正祖의 求言에 대하여 오늘은 즉 歲首의 大朝會이다. 그러므로 전후의 여러 가지 請을 모두 받아들여서 凶醜를 소탕하는 것이「轉災爲安의 大機會이다」라고 말하고 이를 계기로「應天의 實政」이 기대된다고 했다.

正祖는 이렇듯 해서 大小官員의 "陳言한 바를 각기 當該 官府에서 看詳하여 稟處케 하고 이를 傳寫하여 冊子로 만들어 廟堂에 保藏"케 한 것이었다.

본 謄錄은 朝鮮白紙 板刻罫紙에 墨書로 精書한 筆寫本 三冊으로 되어있으며, 책의 크기는 縱 38.9cm, 橫 27.1cm이고, 木版匡郭의 넓이는 37.5/20cm로 一面 十行, 一行 二十四字로 되어 있다. 本謄本에는 備邊司印이 찍혀져 있으므로 보아 繕寫成冊되어 備邊司에 保藏되었던 것이라 생각된다. 冊順과 目次가 없이 대체로는 陳言者의 所屬官衙別로 상위자의 陳言부터 차례로 철해진 것이나 간혹 混入된 것도 없지 않다.

본 謄錄에 수록된 書陳의 총수는 360건이며, 각 陳言에 대한 처리내용까지 함께 繕寫하여 陳言末尾에 添記되어 있어서 百官陳言에 대한 처리상황까지도 아울러 알 수 있게 되어있다. 또한 360건의 書陳이 당시의 陳言을 빠짐없이 총망라한 것은 아니라 삼백여 인에 달하였다는 上書者의 대부분의 것이 繕寫收錄된 것임에는 틀림이 없다. 이때의 陳言은 日省錄(正祖 10년 정월 22일조)에 수록된 것이 총 367건으로 本謄

錄에 수록된 수보다도 더 많은 件數이며, 本謄錄에 수록하지 않은 上書
者의 陳言이 日省錄에는 37건이나 더 수록되어 있되 本謄錄과 日省錄
의 陳言記述의 내용은 대체로 거의 같으나 本謄錄의 그것이 보다 더 상
세한 편이다. 또한 丙午所懷의 陳言은 훨씬 간추려져서 備邊司謄錄에
수록된 27건, 正祖實錄에 수록된 것이 21건이며, 그 중에서 本謄錄과
日省錄에서도 찾아볼 수 없는 것은 備邊司謄錄에 수록된 2건의 陳言이
다. 따라서 正祖 10년 정월의 百官陳言「丙午所懷」의 건수는 上記 4종
의 문헌을 통하여 찾아볼 수 있는 399건(360+37+2)에 이르는 것이다.
그러므로 本謄錄에는 日省錄에 수록된 것보다도 적은 건수가 수록되어
있으나, 기록내용이 보다 더 상세한 편이기 때문에 文獻的 가치로 보면
日省錄에 비하여 보다 더 優位한 것이라고도 말할 수 있겠다. 本謄錄
所收의 陳言者의 官署別·職別·人員數는 다음 표와 같다.

官署名	陳言者數	職名(數字는 名數)
宗親府	一	典籍
忠勳府	二	都事, 一(合陳)
敦寧府	三	領敦寧, 同敦寧, 參奉
六曹	(吏) 一	判書
	(戶) 七	行判書, 參判, 參議, 正郎, 佐郎三
	(兵) 五	判書, 參議, 正郎三
	(刑) 六	判書, 正郎二, 佐郎, 律學敎授, 明律
	(工) 五	參議, 正郎, 佐郎三
漢城府	三	庶尹, 主簿二
司憲府	九	行大司憲, 掌令, 持平, 監察六
承政院	三	左副·右副·同副承旨
司諫院	四	行大司諫, 獻納, 正言二
弘文館	三	副校理二, 修撰
成均館	一一	直講三, 典籍六, 學正, 司藝
承文院	二	判校, 檢校
[illegible]	[illegible]	[illegible]
宣惠廳	二	郎廳二
均役廳	二	郎廳二
奉常寺	五	正, 僉正, 主簿二, 奉事
司饔院	五	主簿二, 奉事三
內醫院	一	主簿
尙衣院	二	僉正, 主簿

司 僕 寺	三	正, 僉正, 判官
軍 器 寺	二	判官, 主簿
軍 資 監	三	正, 主簿, 直長
掌 樂 院	三	正, 主簿二
觀 象 監	二	正, 禁漏官
司 譯 院	一	正
繕 工 監	七	副正, 奉事, 副奉事, 監役二, 假監役二
廣 興 倉	二	奉事, 副奉事
司 宰 監	二	主簿, 直長
濟 用 監	三	主簿, 奉事, 副奉事
平 市 署	一	直長
典 牲 署	一	主簿
五 部	五	東部奉事, 西部奉事, 南·北·中部都事
內 資 寺	二	直長, 奉事
內 贍 寺	一	主簿
禮 賓 寺	二	奉事, 參奉
典 設 司	二	別檢, 別提
長 興 庫	一	奉事
掌 苑 署	一	別提
司 圃 署	二	別提二
造 紙 署	二	別提二
惠 民 署	一	主簿
圖 書 署	一	教授
典 獄 署	二	主簿, 參奉
活 人 署	二	別提二
瓦 署	一	別提
掖 庭 署	一六	司謁二, 司鑰一四
(其 他)	三	別監, 統長二
中 樞 府	二	判事, 僉知
五衛都摠府	一三	副摠官, 經歷七, 都事五
五 衛	二二	將八, 部將八, 行副司直一一, 副司直, 副司正, 牌順二(將勇)
忠 義 衛	二	
龍虎營, 兼司僕	二	兼司僕將二
禁軍廳內禁衛	四	內禁衛將三, 內禁衛出身
羽 林 衛	二	羽林衛將二
訓鍊院(都監)	二七	副正二, 僉正四, 判官七, 主簿一三, 習讀官
宣 傳 官 廳	六六	宣傳官二二, 文臣兼宣傳官, 武臣兼宣傳官四三
守 門 將 廳	七	守門將七
禁 衛 營	三	大將, 把摠二
御 營 廳	一	大將
扈 衛 廳	三	別將, 軍官二
捕 盜 廳	一	大將
別 軍 職 廳	九	別軍職七, 喬桐府使, 前兵使
內 司 僕 寺	一	兼內乘
禁 軍	二九	禁軍七, 一內禁軍一二, 二內禁軍九, 三番禁軍

여기 本謄錄에 수록되지 않고 日省錄과 備邊司謄錄에만 수록되어 있는 陳言者의 직함과 성명만을 추려서 제시하면 다음과 같다.

日省錄: 提學(吳載純) 檢校直閣(李秉模, 徐鼎修, 徐龍輔) 待敎(李崑秀) 檢校待敎(尹行任) 등

左議政 洪樂性	司諫 趙衍德	行工曹判書 金華偵
漢城判尹 金鍾正	左參贊 鄭昌聖	行都承旨 魚錫定
行副司直 李文源	刑曹參判 申大升	行副司直 南玄老
禁軍別將 李漢昌	行副護軍 李明運	訓練都正 具以謙
行副護軍 李達秀	左承旨 趙鼎偵	刑曹參議 朴天行
禮曹正郎 尹宗彦	禮曹正郎 鄭來百	禮曹佐郎 崔逵翰
兵曹佐郎 金鳳顯	兵曹佐郎 柳櫶	刑曹佐郎 尹說
成均館典籍 朴載淳	成均館典籍 李益瑞	成均館學正 金德老
司憲府監察 鄭棟	宗簿寺主簿 洪光一	敎寧府判官 金魯成
內贍寺奉事 姜文岳	軍資監判官 趙廷獻	繕工監監役 吳晋修
繕工監假監役 李容萬	典設司別提 林志浩	廣興倉主簿 南松耉
義盈庫奉事 李龜錫	內禁衛將 許佽	壯勇衛 金重輝

備邊司謄錄: 內禁衛將 李壽鵬　　獻納 李師?

書陳者는 거의 대부분이 개인의 자격으로 개별적으로 陳言한 것이다. 本謄錄 所收의 360건 중에서 4건만은 2인 이상의 合陳으로 되어있어, 다수인이 合陳할 수도 있었음을 말하여 준다.

또한 陳言의 내용에 대하여 이러한 형식상의 제한이 있었던 것은 아니다. 각기의 진언내용이 대체로는 그들의 소속관서나 職掌과 직접·간접적인 문제에 많이 논급되고 있음은 그들의 직무상 또는 식견상으로 당연하다고 할 수 있겠다. 그러나 陳言者에 따라서는 數條에 다른 내용을 진술하여 일련의 時弊論이 되어 있는 경우도 허다하다. 陳言(書陳)의 長短에도 아무런 제한이 없었다. 총 360건의 陳言의 내용을

문제별 件數로 나누어보면 총 548건에 이른다. 그것은 대체로 政治, 軍政, 經濟, 學術思想으로 나누어지며, 이를 다시 세 항목으로 구분하여 분류, 제시하면 다음의 표와 같다.

政治

항목		件數
德治	修德	22
	世子敎導	2
儀禮		13
紀綱	官紀	14
	名分混淆	21
	治安訟事	11
	刑政	10
	罷職(啓請)	13
	辭職(〃)	3
褒貶		6
行政措置		10
言路開張		15
科弊		23
人材登用		14
遷轉		34
其他		1
	(小計 212)	

軍政

항목		件數
軍備	軍裝(服)	10
	軍器	30
軍制		9
城鎮	城築	14
	鎮營	6
	海防	6
馬政		5
巡邏		12
烽燧		4
軍役	軍籍	8
	軍役	15
	雇立	4
	壘役	5
	(小計 128)	

經濟

항목		件數
經費・給料		19
繕工(補修)		6
田政	量田	6
	田結・田税	10
	田税減徵	8
	折受・占奪	2
	治山治水	7
蠶桑		1
牧畜		4
屠牛		3
魚鹽船税		4
用車論		2
漕運		6
勸農		2
禁釀酒		5
賑政		1
禁奢節儉論		14
貢納	大同米布	3
	貢人	14
	進排	10
還穀		22
	貸與	3
良役		11
商工業	貨幣	2
	商業	4
	市廛	2
	都庫	5
	貿易	6
	工匠	
鑛業(金銀銅)		4
	(小計 189)	

學術思想

항목	件數
成均館	2
書院	1
敎學	2
醫療	5
讖設・符呪	2
西學	8
(小計 18)	
(無內用者 1)	

표에서 나타나는 것으로 가장 많이 거론된 것을 추려보면, 德治思想과 言路開張, 紀綱名分論, 人材登用과 科擧의 弊端, 人事行政(遷轉), 軍

政, 各官署의 經費·給料不足, 田政, 貢稅와 貢人, 還穀 등의 제 문제들
이다. 일반적으로 務本抑末이라는 유교적 관념이 널리 관원간에 고수
되어와서 의연히 토지경제에만 얽매어져서 상공업을 크게 진흥시켜야
하겠다는 議論은 거의 찾아볼 수 없다. 따라서 경제윤리면에 있어서도
節儉思想이 지배적이어서 재정의 궁핍을 구하는 길은 節儉에서 찾고
節儉에는 사치를 금하는 것이 그 要提라는 의견이 보편적인 것이었다.
이 같은 지배적인 경향에 대하여 유독 朴齊家의 所懷에서만은 남다른
주장을 볼 수 있어서 전술한 바와 같이 일찍부터 그의 丙午所懷만이
따로 소개되기도 한 것이었다. 일반으로 상업·무역에 관한 적극적인
관심이 없었던데 반해서, 朴齊家는 사치를 금할 것이 아니라 오히려
생활의 향상을 꾀하여 생산기술의 발달을 도모해야 하며, 상업과 무역
을 진흥시키고 기술의 도입을 위해서는 서양인을 초빙 우대하여, 천
문·농업·의약에서부터 採鑛, 燔造琉璃·行車裝舡·伐木運石技術에 이르
는 기술자 양성이 긴요하다 했으며, 천하의 도서를 수입하여 拘儒俗士의
固陋한 관념을 타파해야 한다는 것이었다.

　百官의 陳言은 일정한 規制에 의하여 처리된 것은 아니다. 왕은 대
체로 고위요직자의 것을 먼저 처결한 듯이 여겨지며 하위자의 것이 소
홀히 취급된 듯싶다. 대체로 동일한 문제에 대한 상반된 陳言에 대하
여서는 고위직자의 것이 採納된 것 같고, 下品職者의 것은 「可見」「覽
悉」 등의 批啓으로 그친 것이 많다. 현저한 예로는 앞에서 언급된 典
設司別提 朴齊家의 陳言은 무시되고 大司諫·大司憲의 陳言이 채택되
어 琉淸으로부터의 書籍購來를 금하게 한 것이 그것이다. 혹은 金銀店
私設의 금지와 허용문제로 육조의 佐郞들이 같이 陳言한 바 다수에 따
라 設店禁止論이 채택되는 경우도 볼 수 있다. 이들은 물론 당시의 배
경과 정세와 관련되는 처리이기도하다.

　陳言에 대한 특별한 褒貶에 대해서는 忠義衛 金應斗, 禁軍 辛翊寧의
進言에 條理가 있다 하여 銓曹에 명하여 特別調用케 한 것을 들 수 있
을 뿐이다. 丙午所懷의 경우는 아니나 외람된 陳言者에 대하여 科治한

경우도 있는 듯하나 여기서는 볼 수 없다. 다만 部將 李漢瑞가

> 無文淺見으로 무엇을 可達할 바를 모르와 다만 主上殿下 臨御十年에 睿德包容 入域同沾하여 所懷도 區區하온대 尊號의 請을 特許하시와 輿情의 顯望을 快遂케 하여 주시옵기 千萬伏祝하오며 惶恐待罪하옵나이다 (二九七)

라고 진술한 데 대하여 正祖가「猥越極矣」라 꾸짖었음을 볼 수 있다. 이와는 따로 별다른 의견을 진술치 않았어도 무방한 것이었다.

陳言에 대한 처리는 대체로 왕의 直斷과 當該官에로의 回啓로 大別할 수 있고 回啓時에는 廟堂(備邊司)을 통하여 왕에 稟케 하였고, 그러한 경우에는 廟堂의 견해가 첨부되어 添酌·處決되었다.

왕이 所懷를 보고 關係臣下의 의견을 묻지 않고 직접 採納與否를 결정한 조항이 반수 이상 차지한다. 여기 왕의 卽斷에 의한 批答의 내용을 類別하여 표시하면 다음과 같다.

批 答 內 容	條 件 數
無答	2
無可論·妄言	10
不允·過當	7
有難輕議·置之可	20
勿辭·勿退待	3
處分意在有·多心採用	3
前已悉諭(申飭)	14
覽悉	59
當留意	26
當體念	8
汝言好矣	52
甚嘉之	11
依此爲之(依啓)	18

왕의 卽斷이 아니고 廟堂이나 또는 當該責任官 등에 稟處·往議케
한 것 등을 類別하여 추려보면 다음과 같다.

處　　　　　　　　　　　理	條　件　數
該曹로 하여금 大臣에게 議論케 한 것 또는 提調(當該官署責任者)에게 議論케 한 것	34
該當 責任官이 稟處하도록 한 것	27
大臣의 의견을 들은 것	2
試之後에 合用與否를 稟處케 한 것	1
後日 次對時에 稟處케 한 것	1
廷臣이 이미 말한 바 있었다는 것	1

그리고 廟堂이나 該曹로 하여금 稟處케 하여 備局이 의견을 添付 제
시하여 이에 대하여 처결한 것은 대체로 다음과 같이 나타난다.

處　　　　理	條　件　數
無答	2
追後(更今)稟處	7
勿施可	3
依此施行可(嚴飭可)	18
依此申飭該曹施行可	29
令該曹査問該道, 嚴處(飭)可	9
更往言大臣可	1
以草記施行	49

上表에 나타나는 것으로 보면 該當官署에게 大臣이나 책임자에게
議論케 하든지 該當責任官으로 하여금 稟處케 한 것이 60여조를 차지
하고, 그 밖에는 稟處에 따라 施行해서 可하다는 것이 대부분을 차지
한다. 여기서는 備邊司의 기능은 상당히 강력하여 비변사의 稟處가 왕

의 뜻에 부합되는 경우는 물론, 그렇지 않은 경우에도 대체로는 비변
사의 稟處에 따라 처리되었다. 該當官의 의견을 대체로 그 과반이 採
納되었으며 該當官의 의견이 비변사의 그것과 다른 경우에는 흔히 再
考稟處할 것을 지시하였으나 그러한 경우에도 該當官의 의견보다는 비
변사의 그것이 優位하게 취급되는 경우가 많다. 이로써 비변사는 명실
공히 최고의결기관의 기능을 발휘하고 있었음을 볼 수 있는 것이다.

百官의 陳言은 그 과반[二百數條]은 왕의 卽決로 한 마디의 批答으
로 除外되고 그 나머지 중에서 약 60餘條는 다시 議論케 하라고 近100
條는 備邊司의 의견을 媒介 중심으로 시행하여서 可하다는 것이 되었
다. 그러나 그 실제상의 시행여부나 효과여부는 正祖 10년 이후의 정
치·경제 등 部面의 실상을 면밀히 검토할 연후에라야 해답을 얻을 수
있는 것이겠다. 가령 英祖 21년 정월의 備邊司啓辭에

近來各司之不遵啓下公事 惟意所欲 不念民弊者 誠爲痼弊(『備邊司謄
錄』第113冊 英祖 21년 1월 20일조)

라 했듯이 啓下公事, 즉 시행하라는 지시도 各司에서 실제로는 준행하
지 않는다는 痼弊가 있었다면 여기서「施行可」라는 조항도 반드시 실
제로 시행되었는지의 여부는 스스로 별개 문제이기도 한 것이겠다. 이
문제는 18세기 후반기에 있어서의 제도사·경제사를 구명하는 또 다
른 작업을 기다린다면 스스로 해명될 문제이기도 하다.

결국「人君의 修省」을 나타내는 一形式인 百官陳言은 어디까지나
각개인의 의견으로 청원되고 그 처리에 있어서도 개별적으로 취급되어
이들의 陳言內容에 대한 종합적 검토과정이 없었다는 것이다. 그러므
로 이를테면 정책결정에 있어 언제나 문제는 개별적이고 단편적으로만
다루어지게 마련이고, 연관성과 계획성있는「정책」이 세워질 여지가
없었다는 점이겠다.

本謄錄은 朝鮮王朝時代의 이른바 百官陳言에 관한 유일한 기본자료

로서 正祖朝에 있어서의 정치·경제·사회·사상적 상황을 파악하기에
好適의 자료가 되는 것이며, 당시 時弊에 대한 大小官員의 여론과 이
에 대한 처리는 이를테면 施策決定過程의 특수한 一例를 제시해주는
것이기도 하다(拙稿「正祖丙午所懷謄錄의 分析的 硏究」-서울大學校論
文集 第11輯, 1965 참조).

— 正祖丙午所懷謄錄, 1970

IX. 『度支志』解題

　近朝鮮 後期의 英祖·正祖時代는 안으로는 자아에 대한 새로운 반성과 비판의 조류에서, 밖으로는 절정기에 오른 淸朝文化의 영향에서, 精彩한 文運이 朝野間에 鬱然히 일어난 시기이다. 兩代의 右文政治가 그러한 新機軸을 마련하게 된 또 하나의 계기이기도 했다. 그러한 중에서도 특히 正祖는 스스로가 그 방대한 『弘齋全書(百冊)』를 남길 만큼 好學崇文의 君主로서, 正祖朝에 王命에 의하여 편찬·간행된 서적만도 적지 않은 수에 달한다. 그 중에는 주요 관서의 제반 사례를 謄載編錄하여 후일 考據의 자료로 삼으려는 목적에서 혹은 私撰으로 혹은 王旨에 따라 여러 官署志가 편찬되기도 했다. 正祖 三年의 『南漢志』, 正祖 五年의 『春官志』·『秋官志』, 正祖 八年의 『奎章閣志』·『弘文館志』, 正祖 九年의 『太學志』 등은 다 그러한 작업의 성과였다. 본 『度支志』는 실로 이 같은 公私 편찬사업의 뒤를 이어서 마련된 것이다.

　『度支志』에 관해서는 『弘齋全書』(卷百八十三) 羣書標記(五) 命撰(一)에서 그것이 『春官通考』 章節彙編과 더불어 戊申(正祖 十二年, 1788)에 承命 編纂되고 編次者는 度支郎 朴一源으로 되어 있다. 그리고 또 여기서는 「度支志 二十二卷 寫本」으로 되어 있다.

　『度支志』라는 書名에 관해서는 上記 標記에서

論者 以今之度支 爲古之地官……其爲有國之重 抑亦天官之流亞也.

라 하여 度支는 옛날의 地官을 이름이요, 그 源流는 古代 中國에서 淵源되었음을 말하고 我國에서는 唐·宋制를 取倣하여 版籍·會計·經費의 三司를 두어 각기 사무를 분장케 하되 戶曹가 이들을 總管케 하여 利權歸一의 實을 거두게 했음을 설명한 끝에

是書之不曰地官 而必曰度支 所以識實也

라 하여 冊名을 地官志라 하지 않고 度支志라 한 이유를 밝혔다. 또한 본『度支志』卷首 凡例에서도 書名 釋義에서

度支之名 始見於曹魏之時 度用支費之謂也 志者 記其故實之謂也

라 하여,『度支志』는 즉 戶曹의 度用支費의 故實을 編錄한 것임을 明記하고 있다.

그러나 본서는 上引『弘齋全書』標記에서 말한 바 正祖 十二年 戊申에 朴一源이 承命編次한 바로 그 草稿本은 아니다. 이에 관해서 우리는『正宗實錄』(卷四十五) 正祖 二十年 七月 辛亥條에서 저간의 소식을 엿볼 수가 있다. 즉, 正祖가 戶曹判書 李時秀에게

度支志 則朴一源爲郎官時所編 卿曹有謄本否

라고 묻는 말에, 李時秀는

沈頤之爲戶判時 與計士之解書者 作爲三卷冊子 備載度支法例 臣方謄出 而朴一源所編 臣未得見矣

라 하였다. 이로써 正祖는

朴一源所編 必在於其家 亦繕寫一件 置於卿曹 好矣 且其人能文 後人雖作之 必不如矣 故判書金魯鎭 與郎官朴一源所編秋官志 曾一取見 可謂善編 其後可以續入者 增輯繼成 則可以刊行 以備故實矣

라 했다. 즉 戊申年에 承命編纂된 朴一源의『度支志』는 戶曹判書 李時秀도 이를 得見한 바 없으며 따라서 그것이 繕寫되어 戶曹에 비치되었

던 것 같지도 않으나 正祖는 朴一源所編의 『度支志』가 朴一源家에 반드시 있을 것을 알고 이를 繕寫하여 戶曹에 비치하도록 분부하였던 것으로 생각된다. 실제『春官志』·『秋官志』등 官署志도 당초에는 私撰으로 엮어진 것이 뒤에 王旨에 의하여 증보·편찬되었거니와,『度支志』는 正祖 十二年 戊申에 朴一源이 承命編纂하였으되 그 증보·완성을 위하여 私家에 保藏되어온 듯싶으며, 그것이 上覽에 供했던 것인지는 확실치 않으나, 正祖는 이 같은 사유를 알고 있어 命撰 八年後에 朴一源家藏의 草稿本을 一件 繕寫하여 戶曹에 비치토록 判書에 명한 것이었다. 그것이 언제 繕寫되어 戶曹에 비치케 된 것인지는 알 수 없으나 奎章閣所藏인 본『度支志』는 朝鮮白紙(野紙)에 墨書로 精書한 筆寫本으로 上述한 바로서 아마도 正祖 二十年 王旨에 의하여 朴一源所編의『度支志』를 그대로 繕寫한 것임에 틀림없다.

承命編次者인 朴一源에 관하여서는 그가 刑曹正郞으로 刑曹判書 金魯鎭의 지시에 따라『秋官志』를 편찬한 경험이 있었고 이제 다시 度支郞(戶曹郞官)으로 實務職에 歷任되었을 뿐만 아니라 그의 能文이 높이 평가되어 있었음을 알 수 있다. 正祖도 그의 所編인『秋官志』를 取見하고「可謂善編」이라 했고 또『度支志』에 대하여서도 그 이상의 편찬을 후일에도 기대할 수 없다고 하리만큼 그가『度支志』편찬에 가장 적임자였음을 말하고 있다. 그 밖의 朴一源의 경력이나 인품에 관해서는 지금으로서는 더 알 수가 없다.

본『度支志』의 編次(總目次)는 크게 內篇·外篇으로 二分하고, 內篇 官制部에서는 다시 戶曹·屬司·職掌·吏隷·廩祿·館舍·雜儀·古蹟·事例의 九目으로 나누었고, 外篇은 版籍司·會計司·經費司의 三部로 나누고 그 밑에 각기 版圖·田制·漕轉·財用·貢獻의 五目, 倉庫·糶糴·解由의 三目 및 五禮·經用·料祿·荒政의 四目으로 나누고 있어 총 二十一項目으로 구분되었다. 이와 같은 編次·分目의 원칙은 마치『秋官志』에서 天文說에 의거하여 十干·二至·五運·四時·三元에 따라 총 二十四項目으로 分目했음에 대하여, 『度支志』는 地形說에 依據한 것이었

다. 즉, 본 『度支志』 總目 序文에 이 점에 관하여

　　　地官之書 宜象地 道分而爲九土 別而爲三壤 峙而爲五嶽 流而爲四瀆者
　　地之形也 官制之九目 象之九土也 版籍之五目 象五嶽也 會計之三目 象三
　　壤也 經費之四目 象四瀆也 內外篇之合爲十卷 亦象地數之成於十也

라 하여 官制以下를 각기 九土・三壤・五嶽・四瀆에 對備하여 총 二十
一項目으로 編次하고 그 위에 본서를 十卷(冊)으로 成冊한 이유를 말하
고 있다. 그리하여 본서는 十冊 二十一卷으로 되어 있으나 一項目 一卷
으로 되어 있는 것은 아니다. 『弘齋全書』 上記 標記에 「度支志 二十二
卷」으로 되어 있음은 誤記가 아니면 혹은 繕寫時에 改編된 것이 아닌가
억측된다. 그 위에 標記의 編次에서는 官制밑에 戶曹가 빠져서 八目으
로 되어 있어 上記한 바 본서 總目 序文의 「道分爲九土 官制之九目 象
之九土也」 云云에는 부합되지 않아 이 역시 繕寫時에 改編된 것이 아닌
가 추측되는 바이다. 그 밖에 본서 總目과 다른 것은 會計司의 倉庫가
倉廩으로 되어있는 점이다.
　上述한 바와 같이 本書 編次에 있어서 官制・版籍・會計・經費를
각기 地形說에 따라 分目하여 총 二十一項目으로 구분함에는 실제 編
次內容에 있어 무리가 수반되었던 것 같다. 이제 본서의 내용을 살펴
보아도 그 체재와 내용이 본서의 총목과도 완전히 부합되지가 않는다.
먼저 第一冊은 총 一百三葉으로 凡例(二葉)・度支志總目(二葉)・本衙
全圖(一葉)에 뒤이어 度支志總要로서 八道三都田民錢穀總數(六葉)・版
籍司一年捧下總要(四葉)・雜物色一年捧下總要(二葉)가 수록되어 있되
凡例・度支志總目・度支志總要의 葉數順番이 각기 따로 매겨져 있다.
여기에 이어서 卷之一 目錄(一葉)이 수록되고 다음부터 卷之一 官制部
가 시작되어 內篇 官制部는 第一冊 一卷으로 충당되었다. 第二冊 이하
에서는 每冊 二卷 내지 三卷으로 되어 있되 卷別로 葉數順番이 매겨졌
음에 대하여 卷之一에서만은 戶曹・屬司・職掌・吏隷・廩祿・館舍(十

九葉) 雜儀·古蹟(八葉) 事例(各房式例 五十八葉) 등 記帳의 葉數順番이 각기 따로 매겨져 있는 것이다. 즉, 卷之二 이후의 卷別 葉數順番 記載方式은 卷之一에서는 지켜져 있지 않다. 이것은 단적으로 체재상의 통일을 기하지 못한 것을 나타내는 것이겠다. 또한 一卷의 平均葉 數는 四十三葉(二卷以下)으로 卷十六(五禮部 賓禮)의 八十八葉이 최고로, 卷十一(貢獻部 奴婢)의 十七葉이 최하로 되어 있어 卷一의 戶曹-館舍(十九葉)와 雜儀·古蹟(八葉)部分 그리고 事例(各房式例 五十八葉) 部分은 내용상·분량상으로도 分卷하여 二卷으로 編次될 수도 있었을 것 같다. 그 위에 본서에 總目에서는 會計司에「會計之三目 象三壤 也」라 해서 倉庫·糶糴·解由의 三目으로 區分·編次된 것으로 기재 되어 있으나, 실제 내용에 있어서는 第六冊 卷之十二 目錄에서와 같이 會計司 밑에 倉庫部(十二葉) 解由部(六葉)만으로 되어 總目에서와 같 이 糶糴部가 설정되어 있지 않고 다만 倉庫部 말미에 還耗(式例 一葉, 事實 一葉, 儲置米 一葉)條로 극히 간략하게 添記되어 있을 뿐이다. 이 와 같이 編次內容에 있어서나 그 체재에 있어서 미비한 것은 미처 그 편찬이 완성되지 못했던 朴一源의 草稿本을 그대로 繕寫成冊한데서 연 유된 것이 아닌가 추측케 하는 바이다. 그러므로 또 繕寫時에 改編되 었을 가능성도 있어 혹은 이로 말미암아 上述한 바와 같은 卷數의 蹉 跌이 생긴 것이 아닌가 싶기도 하다.

『度支志』 편찬의 목적은 이미 본서 凡例 釋義에서 본 바와 같이 戶 曹의 諸般 事例·故實을 編錄하여 후세의 참고자료로 삼자는 것이었 다. 上記『弘齋全書』의 標記에서도

曹舊無志 所取爲藍本者 不越於胥吏簿書 故文不厭繁 例不嫌猥 蓋草創

而未潤色者也 然收攬旣博 細大不遺 亦足以資考据矣

라 하여 본서 편찬의 기본이 된 자료는 胥吏의 簿書에 지나지 못하나 되도록 廣範하게 자료를 取擇하여 족히 考据에 도움이 될 것이라 했다.

이제 본서의 내용에 관하여 가급적 면밀한 검토를 해보기로 한다. 먼저 기재방식에 대해서는 본서 凡例 逐段條에서 각기 細項目에 대하여 "먼저 傳敎를 首錄한 것은 王言을 尊重함이요, 다음에 節目을 收錄하여 條例를 詳細히 하고 末尾에 事實을 收錄하여 그 源委를 밝혔다"고 한 듯이 대체로 傳敎·節目·事實의 순차로 逐段·敍述되었음을 말하고 있다. 그러나 본書의 編纂主旨가 戶曹의 사례를 謄載編錄하는 데 있어 戶曹의 事例 또는 式例 이와 관련되는 諸般 節目 등 여러 가지 格式·規制와 戶曹의 現況·所管事務內容 등이 주가 되고, 여기에 이들과 관련되는 傳敎를 首錄하여 歷代 王旨의 所在를 밝히고 또 事實(故實)을 말미에 添記하여 그 源委를 밝혀두려는 것이었다. 그러나 上記 凡例 逐段條에서 제시한 바와 같이 各細項에 있어서 傳敎·節目(또는 式例·事例 등)·事實의 서술형식을 갖춘 항목은 총 一百十餘條의 細項目 중에서 대체로 三十項目에 지나지 않는다. 卷之一의 官制部 全項目에서나 卷之二 版圖部의 道里·疆域條 등에서와 같이 傳敎나 事實이 1건도 수록되지 않은 것이 있으며, 흔히는 그 중의 어느 하나가 缺해 있기도 하고 또는 水車·測雨器條(卷之三), 柴場·牧場條(卷之四) 등과 같이 다만 事實만이 기재되어 있는 것도 十餘條項에 이르고 있다. 여기서 본서의 주요내용인 戶曹의 諸般 事例·式例나 戶曹의 現況에 관한 기록은 일일이 摘記·解說할 수도 없거니와 또 그럴 필요도 없겠다. 그러한 중에서 통계적인 자료를 제공해 주는 몇 가지 조항을 例擧해 보면 다음과 같다.

연번	내　　　용	「度支志」 卷數
1	市廛收稅式例·各廛數目(有分·無分各廛)	
2	方物(冬至·聖節·奏請·謝恩)	以上 卷二
3	中江·會寧·慶源公市總數	
4	京外戶口總數	
5	各道田結總數·宮房衙門屯田總數	以上 卷八
6	各道各衙門給代數爻	

연번	내　　　　　　　용	『度支志』卷數
7	東西籍田·各道堤堰總數	以上 卷三
8	貢物(別貿)·別貿作等(廛·契)	以上 卷五
9	京衙門免稅總數·諸宮房免稅總數	
10	貢弊	以上 卷十
11	米租布會錄數爻·軍作米會錄數爻	
12	奴婢總數	卷十一
13	隱餘結稅穀數爻·選武軍官數爻	
14	逐朔料祿(百官科料)	以上 卷十九
15	結錢數爻·漁鹽船稅錢數爻	
16	一年料祿支放總數	

또한 본서 諸項에 수록된 제반 절목은 『備邊司謄錄』에서 또는 따로 成冊된 것으로도 찾아볼 수 없는 것이 있어 社會經濟部面 硏究에 好適의 자료가 되는 것이므로, 이들 절목을 여기에 摘記하면 다음과 같다. [節目題名 中의 ( ) 內의 것은 필자가 보충한 것이며 年紀는 節目制定年代를 표시함.]

節目名	節目 制定年代	『度支志』卷數	節目名	節目 制定年代	『度支志』卷數
城役節目	英宗 二十七年	卷二	嶺南船節目	英宗 四十一年	卷七
各廛(收稅)數目		卷二	(鑄錢)節目	英宗 七年	卷八
(親耕)節目	英宗 十五年	卷三	邊邑禁錢節目	孝宗 十年	卷八
(親蠶)御定節目	英宗 四十三年	卷三	[illegible]節目	肅宗 十六年	卷八
(勸農)節目	肅宗 十三年	卷三	[illegible]節目, [illegible]節目	仁祖 十六年	卷八
備局堤堰別單	英宗 八年 正月	卷三	靈羅節目	仁祖 十八年	卷八
量田節目	世宗 二十七年	卷四	蒜山節目	英宗 二十一年	卷八
(量田)遵守冊	孝宗 四年	卷四	附改節目	英宗 三十六年	卷八

節目名	節目 制定年代	『度支志』卷數	節目名	節目 制定年代	『度支志』卷數
陳田降續條件	英宗 三十五年	卷四	船稅節目	景宗 四年	卷八
備局禁耕節目	肅宗元年	卷四	宣惠廳節目 (京畿廳, 湖西廳, 湖南廳, 嶺南廳)		卷十
宮結(收稅)節目		卷五	江原道人口詳定節目	英宗 三十年	卷十
(檢田)節目	仁祖 二十五年 (戶曹啓目) 肅宗 元年 (備局啓目)	卷六	海西詳定節目	肅宗 三十六年	卷十
			貢弊釐正節目	景宗 四年	卷十
兩湖(漕)船節目	肅宗 三十年(釐 正廳變通啓下)	卷七	應辦節目	英宗 二十九年	卷十
湖南(漕船)改節目	英宗 四十七年	卷七	(驛奴婢)節目	肅宗 十年	卷十一
湖西(漕船)改節目	正宗 五年	卷七	常平廳節目		卷二十
(三手米)節目		卷十五	咸鏡道吉州以北 各邑交濟倉節目	英宗 三十年	卷二十
軍布作米節目	英宗 十年	卷十五	……事目	仁祖 十五年	卷二十一
流丐人救活事目	肅宗 二十一年	卷二十	減稅節目		卷二十一
字恤典則事目		卷二十			

  그러면 다음에 각 항목에 首錄했다는 傳敎의 내용은 어떠한 것인가. 실제로 傳敎가 수록된 것은 총 一百十餘項目 중에서 四十一項目이며 一項目에 있어서 조선왕조 역대 왕의 傳敎 중의 一件 내지 數件이 摘記되어 있다. 그리하여 宣祖朝 이전의 傳敎는 소수이고(太祖 二件, 太宗 一件, 世宗 七件, 文宗 一件, 世祖 四件, 成宗 二件, 中宗 二件, 宣祖 二件) 英宗·正宗의 傳敎가 과반수를 차지하고 있다. 역대 왕의 傳敎가 비교적 많이(五件 以上) 수록된 항목으로는 勸農·漕轉·敗船·錢貨·御供·貢物·吉禮·凶禮·支勅·荒政·發賣·蠲減·賙恤 등 諸條項을 들 수 있다. 그리고 凡例에서 明記한 바와 같이 "列聖의 傳敎는 萬世의 章程으로 一字라도 移易하는 것은 不當하나 實錄記載에서도 從

簡하는 것임에 그 規에 따라서 略加刪節하여" 收載한 것이다.

또한 각 항 말미에 수록된 事實도 그 거의 전부가 조선왕조시대의 故實로서, 그러한 중에서도 傳敎에 있어서와 같이 宣祖朝 이전의 것은 극히 零星하고 흔히는 仁祖朝 이후의 것이 많이 수록되어 있다. 단 王都·彊域條에서는 그 項目의 內容性格上 古代 三韓時代로부터 간략히 起論되어 있고 奴婢事實에서 箕子八條敎가, 科田條에서 高麗 文宗朝 田柴科가 언급된 것은 數三의 特例에 불과하다.

위와 같은 傳敎와 事實 등 본서의 내용에서 시기의 하한선이 正宗 十一年에 이르고 있으며 그 이후의 기록은 찾아볼 수가 없다. 이 같은 사실은 본서가 正祖 十二年(戊申)에 朴一源이 편찬했다는 사실과도 부합되고 또 그 뒤에 새로 증보된 흔적도 없음을 말하여 주는 것이겠다.

본서 편찬에 있어서 실제적인 편의가 배려되고 실증적인 태도를 견지하여 종래 인습적으로 依倣하던 記述上의 몇 가지 舊弊를 一新한 바 있는 點은 特記할만하다. 그러기에 또 본서 凡例에서도 이를 명백히 한 것이기도 했다. 그 첫째는 紀年에 관한 것으로 編者는「春秋之書에는 모두 魯公記年을 썼고 우리나라에서는 公私書籍에 모두 中國의 年號를 썼다. 그러므로 우리나라의 某朝 某年을 上考하려면 眩疑스러우므로 삼가 春秋의 法을 준수하여 我朝의 編年으로 했다」는 것이다. 그리고 이 같은 紀年法은『秋官志』에서 사용된 것이기도 하다. 이를테면 주체적인 자아의식의 한 표현이라고도 볼 수 있음직하다. 다음에는 인물에 대한 관직과 성명에 관해서도 종래에는 실록에서 흔히 볼 수 있듯이 罪人去官者는 姓을 기록하지 않고 또는 大臣·道臣과 아울러 所屬曹의 判書의 성명은 該曹 文簿에서는 흔히 기재하지 않거나 혹은 姓만 쓰고 名을 기재하지 않았던 것이나, 이 같은 일은 모두 徵信·考據에 불편을 주는 것이기 때문에 본서에서는 官職名은 이름 밑에 細書로 밝혀두고 姓名에 대해서는 博考하여 알 수 있는 자는 이를 메우고 알 수 없는 자는 二字를 姑闕하여 두어 後人의 補塡을 기다린다고도 했다.

끝으로 본서의 내용을 이룬 全項目에 대하여 일일이 略解를 붙인다는 일은 지나치게 번쇄하여 이는 피하는 수밖에 없다. 그러나 본서 每冊 卷首에 卷別 目錄이 수록되어 있으나 실제 내용에 들어서는 細大項目의 구별이 없이 일률적으로 件別題名이 三字格下 別行으로 제시되어 있어 전체적인 編次 細目을 분별하기가 어렵게 되어 있다. 旣述한 바와 같이 會計司 耀耀(部)은 總目 二十一個項目 중의 하나로 되어 있으나 실제 내용에 있어서는 還耗로서 倉庫部에 添記되어 있음과 같아서, 내용에 있어서의 題名이 總目・卷別目錄과도 반드시 일치되어 있지는 않다. 그러므로 본서의 內容細目에 대하여서는 그 大小項目을 가려서 면밀한 內容目次를 정리・제시하는 일이 본서의 內容細目을 해설하는 一半의 작업이 될 것이므로 다음에 내용목차를 제시함으로써 그 번쇄한 작업에 대신하고자 하는 바이다.

戶曹에 관계되는 주요한 문헌으로서 英祖 二十七年(一七五一)의 『度支定例』가 있고 憲宗朝의 것으로 추정되는 『度支田賦考』 등이 있다. 前者는 政府各司와 各宮所屬의 諸房司에 進排되는 物種과 그 年間 進排數量을 恒定한 것이며 後者는 正祖朝 以後 憲宗朝에 이르는 시기의 田結과 收稅關係의 統計冊이다. 본 『度支志』는 正祖朝의 戶曹의 實況, 그 所管의 諸般 事例를 직접적으로 이해하는 데 도움을 줄 뿐만 아니라, 上記 『度支定例』나 『度支田賦考』와 아울러 李朝後期 社會經濟史研究에 필수의 자료가 될 것이다. 본 『度支志』가 「서울大學校古典叢書」 중의 하나로 影印케 된 것을 기뻐하여 마지않는 바이다.

— 度支志(影印本)(서울大 中央圖書館 古典叢書), 1967

Ⅹ. 『經國大典』 解題

一. 『經濟六典』의 編纂과 頒布

『三國史記』·『高麗史』에 禮·刑 등의 律令을 편집하였다는 기사는 있으나, 古制대로 六典 全部面에 걸친 법전으로서 편찬된 것은 고려조를 통하여서도 없었던 것 같다.[1] 그러한 법전 편찬의 기운은 고려 말기에 싹이 터서 恭讓王 4년(1392)에 鄭夢周는 『大明律』과 元의 『至正條格』을 채용하여 新定律을 撰進한 일이 있었고,[2] 그 후 朝鮮王朝가 개창되고는 太祖 3년(1394)에는 鄭道傳이 『朝鮮經國典』을 추진한 일이 있었으나,[3] 그것은 일가의 私見에 지나지 않는 것이었다.

太祖는 신왕조를 개창하자 그 卽位敎書를 통하여 "儀章法制는 오로지 前朝의 故事에 따른다"고 하여, 國家經綸의 급격한 변동을 피하고, 앞으로 法律條例를 정립하여 제반 치정에는 법치주의로 임할 것을 선명하였다.[4] 같은 날에 文武百官의 制가 정해져서 공포된 중에 都評議使司의 소속기관으로 檢詳條例司가 설치되고, 檢詳錄事를 두어 법령의 檢審·制定에 관한 일을 담당하게 되었다.[5]

그리하여 太祖 6년(1397) 12월에 이르러 都堂(議政府)은 檢詳條例司로 하여금 우왕 14년(戊辰, 1388) 이후로부터 그때까지 시행되어 온 受

---

1) 高句麗 小獸林王 3년(372), 新羅 法興王 7년(520)의 律令頒布에서 비롯되어, 그 뒤에 改修增補된 新羅律令이 있어서 일찍부터 律令政治가 실시되어 왔음을 말하여 주고 있으나, 전면에 걸친 법전 편찬의 기록은 찾아볼 수 없다(朝鮮總督府中樞院, 『李朝法典考』, 1937, p. 11).

2) 『高麗史』 卷46, 恭讓王 4년 2월 甲寅; 『增補文獻備考』 卷135 刑考 刑書 恭讓王 4년 조.

3) 『太祖實錄』 卷5, 太祖 3년 5월 戊辰條; 花村美樹, 「經濟六典について」 『法學論叢』, 京城帝國大學會. 1932, pp. 8~9.

4) 『太祖實錄』 卷1, 太祖 원년 7월 丁未條.

5) 同上.

判 내지 政令條格 중에서 앞으로도 준행되어야 할 條例(合行條例)들을 六典의 형식에 따라 編類成書케 하여, "聖朝一代의 法典"으로 『經濟六典』이라 이름하여 국왕에 啓聞하고 간행, 中外에 공포·시행하게 된 것이다. 여기에는 政丞(議政) 趙浚 등이 그 찬집에 공로가 커서 흔히 趙浚의 『經濟六典』이라고도 한다.6) 그것은 조선왕조에 이르러서의 최초의 성문법전으로, 이 법전은 그 조문이 순한문으로만 기재되지 않고 吏讀와 俚語(方言)를 섞어서 평이하게 기술되어 있기 때문에 이를 『方言六典』7), 『吏讀元六典』8)이라고도 일컬어지게 된 것이다.

조선왕조에 있어서의 制定法의 기본은 국왕의 명령이었다.9) 국왕의 명령은 중국 황제의 명령을 勅旨·聖旨·制詔라고 한 데 대하여 敎·判·制 등으로 기술되어 麗朝 이래로 습용되었으며, 그 내용이나 문서를 王旨·上旨·判旨·敎旨라 하고 "王旨를 奉傳"한 것이 傳旨이다. 그리하여 王旨나 敎旨의 下達을 下旨·下敎라 하고 하달된 判旨나 敎旨를 받들어 시행하는 의미에서 受判·受敎라고 하였다. 世宗 7년 (1425) 7월 이후로는 종래 中外 各衙門에서 "啓聞奉行文書"를 王旨라 하던 것을 모두 敎旨라고 일컫게 되었다.10) 따라서 그 이후로는 受敎라 범칭되고, 受敎의 法條文化된 것은 역시 條例·條令·條件·條畫 등으로 일컬어졌다.

무릇 당대의 新法의 제정에는 舊法의 개폐와 아울러서 크게 두 가지 방법으로 행해졌다고 할 수 있다. 太宗 4년(1404) 10월부터는 各司에서 제각기 신법을 만들어온 종래의 폐단을 없애기 위하여 各司에서 신법을 만들어야 할 일은 반드시 議政府에 보고하게 하고, 議政府에서

---

6) 『太祖實錄』 卷12, 太祖 6년 12월 甲辰條; 『太宗實錄』 卷9, 太宗 5년 6월 辛卯條; 『太宗實錄』 卷25, 太宗 13년 2월 丁卯條; 『世宗實錄』 卷34, 世宗 8년 12월 壬戌條; 『東文選』 卷93, 「經濟六典元集詳節序」; 花村美樹, 위의 논문, pp. 6~7 趙浚六典.
7) 『世宗實錄』 卷48, 世宗 12년 4월 辛巳條.
8) 『世宗實錄』 卷52, 世宗 13년 5월 丙子條.
9) 『成宗實錄』 卷147, 成宗 13년 10월 癸酉條. "令者 法也 律者 所以罪之也"
10) 『世宗實錄』 卷29 世宗 7년 7월 甲戌條.

그 可行事件을 擬議하여 受刺·施行하도록 되었다.[11] 그러나 各司에서의 "啓聞取旨之事"나 또는 啓聞奉行文書, 즉 敎旨를 받들어 시행하는 경우의 受敎는 바로 법을 의미하거나 법적 효능을 갖는 것으로, 당해 관사에만 관련되는 유효한 법이 성립되는 입법의 실제적인 수단이 될 수 있었다. 그리하여 "受敎의 浩煩"은 입법의 범람을 초래하거나 大典과 모순[牴牾]되는 경우가 생기게 마련이었다.[12] 여기에 그 紛擾를 해결하고 획일안정된 법전의 편찬이 거듭 요구되는 것이었다.

그러므로 법전의 편찬은 신법을 창제하는 일이 아니고, 기왕의 受敎나 六曹謄錄의 條例들을 수집하여 이를 취사선택하여 하나의 법전으로 "輯錄"하는 작업이었다.[13]

『經濟六典』이 반포된 뒤에 太祖는 재위 7년 만에 定宗에게 양위하고, 定宗도 불과 2년 만에 선위하여 太宗이 습위하게 되면서 신왕조의 기틀이 점차 잡혀가게 되었다. 그리하여 太宗 4년(1404) 9월에 前漢城府尹 尹穆 등은 『經濟六典』의 뒤를 이어서 太宗 즉위 이후에 내린 條令·判旨로서 六典에 收載되지 않은 것 중에 "萬世之法"이 될 만한 것을 簡擇成書하여 『續六典』으로 刊板施行할 것을 건의한 바 있었다.[14] 이 같은 법전정비에의 관심에 따라 이윽고 太宗 7년(1407) 8월에 續六典修撰所가 설치되어 晉山府院君 河崙으로 하여금 그 일을 주재하게 하였다.[15] 이 작업은 여러 해에 걸쳐 讎校를 거듭한 끝에 太宗 12년(1412) 4월에 趙浚 등

---

11) 『太宗實錄』 卷8, 太宗 4년 10월 丙申條; 『經國大典』 「禮典」 <依牒條>에도 議政府 擬議의 원칙이 살려져 있다. "新法之立 舊法之改 及在喪人員起復者 議政府擬議 以聞 本曹考司憲府司諫院署經 出依牒"

12) 『中宗實錄』 卷24, 中宗 11년 4월 乙亥條 "近來 受敎浩繁 莫適所從"; 『中宗實錄』 卷22, 中宗 10년 6월 癸亥條.

13) 『成宗實錄』 卷168, 成宗 15년 7월 丁亥條 "傳曰 大典非創新法 只以受敎及續錄之語 移載耳"; 續錄에 대해서는 후술되겠으나 大典에는 載錄되지 않은 "非常行之典"을 말한다. 謄錄은 六曹에서 當該 曹에 관련되는 條例를 謄錄하는 일이 그 職掌의 하나이다(『世宗實錄』 卷18, 世宗 4년 윤12월 乙亥條).

14) 『太宗實錄』 卷8, 太宗 4년 9월 丁巳條. 이보다 앞서 定宗 원년 11월에도 條例詳定都監을 두고 左政丞 趙浚 등 9인을 屬官으로 삼아(『定宗實錄』 卷2, 定宗 원년 11월 癸丑條), 條例詳定作業은 계속되었던 것으로 보인다.

15) 『太宗實錄』 卷14, 太宗 7년 8월 己亥條.

의 『吏讀元六典』을 순한문으로 문체를 바꾼 『經濟六典元集詳節』(3권)
과 太祖 7년 이후부터 太宗 7년까지의 條令・判旨를 輯錄한 『續集詳
節』(3권)을 찬진하게 되고,16) 太宗 13년(1413) 2월에 역시 『經濟六典』이
라는 이름으로 頒行되어, 전자 즉 『經濟六典元集詳節』 3권을 『元六典』,
후자 즉 『經濟六典續集詳節』 3권을 『續六典』이라고 하였으며,17) 그것은
또 元典・續典으로 약칭되기도 하였다.

그러나 元典과 續典의 조문 중에는 상치・모순되는 경우가 없지 않
았다. 이 같은 경우에는 어디까지나 元典을 존중하여 元典의 조문을
본위로 삼아서 元典규정에 맞지 않는 續典의 규정은 이를 모두 삭제하
고, 부득이 元典의 조문을 고쳐야 할 경우에도 元典의 조문은 그대로
두고 그 조문 밑에 그 취지를 각주로 첨가하는 방법으로 법의 일관성
이 유지되도록 하였다.18) 이같이 元典, 즉 祖宗의 成憲을 존중하는 원
칙은 그 뒤의 법전 편찬에도 계속 기본적인 준칙으로 준수되어 이 같
은 법전 편찬 형식이 조선왕조 법전의 특질을 이루게 된 것이다.

元・續六典의 반포로 일단 법전의 體裁가 갖추어졌으나, 太宗 8년
(1408) 이후에 내린 敎令도 적지 않아서 法典修撰의 필요성은 계속 있
게 마련이었다. 그리하여 世宗 4년(1422) 8월에는 六典修撰色을 설치
하고 詳定所提調 星山府院君 李稷 등에게 명하여 法典修撰에 종사케
하였다.19) 李稷 등은 世宗 8년(1426) 12월에 새로운 元・續六典과 謄
錄을 찬진하고,20) 다시 개수를 거쳐서 世宗 10년(1428) 11월에 新續六
典 5권과 謄錄 1권을 찬진하여,21) 世宗 11년 3월에 元・續六典과 謄錄
이 印布케 되었다.22)

---

16) 『太宗實錄』 卷23, 太宗 12년 4월 戊辰條.
17) 『太宗實錄』 卷25, 太宗 13년 2월 己卯條.
18) 『太宗實錄』 卷30, 太宗 15년 8월 丁丑條.
19) 『世宗實錄』 卷17, 世宗 4년 8월 乙未條.
20) 『世宗實錄』 卷34, 世宗 8년 12월 壬戌條.
21) 『世宗實錄』 卷40, 世宗 10년 윤4월 壬午・丙申條; 『世宗實錄』 卷42, 世宗 10년 11
    월 丁丑條.
22) 『世宗實錄』 卷43, 世宗 11년 3월 丙子條.

李稷 등의 소찬인 『元六典』은 河崙 소찬의 『元六典』과 별 차이가 없이 약간의 보유가 있을 뿐이나, 『續六典』은 河崙의 『續六典』의 뒤를 이은 것이 아니고, 河崙의 『續六典』과 太宗 8년 이후의 敎令을 분류·합록하고, 『元六典』과 서로 저촉되는 규정은 부득이한 것 외에는 이를 삭제하는 受敎의 정리가 시도되고, 永世의 법이 못되고 一時의 權宜에서 나오게 된 것은 『六典謄錄』이라 하여 그 강령을 뽑아 모은 것이었다.23) 그리하여 元·續六典과 謄錄으로서 항구성을 지닌 법과 일시적인 명령·처분에 불과한 것이 구별되어 법전편찬의 기술상 일단의 진보를 보게 되었다.

한편으로 世宗 13년(1431) 5월에는 趙浚 소찬의 이른바 『吏讀元六典』을 다시금 부활시켰다. 그것은 새로 편찬된 『元六典』의 내용이 전자와 큰 차이가 없을 뿐만 아니라 『吏讀元六典』이 도리어 관리들의 見聞·習熟·遵守에 편이하다는 때문이었다.24) 다른 한편으로 世宗은 政丞 黃喜 등에 명하여 『續六典』을 개찬케 하여, 黃喜 등은 河崙·李稷 등이 修撰한 것에 收載되지 않은 令甲條件을 상세히 검토·채택하고 중복된 것이나 번쇄하고 거친 것들은 빼버리되 그 취사는 모두 世宗의 재가를 받아 편집토록 하여, 새로 正典(續典) 6권과 永世의 법이 못되는 條例를 따로 謄錄 6권으로 삼아서 찬진하여 世宗 15년(1433) 정월에 印頒하게 되었다.25)

黃喜 등의 소찬은 李稷 등의 新撰인 『續六典』의 不備·缺陷을 補正하기 위하여 상당한 용의와 포부로서 편찬된 것이다. 그러나 여기에도 당치 않은 條例가 있어서 때때로 무시되는 일이 있었고,26) 그 위에 脫漏된 것이27) 있을 뿐만 아니라 因循不行의 조건도 파다하여,28) 심지어

---

23) 『世宗實錄』卷42, 世宗 10년 11월 丁丑條.
24) 『世宗實錄』卷52, 世宗 13년 5월 丙子條.
25) 『世宗實錄』卷59, 世宗 15년 정월 戊午條.
26) 『世宗實錄』卷60, 世宗 15년 정월 甲午條.
27) 『世宗實錄』卷67, 世宗 17년 정월 甲午條; 『世宗實錄』卷70, 世宗 17년 11월 丁亥條.

司憲府掌令 李壅은 "六典은 萬世之法인데 간행된 지 얼마 되지도 않아서 점차로 무너지게 될 지경"이라고까지 개탄하였다.29)

文宗 원년(1451) 2월에 司憲府는 世宗 15년(1433) 정월 이후 世宗 32년(1450)에 이르는 18년간에 내려진 傳旨나 受敎 중에는 永世 준수해야 할 것이 많으므로 전례대로 續典을 새로 찬집할 것을 건의한 바 있고,30) 같은 해 8월에는 禮曹判書 李承孫이 前記의 世宗朝 18년간의 傳旨와 受敎를 모아 提調別監을 두고 續謄錄을 찬집할 것을 啓하여,31) 文宗은 다음 달인 9월 辛亥(陰 16일) 이전에 集賢殿에 대하여 續謄錄의 修撰을 명하였다.32) 그러나 文宗의 急逝로 그 일은 성사가 되지 못하고 말았다.

상술한 바와 같이 太祖 이래 『經濟六典』이라고 범칭되는 법전으로 元典·續典·謄錄 등이 여러 차례 撰集·印頒되었으나, 유감스럽게도 모두 인멸되어 전해 오는 것이 없어서, 實錄에 인용된 단편적인 조문을 모아서 그 내용의 일단을 알 수 있을 뿐이다.

二. 『經國大典』의 編纂과 頒布

元典을 존중하여 元典은 그대로 준수하고 그 이후의 敎令을 類別增補하는 편찬방법으로서는 시대의 흐름에 따라 그러한 작업이 무한정 되풀이되게 마련이다. 이로써 이때까지의 경험을 살려서 종래의 편찬방법을 버리고 기존의 元典·續典 및 謄錄 기타 敎令을 모두 합하여 새로 하나의 조직적이고 통일된 "萬世成法"을 편찬할 필요성을 느끼게 된 것은 端宗을 폐위시키고 왕위에 오른 世祖朝에 이르러서이다. 世祖

---

28) 『世宗實錄』 卷61, 世宗 15년 9월 癸卯條.
29) 『世宗實錄』 卷66, 世宗 16년 10월 辛未條.
30) 『文宗實錄』 卷6, 文宗 원년 2월 丁亥條.
31) 『文宗實錄』 卷9, 文宗 원년 8월 乙亥條.
32) 『文宗實錄』 卷9, 文宗 원년 9월 辛亥條. "先是 命集賢殿 修撰續謄錄 云云"

즉위 직후인 世祖 원년(1455) 7월에 역시 集賢殿 直提學 梁誠之는 "立法制定"의 긴요함을 논하여 田制·儀注는 아직 定制된 것이 못되고, 兵制·貢法에도 一時 權宜의 법이 많으므로 다시 商確하여 一代의 制를 정립할 것을 건의하여,33) 이에 따라 六典修撰의 작업이 시작되었던 것이며,34) 이를 위해서 "六典詳定所"가 이미 설치되었던 것으로 보인다.35) 世祖 2년(1456) 6월에 集賢殿이 혁파되었으나, 六典修撰은 다시 계속되었을 것으로, 世祖 3년(1457) 3월에 判書雲觀事인 梁誠之는 먼저 世宗朝의 續典 이후의 條章으로 일단 新典을 찬집하고 나서, 元典·續錄·謄錄·新典 등 四書를 합하여 參考, 六典을 大成하고 이에 따라 官制도 정하면 법도가 귀일되고 冗官도 汰去될 것이라고 건의하고 있다.36)

그리하여 世祖 4년(1458) 윤2월에 世祖는 六典詳定官이 각기 찬진한 것을 직접 閱覽·筆削하고 있다.37) 이어서 世祖 5년 3월과 4월에는 각기 韓繼禧(前兵曹參議)와 崔恒(前工曹判書)을 喪期中에 起復하여, 六典詳定所에 出仕, 六典修撰을 명함으로써 六典修撰에 박차를 가하고자 하였으나 모두 出仕하지 않았다.38)

崔恒은 5월에 다시 上言하는 중에 "大典一書"는 진실로 "萬世經國之具"라 하고 大典의 撰修에는 원래 各典을 나누어 각기 책임을 맡게 하였던 것이어서, 戶典에는 韓繼禧, 禮典에는 姜希孟이 없어서는 안 될 인물로서 모두 喪中에 있으므로 머지 않은 喪期를 마친 뒤에 修纂하여도

---

33) 『世祖實錄』卷1, 世祖 원년 7월 戊戌條.
34) 明使의 出來로 六典의 修撰을 일시 중단하라는 世祖의 傳旨가 集賢殿에 내린 것이 世祖 원년 2월의 일로서, 이로 미루어 이미 修撰작업을 그 이전부터 하여 온 것을 알 수 있다(『世祖實錄』卷3, 世祖 2년 2월 甲辰條).
35) 世祖 원년 10월말 戶曹에 내린 世祖의 傳旨에서 "予自卽位以來 務崇儉約 設詳定所 云云"이라 한 것으로 미루어 詳定所가 설치되어 修撰作業이 수행되었던 것을 알 수 있다(『世祖實錄』卷5, 世祖 2년 10월 丙寅條).
36) 『世祖實錄』卷7, 世祖 3년 3월 戊寅條.
37) 『世祖實錄』卷11, 世祖 4년 윤2월 庚辰·壬午條.
38) 『世祖實錄』卷15, 世祖 5년 3월 庚寅條;『世祖實錄』卷16, 世祖 5년 4월 己卯條; 『世祖實錄』卷16, 世祖 5년 5월 壬辰條.

무방할 것이며, 만약 "及期纂修"하려면 이 二人을 起復해야 한다는 것
을 강조하였다.[39] 崔恒의 앞서의 上言 중에 大典이라는 이름이 처음 나
타났으나, 여기서 "大典一書 誠萬世經國之具"라 하여, 이제 『經國大
典』이라는 서명이 이미 암시된 것이라고 생각된다.

위와 같은 경위를 거쳐서 世祖 6년(1460) 7월에 새로 정제된 『經國
大典』 戶典이 먼저 頒行되었으며, 여기에는 元典·續典 및 謄錄 내의
戶典이 수록되었다.[40] 이때의 戶典은 인멸되어 현존하지 않으나, 그
중의 약간의 條例는 實錄 중에서 검출해 낼 수 있어서 그 항목만을 제
시하면 다음과 같다.[41] 즉 號牌·籍田·屯田·科田·漁箭·鹽盆·通
貨·稅貢·漕轉·徭賦·給祿·堤堰·畜養의 13개항이 그것이다.

이어서 大典의 편찬작업은 刑典에 경주되었던 것 같다. 즉 世祖 7년
(1461) 2월에는 右副承旨 金國光에게 "新刑典"을 詳定할 것을 명하
고,[42] 그 며칠 뒤에 世祖는 다시 刑曹判書 朴元亨을 불러서 刑獄에 관
하여 논의하였다.[43] 동년 4월에 世祖는 知中樞府事 崔恒에게 金良璥
(宗親府典籤)과 六典을 詳定하려는 그의 의도를 許하면서 六典 중에서
도 刑·禮 二典이 가장 어려우므로 여기에 힘쓸 것을 당부하고, 다음
날에는 金國光(右副承旨)에게 入侍하여 六典을 詳定케 하였다.[44] 이윽
고 그 해 5월에는 領議政 鄭昌孫, 刑曹判書 朴元亨, 知中樞院事 李純之
는 左副承旨 金國光, 宗親府典籤 金良璥과 더불어 賓廳에서 刑典을 受
敎하고,[45] 십여 일 후에 다시 左副承旨 金國光을 引見 "大典刑典"을

---

39) 『世祖實錄』 卷16, 世祖 5년 5월 甲午條.
40) 『世祖實錄』 卷21, 世祖 6년 7월 辛卯條. "命頒行新定經國大典戶典 收元續典及謄錄
    內戶典"
41) 實錄에서 이 戶典과 관계되는 條文을 검출해 내는 작업은 일찍이 內藤吉之助에 의
    해서 면밀히 수행되어, 그의 연구논문 「經國大典の難産」 『朝鮮社會法制史硏究』 9,
    京城帝國大學法學會論集, 1937에서 일일이 摘記·상술한 바 있다. 여기에 의해서
    그 항목만을 옮긴 것이다. 그리고 戶典頒行에 따라 戶典謄錄도 頒行된 것으로 보
    인다.
42) 『世祖實錄』 卷23, 世祖 7년 2월 丙戌條.
43) 『世祖實錄』 卷23, 世祖 7년 2월 壬辰條.
44) 『世祖實錄』 卷24, 世祖 7년 4월 甲申·乙酉條.

친히 受敎하였다.46) 그리하여 世祖 7년 7월에 "新撰經國大典 刑典"의 頒布를 명하였다.47) 이때의 刑典도 인멸되어 현존하지 않으나, 戶典의 경우와 같이 實錄 중에서 검출해 낸 조례에 의한 분류항목을 제시하면 다음과 같다.48) 즉, 推劾·罪犯准計·贓臟·逃亡·捕盜·禁制·監獄·田宅·補充軍·公賤·私賤의 11개항목이 그것이다.

『經國大典』 六典 중에서 戶典·刑典의 編纂·頒行을 우선한 것은 戶·刑 二典은 六典 중에서도 일반 국민에게 직접 관계가 있는 사항이 많이 포함되어 있다는 점과 世祖 자신이 兵事에 관해서는 익히 알고 있었으나, 군왕으로서 알아야 할 戶·刑曹의 일에 대해서는 유의할 겨를이 없었다는 점에서 먼저 서두르게 된 것이었다.49)

大典編纂事業은 계속되었다. 世祖 10년(1464) 2월에는 永膺大君 琰, 蓬原府院君 鄭昌孫, 雲城府院君 朴從愚, 領議政 申叔舟, 左贊成 黃守身 등을 불러 六典을 議定하고,50) 世祖 11년 5월에는 宰樞·郎官 각 1인에게 다음과 같이 六典을 각기 분담하여 讎校케 하고, 都廳을 두어 六典全編監修를 담당케 하였다.51)

吏典　吏曹參判 姜希孟	戶曹佐郎 金紐
戶典　左副承旨 李永垠	司憲掌令 李克基
禮典　藝文提學 李承昭	司醞主簿 李杯

---

45) 『世祖實錄』 卷24, 世祖 7년 5월 戊申條.

46) 『世祖實錄』 卷24, 世祖 7년 5월 庚申條.

47) 『世祖實錄』 卷25, 世祖 7년 7월 癸丑條. 이 刑典 頒行에 있어서는 미리 新撰刑典의 傳送時日을 감안하여 그 遵行日字를 따로 정하여 京中은 7월 15일, 京畿는 23일, 忠淸·黃海·江原道는 28일, 全羅·慶尙·平安·咸吉道는 8월 13일로 하였다(『世祖實錄』 卷25, 世祖 7년 7월 丁未條). 이와 동시에 六典 및 受敎內의 (決訟) "定限之法"은 "萬世遵行經久之法"이 아니므로 刑典에는 收載하지 않고 刑典 외에 "附錄"하여 종래대로 준행케 하여(同上) 이것이 現存大典에 附載된 "奴婢決訟定限" 16개조의 원형을 이룬 것이다(內藤吉之助, 위의 논문, p. 200).

48) 內藤吉之助, 위의 논문.

49) 『世祖實錄』 卷7, 世祖 3년 3월 辛卯條.

50) 『世祖實錄』 卷32, 世祖 10년 2월 戊子條.

51) 『世祖實錄』 卷36, 世祖 11년 5월 丁卯條.

兵典　兵曹判書 金礩　　　　　　成均直講 朴叔蓁

刑典　知中樞院事 梁誠之　工曹佐郎 魚世恭

工典　仁順府 尹成任　　　　　　兵曹佐郎 鄭顯哲

都廳　左參贊 崔恒　　　　　　　同知中樞院事 金國光,

　　　　　　吏曹判書 韓繼禧　　　　　　戶曹判書 盧思愼

　　　　　　成均注簿 柳洵

이 같은 六典의 전면적인 讎校를 위하여 이미 六典廳을 두었던 것으로 보인다.52) 六典의 讎校작업과 병행하여 유의해야 하였던 것은 官制의 정비·확립이 아닐 수 없었다. 그리하여 世祖는 元老와 六典詳定所 堂上官 등을 불러서 신관제를 거듭 議定하고 있다.53) 그리하여 世祖 12년(1466) 정월에 "官制의 更定"을 보게 되었으며, 여기서는 관료조직의 변혁은 거의 없이 주로 관직의 명칭이 갱신되어 『經國大典』 관제의 기틀을 이루게 된 것으로 나타난다.54) 실제로 世祖 12년(丙戌)에 『經國大典』은 일단 편찬 완료된 것으로,55) 이를 흔히 丙戌年大典이라고 일컫는다. 그러나 병술년 대전은 그대로 頒行되었던 것은 아니다. 도리어 그 이후에도 新制大典에 대한 講論·勘校·議定·檢討를 거듭한56) 끝에, 世祖 13년 12월에는 詳定所의 啓에 따라 新撰大典內의 戶典·刑典을 먼저 中外에 印頒하여 다음 해인 世祖 14년(1468) 정월부터 시행하기로 일단 정하여졌으나,57) 世祖는 자손만대를 위하여 완전무결한 成憲을 기하려고 미처 印頒하지 못하고 世祖 14년 9월에 薨去하였던 것이다.

---

52) 『世祖實錄』 卷31, 世祖 9년 윤7월 辛酉條.

53) 『世祖實錄』 卷37, 世祖 11년 11월 壬申條 및 12월 乙亥·己丑條; 『世祖實錄』 卷38, 世祖 12년 정월 乙卯條.

54) 『世祖實錄』 卷38, 世祖 12년 정월 甲午條.

55) 『世祖實錄』 卷47, 世祖 14년 9월 甲申條 「世祖王陵誌石文」 「丙戌 王以累朝立法科條寔繁 商確損害 定爲經國大典」

56) 『世祖實錄』 卷41, 世祖 13년 정월 丙戌條 및 2월 丁未條; 『世祖實錄』 卷43, 世祖 13년 6월 丁巳條; 『世祖實錄』 卷43, 世祖 13년 7월 壬辰條; 『世祖實錄』 卷43, 世祖 13년 9월 甲子·庚午·己卯·戊子條; 『世祖實錄』 卷44, 世祖 13년 11월 庚午條 및 12월 癸丑條.

57) 『世祖實錄』 卷44, 世祖 13년 12월 丙辰條.

世祖의 뒤를 이어 睿宗 원년(1469) 7월에 院相 金國光은 世祖가 戶典·刑典을 이루어서 鑄字刊行한 것은 이를 시험적으로 실시하여 폐가 생기면 고쳐서 萬世通行의 典으로 삼으려던 것으로, 韓明澮가 불편한 몇 가지 條件을 啓하여 改正한 것이 많은데, 하물며 六典은 世祖가 미완성한 책으로 이제 詳定하여 更改하더라도 불가할 것이 없으며 服色制度 역시 마땅히 更定해야 할 것이라고 말하여, 睿宗은 禮典을 改撰하도록 명하였다.58) 이어서 동년 9월에는 詳定所提調 寧城君 崔恒, 右議政 金國光 등이 『經國大典』을 찬진하여,59) 禮曹로 하여금 다음 해인 庚寅年 正月 初一日부터 준행하도록 하였다.60) 睿宗 元年(己丑)에 前記 丙戌年大典이 개찬·완성된 것이라 하여 이를 따로 己丑年大典이라고 한다. 그러나 睿宗이 해를 넘기지 못하고 11월에 薨去하여 예정되었던 『經國大典』의 시행은 볼 수 없게 되었다.

睿宗의 뒤를 이어 成宗이 즉위하여서는 다시금 大典의 철저한 校定이 요구되어 다음과 같이 분담·교정 작업이 집중적으로 계속되었다.

戶典·工典(成宗 元年 2월 戊午 下命)
　　校定者 鄭昌孫(蓬原君), 申叔舟(高靈君), 韓明澮(上黨君), 具致寬(綾城君), 沈 澮(靑松君), 曹錫文(昌寧君), 尹子雲(左議政), 徐居正(戶曹判書), 梁誠之(工曹判書)
戶典·吏典(成宗 元年 2월 庚申 下命)
　　校定者 鄭昌孫, 申叔舟, 韓明澮, 具致寬, 沈 澮, 崔 恒(寧城君), 洪允成(領議政), 尹子雲(左議政), 金 礩(上洛君), 韓繼美(兼吏曹判書), 徐居正(戶曹判書)
吏典(成宗 元年 2월 癸亥 下命)
　　校定者 鄭昌孫, 韓明澮, 具致寬, 沈 澮, 金 礩, 尹子雲, 韓繼美

---

58) 『睿宗實錄』 卷6, 睿宗 원년 7월 丙戌條.
59) 『睿宗實錄』 卷7, 睿宗 원년 9월 丁未條.
60) 『睿宗實錄』 卷8, 睿宗 원년 11월 丙申條.

이 같은 작업을 거쳐서도 그 해 4월에 成宗은 院相과 諸承旨에게 新定吏典을 "詳加考校"하여 아뢰도록 하고, 이어서 그래도 착오가 있을지 모른다 하여 李克墩·崔灝元·金紐 등에게 新定大典을 "更校"할 것을 명하였다.61) 成宗 元年(1470) 5월 기사에 이미 "校正廳"이 나타나 있으므로 新定大典의 교정작업을 위하여 "校正廳"이 설치되었음을 알 수 있고,62) 실제로 그 遵用期日에 앞서서도 新定吏典·兵典의 관제를 "始用"하고 있다.63) 그리하여 成宗 원년 10월에 이윽고 寧城府院君 崔恒 등이 "校正經國大典"을 진상하여, 11월에는 禮曹에 傳敎하여 新定『經國大典』을 다음해인 辛卯年(成宗 2년) 正月 初一日부터 遵行할 것을 명하였다.64) 이 新定『經國大典』을 辛卯大典이라고 일컫는다.

신왕조 개창 이래 八十餘年이 된 成宗 원년에야 법전편찬이 완성되어 成宗 2년(1471) 정월부터 遵行케 되었으나, 여기에도 역시 脫漏된 것이 있고, 완결되지 못한 條例도 있어서, 成宗 2년 정월 이후에도 大典 內의 條例가 거론되기도 하였다.65) 그리하여 成宗은 禮曹에 명하여 종래 시행되어온 受敎·條例로서 大典에 脫漏된 것을 조사케 함으로써, 成宗 2년 5월에 이르러 校正廳에서 130개조에 이르는 "不載大典條件"을 수습·보고하게 되었다.66) 그 밖에도 各曹·各官에서 앞으로 실시해야 할 조항들을 啓한 바 있었다.67) 한편으로 祖宗成憲은 어디까지나 존중해야 한다는 입장에서 世宗朝의 謄錄 편찬의 경우에서와 같이 世祖朝에 편찬된 大典은 개정하지 말고 따로 謄錄과 같은 것을 편찬하

---

61) 『成宗實錄』 卷4, 成宗 원년 2월 癸丑·甲寅條.
62) 『成宗實錄』 卷5, 成宗 원년 5월 乙酉條.
63) 『成宗實錄』 卷6, 成宗 원년 7월 戊寅條. "傳曰 今都目政 始用新定吏典兵典官制"
64) 『成宗實錄』 卷8, 成宗 원년 10월 辛未條 및 11월 壬午條.
65) 예컨대 灰白色表衣禁制件·虞侯給祿件(『成宗實錄』 卷9, 成宗 2년 3월 癸酉條), 久任官取才授職件(『成宗實錄』 卷10, 成宗 2년 4월 丁未條) 등이 그것이다.
66) 『成宗實錄』 卷10, 成宗 2년 5월 丁酉條. 여기에서 130개 조건이 열거되어 있다.
67) 예컨대 日月食述者 遞兒職敍用, 親功臣身死者 追爵贈諡, 守令春分前仕日不足五十日以下者 遞差, 蔭取才 每年正月施行에 관한 條件 등이 成宗 2·3년에 걸쳐 논의되고 있다(『成宗實錄』 卷10, 成宗 2년 6월 辛未條; 『成宗實錄』 卷12, 成宗 2년 9월 壬寅條; 『成宗實錄』 卷14, 成宗 3년 정월 癸亥條).

여 시행할 것을 논하는가 하면,68) 대전에 없는 조건은 새로 입법하지 말고 元典·續典 이전을 통용하여 구법을 존중하고 신법의 번쇄함을 제거하자는 주장도 있었다.69)

그리하여 成宗 원년의 辛卯大典 개찬작업이 끝나서 成宗 4년(1473) 11월에 成宗은 禮曹에 명하여 "來甲午年(成宗 5년) 2월 初一日"을 기하여 이를 遵用하도록 하였다.70) 그러나 실제로는 成宗 5년(1474) 정월에 개찬 『經國大典』을 중외에 반포하고, 이 대전에 收載되지 않은 共72條는 "續錄"으로 편제되어 이 『大典續錄』도 같이 반포되었다.71) 이를 甲午大典·甲午續錄이라고 일컬으나 이 역시 오늘날 전해오지 않는다. 따라서 前記 成宗 2년 5월에 校正廳에서 수습·보고한 130개조의 "不載大典條件" 중에서 甲午大典·續錄에 집록된 조건을 검출할 수가 없으며, 후술하게 될 成宗 16년(1485)의 乙巳大全에 收載되어 있는 조건을 摘出해 보면 다음과 같다.

一. 除朝辭赴任外官 行望闕禮(禮典)

一. 四時改火(兵典)

一. 各道虞侯 兩界外 不給祿(兵典)

一. 一應條章禁令 漢城府諸邑 張榜廣示(禮典)

一. 刑曹漢城府掌隷院開城府官吏決訟度數 每月季 磨鍊啓聞 三朔內 掌隷院則小事三十度大事二十度 刑曹則小事五十度大事三十度 不準者降一資(吏典)

一. 一等功臣先考 追贈純忠積德秉義補祚功臣 二等 純忠積德補祚功臣 三等 純忠補祚功臣 幷封君稱號(吏典)

一. 諸邑鄕吏 考其官陳省 攝戶長正朝戶長安逸戶長牒成給(吏典)

一. 改名人 啓聞後 令藝文館 改名版狀成給(吏典)

---

68) 『成宗實錄』 卷18, 成宗 3년 5월 乙丑條. "同知事 李承召啓"

69) 『成宗實錄』 卷35, 成宗 4년 10월 庚申條. "大司諫 鄭括等 上疏"

70) 『成宗實錄』 卷36, 成宗 4년 11월 辛丑條.

71) 『成宗實錄』 卷38, 成宗 5년 정월 戊子條. "續錄"이라 함은 "此持矯一時之弊耳 非常行之典也"라고 해석하고 있다(『成宗實錄』 卷86, 成宗 8년 11월 丁卯條).

一. 諸道堂上官守令褒貶 一中者 改差(吏典)
一. 祿俸 若科內遭喪 或身死者 仕滿五十日 而未經遞差則題給 堂下官
　　則考仕日 宗親及堂上官 不考仕日給祿(戶典)
一. 漢學習讀官 所業精詳 勤學成才者 別陞淸要之職勸勵 且赴京時 依
　　司譯院例 考其行未行及仕日多少差送(禮典)
一. 印信僞造者 勿論印文成否 幷皆處斬 妻子外方官奴婢永屬 不能檢覈
　　官吏 以制書有違律論(刑典)
一. 外方詞訟 以春分日爲務停 以秋分日爲務開 務停後 除十惡奸盜殺人
　　逃奴婢捉獲 付官仍役據奪奴婢等 一應關係風俗損傷於人外雜訟　並
　　勿聽理 京中則恒居外方者 自願仍訟人外　並聽歸農 元隻一有願仍訟
　　及臨決觀勢欲歸農者 勿聽(刑典)
一. 婚姻炬火 二品以上十柄 三品以下六柄 女家同(禮典)

甲午大典·續錄이 頒行된 이후에도 法典의 빈번한 개정은 "法令紛
更"의 弊를 자아낸다는 法改定不可論[72]과 祖宗의 法이라 하더라도 그
것이 道가 못되는 것이라면 "一朝可改"라는 變通論[73]이 교차되는 속
에 大典의 增修, 改定은 거듭되었다. 그리하여 成宗 6년(1475)에서 成
宗 12년(1481) 사이에 各曹에서나 高官 사이의 논의에 의하여 구례에
따라(世祖朝의 법전에 收載되어 있던 條文으로 甲午大典에는 不載된
것을 구법전대로) 法規를 부활시키거나 新規로 제정되어 成宗 16년의
乙巳大典에 收載된 條件을 摘記하면 다음과 같다.

　○ 현재의 大典에는 다만 "竊盜再犯則處絞"라고만 기재되고 "勿揀赦
　　　前"이라는 문구가 없는데, 금후로는 辛巳, 戊子年 頒降大典에 의하
　　　여 "勿揀赦前處絞"로 규정할 것(刑曹啓─從之)[74]
　○ 大典에 文班의 경우 承文院判校, 奉常寺正, 通禮院左右通禮는 임기

---

72) 『成宗實錄』 卷45, 成宗 5년 7월 丁巳條. "右副承旨 李克基啓"
73) 『成宗實錄』 卷 46, 成宗 5년 8월 辛亥條. "司諫 朴宗質曰 雖祖宗之法 如其非道 一
　　朝可改"；『成宗實錄』 卷 65, 成宗 7년 3월 甲寅條. "侍講官 洪貴達曰 雖大典所載
　　之法 有可改者 則輒改之 可也"
74) 『成宗實錄』 卷51, 成宗 6년 정월 己巳條.

가 차면 堂上官으로 降遷되는데 武班의 경우에만 당상관으로 승천되는 길이 없으므로 금후로는 右通禮는 左通禮가 되고 나서 임기가 찬 뒤에 堂上官으로 올려주고, 訓鍊院正이 임기가 차면 역시 堂上官으로 올려주는 것을 永爲恒式하기로 할 것(傳旨吏·兵曹)75)

○ 兩界는 他道의 예와는 다르기 때문에 今後로는 兩界의 守令·僉節制使·萬戶 等은 정도에 관한 원래의 기한에다 반을 더 가하여 줄 것(河東府院君 鄭麟趾等 議啓—從之)76)

○ 祖宗朝에 年八十以上 老人에게는 除職하여 敬老의 은혜를 배풀었는데 현재의 大典에는 기재되어 있지 않으니, 구례에 따라 良賤을 물론하고 一資를 제수하고 元有職者에게는 다만 一資를 더하여 주는 것을 "永爲恒式"으로 할 것(吏曹啓—從之)77)

○ 漢城府 判官 以上 一員은 久任으로 할 것(傳旨吏曹)78)

○ 官에 고하지 않고 私相賣買奴婢를 區處하는 일은 일찍이 입법되었던 것이 없으므로, 금후로는 관에 고하지 않고 私相賣買한 奴婢는 모두 辛巳年大典에 따라 治罪한 뒤에 그 奴婢와 價物은 관에 몰수할 것, 軍官·軍人 徒犯充軍者는 그 기한이 차면 즉시 놓아줄 것(刑曹啓—從之)79)

○ 금후로는 從民逃亡者를 許接한 戶首는 大典에 따라 시행하여 全家徒邊하고, "不告隣里 및 勸農官은 制書有違律로써 論罪하고 流亡五口以上의 경우는 수령을 파직시킬 것"(傳旨刑曹)80)

○ 桐木은 樂器·軍器用處로 가장 긴요하므로 금년부터 京中 諸司는 各 十條, 外方諸邑은 各 三十條를 裁植하여 본조 및 관찰사가 考察하도록 啓請(工曹啓—從之)81)

○ 極寒極熱한 때에 刑杖을 사용한다면 반드시 人命을 상케 할 것이므로 十一月 初一日부터 正月 晦日까지, 五月 初一日부터 七月 晦日까지는 綱常·贓盜와 관련된 일로 決杖 六十以上은 依律施行하

75) 『成宗實錄』 卷63, 成宗 6년 12월 壬寅條.
76) 『成宗實錄』 卷72, 成宗 7년 10월 戊寅條.
77) 『成宗實錄』 卷73, 成宗 7년 11월 癸丑條.
78) 『成宗實錄』 卷84, 成宗 8년 9월 甲戌條.
79) 『成宗實錄』 卷90, 成宗 9년 3월 乙丑條.
80) 『成宗實錄』 卷94, 成宗 9년 7월 壬申條.
81) 『成宗實錄』 卷127, 成宗 12년 2월 丁卯條.

고 笞 以下는 贖錢하고, 女子의 경우 杖 九十以下는 贖錢하고, 雜
犯 決杖 一百以下는 贖錢하되 貧寒하여 贖錢할 수 없어 스스로 受
杖하기를 원하는 자는 들어줄 것(傳旨刑曹·義禁府·漢城府·司憲
府·兵曹·都摠府)[82]

위와 같이 大典의 일부 增修·改定이 진행되는 한편 成宗 12년
(1481) 9월에 경연석상에서 侍讀官 金訢은 大典에 난해처가 많으므로
"註解"의 필요성을 말한 데 대하여 成宗은 근년에 受敎가 煩數하여
大典과 牴牾되는 것도 있을 것 같으니 참조·고증하여 다시 개정하지
않을 수가 없다고 하였다.[83] 이 때문에 오래지 않아 大典 "勘校廳"이
설치된 것으로 생각된다. 즉 成宗 13년(1482) 10월에 經筵에서 領事
盧思愼은 "지금 大典을 勘校하는 일은 承旨로 하여금 出納케 하여 그
들이 轉啓하는 동안에 遺忘하는 일이 있을지도 모르므로 臣等이 직접
啓하도록 할 것"을 청하는 동시에 大典에는 官司名만 기록되고 職掌이
명기되어 있지 않으므로 중국의 예에 따라 職掌을 명기할 것도 요청하
고 있다.[84]

그리하여 成宗 13·14년에 걸쳐서 大典修改處에 관한 논의가 거듭
되고,[85] 『大典續錄』도 같이 修改된 것이다.[86] 成宗도 거듭된 勘校作業
을 논의만 紛紜하여 더 지연되는 것을 막아서 成宗 15년(1484) 7월에
는 그 작업도 거의 끝마쳐지고,[87] 12월에는 완성되어 "來乙巳年"(成宗
16년) 正月 初一日부터 遵行하게 된 것이다.[88] 이것을 "乙巳大典"이라

---

82) 『成宗實錄』 卷134, 成宗 12년 10월 乙卯條. 위에서 摘記한 8건은 후술되는 成宗
　　16년에 반포된 "乙巳大典"(吏·戶·刑典 등)에 收載되어 있는 사항들이다.
83) 『成宗實錄』 卷133, 成宗 12년 9월 戊子條.
84) 『成宗實錄』 卷147, 成宗 13년 10월 癸酉條.
85) 『成宗實錄』 卷148, 成宗 13년 11월 癸卯·癸丑條; 『成宗實錄』 卷149, 成宗 13년
　　12월 丙子·丁亥條; 『成宗實錄』 卷150, 成宗 14년 정월 壬寅條(成宗 13년 12월 丁
　　亥條에 "勘校廳"이란 기록이 처음 나온다).
86) 『成宗實錄』 卷150, 成宗 14년 정월 戊申條.
87) 『成宗實錄』 卷168, 成宗 15년 6월 甲申條; 『成宗實錄』 卷168, 成宗 15년 7월 丙戌
　　條.

일컫는다.

乙巳大典은 世祖가 대전의 편찬을 개시한 이래 睿宗·成宗 3대에 걸쳐 30년의 세월이 걸려서 완성된 법전이다. 그리고 이 법전의 내용은 전술한 바와 같이 신법을 제정하는 방식이 아니고, 太祖 이래의 『經濟六典』·『元典』·『續典』·謄錄 등 각종 법전에 수록된 受敎·受判 등 條令에 文宗~成宗朝 역대의 受敎를 증보하여 엮은 바 祖宗受敎의 집대성인 것이다. 그리고 그것은 조선왕조 오백 년을 통한 기본법의 구실을 한 것이다. 그리하여 이 乙巳大典 전에 편찬된 여러 대전은 모두 인멸되고 현재까지 전해오는 『經國大典』은 이 乙巳大典뿐이다.

乙巳大典의 판본으로 일찍부터 널리 알려져 있는 것을 다음에 열거해 둔다.

史庫本(萬曆四十一年刊, 前後續錄合本, 五冊本, 奎章閣所藏)

萬曆本(萬曆三十一年刊, 四冊本, 李宗翰本, 金民禧本, 稼隱堂本, 兵部本 등이 있음)

大邱本(前後續錄合本, 五冊本, 禮信文庫所藏)

藝閣本(前後續錄合本, 六冊本, 奎章閣所藏)

不壞本(戊申 顯宗 9년 3월 平壤府開刊本 奎章閣所藏)

— 譯註 經國大典: 註釋篇(共編), 1986

---

88) 『成宗實錄』 卷173, 成宗 15년 12월 乙卯·甲戌條.

한우근(韓㳓劤)　　　1915년 평양 출생 1999년 타계
서울대학교 사학과 졸업, 문학박사
서울대학교 국사학과 교수(1959~1981)
서울대학교 대학원장
역사학회, 한국사연구회 대표간사
서울대학교 한국문화연구소 소장
대한민국 학술원 회원
민족문화추진회 기획편집위원장
서울대학교 명예교수(1981~1999)

韓㳓劤全集 12
朝鮮時代 使料 解題 譯註

※초판발행　　2001년 10월 26일
※2　　쇄　　2003년 5월 31일

※지 은 이　　한우근
※펴 낸 이　　채종준
※펴 낸 곳　　한국학술정보㈜
경기도 파주시 교하읍 문발리 파주출판문화사업단지 538-2
전화　031) 908-3181(대표)·팩스　031) 908-3189
홈페이지　http://www.kstudy.com
e-mail(e-Book사업부)　ebook@kstudy.com

※등　　록　　제일산-115호(2000. 6. 19)
※가　　격　　27,000원

ISBN　　89-534-0332-4　94900 (paper book)
　　　　　89-534-0333-2　98900 (e-book)